Gerd W. Fischer
(Gullinkambi)

Das Buch der

D R E I Z E H N

S T E R N E N G O T T E R
(Drilfgoden)

1. Auflage
1 bis 1.500

Ein Buch in 3 Teilen:

I. MONATE

II. SPHARENKLANGE

III. Die DREIZEHN STERNENGOTTER

ISBN 3-924602-01-8

Grafiken: Gerd W. Fischer

Fotografie eines goldenen Wetterhahns ("Gullinkambi"):
Siegfried Ochmann, Hamburg

Druck: Druck-Dienst Abendroth GmbH, Hamburg 76

INHALTSVERZEICHNIS

III. Die DREIZEHN STERNENGÖTTER

Wo stehen wir?

Wir brauchen uns nur zu erinnern. Der Erinnerungsstützen sind genug: Dreizehn Planeten auf zwölf Bahnen. Die zwölf Töne reinen Gesanges, von denen einer gespalten ist. Der Regenbogen und seine Farben. Die Zwölfteilung des Jahres durch den Mond. Natürliche Sternbilder wie Großer Wagen, Krieger oder Fenriswolf. In menschlichem Gewande dargestellte Vorgänge des Sternenhimmels in Edda, Bhagavadgita und Gilgamesch-Epos. Die Wiederkehr des Polarsterns alle 25.728 Jahre. Überlieferte Götternamen. Wir sind Erben eines uralten, in tiefster Steinzeit an verwehtem Ort gewonnenen Wissens, ohne uns dessen bewußt zu sein. Nie in 26.000 Jahren war das Leben der Menschen sinnlos. Für Geistesträger im All, fern und noch nicht mit uns in Berührung gekommen, tragen wir eine kostbare Botschaft: Das Wissen um die Drilfgoden, die im Sternenhimmel verankerte tridekatheistische Lehre. Menschen leben hundert Jahre, Sternbilder vergehen in hundert mal hundert Jahren, Planeten und Götter haben mehr als 100 mal 100 mal 100 mal 100 Jahre bestanden. Zeitlos wandern die Götter und warten auf jene Menschen, die ihre Hilfe suchen. Nie ist verlassen, wer von den Göttern weiß. Nah ist ihnen, wer sich den Mühen der Suche unterzieht.

Gullinkambi

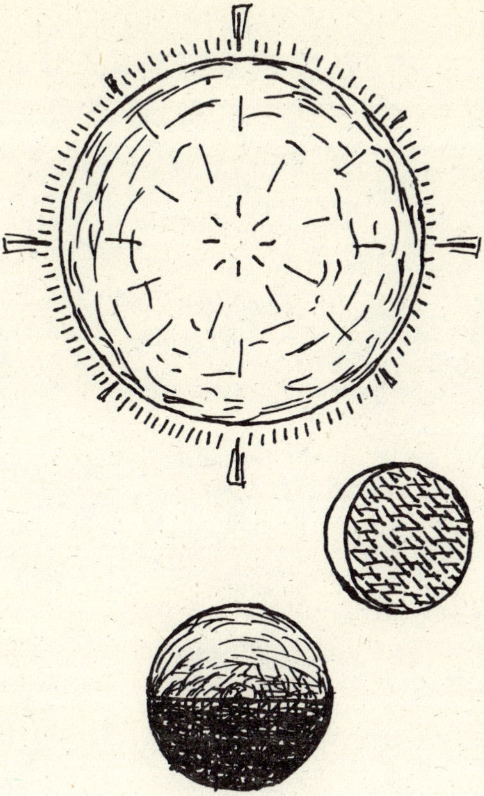

I

MONATE

INHALTSVERZEICHNIS

I. MONATE

I.1. Kosmische Gesetze

In der Zeit vor dem großen Aufbruch in das All überfüllt sich unser Planet mit Menschen. Die Erdoberfläche ist keine endlose Ebene, sondern bedeckt eine Kugel von endlichen Ausmaßen. Die Erde mit ihren flüssigen Ozeanen, ihren Landmassen und Eisflächen wird für die sie bewohnenden Lebewesen zu klein, aber dieser Umstand lenkt den Blick der Menschen noch nicht nach außen, sondern zwingt zunächst noch zur Aufmerksamkeit gegenüber dem erdgebundenen Geschehen des Alltags, in welchem sich Einzelmenschen und Völker aneinander reiben, weil eine Vermehrungswelle nie dagewesenen Ausmaßes sie aneinanderdrängt. In langen Zeiträumen gewachsene Rassen und Völker verfallen, das Gleichgewicht der Natur, welches den Menschen den Weg bis in die Gegenwart ermöglichte, ist bedroht, aber noch ertönt nicht der Ruf nach Erlösung, denn hierfür ist die Zeit noch nicht reif.

Nun schon 25.600 Jahre verläuft das Schicksal der vergangenen und gegenwärtigen Menschen wie nach einem Plan. Seit dem Jahre 41 vor unserer geltenden Zeitrechnung befinden wir uns allerdings in einem Zeitalter des Vergessens. Unser Augenmerk auf das Naheliegende und Greifbare, Materielle läßt uns in zunehmendem Maße vergessen, daß auch die unseren Blicken ferne Welt der Sterne aus Materie besteht, die ständig auf uns einwirkt. Wir verlassen uns in gläubiger Erfahrung darauf, daß der Mond in ewigem Gleichmaß mit Ebbe und Flut die Meere bewegt, daß die Jahreszeiten wie gewohnt wiederkehren und daß die Sonne täglich scheint, so als sei dies alles nur für uns Menschen geschaffen. Was würden wir wohl sagen, wenn unsere Sonne bei ihrer Wanderung durch das All in eine dichte Materiewolke geriete und plötzlich weniger oder sehr viel heißer strahlte? Noch schützen uns Ozeane durch Verdunsten oder Gefrieren vor zu heftigen Temperaturschwankungen, aber können wir sicher sein, daß ihre Wassermassen uns erhalten bleiben? Wie würden die als Nahrungs-, Energie- und Sauerstofferzeuger unentbehrlichen Pflanzen auf Änderungen der Sonnenstrahlung reagieren? Was geschähe wohl, wenn sich im Bereich der benachbarten Sterne eine Supernova-Explosion ereignete? Ein solcher Stern würde wegen seiner lichtjahregroßen Entfernung punktförmig bleiben, aber mit stechendem Licht hell und weiß wie unsere eigene Sonne aufblitzen und erst nach Tagen wieder zum gewöhnlichen, lichtschwachen Stern werden. Nicht Hitze und Licht wären für die Lebewesen der Erde die größte Bedrohung, sondern der mit ihnen eintreffende, langanhaltende Schauer fast lichtschneller, hochenergetischer und alles durchdringender Elementarpartikel mit ihrer zerschmetternden Wirkung auf alle organische Substanz. Organische Moleküle, die alles Leben bilden, können ihre hochkomplizierte Struktur zwar selbst erneuern und Schäden ausbessern, aber sie brauchen dafür Zeit und sind deshalb nicht beliebig belastbar.

Unser Heimatplanet, die Erde, ist nur ein Punkt in der Unendlichkeit des Alls. Andere Planeten im Bereich unserer Sonne und ferne Planeten ferner Sonnen werden künftigen Menschen angesichts vielleicht bevorstehender kosmischer Katastrophen als Fluchtpunkte dienen, doch der Aufwand, um zu ihnen zu gelangen, wird groß sein. Nur aus der Geborgenheit einer sorgsam gehegten Erde werden Menschen den Sprung ins All schaffen. Verwahrlost unsere Erde, so schließt sich das Tor in den Weltraum.

Im Zeitalter des Vergessens hat sich der Blick des Menschen von den Sternen abgewandt. Reisen und Sonden zu den Planeten bleiben durch wirtschaftliche Notwendigkeit gedrosselt. Das Wissen um die Gesetze, nach welchen sich Sonne, Mond und Sterne sowie Erde und Planeten bewegen, ist nur in einem kleinen Kreis Denkender verbreitet, obwohl zu diesen Kenntnissen einjeder Zugang hat. Es ist unabänderlich und doch zu bedauern, daß teils Umstände, teils Veranlagung der Mehrzahl aller Menschen ein wurzelloses, der Gegenwart verhaftetes Leben bescheren, welches sie als mangelhaft erfüllt empfinden. Würde das Vergessen des Zusammenhangs von Menschheitsschicksal und Sternenwelt vollkommen, so wären die Nachfolgegenerationen unserer Kinder und Kindeskinder bedroht. Schon sind große Teile einstmals selbstverständlichen Wissens selbst in der Wissenschaft verblaßt. Umso notwendiger erscheint es daher, jeden erreichbaren denkenden Menschen wieder mit dem Wissen über die Heimatwelt vertraut zu machen, das ihn in die Lage versetzt, vergangene und künftige Jahrtausende mit dem feierlichen Gleichmut und Weitblick von Sternengöttern zu sehen.

I.2. Tradition und Raumfahrt

Eine Rakete, die zum Mond fliegt, trägt nicht nur einige Raumfahrer und ein Häufchen Instrumente dorthin, sondern sie muß vor allem eine sehr viel größere Menge Treibstoff gegen die Wirkung des irdischen Schwerefeldes in große Höhen heben und auf jene Mindestgeschwindigkeit beschleunigen, die ein Zurückfallen zur Erde verhindert. Das Brennen des Raketentreibstoffs kann bei mangelhafter Regulierung leicht zur zerstörerischen Explosion entarten, aber nicht hierin liegt das Hauptproblem der Raumfahrt. Schwierig ist eine Reise zum Mond dadurch, daß unsere Erde eine Kugel ist, die sich dreht und und zugleich auf einer Kreisbahn um die Sonne wandert, während der Mond in nicht geringer Entfernung eine merklich elliptisch verzogene Bahn um die Erde beschreibt. All diese Drehbewegungen verlaufen in zueinander schräg liegenden Ebenen, und hinzu kommen noch Störeffekte infolge der Rückwirkungen, die jede Wirkung hervorruft: Sonne, Erde und Mond und zum geringeren Teil auch die wie die Erde um die Sonne wandernden Planeten beeinflussen sich in ihren Bewegungen gegenseitig. Um bei diesen Verhältnissen eine Raketenbahn für die übliche Reisedauer von nur wenigen Tagen vorauszuberechnen, müßten Wissenschaftler Wochen oder Monate am Rechentisch sitzen und würden damit den vorgesehenen Reisetermin überschreiten. Eine Verschiebung des Tages der Abreise, um den Rechnern mehr Zeit zu geben, wäre nutzlos, denn für die ganze zusätzliche Zeit müßten ja Aussagen über die Bewegungen von Erde, Sonne und Mond gemacht werden. Möglich wurde die Raumfahrt zu fernen Himmelskörpern erst, als es elektronische Rechengehirne gab, die in ihrer allgemeinen geistigen Leistungsfähigkeit einem Menschen zwar vorläufig noch weit unterlegen sind, die aber begrenzte Aufgaben, die man ihnen stellt, tausendmal schneller als ein

Mensch lösen. Elektronengehirne können nicht nur den Flug einer Idealrakete mit völlig gleichmäßiger Treibstoffverbrennung rechtzeitig vorausberechnen, sondern auch eine wirkliche Rakete noch während des Fluges durch ständiges schnelles Vorausrechnen so lenken, daß sie trotz anfänglicher Abweichungen vom vorgesehenen Kurs niemals ihr Ziel verfehlt.

Mit Unterstützung elektronischer Rechenanlagen waren auch jene amerikanischen Astronauten gelandet, die am 19. November 1969 den Mond betraten. Wie sehr diese Männer bloße Werkzeuge in einem Geschehen waren, das nach streng zu befolgenden Funkbefehlen von der Erde ablief und ihnen unbegreiflich blieb, zeigen die Worte, mit denen sie sich in jenen vorweihnachtlichen Tagen vom Monde aus an die irdische Menschheit wandten: Sie, die in den Höhen des Alls standen, sprachen ein Gebet zu einem Gott im "Himmel"!

Vor rund zweitausend Jahren wurde eine Religion in Schriften festgelegt, die auf der damaligen Kenntnis um den Menschen und seine Welt gründete. Damals galt die Erde als flache Scheibe, deren Ende noch niemand erreicht hatte. Über dieser Scheibe wölbte sich halbkugelförmig der Himmel, und an seiner Innenfläche bewegten sich Sonne, Mond und Wandelsterne nach ihnen eigenen Gesetzen und zogen zugleich auf geheimnisvolle Weise mit den unzähligen funkelnden Sternen im Tageslauf von Osten nach Westen. Man wußte, daß sich im Verlauf der Jahreszeiten der nächtliche Sternenhimmel änderte, weil die Sterne etwas schneller auf- und untergingen als die Sonne. Bald hatte man durch Zählen der Tage festgestellt, daß alle 365 Tage die Sonne mittags die gleiche Höhe über dem Horizont erreichte und sich alle 365 Tage der gleiche nächtliche Sternenhimmel bot. Damit waren die Grenzen damaliger Erkenntnisfähigkeit aber noch nicht erreicht: Obwohl man die Sterne am Tage wegen des hellblauen Leuchtens des Himmels unter der starken Einwirkung der Sonnenstrahlung nicht sah, wußte man, zwischen welchen Sternen die Sonne stand, indem man richtig folgerte, daß es dieselben Sterne sein mußten, die ein halbes Jahr vorher der Sonne gegenüber gestanden und die Mitternacht erleuchtet hatten. Sorgfältige Beobachtung führte zu dem Ergebnis, daß die Zeitspanne von 12 Mondumläufen ein um 11 Tage verkürztes Jahr ergab, was zu einer schnellen Verschiebung der Jahreszeiten innerhalb eines so gezählten Jahres der Mondphasen führen mußte. Immerhin war es möglich, Mondkalender und Sonnenkalender ineinander umzurechnen. Man entdeckte bald, daß das Sonnenjahr nicht genau 365 Tage lang war, sondern noch einen viertel Tag länger. Schließlich fanden auch noch die in langen Zeiträumen gewonnenen Meßergebnisse altgriechischer Sternbeobachter ihre Bestätigung, daß der genaue Zeitpunkt der Tag- und Nachtgleiche, des Frühlingsbeginns, und der Zeitpunkt, zu dem die Sonne in den einmal gemessenen und in den Sternen festgelegten Frühlingspunkt trat (Schnittpunkt von Himmelsäquator und Sonnenbahn), um 1/25.800 eines Jahres voneinander abwichen. Heute wissen wir, daß die Sonne tatsächlich etwa alle 2.150 Jahre um ein Zwölftel auf ihrer Bahn zurückbleibt, und verstehen auch die Gründe. Damals war es eine große Leistung, das 25.700 bis 25.800 Jahre währende Großjahr (ANNUM MAGNUM) richtig gemessen zu haben. Diese Zeitspanne sprengt jeden geschichtlichen Rahmen, und selbst die Großmonate mit ihren 2.140 bis 2.150 Jahren sind noch so lang, daß sie den in der alten Zeit gewälten Ausdruck "Zeitalter" verdienen.

Der die Erde begleitende Mond zeigt sich alle 29,53 Tage in der gleichen Phase. Diesem Mondlauf hat sich der biologische Rhythmus der Frauen im Laufe von Jahrhunderttausenden angepaßt, und daher bildet er ein wichtiges mittleres Zeitmaß zwischen Tag und Jahr. Die Aneinanderreihung der mondbezogenen Monate führte zum zwölfmonatigen Jahr, aus dem schließlich das zwölfmonatige Sonnenjahr wurde. Die Gliederung des Jahres in zwölf Monate wurde bis heute beibehalten.

Den Menschen ordnet man seit jeher Eigenschaften des Monats zu, in dem sie geboren sind, und drückt dies durch ein charakteristisches Tier oder Symbol aus: Widder, Stier, Zwillinge, Krebs, Löwe, Jungfrau, Waage, Skorpion, Schütze, Steinbock, Wassermann und Fische. Diese Symbole bilden in gerade dieser Reihenfolge den klassischen Tierkreis, in dem jedoch einige Irrtümer und Verschiebungen verewigt sind, die auf den Umstand zurückgehen, daß Völker unterschiedlicher Kulturkreise und unterschiedlicher Himmelskenntnis an der Entwicklung des Kalenders, der Astrologie und der Anfänge der Astronomie gewirkt haben. Die endgültige Festlegung auf ein mondunabhängiges Sonnenjahr legte es nahe, die Symbole des Tierkreises auf die Bahn, welche die Sonne (von der Erde aus gesehen) zwischen den Sternen zurücklegt, zu übertragen. Die Festlegung wurde damals - um das Jahr Eins unserer heutigen amtlichen Zeitrechnung - so getroffen, daß man die Grenze zwischen den Sternbildern Widder und Fische mit dem damaligen Frühlingspunkt zusammenfallen ließ. Im Laufe der folgenden zwei Jahrtausende schob sich der Frühlingspunkt dann durch das Sternbild Fische, immer weiter vom Widder weg, und heute steht er kurz vor seinem Übertritt in das Sternbild Wassermann. Ein Übermaß an Willkür war hier im Spiel: Durchaus erkennbare Mängel des Tierkreises bei der Zuordnung seiner Symbole zu Monaten, Menschen oder gar Sternbildern wurden nicht behoben, sondern blindlings übernommen. Die Hervorhebung der Frühlingspunktes der Sonne gegenüber den Punkten, in denen sie zu Beginn des Sommers, des Herbstes oder des Winters steht, hat die Auffassung, daß das Jahr im Frühling beginnen müsse, zur Grundlage. Diese Auffassung entspricht der Vorstellung, der Tag beginne morgens um sechs Uhr. Ein halbes Jahr lang geht jedoch die Sonne schon vor sechs Uhr auf, und man kommt bei einer Grenze des Tageswechsels, die auf morgens um sechs gelegt ist, in die Verlegenheit, einen Teil des Morgens, an dem schon die Sonne scheint, zum Vortage zählen zu müssen. Längst ist für uns die Festlegung des Tageswechsels auf Mitternacht zur Selbstverständlichkeit geworden, und entsprechend erfolgt unser Jahreswechsel (mit einer Abweichung von wenigen Tagen als Folge einer etwas mißglückten Kalenderreform) dann, wenn die Sonne von ihrem tiefsten Stand zurückkehrt. Wenn wir - mit unserem heutigen Wissen ausgestattet - ferner berücksichtigen, daß nicht die Sonne um die Erde wandert, sondern die Erde um die Sonne, dann ist für uns nicht mehr der Punkt ausgezeichnet, an dem die Sonne am Frühlingsanfang zwischen den Sternen steht, sondern der Punkt, dem sie am Winteranfang gegenübersteht.

Noch schwerwiegender und weniger verzeihlich als die Verewigung eines unberichtigten Tierkreises und die bevorzugte Beachtung des Frühlingspunktes ist aber die durch kein astronomisches Ereignis begründete Wahl des Zeitpunktes für die Festlegung der Sternbildergrenzen: Der Frühlingspunkt verschiebt sich ständig und gleichmäßig. Ist es nicht leichtfertig und überheblich gewesen, in der Zeit, die man als Gegenwart erlebte, nach Gutdünken in den Sternen die Nullmarke für kommende 25.700 Jahre zu setzen? Nur der Hochmut des Römischen Kaisertums der Zeit des Augustus und der ihm folgenden Mächtigen konnte über das Erfordernis eines angemessenen Himmelsereignisses hinwegsehen, obwohl die Wissenschaft der Zeit einen hellen, am Himmel stillstehenden Stern erwartete.

Die willkürliche Festlegung der Tierkreissymbole im Sternenhimmel blieb nicht ohne Folgen für Politik, Religion und Wissenschaft: Die falsche Kunde verbreitete sich rund um das ganze Mittelmeer und weiter, daß nun der Frühlingspunkt die Stellung zwischen den Tierkreissternbildern Widder und Fische erreicht habe und damit für die Menschen die Grenze zwischen zwei Großjahren erreicht sei, die ja vermeintlich zwischen einem endenden Widder-Zeitalter und einem beginnenden Fische-Zeitalter liegen sollte. Uralte Erinnerungen, daß zur Großen Zeitenwende ein Erlöser kommen werde, wurden wach. In Palästina begann die Abwendung vom blutigen Altaropfer der Lämmer (Widder) und hin zu einer Einstellung, die den Verzicht auf warmblütiges Fleisch und die Hinlenkung des Augenmerks auf die kaltblütigen Fische forderte. Jesus von Nazareth erhob sich unter den Juden zum König und Gott und predigte Entsagung und Fleischlosigkeit. Astronomen und Astrologen der alten Zeit vermeinten, den mit der Zeitenwende verbundenen Stern gesehen zu haben, und bestätigten Jesus als den Erlöser der alten Prophezeihungen. Sein leidvoller Tod am Kreuz durch römisches Urteil vor einer großen Öffentlichkeit in einem nach Unabhängigkeit strebenden Lande ließ jene sternkundigen Weisen verstummen, denen der zur Geburt des Jesus erschienene Stern zweifelhaft blieb. Der Monotheismus, der Glaube an einen einzigen und alleinigen Gott, fing an, das Denken der Welt ohne Rücksicht auf himmlische Feinheiten zu beherrschen. Die Frage nach dem wahren Stern der Weisen und nach der richtigen Festlegung und Benennung der Zeitalter wurde verdrängt, aber sie blieb bis heute offen. Wird mit ihrer Beantwortung ein neues Zeitalter anbrechen? Haben wir den wahren Beginn des neuen Großjahres unbemerkt vorüberziehen lassen oder liegt er noch in der Zukunft?

Mit dem vermeintlichen Anbruch des Fische-Zeitalters schlugen Religion, Sterndeutung und Sternkunde verschiedene Wege ein: Die neue Religion des nur einen Gottes verbündete sich mit den Regierenden der Völker und gewann damit eine solche Machtfülle, daß eine wissenschaftliche Auseinandersetzung mit dem von ihr als wahr befundenen Weltbild unmöglich wurde. Da jene wesentlichen Grundkenntnisse über einen Zusammenhang von Sterngeschehen und Menschheitsschicksal, die im Altertum der Astrologie ihr Gewicht gegeben hatten, die Grundlagen des neuen Glaubens in Zweifel gezogen hätten, wurden sie verboten, und fortan fristete die Astrologie ein Schattendasein im Grenzbereich zur unseriösen Wahrsagerei. Die Astronomie verzichtete auf alle Sterndeutung und konnte sich unter dieser Voraussetzung trotz mancher Behinderungen durch Glaubenseiferer weiterentwickeln, aber sie war gezwungen, ihre naturwissenschaftlichen Erkenntnisse so zu formulieren, daß sie bei Staatsmacht und Religionshütern keinen Anstoß erregten. Die Welt des Mittelalters mit ihrer Vermengung von Wunschdenken, handfestem Machtstreben und eingeschüchterter Wissenschaft gewann schnell Gestalt und hatte mehr als eineinhalb Jahrtausende Bestand:

Die ganze Welt galt als dem neuen Gott untertan. Er war ihr Schöpfer, die von ihm erschaffene Menschheit mit ihrer irdischen Welt galt als Mitte des Alls, um die sich Sonne, Mond, Planeten und Fixsterne drehten. Zunächst wurde die Erde sogar als ebene Scheibe begriffen, mit dem Höllenfeuer unterhalb und dem Himmel der Heiligen und Engel oberhalb. In jener Zeit, in der es noch unmöglich schien, daß sich je einmal Menschen wie Vögel in die Lüfte erheben würden, dachte man sich das Reich der Engel im erdnahen, aber gerade schon nicht mehr erreichbaren Raum eben oberhalb der Wolken, wo es noch Luft wie unten auf der Erde gab, weshalb man sich auch die Engel mit Flügeln vorstellte, wie sie die Vögel besitzen.

Die Behauptung des Columbus, die Welt, auf der wir leben, sei eine Kugel, die man mit Schiffen umrunden könne, traf auf ungläubiges Kopfschütteln, bis der Beweis mit der Entdeckung zweier neuer Erdteile (Nordamerika und Südamerika), die von Osten wie von Westen erreicht werden konnten, angetreten war. Fortan sahen die Gelehrten die Erde als Kugel in der Mitte des Alls, von Sonne, Mond und Sternen in täglichem Lauf umrundet. Die Beobachtung der Planetenbewegungen drängte nach diesem ersten Durchbruch der Wahrheit zu der Auffassung, daß nicht die Erde, sondern die Sonne die Mitte des Planetensystems bilde. Nach langem Ringen fand auch diese Erkenntnis die Billigung der Glaubenshüter, während die Astrologie, die sich von ihren Unterdrückern nicht belehren lassen mochte, nicht fähig war, diesen Schritt mitzuvollziehen, und beim alten, geozentrischen Weltbild verharrte. Der Himmel der Gläubigen hatte sich geweitet, denn der Himmel der Unsterblichen war nun in die Weiten der Planetenwelt gerückt. Dort hielten Engel riesige durchsichtige, kristallene Kugelschalen (Sphären) in kreisender Bewegung. An diese Sphären waren die Planeten geheftet und umkreisten so die Sonne, statt auf sie zu fallen. Die Reibung jener klaren Kristallflächen aneinander erzeugte die unbeschreiblich liebliche, nur den Engeln des Himmels vernehmbare Sphärenmusik. Mit der Entdeckung, daß die Planetenbahnen nicht auf genauen Kreisbahnen verliefen, sondern elliptisch in die Länge gezogen waren, stürzte auch jenes letzte religionskonforme Bild zusammen, das eigentlich schon mit dem Auftauchen der ersten hellen Kometen jener Jahrhunderte unhaltbar geworden war, da diese auffälligen Himmelskörper mit einem langen, leuchtenden, von der Sonne weggerichteten Gasschweif sich in langgezogenen Ellipsen oder gar Parabeln durch die Planetenwelt bewegten, ohne von irgendeiner der vermuteten Sphären behindert zu werden. Vielleicht geht das Bild von den klingenden Sphären auf sehr alte astrologische Überlieferungen zurück, denn mit unserem heutigen Wissen können wir tatsächlich feststellen, daß in der Planetenwelt die Ordnung unserer gesamten Musik angelegt ist.

Nur in einer sternenabgewandten und in auffälliger Weise zugleich gottlosen Zeit konnte Herrscherherrlichkeit Tierkreissternbilder und Zeitalter festlegen, einen amtlichen Kalender einführen und schließlich sogar eine neue Religion befehlen. Was von den alten, tierkreis- und planetenbezogenen Göttern blieb, waren Namen, wie einige Völker indogermanischer Herkunft sie überliefert hatten. Die Götter selbst gerieten in Vergessenheit. Der an den natürlichen Monat von 29 1/2 Tagen angelehnte Begriff der "Woche" (7

Tage) wurde durch Benennung der Wochentage nach den sieben dem bloßen Auge sichtbaren bewegten Himmelskörpern gefestigt, unter denen die fünf echten Planeten bis heute die Namen alter Gottheiten tragen: Der Montag ist nach dem Mond (Mond, Mani, Luna) benannt, der Dienstag nach dem Planeten Mars (Zio, Tiu, Mars), der Mittwoch in einigen indogermanischen Sprachen nach dem Planeten Merkur (Odin, Wotan, Merkur), der Donnerstag nach dem Planeten Jupiter (Thor, Donar, Jupiter), der Freitag nach dem Planeten Venus (Freia, Venus), der Sonnabend nach dem Planeten Saturn (englisch: Saturday), der Sonntag schließlich einerseits nach der Sonne und andererseits nach dem neuen Herrn (Dominus). Es entstand die falsche Vorstellung, daß es nur sieben bewegte Himmelskörper gebe (weil man nur sieben sah und diese mit den sieben Wochentagen verbunden hatte), während man sich in einzelnen Schriften, die aus dem Altertum der Griechen und Römer in die neuere Zeit gerettet werden konnten, noch an zwölf oder mehr Götter erinnerte.

Der Begriff "Woche" hat sich bis heute gehalten, obwohl seit der Zeit der römischen Kaiser Julius Cäsar und Augustus der Kalender auf dem Sonnenjahr aufbaut und in Monate gegliedert ist, die weder 28 Tage (4 Wochen) noch 29 1/2 Tage (ein erdbahnbezogener Mondumlauf) lang sind, sondern alle bis auf den Februar 30 oder 31 Tage. Die Woche ist insofern ein etwas altertümlicher Begriff.

Die Zahl 7 begegnet uns nicht nur als Anzahl der Wochentage und der von der Erde her mit bloßem Auge gut sichtbaren Himmelskörper. Auch das Kalenderjahr mit seinen rund 365 Tagen enthält diese immer wieder überraschend auftretende Zahl: Das Jahr ist nur einen Tag länger als 52 mal 7 Tage.

Das Kalenderjahr von Cäsar und Augustus mit seinen vom Mondlauf gelösten Monaten war zur Ermöglichung eindeutiger Zeitangaben von größerer Länge als nur ein paar Jahren eine wertvolle Hilfe. Es hielt die Jahreszeiten über Jahrhunderte fest und wechselte nicht wie frühere Systeme, die ständig zwischen Treue zum Mondlauf und Anpassung an die klimatischen Jahreszeiten schwankten, seine Länge. Mangelndes Wissen um die astronomischen Gegebenheiten verbirgt sich allerdings in der regelmäßigen Ablösung von Monaten zu 30 und solchen zu 31 Tagen, und daß auf den 31-tägigen Juli ein ebenfalls 31-tägiger August folgt, kann auch nur historisch begründet werden: Kaiser Augustus sollte hinter seinem Vorgänger Julius nicht zurückstehen. Daß es gerade der Februar ist, der mit nur 28 (in Schaltjahren 29) Tagen von den übrigen Monaten abweicht, geht auf einen gegenüber heute verschobenen Jahreswechsel zurück. Die verkürzte Länge des Februar und die auf das Lateinische zurückgehenden Namen der letzten vier Monate des heutigen Kalenders - September ("der Siebte"), Oktober ("der Achte"), November ("der Neunte") und Dezember ("der Zehnte") - zeigen, daß das Jahr der Römer gegenüber heute mit zwei Monaten Verspätung im März begann und im Februar endete. Der Name des Monats Januar, der auf Janus zurückgeht - eine Gottheit mit einem rückwärts schauenden alten und einem vorausblickenden jungen Gesicht -, verrät uns aber, daß es in früherer Zeit auch bei den Römern den Jahresbeginn in der Nähe der Wintersonnenwende gegeben haben muß, wie wir ihn heute haben.

Der heutige Gregorianische Kalender beinhaltet gegenüber dem Julianischen Kalender lediglich die Feinheit, daß die sonst regelmäßig alle 4 Jahre wiederkehrenden Schaltjahre (um einen Tag verlängerten Jahre) alle 100 Jahre ausfallen, alle 400 Jahre (besser wären 500 Jahre gewesen) aber bleiben, womit dem Umstand leidlich Rechnung getragen wird, daß das Jahr nicht genau 365,25 Tage lang ist, sondern 365,242 Tage.

Das Jahr der klassischen Astrologen beginnt zwar nach veralteter Sitte mit dem Frühlingsanfang, also am 21. März, was, wie wir wissen, dem Tageswechsel erst am Morgen statt um Mitternacht entspricht, es ist aber hinsichtlich seiner Monatslängen astronomisch richtiger: Die Erdbahn ist nicht genau kreisförmig, sondern (von Störungen durch Mond und Planeten einmal abgesehen) um 1,67 % in die Länge gezogen (genauer: Der Abstand zwischen Erde und Sonne schwankt um 1,67 % gegenüber einer Mittellage, die durch einen genauen Kreis beschrieben würde). In Sonnennähe bewegt sich unser Planet etwas schneller, in Sonnenferne langsamer. Da wir die natürlichen Monate ebenso wie die vier Jahreszeiten in Winkeln mit der Sonne als Winkelecke messen (12 Monate zu je 30 Grad ($^{\circ}$) ergeben einen Umlauf von 360°), ergeben sich in Sonnennähe kürzere, in Sonnenferne längere Monate. Da die

Lage des Sonnennahpunktes (Perihel) selbstverständlich von der Stellung der Erdachse und den hiervon abhängenden Jahreszeiten unabhängig ist, ändert er erwartungsgemäß - wenn auch nur im Jahrhunderte- und Jahrtausende-Maßstab - seinen Ort bezüglich der Jahreszeitenpunkte. Gegenwärtig liegen (für die Nordhälfte der Erde) die kürzesten Monate im Winter, in künftigen Jahrtausenden werden sie sich zum Frühling hin verlagern. Die Länge der Monate ist also - über Jahrhunderte oder Jahrtausende gesehen - zeitabhängig. Nehmen wir ferner als Schaltmonat nicht den willkürlich festgelegten letzten Monat des älteren römischen Jahres, den Februar, sondern immer den längeren der beiden Monate, die der mittleren Monatslänge (365,242 Tage : 12 = 30,437 Tage) am nächsten sind, so erhalten wir ein nach astronomischen Gegebenheiten gegliedertes und wegen seiner ständigen Anpassung immer eindeutig bestimmtes Jahr. Gegenwärtig sind die beiden Monate mittlerer Länge der vom 21. März (in Schaltjahren 20. März) bis 19. April und der vom 23. September bis 22. Oktober, und von beiden Monaten ist der im März beginnende (wenn man mit Tagesbruchteilen rechnet) der längere. Schaltmonat ist also der erste Frühlingsmonat, längster Monat der erste Sommermonat, kürzester Monat der erste Wintermonat. Da wir in einem Kalender nur ganze Tage verwenden können, ergibt sich nach Auf- und Abrundung: Winter: 29 Tage, 30 Tage, 30 Tage; Frühling: 30(31) Tage, 31 Tage, 31 Tage; Sommer: 32 Tage, 31 Tage, 31 Tage; Herbst: 30 Tage, 30 Tage, 30 Tage. - Wenn wir eine beliebige Massenzeitung mit ihren allerdings weitgehend nur zur Unterhaltung gedachten Horoskopen aufschlagen, finden wir die von uns mit dem Jahreslauf begründeten Monatslängen mit nur seltenen Ausnahmen (wenn besserwisserisch mehr "Genauigkeit" anvisiert wird) bestätigt (obwohl kaum ein Astrologe die Monatslängen selbst errechnen könnte).

Da die Jahreszeit mit dem zu ihr gehörenden Verlauf des Sonnenstandes und der Tag- und Nachtlängen für jeden Ort unseres Planeten von der Stellung der zugehörigen Erdhalbachse gegenüber der Sonne abhängt, ergeben sich für Nord- und Südhalbkugel der Erde um ein halbes Jahr gegeneinander verschobene Jahreszeiten, was wir bei einem für die ganze Erde geltenden Kalender immer im Auge behalten müssen.

Wir können mit dem von Papst Gregor XIII. am 4. Oktober 1582 eingeführten, mit verbesserter Genauigkeit auf dem Julianischen Kalender beruhenden Kalender vorerst zufrieden sein, obwohl es immerhin beschwerlich ist, wissen zu müssen, daß im Zuge dieser Neuerung 10 volle Tage (5.10. bis 14.10.1582) ganz gestrichen wurden. Durch die Streichung dieser 10 Tage, die eine Berücksichtigung des aufgelaufenen Fehlers seit der Zeit Julius Cäsars bedeuten sollte, wurde mißlicherweise nur die Hälfte des Auseinanderdriftens von Jahreswechsel und Wintersonnenwende aufgehoben. Erst wenn sich in kommenden Zeiten ein Bewußtsein der Verbundenheit mit der Sternenwelt neu entwickelt, wird sich die Forderung nach einer umfassenden Kalenderreform, nach einer Neufestsetzung des Zählungsbeginns der Kalenderjahre und schließlich noch allgemeiner nach einer Erneuerung aller Normen und Maße und selbst nach einer Umwandlung unseres Zahlensystems und unserer Buchstabenschrift(en) wie von selbst ergeben. Kein römischer Kaiser wird dasein, um all diese Neuerungen zu befehlen, aber daß sie dennoch Aussicht auf Verwirklichung haben, beweist der weltweite Siegeszug der Zahl Zehn, des Meters, des Kilogramms und vieler weiterer mathematischer, technischer und selbst rechtlicher Begriffe.

I.3. Bewegungen

Blicken wir in einer mondhellen Nacht zum Himmel, so scheint es dort keinerlei Bewegung zu geben. Lediglich vom Erdbegleiter, dem Mond, gewinnen wir vorschnell den Eindruck, als gleite er mit merklicher Geschwindigkeit durch die Wolken. Nach längerem Schauen merken wir wohl, daß es die Wolken sind, die vor dem Mond dahinziehen, während dieser nur sehr langsam im Verlauf der Nacht über den Himmel zieht und dabei die Sterne mitnimmt. Beobachten wir den Mond an mehreren Abenden, so merken wir, daß er langsamer untergeht als die Sterne, daß seine erleuchtete Seite der Sonne zugewandt ist und daß er uns - ob von der Sonne oder nur vom matten Erdenschein beleuchtet - immer dieselbe Seite zukehrt. Der Mond umrundet uns monatlich, die Sonne wandert in rund einem Jahr durch die Sterne des Tierkreises, die Planeten wandern gemächlich auf verschlungenen Bahnen, während den Fixsternen außer ihrem Flackern - das ihre Ferne verrät, indem es sie als praktisch punktförmige Lichtquellen ausweist - keinerlei Bewegung anzusehen ist. Je flüchtiger die Beobachtung, desto unbewegter - und desto langweiliger auch - erscheint der Sternenhimmel, und seine Lichtpunkte erscheinen uns blaß und gering an Zahl. Vom elektrischen Licht der Straßenlaternen und unserer Wohnungen und unserer Fernsehgeräte gefangen, vergessen wir, daß der Boden, auf dem wir stehen, und die Luft, die wir atmen, nur Bestandteile eines Planeten unter Planeten sind, und daß die Quelle von Licht, Wärme und Pflanzenwachstum nur eine Sonne unter hundert Milliarden ist, mit all den anderen sanft, aber unerbittlich durch die Felder der Schwerkraft verbunden.

Da es uns unter dem Einfluß der Zeitumstände an innerer Ruhe, Geduld und Fleiß fehlt, um in sternklaren Nächten fern von irdischen Lichtquellen mit ordnendem und lernendem Blick den Himmel zu betrachten, gewinnen die Sterne nur allzu leicht die Gestalt unwichtiger, oberhalb der Wolken unregelmäßig verstreuter Lichtpunkte, die nicht einmal echte Sterne sein müssen, da bei flüchtiger Betrachtung auch die zahlreichen die Erde umkreisenden künstlichen Satelliten als flimmernde Lichtpunkte den Sternen zum Verwechseln gleichen. - Wollen wir dennoch die Wirklichkeit des Alls erkennen, bedürfen wir einer Verstärkung unseres Auges, indem wir ein Fernrohr verwenden (und sei es auch nur ein kleines).

Die Instrumente der Sternwarten sind normalerweise zu teuer, um jedermann zur Himmelsbeobachtung zur Verfügung zu stehen. Fachkundige Wissenschaftler sorgen für eine sinnvolle Nutzung der Geräte und bringen ihre Beobachtungen und Erkenntnisse der Öffentlichkeit durch Berichte in Zeitschriften nahe. Solche Kenntnis aus zweiter Hand kann jedoch unmittelbares Sternerleben nur ergänzen und vertiefen. Jedermann zugängliche Amateurinstrumente, wie etwa die acht- bis zehnfach vergrößernden beidäugigen Ferngläser, führen unseren Blick tief genug ins All, um die gewaltigen Kräfte, die dort ohne Anfang und Ende wirken, zu erahnen.

Der Blick in die Sonne durch ein dunkles Filter - in einfacher Form durch (vollständiges!) Berußen der Innenseite des Fernrohrobjektivs - bleibt immer ein Wagnis, weil ein unvorhergesehenes Versagen der Filtermaßnahme zu einer starken Blendung und bleibenden Schädigung des Auges führen kann. Niemals sollte man zu schwach filtern - etwa indem man glaubt, eine besonders dunkle Sonnenbrille sei ausreichend! Ein Sonnenfilter muß so dunkel sein, daß hinter ihm der Tageshimmel und selbst weiße von der Sonne beschienene Flächen verschwinden und nur die sehr viel hellere Sonne noch mit mattem Licht durchdringt. Durch ein Rußfilter in zehnfacher Vergrößerung (des Bilddurchmessers) erscheint uns das Tagesgestirn als mächtige rote Kugel mit zum Rande hin etwas abnehmender Helligkeit, wodurch der räumliche Effekt entsteht, der durch die häufig zu sehenden dunklen Flecken - die sich in der Mitte der Sonne als mehr oder weniger rund, zum Rand hin dagegen stets länglich und gemäß dem Verlauf des Sonnenrandes gekrümmt zeigen - noch verstärkt wird.

Kein anderer Fixstern als die Sonne zeigt sich im Fernglas als Scheibe oder Kugel. Nur heller werden die Fixsterne, und ihr Flackern wird geringer. Selbst in den größten Fernrohren (Teleskopen) der Sternwarten bleiben sämtliche Fixsterne punktförmige Lichtquellen, und da die Wissenschaft schlüssig beweisen kann, daß es sich dennoch um gewaltige Glutbälle gleich unserer Sonne handelt, gegen die sich unser Heimatplanet Erde wie ein Sandkorn zu einem faustgroßen Stein verhält, merken wir, wie groß die Leere sein muß, die zwischen den Sternen liegt. Selbst die nächsten Fixsterne sind so fern, daß das Licht, welches auf einer geeigneten Spiegelbahn die Erde in einer Sekunde 7 1/2 mal umrunden würde, Jahre braucht, um von ihnen zu uns zu gelangen. Nur wegen ihrer großen Entfernung erscheinen uns die Fixsterne weitgehend unbewegt (fixum = fest, befestigt), auch wenn sie sich zum Teil mit Bezug auf uns als Beobachtungsort und gegenüber dem Hintergrund der dicht gedrängt erscheinenden fernsten Sterne mit großer Geschwindigkeit bewegen.

Zum Teil nicht heller, aber mit ruhigerem Licht als die Fixsterne zeigen sich die Planeten. Sie sind fern im Raum schwebende Kugeln, die von unserer Sonne beschienen werden. Sie sind für das bloße Auge noch punktförmig wie die übrigen Sterne, doch im Fernrohr gewinnen einige von ihnen schon bei geringer Vergrößerung - bei achtfacher Feldstecher-Vergrößerung und selbst noch darunter - Gestalt: Als elliptische Scheibe, in deren Nähe sich stets vier kleine Sternchen aufhalten, zeigt sich der Planet Jupiter. Der Planet Venus zeigt bei günstigem Anblick die Gestalt einer Sichel, wie wir sie vom Mond kennen. Der Planet Mars zeigt sich als orangerotes Scheibchen. Bei etwas gesteigerter Vergrößerung (zwanzigfach ist für ein sorgfältiges Auge schon genug) zeigt sich der Planet Saturn als mit einem Ring umgeben. Unscheinbar-verschwommen bleibt der Planet Merkur. Andere Planeten erscheinen nur wie lichtschwache Sternchen und sind deshalb nicht leicht zu finden, aber eben darin liegt auch ein gewisser Reiz.

Erscheinen uns Sonne, Fixsterne und Planeten noch als vielleicht feierlich, aber doch etwas unwirklich, weil ihre große Entfernung schwer richtig zu begreifen ist, so springt uns der Mond im Fernrohr als steinerne Landschaft ins Auge, und sein Anblick in 30-facher Vergrößerung ist so sehr greifbar scheinende Wirklichkeit, daß er erschrecken läßt - nicht grundlos besonders für den Kenner der Raumfahrt, denn bei dreißigfach verkürztem Abstand zum Mond befinden wir uns schon tief in seinem Schwerefeld und würden beim Blick zurück die Erde rund achtmal kleiner sehen als den Mond. Schon dem bloßen Auge zeigt der Mond ein "Gesicht", das durch unveränderlich festliegende Gebiete verschiedener Helligkeitstönung gebildet wird. Die dunklen Zonen heißen Mária (Meere - Einzahl: Mare), die helleren sind weniger gleichförmig und wurden schon früh als Gebirge erkannt. Was dem nicht unterstützten Auge noch als schattierte, aber ebene Fläche erscheint, erweist sich im Fernrohr als felsige Landschaft aus flachen, dunklen Staubwüsten und hohen, schattenwerfenden Gebirgen. Die Gebirge sind fast sämtlich ringförmig und werden daher meistenteils auch Krater genannt (in Anlehnung an den Begriff der runden Mündungsschlote irdischer Vulkane). Über eine solche Landschaft gleitet unser Blick. Daß das, was wir so zunächst nur zu sehen glauben, Wirklichkeit ist, beweisen die unter den Fernsehblicken der ganzen Welt erfolgten Besuche von Menschen auf dem Mond, die trotz der Schnellebigkeit unserer Zeit der Mehrheit der denkenden Menschen noch deutlich in Erinnerung geblieben sein dürften.

Bei alledem, was das Fernrohr uns zeigt, können wir uns fragen, ob solche Anblicke wohl auch jenen Menschen vergönnt gewesen sind, die vor vielen tausend Jahren schon unsere Sprache und unser Zahlensystem entwickelt haben, von der Geschichte aber nur geringschätzig als Steinzeitmenschen bezeichnet werden, weil sie offenbar an Greifbarem nur plumpe Steinwerkzeuge hinterlassen haben. Daß alte Sagen von Götterburgen und Ringwällen berichten, mag dennoch Zufall sein, obwohl nicht alle alten Völker der Sagenzeit ihren Schutz hinter mächtigen steinernen Ringwällen gesucht haben.

Die Suche nach den vier hellsten Planeten - Venus, Jupiter, Mars und Saturn - fällt uns leicht, wenn wir uns einmal klargemacht haben, wo zwischen den Sternen die scheinbare Sonnenbahn verläuft, in deren Nähe sich alle fünf hellen Planeten stets aufhalten. Die Schwierigkeit bei der Vorhersage des Auftretens des fünfthellsten Planeten, des Merkur, liegt nur in seiner Sonnennähe und seiner großen und ungleichmäßigen Bahngeschwindigkeit.

Alle Fixsterne bewegen sich im Tageslauf auf parallelen Bahnen um den Himmelspol. Die größte dieser Bahnen ist ein Großkreis und heißt Himmelsäquator. Der Himmelsäquator steht über dem irdischen Äquator senkrecht und liegt für einen Beobachter an einem der Pole auf dem Horizont. Die scheinbare Bahn der Sonne - welche ja nur bedeutet, daß sich der fast unendlich ferne Sternenhintergrund der Sonne für den Beobachter auf der Erde jährlich in gleicher Weise ändert - ist wie der Himmelsäquator ein Großkreis auf der Himmelskugel. Himmelsäquator und scheinbare Sonnenbahn liegen schräg zueinander und schneiden sich in zwei Punkten: dem Frühlingspunkt und dem Herbstpunkt. Die scheinbare Sonnenbahn heißt auch Ekliptik - das heißt soviel wie Gebiet der Überschneidungen -, weil hier der Mond in den Erdschatten oder vor die Sonne treten kann, wodurch das Naturschauspiel einer Mond- oder Sonnenfinsternis entsteht.

Die vier hellsten Planeten finden wir leicht. Auf den Merkur können wir warten, denn er wird jedes Jahr mehr als einmal für einige Tage sichtbar und ist dann stets hell genug, um vom Dämmerlicht der wenig unterhalb des Horizonts stehenden Sonne nicht verschluckt zu werden. Andere Planeten sind nur mit einem Fernrohr ausreichender Stärke bei genauer vorheriger Kenntnis des Ortes am Himmel zu finden (sofern die Suche nicht Jahre, Jahrzehnte oder - beim lichtschwächsten, fernsten Planeten, der sich auf seinem langsamen Umlauf von der Ekliptik weit entfernt - gar Jahrhunderte dauern soll). Die Vorausbestimmung von Planetenbahnen zeigt ganz im Gegensatz zum flüchtigen Blick nach oben eine durch und durch bewegte Sternenwelt ohne jeden wirklich festen Bezugspunkt: Die Erde dreht sich. Der Mond wandert um die Erde, aber nicht um ihren Mittelpunkt, sondern um den beiden gemeinsamen Schwerpunkt, um den natürlich auch die Erde einen Kreis beschreibt, der nur sehr viel kleiner ist als die (genau genommen nicht ganz kreisförmige, sondern ein wenig elliptische) Mondbahn. Alle Planeten wandern um die Sonne, aber der größte von ihnen (Jupiter) zerrt auch die Sonne um einen Schwerpunkt, der immerhin schon außerhalb ihrer Oberfläche liegt. Die Planeten beeinflussen sich untereinander. Alle Planetenbahnen sind mehr oder weniger von der Kreisform abweichende Ellipsen, in deren einem Schwerpunkt - unter dem Einfluß vor allem des größten Planeten langsam taumelnd - immer die Sonne steht. Die Planetenbahnen sind (in der Mehrzahl nur um wenige Grad, einige aber auch um mehr als 10, 20 oder 30°) zueinander geneigt. Auf dem sonnennäheren Teil seiner Bahn bewegt sich ein Planet schneller als in Sonnenferne. Da die Erde bei ihrem Umlauf um die Sonne ihren Standort wechselt, zeigen die nächsten Fixsterne eine elliptische Pendelbewegung vor dem ferneren Sternenhintergrund. Dieser jährlichen Pendelbewegung überlagert sich noch eine zweite, die ebenfalls jährlich abläuft und auf der Endlichkeit der Lichtgeschwindigkeit beruht: Sie ist unabhängig von der Entfernung des Sternes gleich und hängt nur vom Verhältnis der Bahngeschwindigkeit der Erde zur Lichtgeschwindigkeit ab, das bei etwa 0,0001 liegt. In Bezug auf die Fixsterne steht unsere Sonne nicht fest im All, sondern bewegt sich, indem sie mit Milliarden anderer Sonnen um den Kern einer Weltinsel treibt, die Milchstraße heißt, weil ihre fernsten Sterne für unser Auge zu einem milchigen Schleier verschwimmen.

Die Vorausberechnung des Ortes eines Planeten ist für niemanden ein Problem, der (das nötige Interesse an der Sache vorausgesetzt) neben einem bescheidenen Mindestmaß an rechnerischer Fertigkeit vor allem über die Bahnelemente des Planeten und der Erde verfügt. Bahnelemente sind genaue Angaben über eine Planetenbahn, die für eine Reihe von Jahren einigermaßen unverändert gelten. Sie sind das mathematische Ergebnis vieler genauer Messungen der Astronomen und beschreiben den räumlichen Verlauf von Planetenbahnen in Zukunft und Vergangenheit. Für Voraus- und Rückrechnungen im Bereich von Jahrzehnten genügt bei Verwendung der Bahnelemente ein einziger gemessener Aufenthaltsort des Planten am Himmel (mit zugehöriger Zeitangabe), um mit für den Amateur (Liebhaberastronomen) ausreichender Genauigkeit seinen Ort zu jedem beliebigen Zeitpunkt bestimmen zu können.

Wer sich einmal mit den geometrischen Grundlagen der Himmelskunde vertraut gemacht hat, wofür nicht mathematische Kenntnisse am wichtigsten sind, sondern Vorstellungsvermögen und Interesse, der erschrickt nicht mehr, wenn sich der Vollmond verdunkelt, wenn der helle Tag innerhalb einiger Minuten zur Nacht wird oder wenn Planeten nach den Gesetzen ihrer Bahn am Himmel auftauchen und wieder verschwinden. Er weiß, daß ein Zusammenstoß unserer Erde mit einem anderen Planeten oder einer Sonne wegen der großen Leere, die das All füllt, nicht zu erwarten ist, er weiß auch, daß unser Planet schon Milliarden Jahre (eine unvorstellbar lange Zeit!) unbeschadet überdauert hat, und er kann daher Weltuntergangsbeschwörungen kosmischer Natur, wie Unwissende sie gelegentlich verbreiten, belächeln. Vielleicht vermag er sogar zu erkennen, daß die größten Gefahren für Menschen und schweigende belebte Natur sich auf geistigem Gebiet entwickeln. Seinen Heimatplaneten sieht er wohl mehr als andere Denkende als ein Stäubchen in den Weiten des Nichts, aber doch als ein Stäubchen, das in Jahrmilliarden durch nichts verletzt wird.

Auch der vom Alltag Gehetzte kann bei einigen wenigen Himmelsereignissen die Bewegtheit der Sternenwelt unmittelbar wahrnehmen, ohne zu mathematisch-geometrischen Bildern greifen zu müssen und sogar ohne Verwendung eines Fernrohres: Macht er im Spätherbst oder Winter eine Reise in den hohen Norden, so kann er farbige Lichtvorhänge über den Himmel huschen sehen - die Polarlichter. Sie lassen die Geschwindigkeit, mit der die Erde durch den Raum rast, ahnen. Etwas ruhiger ereignet sich eine Mondfinsternis. Dieser Vorgang, bei dem die Mondkugel - die immerhin ein Viertel des Erddurchmessers besitzt - im Laufe weniger Stunden durch den Erdschatten wandert, kann fast von der ganzen Erde aus gesehen werden. - Am unmittelbarsten ist das Erlebnis der kosmischen Geschwindigkeiten bei einer totalen Sonnenfinsternis. Dieser muß man allerdings entgegenreisen, denn sie ereignet sich nur auf einem schmalen Streifen der Erdoberfläche. Wie bei der Mondfinsternis erleben wir zunächst eine kaum merkliche, aber stetige Lichtabnahme. Durch Filter und berußte Gläser sehen wir, wie die Sonne von einer schwarzen Scheibe von ziemlich genau der gleichen Größe wie sie allmählich verdeckt wird. Wenige Sekunden vor der völligen Verdunkelung der Sonne ist die Helligkeitsabnahme so plötzlich, daß sie vom Auge als Bewegung empfunden wird, und gleichzeitig vollzieht sich die Verdeckung der verbliebenen schmalen Sonnensichel als bewegter Vorgang. Ist dann die Sonne für kurze Zeit hinter dem Mond verschwunden, so gibt sie am nachtdunklen Himmel ein sonst vom Himmelsblau überstrahltes Geheimnis preis: Das grünliche Leuchten ihrer äußeren Atmosphäre, die am besten als der heiße Atem der ohnehin schon weißglühend-heißen, gasförmigen Sonnenkugel gedeutet wird, denn was wir dort sehen, ist grob gesagt ein mit Millionen Grad Hitze schimmerndes Nichts, das aus vereinzelt durchs Leere schwirrenden Teilchen besteht. Die Fachwelt nennt den Strahlenkranz der Sonne Korona - Krone.

Wir könnten die vielen Himmelsbewegungen, die wir bei genauem Hinsehen feststellen, als lästiges Hindernis empfinden, das uns den Blick zu den Sternen verleiden könnte. Was aber wäre ein unbewegtes All? Wo sich nichts bewegt, ereignet sich nichts. Das All aber steckt voller Ereignisse, und bei genügender Vertiefung in die Vielfalt der Bewegungen werden wir befähigt, als Beobachter an Ereignissen teilzunehmen, die sich bereits vor der Entstehung des Menschen in den Tiefen des Alls zugetragen haben. Wem das zu fern, zu unverbindlich ist, der denke immerhin daran, daß unser Alltag nach einem Kalender und mit diesem (unabhängig vom Problem der Monatsgrenzen) nach den Jahreszeiten geordnet ist, und daß alle Besinnung einen Halt braucht, der vom kurzen Maßstab des Menschenlebens frei ist. Deshalb sind für uns Menschen die gemächlichen, fernen, vielfältig ineinandergreifenden Bewegungen der Sternenwelt eine Hilfe im Dasein, sofern wir uns mit ihnen vertraut gemacht haben. Erst das Wissen um Planeten, Jahreszeiten und Zeitenwende gibt uns in der räumlichen und zeitlichen Endlosigkeit des Alls Bezugspunkte und Geborgenheit.

I.4. Der Stern der Weisen

Die Sterne stehen in der Nacht nicht still. Sie kreisen um den Himmelspol. Befänden wir uns auf dem Nordpol der Erde, so stände der nördliche Himmelspol genau über uns. Von anderen Punkten unseres Planeten aus ist er dagegen weniger unmittelbar zu finden. Rein zufällig befindet sich in den gegenwärtigen Jahrzehnten sehr nah am Himmelspol ein heller Stern, der unter Zuhilfenahme des (natürlichen, nicht astrografisch-offiziellen) Sternbildes des Großen Wagens leicht zu finden ist: Der Große Wagen besteht aus 7 (wieder die immer wiederkehrende Zahl!) etwa gleichhellen Sternen - den 3 Deichselsternen und den 4 Sternen des Wagenkastens. Die Gestalt des Großen Wagens zeigt auf natürliche Weise ein Oben und Unten. Verlängern wir die Strecke zwischen den beiden hinteren Kastensternen um das Fünffache nach "oben", so gelangen wir zu dem gesuchten polnahen Stern. Dort bietet sich uns noch eine Kontrolle: Der Polarstern ist erster Deichselstern des (ebenfalls inoffiziellen, aber ebenfalls bei wohl allen Sternliebhabern bekannten) Kleinen Wagens, dessen Sterne aber zum Teil sehr schwach leuchten und ein scharfes Auge erfordern.

Die meisten nördlichen Sternbilder tragen gegenwärtig Namen, die ihnen das alte Griechenland um die Zeit des Herrschers Alexander verliehen hat. Da Griechenland dem Äquator näher als dem Pol liegt, fanden dort die Sterne des Tierkreises und der Bereiche um Ekliptik und Himmelsäquator (beide sind um ungefähr 23 1/2° gegeneinander geneigt - ein Wert, der langfristig um etwa ein Grad schwankt) mehr Beachtung als jene um den Pol der Ekliptik und um den Himmelspol, die horizontnäher lagen und auch nicht durch Planeten oder durch Sonnen- und Mondfinsternisse die Blicke in ihre Richtung zogen. Ein für die weisen griechischen Denker untypischer Kurzschluß mag damit erklärbar sein: Das heute im amtlichen Gebrauch befindliche Sternbild griechischer Herkunft für das Himmelsgebiet des Großen Wagens ist ein "Großer Bär", was darin seine nur dürftige Berechtigung findet, daß dieser von der Zeit des alten Griechenland bis heute um den jeweiligen Himmelspol stets vorwärts gewandert ist (wenn man das Sternbild so deutet, daß die Deichselsterne des Großen Wagens den Schwanz des Bären bilden und drei Sternenpaare südlich und südöstlich des Wagenkastens als Füße aufzufassen sind). Die hellen Kastensterne des des Großen Wagens liegen sinnlos im hinteren Körperende des großen Sternbildtieres, dessen Konturen von verstreuten, lichtschwächeren Sternen recht verschwommen gezeichnet werden. Der Große Wagen ist hingegen spontan zu erkennen. Seine einzige Schwäche liegt - so scheint es zunächst - darin, daß er - auf welchen Himmelspol aller Jahrtausende auch immer bezogen - stets rückwärts fährt, zudem in der Gegenwart und in den meisten anderen Zeitaltern auch noch ausgesprochen schräg in Bezug auf die von den beiden Radachsen (den unteren Kastensternen) gebildete Bodenlinie. Was soll aber auch die Bezugnahme auf einen über die Jahrtausende ständig bewegten Punkt am Sternenhimmel? Trotz der selbstverständlich vorhandenen Eigenbewegung der sieben Sterne des Großen Wagens bleibt dieses Sternbild über viele Jahrzehntausende fast unverändert. Was liegt näher, als das Beständige dem Unveränderlichen zuzuordnen - den Großen Wagen dem Pol der Ekliptik? Nun schleift er nicht mehr - rückwärts gezogen - die Deichsel am Boden hinter sich her, sondern rollt auf seinen Rädern durch die Zeitalter vorwärts! - Ob dieses Bild des auf Rädern (wer hat sie erfunden?) fahrenden und wohl von gezähmten Pferden (Ochsen in ihrer Langsamkeit könnten ebensogut eine Schleiflast oder den schwerfälligen zweirädrigen Ochsenkarren ziehen) munter gezogenen Fahrzeugs wohl auch noch Zufall sein kann, wie die Ähnlichkeit zwischen irdischen Schutzwällen alter Zeit und den Ringgebirgen des Mondes? Ein Zufall reiht sich an den anderen! Vielleicht ergibt sich schließlich ein zusammenhängendes Bild, das uns in fernere Zeiten der Völkerentwicklung zurückblicken läßt, als alle geschichtliche Überlieferung? Unterscheiden wir aber wohl zwischen der Vorstellung, daß "jemand" die Sternenwelt für uns Menschen geordnet habe, um uns Wege zu weisen, und der rückwärts folgernden Betrachtung des Sternenhimmels im Vergleich mit Menschheitskenntnissen, deren Herkunft nur dann auf keine Weise zu erklären ist, wenn wir die Menschen der Steinzeit als allenfalls seelisch gut ausgestattete, aber geistig arme Wilde ansehen! Was der Sternenhimmel zeigt, ist ganz gewiß vom Zufall bestimmt und nicht uns Menschen zuliebe, die wir auf einem kleinen Planeten einer kleinen Sonne durch die Milchstraße treiben, gelenkt und geordnet. Ordnung und in die Zukunft wirkende Lenkung geht nur von der Beziehung aus, die eine Kette ungezählter Denker und Beobachter immer wieder in gleicher oder ähnlicher Weise zu den Sternen gefunden haben.

Jener Großkreis der Himmelskugel, der Ekliptik genannt wird, liegt in den Sternen nahezu fest. Die sehr langsame Schwankung in 40.000 Jahren um etwa 1° ist gegenüber den Lageänderungen des zweiten wichtigen Großkreises, nämlich des Himmelsäquators, recht unbedeutend. Die Neigung der beiden Großkreise zueinander liegt im Mittel bei rund 23° . Gäbe es diese Neigung des sich drehenden Erdkörpers zu seiner Bahn nicht, so gäbe es auch keine Jahreszeiten. So aber neigt die Erde der Sonne in jährlichem Wechsel ihre nördliche und ihre südliche Hälfte vorwiegend zu, indem die Neigung und Richtung ihrer Achse während der Jahreswanderung um die Sonne nahezu fest bleibt. Ekliptik und Himmelsäquator schneiden sich im Frühlingspunkt und im Herbstpunkt mit einem Winkel von gegenwärtig 23 1/2° . Die genaue Vermessung dieser Punkte in den Sternen zeigt, daß Frühlings- und Herbstpunkt langsam auf der Ekliptik entlangwandern. Ebenso bewegen sich Winter- und Sommerpunkt an den entsprechend mit 23 1/2° Winkelabstand zum Himmelsäquator liegenden Tropenkreisen. Eine Kreiswanderung der Punkte dauert durchschnittlich rund 25.800 Jahre. Wenn der auf den

Sternenhimmel abgebildete irdische Äquator langsam und systematisch seine Lage ändert, so gilt selbstverständlich dasselbe für die Pole und die Drehachse. Sobald wir uns die Gesetzmäßigkeit klargemacht haben, die zu jenem langperiodischen Kreisen der Erdpole führt, können wir uns der Gleichmäßigkeit und Unaufhaltsamkeit dieser Bewegung sicher sein: Die Ursache finden wir in den Gesetzen der Physik, genauer der Mechanik, die für einen kleinen Kreisel auf dem Erdboden ebenso gelten wie für die große, als sich drehender Rotationsellipsoid im Raum schwebende Erde. Die Erscheinung der (gegen die Rotation stets langsamen) kegelförmigen Achsenbewegung unter Beibehaltung des Neigungswinkels zu einer Bezugsebene nennt sich Präzession. Sie kommt so zustande: Ein sich drehender Kreisel weicht dem Umfallen aus, indem seine Achse sich statt zum Boden hin in kleinen Schleifen im Drehsinn bewegt. Präzession heißt (aus dem Lateinischen): Das Vorrücken. Auch auf unsere Erde wirkt eine Kraft, der die Achse des sich drehenden Erdkörpers ausweicht. Während aber beim kleinen Kreisel auf der Erdoberfläche die Schwerkraft in dem Sinne wirkt, daß sie ihn, wenn er nicht in Drehung versetzt ist, zum Kippen bringt, wirkt auf unseren Planeten gerade im Gegenteil eine aufrichtende Kraft: Weil der Planet Erde an den Polen etwas flacher, zum Äquator hin etwas gewölbter ist als eine genaue Kugel und dabei um 23 1/2° schräg zu seiner Bahn und zur Bahnebene des Mondes steht, dessen Bahnebene mit einer Neigung von nur etwa 5° in der Erdbahnebene kreist, ziehen Mond und Sonne den irdischen Äquatorwulst in Richtung ihrer Ebene. Wäre die Erdachse nicht geneigt, gäbe es nicht nur keine Jahreszeiten, sondern zugleich auch keine (Lunisolar-)Präzession. Zwischen den Monaten der irdischen Jahreszeiten und den Großmonaten der Großjahre besteht also ein Zusammenhang. Die Wirkung der aufrichtenden Kraft von Mond und Sonne auf den Kreisel Erde ist natürlich genau umgekehrt wie die Wirkung der kippenden Kraft auf einen kleinen Kreisel auf einer Unterlage im Schwerefeld der Erde. Die Erdpräzession verläuft daher rückwärts. Insofern müßte sie eigentlich Rezession (Zurückrücken) heißen, aber es hat sich eingebürgert, die Präzession als Hauptbegriff dieses Vorganges zu verwenden und ein negatives Vorzeichen (-) zu setzen, wenn es sich um eine Rückwärts-Präzession (Rezession) handelt.

Unter dem Einfluß der negativen Lunisolar(=Mond-Sonnen-)Präzession wandert der Frühlingspunkt rückwärts durch den Tierkreis, und neue Sternbilder rücken an die Stelle alter Tierkreiszeichengebiete: Stand die Sonne zu Zeiten des Jesus von Nazareth während des ersten Frühlingsmonats in den Sternen, die nach dem Tierkreiszeichen "Widder" benannt waren, so steht sie heute zur gleichen Jahreszeit im benachbarten Sternbild "Fische" - denn die Bindung der Namen an die Sternbilder ist ja geblieben, während die auf die Jahreszeiten bezogene Stellung der Sonne sich gegenüber dem Sternenhintergrund langsam verändert und so zu einer Verschiebung zwischen Tierkreiszeichengebieten und Tierkreissternbildern führt. Bald wird die Sonne zu Beginn des ersten Frühlingsdrittels auch nicht mehr in den "Fischen", sondern im "Wassermann" stehen. Wenn heute ein klassischer Astrologe jemandem erzählt, er sei etwa im "Widder" geboren, weil sein Geburtstag (in einem Nicht-Schaltjahr) zwischen dem 21. März und dem 19. April liegt, so hat die Sonne zu der Zeit dennoch (wenn nicht gerade an einer Sternbildgrenze) in den "Fischen" gestanden. Tierkreiszeichengebiet und Tierkreissternbild sind also durchaus etwas Verschiedenes.

Mit der Lunisolarpräzession ist das Wandern des Frühlingspunktes räumlich auf ein Grad genau und zeitlich (für den Zeitbereich eines Großjahres) auf 100 Jahre genau erklärt. Von nur geringer Bedeutung sind die kleinen periodischen Schwankungen, denen die Präzessionsbewegung unterliegt: Mit einer Periode von 18,6 Jahren dreht sich die Achse der Mondbahn gegenüber der Erdbahnebene, was zur Folge hat, daß sich die Neigung der Mondbahn zur Ebene des Erdäquators wiederkehrend ändert; nur jedes halbe Jahr ist die Äquatorebene um die maximalen $23\ 1/2^{o}$ zur Sonne geneigt, während ebenfalls jedes halbe Jahr - um den Herbstbeginn und den Frühlingsanfang - die Sonne nicht mit aufrichtender Kraft auf den irdischen Äquatorwulst einwirken kann; noch kurzfristiger ist die Schwankung der irdischen Präzessionsbewegung unter dem Einfluß der Wanderung des Mondes um den Erdkörper, die ja in nur knapp einem Monat erfolgt. Alle diese kleineren Einflüsse lassen die Präzessionsbewegung auf der Himmelskugel zwar nur um weniger als $1/60^{o}$ (= 1 Bogenminute) schwanken, aber sie haben dennoch zur Folge, daß eine genaue Vorausberechnung der Bewegung des Himmelspols, zumindest wenn man nur die Beobachtungen zur Grundlage nimmt, mindestens Jahrzehnte, besser noch Jahrhunderte messender Betrachtung erfordert. Wie müssen wir doch jene Denker und Beobachter aus alter Zeit bewundern, denen eine recht gute Bestimmung der Länge des Großjahres dennoch gelang!

Die zweite langfristige Bewegung, die zur allgemeinen Präzession der Erdachse beiträgt, ist die in einem schmalen Kegel kreisende Verlagerung der Erdbahnachse, also die Beschreibung eines engen Kreises durch den Pol der Ekliptik in den festbleibenden Sternen. Der Mittelpunkt des Kreises, auf dem sich der Himmelspol am Sternenhimmel bewegt, steht nicht völlig fest, wobei die Abweichung vom Mittelwert aber nur wenig über 1° liegt. Der Einfluß auf die Achse der Erdbahn geht von den Planeten aus, und zwar vorwiegend von zweien: Der massereichste Planet, der schon die Sonne zu nennenswerten Abweichungen von ihrem Mittelpunkt zwingt, ist Jupiter, dessen Bahn gegen die Erdbahn um 1,3° geneigt ist. Der Erde 14mal so nah wie Jupiter und dadurch etwa gleich wirksam ist der Planet Venus, dessen Bahnneigung gegenüber der Erdbahn 3,4° beträgt. Denkt man sich den durchschnittlichen Ort der Erde als gleichmäßige Verteilung der Erdmasse auf ihrer Bahn, so entspricht das Bild zweier an diesem Masse-Ring ziehender Planeten dem des von Mond und Sonne beeinflußten Äquatorwulstes des Erdkörpers. Die durchschnittliche Erde als Ring bewegt sich in der Jahresbewegung. Der Drehsinn ist derselbe wie der des sich täglich drehenden Erdkörpers. Die Wirkung von Jupiter und Venus ist folglich wiederum eine aufrichtende Kraft wie die von Mond und Sonne auf die Erdachse. Da die Planetenpräzession jedoch langsamer als die Lunisolarpräzession verläuft, wirkt sie gegenüber dieser verlangsamend, also wie eine Vorwärts-Präzession. Die Periode der Planetenpräzession liegt bei etwa 40.000 Jahren.

Der Frühlingspunkt (also allgemeiner die jahreszeitliche Stellung der Erde zu den Tierkreissternbildern) hat infolge der sich aus Lunisolarpräzession und Planetenpräzession ergebenden "allgemeinen Präzession" eine Periode von 25.786 Jahren. Die Bewegung des Erdkörpers gegenüber dem Fixsternhimmel ist jedoch von der Planetenpräzession unabhägig. Der Polarstern steht deshalb alle 25.724 Jahre am Himmelspol. Die Differenz (62 Jahre) bewirkt, daß nach einem Großjahr die Sternbildergrenzen des Tierkreises um knapp 1° verschoben sind, was aber noch unterhalb der Größenordnung der Eigenbewegung einiger heller, sternbildbestimmender Fixsterne liegt. Ein Großmonat ist ein Zwölftel eines Großjahres. Wir wollen nur in ganzen Jahren rechnen und wählen daher die Länge eines Großmonats zu 2.144 Jahren, wodurch das Großjahr eine Länge von 12mal 2.144 = 25.728 Jahren erhält.

Weil hierüber oft Mißverständliches zu lesen ist, muß ergänzend erwähnt werden, daß die langsame, systematische Lageänderung der Erdachse gegenüber Fixsternhimmel und Ekliptik nicht mit den eher regellosen Wanderungen der irdischen Magnetpole und Landmassen verwechselt werden darf. Die Magnetpole, auf welche die magnetische Kompaßnadel weist, liegen etwas abseits der geografischen Pole und ändern innerhalb von nur Jahren ihre Lage im 1° -Maßstab. Ohne die Lage der irdischen Drehachse nennenswert zu beeinflussen, wandern die Landmassen der Erde in Jahrmillionen ähnlich treibenden Eisschollen über den Erdkörper, wodurch wechselnde Gebiete unter die Pole zu liegen kommen. Für den Betrachter aus dem All bleiben jedoch die Pole abgesehen von der Präzessionsbewegung fest, und der Begriff "Polwanderungen" ist daher für den kosmisch denkenden Menschen ebenso irreführend wie das Bild der jährlich um die Erde wandernden Sonne, die doch in Wahrheit stillsteht und die Erde um sich kreisen läßt.

Viele alte Quellen kennen das Großjahr und seine Dauer, ohne daß uns noch heute ersichtlich wird, warum sie erforscht und überliefert wurden. Die Römer nannten jene Periode schlicht ANNUM MAGNUM (= Großjahr). Die Quelle ihres Wissens wird im alten Griechenland zu suchen sein. Die Geschichtsschreibung berichtet, daß der griechische Gelehrte Hipparch von Nikäa (er lebte von -190 bis -125 geltender Zeitrechnung) die Länge des Großjahres erforscht hat. Die erst um +1300 aufgezeichnete "Edda", in der das Weltbild der Germanenvölker dargestellt ist, enthält die Zahl der Jahre, die ein Zeitalter bilden, in verkleideter Darstellung: Es wird von zwölf mal fünfundvierzig mal achhundert Einheriern (himmlischen Kriegern) berichtet. Kürzen wir die Zahl 200 heraus, so bleibt die Zahl 2.160, also näherungsweise die Länge eines Großmonats. Die Einherier verteidigten mit den zwölf Götterburgen die zwölf Zeitalter! Deutlicher als die "Edda" spricht die "Bhagavadgita" von Zeitaltern, doch auch hier ist die Länge eingekleidet. Die schriftliche Überlieferung der Bhagavadgita (= Lied der Gottheit) begann um -300, also etwa in jener Zeit, als Alexander von Makedonien sein sich von Griechenland bis Indien und Nordafrika erstreckendes Reich aufbaute. Der Inhalt der im Herrschervolk der nördlichen Inder entstandenen Bhagavadgita geht auf die sehr umfangreichen Veden, die heiligen Schriften des Wissens (Veda oder Weda = Wissen) zurück, deren Aufzeichnung schon vor -1000 begann. Da es die Bhagavadgita in verschiedenen Fassungen gibt, sind auch die Längenangaben für die Zeitalter vor allem in den mit Kommentaren und Auslegungen verwobenen Gestaltungen des Werkes nicht immer gleich. Das gegenwärtige Zeitalter, "Kaliyuga", das Eisen-Zeitalter, dessen Kennzeichen Unwissenheit und Vergessen sind, so daß Wissen über das Göttliche nicht mehr wie in alten Zeiten mündlich überliefert werden und durch geduldige wissenschaftliche Arbeit vollständig und widerspruchsfrei erhalten werden kann, sondern in starren und deshalb vergänglichen Worten aufgezeichnet werden muß, dauert nach einigen Angaben 2.000 mal 2.160 Jahre, nach anderen 2.000 mal 2.150 Jahre. Daß es diese zwei unterschiedlichen, aber nahe beieinanderliegenden Zeitdauerbestimmungen gibt, unterstützt die Vermutung, daß dieses Wissen in alter Zeit bei Germanen wie Arioindern und später auch den Griechenvölkern als Bestandteil wissenschaftlichen Ringens um Wahrheit und Erkenntnis lebendig war, denn es liegt ja nichts näher als anzunehmen, daß der Unterschied auf voneinander unabhängige Messungen zurückzuführen ist, deren mittlere Genauigkeit immerhin bei 99,5 Prozent liegt. Die heute verstreuten Indogermanenvölker besitzen einen gemeinsamen Urspung. Ist es Zufall, daß sie in West wie in in Ost in ihren ältesten Überlieferungen von Zeitaltern sprechen? Wie lange mögen sie in der geschichtlich unbekannten Urzeit gemeinsam an ihrem kosmischen Wissen gearbeitet haben? Wie sternbezogen war ihre Kultur?

Ist auch die Zeitalterlänge mit nach heutiger Messung 2.144 (plusminus 1/2) Jahren wohlbekannt und in guter Übereinstimmung hiermit in ältesten Überlieferungen zu finden, so fehlt uns hingegen völlig ein Nullpunkt für die Zählung. Der Nullpunkt eines Großjahres ist dann erreicht, wenn ein heller Stern am Himmel stillsteht und den Menschen der nördlichen Erdhalbkugel, die ja einstmals der allein von Denkenden bewohnte Teil des Planeten war, als Wegweiser dient. Das Bewußtsein, auf diesen Stern warten zu müssen, ist alt: Die von der vergangenen Kultur der Sternen- und Götter-zugewandten Sumerer, Babylonier und Assyrer beeinflußten Juden besitzen einen Stern als Volkssymbol, seit sie geschichtlich bekannt sind. In den Augen ihrer Weisen mußte ein Verkünder eines neuen Zeitalters, der ohne den Stern erschien und sich als Erlöser der Großen Zeitenwende bezeichnete, ein verbrecherischer Gotteslästerer sein, auch wenn er eine neue, zeitnähere Religion stiftete, die allerdings nicht mehr den Anspruch erheben konnte, in den Sternen verankert zu sein. Jene strengen Gelehrten, die den Anhängern des Jesus ihren zweifelhaften Stern, der dem Erfordernis des Stillstehens in den Sternen nicht entsprach, zum Vorwurf machten, wußten nicht, daß sie immerhin an der Schwelle zum letzten Zeitalter eines Großjahres standen, in welchem das geschriebene Wort - auch der schriftlich festgehaltene Irrtum, ja selbst die vorsichtige Lüge - mehr zählen würde als das gesprochene, und sie konnten nicht wie wir heute Trost in der Weissagung der Edda finden, daß das letzte Zeitalter im Zeichen eines Herrschers aus der Finsternis stehen werde, das der Vorbereitung auf die Zeitenwende dienen sollte. Hätten die Weisen des alten Palästina gewußt, daß das Wirken des Jesus von Nazareth von der Bedeutung des letzten Zeitalters her sinnvoll war, so wäre es vielleicht nie zu dem unglücklichen Gegensatz zwischen den gläubigen Erben des Moses und den Anhängern des neuen Glaubens, die sich kühn Christen (aus griechisch christos = der Erwählte) nannten, gekommen.

Nicht völlig ohne einen besonderen Geburtsstern und eine Hervorhebung in den Sternen des Tierkreises ist Jesus zur Welt gekommen. Bevor er berühmt war und durch seinen Tod am Kreuz für zwei Jahrtausende unsterblich wurde, mußte er sehr wohl noch Rücksicht auf die Religion seines Landes und seiner Zeit nehmen und seine Mitmenschen nicht zuletzt mit kosmischen Argumenten überzeugen. Es kam ihm zugute, daß er in einer Zeit der Durchdringung und des Niedergangs der alten Völker lebte. Dem Großreich des Alexander folgte gerade das Weltreich der Römer. Aus Völkern wurden Bevölkerungen, deren überlieferte Kultur abbrach, um imperialen Forderungen zu weichen. In der unter römische Herrschaft geratenen Landschaft Palästina wuchs neben dem Sinn nach Befreiung die Sehnsucht nach Erlösung von der Ausweglosigkeit der zugleich erstarrenden und zerfallenden Kultur. Die in jener Zeit durch Herrscherwort beschlossene Bindung der Tierkreiszeichen und mit ihnen der Zeitalter an die Sternbilder der Ekliptik, wie man sie damals deutete, fand Eingang in das Denken der damaligen jüdischen Gelehrten und gab dem Gedanken einer nah bevorstehenden Zeitenwende neue Nahrung. Kein heller Komet stand bei der Geburt des Jesuskindes am Himmel Bethlehems; sollte der Abend- oder Morgenstern geschienen haben, so war dies kein Ereignis, das herausragte, da es alljährlich wiederkehrte. Um das Jahr -7 trat allerdings - nach alexandrisch-römischer Deutung - der Frühlingspunkt in das Sternbild Fische, und während im Spätsommer jenes Jahres die Sonne durch das Sternbild Jungfrau wanderte, standen nachts die Planeten Jupiter und Saturn gemeinsam in den Fischen. Dies war eine sogenannte "große Konjunktion" der beiden Planeten, aber sie war weder eindrucksvoll noch durch Seltenheit herausragend: Die beiden Planeten blieben wegen ihrer verschiedenen Bahnneigungen während der ganzen Zeit immer um mehrere Vollmondbreiten voneinander getrennt, und selbst wenn wir uns einmal vorstellen, sie ständen einmal so dicht beieinander, daß sie zu einem einzigen Stern verschwämmen, so wäre das Ergebnis nur ein geringfügig hellerer Jupiter, da der Saturn nur ein Sechstel der Jupiterhelligkeit erreicht, so daß die Summe der Helligkeiten eben auch nur 1 1/6 ausmacht. Jupiter-Saturn-Konjunktionen finden alle 20 Jahre statt, in einem bestimmten Sternbild durchschnittlich alle 240 Jahre, also immer noch neunmal in einem einzigen Zeitalter! Das bescheidene Himmelsereignis wurde für hinreichend befunden, um als Stern des Erlösers der Zeitenwende zu gelten. Das Ereignis wurde in dem Sinne gedeutet, daß eine Jungfrau (in deren Sternbild die Sonne stand) den Herrn des Fische-Zeitalters geboren habe. Noch heute sind im Bibelglauben die drei Weisen aus dem Morgenland, die ausgezogen waren, um dem Kind zu huldigen, das mit dem erwarteten Stern geboren war, mit der Geschichte des Jesus untrennbar verbunden, Maria, die Mutter des Jesus, gilt im Dogma - unter Mißachtung heute gesicherten biologischen Wissens - als Jungfrau, der wichtigste Anhänger der neuen Lehre des Jesus wurde ein Fischer - all das, um in einer in Fragen der Himmelsdeutung noch strengen Zeit dem Sterngeschehen gebührende Achtung zu erweisen. Dennoch war in Wahrheit jener "Stern von Betlehem" nur ein dürftiger Ersatz für den richtigen Stern der Zeitenwende, der noch nicht erscheinen konnte, weil man noch ein ganzes Zeitalter vor der richtigen Zeit stand.

Der richtige Stern alter Weissagung steht über der Erde und zwischen den Sternen still. Diese Bedingung erfüllen nicht die heutigen, über dem Erdäquator stehenden Synchron-Satelliten, die zwar über der Erde stillstehen, aber im irdischen Tageslauf durch die Sterne ziehen. Es gibt nur einen Stern, der alle 25.728 Jahre auf die geforderte Weise fest am Himmel steht: Es ist der Stern, der in unserem Jahrhundert schon deutlich über der nördlichen Erdhalbkugel als Polarstern zu erkennen ist. Auf der Bahn, die unser nördlicher Himmelspol beschreibt, ist er der einzige helle Stern, für den südlichen Himmelspol gibt es einen solchen Stern nicht. Die Abweichung zwischen Polarstern und Himmelspol beträgt jetzt - zwischen den Jahren 1975 und 1984 - nur noch weniger als 1° oder zwei Vollmondbreiten. Um die Jahre 2104 und 2105 wird er die größte Annäherung erreicht haben und dann wieder größere Kreise um den Himmelspol ziehen.

Der Polarstern ist nicht so hell wie der als Abendstern leuchtende Planet Venus, der helle Jupiter, der horizontnah leuchtende Merkur oder auch nur der blasse Saturn, sondern von bescheidener Helligkeit wie der Planet Mars, wenn er sich in Erdferne aufhält. Er besitzt die Helligkeit $+2{,}1^{m}$ (m = englisch magnitude, lateinisch magnitudo = Größe) und ist damit als Stern 2. Größe rund 2,5 mal 2,5 mal lichtschwächer als ein Stern der Helligkeit $0{,}0^{m}$ wie Wega oder der Planet Saturn. Sterne bis zur 5. Größe sind auch am Großstadthimmel der modernen Zivilisation noch leicht zu erkennen, wenn sie nicht zu nah am Horizont stehen, auf dem freien Land sieht man auch noch Sterne 6. Größe mühelos.

Die auf Jesus von Nazareth zurückgehende, als Christentum bezeichnete Religion bemüht sich, himmelszugewandt zu erscheinen: Ihr Gott befindet sich in einem verallgemeinerten Himmel, ihre Tempel (Kirchen) ragen mit ihren Türmen wie weisende Finger himmelwärts. Die christlich genannte Lehre gilt allerdings gerade jenen Menschen, die am meisten der Erde verhaftet sind: Jenen, die zu schwach sind, um aus eigener Erkenntniskraft im Einklang mit ihren Mitmenschen und der Natur ein vorbildliches Leben zu führen. Die Beispiele und Bilder der Anhänger der Jesus-Lehre liegen nicht im göttlichen Bereich, sondern dem unterster menschlich-tierischer Triebhaftigkeit, und der Umstand, daß in den Kirchen noch - wenn auch symbolisch durch Wein und Brot - Blut und Fleisch, ja eigentlich sogar Menschenblut und Menschenfleisch am Altar (Opferstein) hingegeben werden, zeigt eine nicht überwundene Bindung an eine dumpfe Sitte der blutigen Opfer erst von Menschen, später von Stieren, schließlich von Schafsböcken, was an vergangene Zeitalter einer seit nun schon acht Jahrtausenden (oder noch länger) falschen Zeitalterrechnung erinnert: "Zwillinge", "Stier", "Widder". Heute müßte man eigentlich auf dem Altar Fische opfern, was wahrscheinlich nicht genügend eindrucksvoll für die Gläubigen wäre. Wie sollte man aber dann im nachfolgenden Wassermann-Zeitalter verfahren? Altaropfer und Sternenhimmel vertragen sich schlecht. Zudem ergibt sich aus dem Himmel der tatsächlichen Sterne, daß Zwillinge-Zeitalter, Stier-Zeitalter und Widder-Zeitalter viele Jahrtausende vor der Zeit der Blutopfer gelegen haben, so daß die Verbindung von Opfertier und Zeitalter auf Irrglauben beruhte. Immerhin zeigt dieser ältere Teil der sich christlich nennenden Überlieferung, daß die Weisen des Morgenlandes, die dem Jesus vorangingen, sich um eine Bewahrung des Zeitaltergedankens bemüht haben.

Auch die zweite große monotheistische Religion, der Islam, der auf den Propheten Mohammed zurückgeht, beschäftigt sich in sehr irdischen Vorstellungsbereichen mit dem Menschen und stellt über ihn einen unbestimmten, fernen Gott, von dem sich ein Bild zu machen noch strenger als bei den Jesus-Gläubigen verboten ist.

Eine dritte Ein-Gott-Religion ist die Mutter der vorigen beiden Religionen. Es ist der Glaube der Juden, die Lehre des Moses, auch Altes Testament genannt. Der alttestamentarische Gott ist strenger als jener, den Jesus verkündete, er verlangt am deutlichsten Unterwerfung von seinen Anhängern, macht diese aber zu seinem auserwählten Volk. Sein heiligster Tempel stand in Jerusalem und liegt bis heute zerstört. Der Glaube des Moses sagt nicht mehr über die Sterne des Tierkreises als die Lehre des Jesus, doch ihm gilt der eine Stern, der einen Erlöser bringen soll, noch mehr als den Jesus-Anhängern. Ohne einen solchen Stern, den man nur erst richtig begreifen muß, wären alle Zeitalter ohne feste Grenzen, die Großjahre ohne Anfang und Ende.

Der Islam spricht von den sieben Himmeln, die den Anhängern des Propheten Mohammed offenstehen. Symbol der Mohammedaner ist der Halbmond, doch er ist nicht als Himmelserscheinung gemeint, sondern stellt das gekrümmte Schwert der Glaubenskämpfer geschichtlicher Zeit dar, denen damals die Christen, die Jesus-Anhänger, mit dem geraden Schwert entgegentraten.

Symbol der Christen oder besser Jesus-Anhänger ist das Kreuz, an dem jener - wie er sagte, stellvertretend für alle dem Tode Vehafteten dieser Welt - gestorben ist. Symbol der Mohammedaner ist der als Halbmond dargestellte Krummsäbel des Propheten. Selbst über den sechszackigen Davidsstern der Juden gibt es eine himmelsabgewandte Deutung, die ihn in zwei Dreiecke auflöst und diese als Durchdringung der materiellen und der geistigen Welt sehen will, doch der Gedanke an den Stern der Weisen, wie ihn vor allem die Anhänger des Jesus-Glaubens seit jeher pflegen, ist sicherlich älter und stärker.

Sterne, die ohne abzusetzen durch gerade Striche von Zackenspitze zu Zackenspitze gezeichnet werden können, besitzen 5, 7, 8 oder mehr, im uneigentlichen Sinne auch 3 Zacken, nicht aber 6. Der Sechszack muß durch Übereinanderzeichnen zweier gleichseitiger Dreiecke geschaffen werden, doch hat er dann wie die anderen von fünf, sieben oder acht Zacken das Aussehen eines Sterns, wie er ähnlich dem Auge am Himmel erscheinen mag. Sterne sind ja für das Auge nicht Scheiben, sondern helle Punkte, und diese können vom Rasteraufbau des Auges nicht anders als durch eine Sterngestalt gedeutet werden. Der sechszackige Davidsstern weist auf die Zahl zwölf der Monate und zugleich der Stämme des alten jüdischen Bundesvolkes. Ein diesem für analytische Geister immer in zwei Dreiecke zerfallenden Zeichen ähnlicher, echter Stern ist der Achtzack. Dieser achtstrahlige Stern deutet zwar nicht mehr die Zahl 12 der Monate, aber immerhin noch die Zahl vier der Jahreszeiten und Himmelsrichtungen an und enthält damit einen Hinweis darauf, daß der Stern der Weisen vor allem mit den Himmelsrichtungen zu tun hat. Jene Juden, die ihren Stern als Stern sehen, dürfen stolz sein, diesem über nun schon viele Jahrtausende die Treue gehalten zu haben. Wer diese stolze Bindung der Juden an den Stern anerkennt und wie sie die große Bedeutung eines zeitalterbestimmenden Sterns würdigen will, ohne den jüdischen Glauben in seiner Gesamtheit billigen zu können, der ja leider auch so verabscheuungswürdige Untaten wie die Körper und Seele vergewaltigende Beschneidung befiehlt, der mag sich als Leitsymbol den achtstrahligen Stern wählen, der von den Kulturen der Geschichte noch unbelastet ist.

Beim Übergang vom Jahre -1 zum Jahre +1 unserer Zeitrechnung (ein Jahr Null gibt es nicht, es gibt nur eine Nullgrenze zwischen dem Jahre 1 positiver Zählung und dem Jahre -1 negativer Zählung) stand der jetzige Polarstern mit 12° weitab vom Himmelspol. Die des Wartens auf Erlösung und eine Wiederkehr des prophezeihten Sterns müde gewordenen Menschen brachen mit den alten, nicht mehr voll verstandenen Überlieferungen und zwängten den Sternenhimmel in eine Ersatzordnung: Es wurde festgelegt, daß die Sonne des Frühlingsanfangs in ein Tierkreissternbild "Fische" getreten sei und ein Fische-Zeitalter der Buße und der Fleischlosigkeit angetreten sei. Den Unterschied zwischen Fisch und Fleisch sah man darin, daß der Fisch kalt und deshalb ohne Sinnlichkeit sei, während die Herdentiere der Weide wie die Menschen warmes, Begierde erzeugendes Blut in ihren Adern führten. Hinter sich sah man das verflossene Widder-Zeitalter, das auf ein in grauer Vorzeit liegendes Stier-Zeitalter gefolgt sein sollte, und selbst ein damals rund 4.300 Jahre zurückliegendes Zwillinge-Zeitalter war in Überlieferungen vom Kampf zwischen den Brüdern Kain und Abel und dem

Widerstreit zwischen Jakob und Esau angedeutet. Zwillinge, Stier, Widder und Fische mochten noch eine sinnvolle Zeitalterfolge ergeben, deren Irrtümlichkeit zu merken schwerfiel. Danach müßte dann aber der "Wassermann" folgen, und dieser widersetzt sich im Zusammenhang mit der Großen Zeitenwende, die ja ein Großjahreswechsel zwischen zwei langen Perioden zu je zwölf Zeitaltern sein soll, jeder sinnvollen Deutung: Der Wassermann gilt in der klassischen Astrologie als Symbol der Erneuerung. Wenn aber die Große Zeitenwende schon beim Übergang vom Widder-Zeitalter zum Fische-Zeitalter gelegen hat, dann ist ja das kommende Wassermann-Zeitalter bereits das zweite Zeitalter des neuen Großjahres. Umbruch und Erneuerung also erst im Zweiten Zeitalter? - Wären nicht Buße und Enthaltsamkeit und Übergang zu einer erneuerten, erweiterten Lehre, wie sie das Christentum des Jesus sein möchte, die richtigen Inhalte für ein letztes, zwölftes Zeitalter? Wäre es nicht weitaus sinnvoller, wenn der Neubeginn eines Großjahres rein, hell und friedlich nach überstandenen Kämpfen der Läuterung und Erneuerung erfolgte? Sollen wir also Jesus auf die Rolle eines Herrn nur eines Zeitalters, seines Fische-Zeitalters, einengen und den Beginn des neuen Großjahres nunmehr mit dem Zeichen des Wassermanns herannahen sehen? Besitzt der Wassermann für diese bevorzugte Stellung genügend Symbolkraft, etwa, indem sein Wasser als Trank der Erkenntnis zu deuten wäre? Selbst wenn diese Deutung etwas Sinn ergibt, reicht sie nicht für die dann notwendige Schlußfolgerung, daß Widder, Stier und Zwillinge in ihrer Beziehung zu den Jahreszeiten um ein Jahreszeitendrittel zu verschieben wären, damit die Grenze zwischen zwei Großjahren sich wieder mit der Grenze zwischen den Sternbildern zweier Jahreszeiten deckt. Spätestens an dieser Stelle der Folgerungen wird die Vermutung, daß die vergangenen drei Zeitalter unter falschen Zeichen gestanden haben, zur Gewißheit.

Widder, Stier und Zwillinge sind im Bewußtsein der Menschen als die drei aufeinanderfolgenden Frühlingszeichen fest verwurzelt, und keine anderen Zeichen des Tierkreises könnten sinnvoller ihre Plätze füllen. Anders steht es mit den weniger ausdrucksstarken Tierkreisgestalten des Winters und des Spätherbstes: Die Fische entstammen weniger der Deutung der Jahreszeit und des mit ihr verknüpften Menschentyps als vielmehr heiterer griechischer Darstellung des Göttergeschehens, die auf strenge Himmelsgesetze nicht immer die nötige Rücksicht nahm. Nach altgriechischer Sage hatte sich ein göttliches Liebespaar, um Entdeckung zu entgehen, in zwei Fische verwandelt, und diese Szene hat nun ihren Platz am Himmel. Da Fische als zwar flink, aber dumm, kalt und gefühllos gelten, wird es notwendig sein, sie in einem Tierkreis wirklich gleichwertiger Charaktere durch den nur fischähnlichen, aber warmblütigen und klugen Delfin (ältere Schreibweise Delphin, auch Tümmler genannt) zu ersetzen, was freilich ein nicht folgenloser erster Eingriff in ein Gefüge der Sternbilder des Himmels wäre, das heute - von einigen um den südlichen Himmelspol liegenden Himmelsgegenden abgesehen, die man in spätem Altertum und frühem Mittelalter nicht gekannt hat - ziemlich ausnahmslos auf der altgriechischen Sagenwelt beruht. - Noch ersatzbedürftiger als die Fische ist der Wassermann, so sehr er auch als vermeintlicher Herr des anbrechenden neuen Zeitalters heute im Gespräch ist. Das neue Zeitalter ist ohnehin zumindest keines, das auf ein "Fische"-Zeitalter folgt, auch nicht auf ein Delfin-Zeitalter. Die eigentliche, sehr irdische und örtlich begrenzte und keineswegs auf die Verbindung von Menschencharakter und Jahreszeit bezogene Bedeutung des Wassermanns ist die der ägyptischen Nilschwemme, die alljährlich etwa zur gleichen Jahreszeit nach Regengüssen im fernen Äthiopien erfolgt. Bei der Suche nach einem neuen Symbol - möglichst einem Tier, da es sich ja um einen Tierkreis (= Zodíakus) handelt - finden wir in der griechischen Mythologie wenig Hilfe. Die Deutung des entsprechenden Sternenfeldes und die Bildung von Charakter-Gegensatzpaaren führen uns auf einen Bären, dessen Gestalt am Himmel ja frei wird, wenn wir im "Großen Bären" in Zukunft doch lieber den zutreffenderen Großen Wagen sehen. - Die Zeichen Steinbock, Schütze und Skorpion müssen wir zyklisch vertauschen, um zu sinnvollen Beziehungen zwischen den Symbolen und ihren Monaten zu kommen: An die Stelle des jetzigen Steinbocks tritt der Schütze (genauerer Name, der auch bei der Unterscheidung zwischen altem und neuem Zeichen helfen mag: Bogenschütze), an die Stelle des jetzigen Schützen tritt der Skorpion, an die Stelle des jetzigen Skorpions tritt der Steinbock. Warum diese Vertauschungen, die große Verwirrung stiften können? Vergessen wir nicht, daß irgendwann doch einmal alles das an Berichtigung nachgeholt werden muß, was die ersten römischen Kaiser von ihrer Machtfülle her leicht hätten leisten können, aber aus mangelnder Kenntnis versäumen mußten! Der Bogenschütze ist zugleich der Wiederbringer des Lichts in der finstersten Winterzeit. Sein rechtmäßiger Platz ist daher der erste Wintermonat. Für die dunkle Adventszeit steht in der neuen Ordnung der im Verborgenen drohende Skorpion. Das zweite Herbstdrittel verbleibt dann dem die lichten Berggipfel erklimmenden Steinbock. - Weder Skorpion noch Steinbock haben in der wirklich alten Überlieferung einen gesicherten Platz auf dem Tierkreis: Der Skorpion wurde in der alten Ordnung nur deshalb zum Tierkreissternbild, weil er den in der Nähe des Tierkreises verewigten Jäger und Krieger Orion mit seinem Giftstachel getötet haben soll und daraufhin auf die dem Orion gegenüberliegende Seite des Himmels verbannt wurde, von wo aus er mit einem schmalen Teil seines länglichen Körpers in den klassischen Tierkreis hineinragt, ohne von diesem auch nur näherungsweise ein Zwölftel auszufüllen. In der Vorstellungswelt des alten Griechenlandes stand an der Stelle des heute als klassisch geltenden Steinbocks ein ganz anderes Tier, nämlich ein "Ziegenfisch" als Verwandlung des polternden Waldgeistes Pan, aus dem erst ein Übersetzungsfehler der der griechischen Klassik folgenden Zeit das neue Tierkreissymbol gemacht hat. Demzufolge ist der Steinbock aus der Sicht der Zeit des Julius Cäsar und des Augustus (der Gewicht darauf gelegt haben soll, im Zeichen des Steinbocks geboren zu sein) neu und zufällig. Als Zeichen der wieder emporsteigenden Sonne des Winteranfangs mag der Steinbock dennoch damals eine gewisse sinnbildliche Kraft entwickelt haben, wenn er auch diese Rolle nur vor rund 2.000 Jahren spielen konnte, da die Sonne ja jetzt ihren winterlichen Wendepunkt bereits im davorliegenden Sternbild hat und vor 2.000 Jahren ja, wie wir inzwischen ergründet haben, ganz gewiß nicht die Zeitenwende gelegen hat. Das Bild des Wiederbringers des Lichts, des Bogenschützen, dessen gradlinig geschossene Pfeile Lichtstrahlen gleichgesetzt werden, kann sich durchaus mit dem des aufsteigenden Steinbocks messen, und die Darstellung der den beiden letzten Herbstmonaten und dem ersten Wintermonat verbundenen Charaktere gelingt nach der zyklischen Vertauschung wie die Zuordnung der Symbole zu den

Jahreszeitendritteln besser. Nicht zuletzt bereiten wir so auch zwanglos die richtige Symbolik für den Himmel der wahren Zeitenwende vor.

Erst nach der Neuordnung der um den (gegenwärtigen) winterlichen Wendepunkt liegenden Sternbilder können wir darangehen, Zeitalter, die sich auf den Punkt in den Sternen beziehen, dem die Sonne des Jahres 2104 am Winteranfang gegenüberstehen wird, zeitlich und ihrer Symbolik nach zuverlässig und endgültig zu bestimmen. Nur noch knappe 2° trennen den Winterpunkt der Sonne von dem Ort, den er dann einnehmen wird, wenn der Polarstern dem nördlichen Himmelspol am nächsten gerückt sein wird. Ein neues Bild der um uns liegenden Zeitalter entsteht: Wir stehen am Ende eines Zeitalters des Bogenschützen, der sich trotz großer Ferne vom ewigen Licht erleuchteter Herrschaft die Bürde der Weltherrschaft aufgeladen haben soll und als Herrscher wenig geliebt in finsterer Ferne lebt. Es ist ein Zeitalter, das wie keins zuvor nach Erlösung ruft. Ihm wird ein Zeitalter im Zeichen des Skorpions folgen, dessen hoch getragener Todesstachel den unbezweifelbaren Herrscher des Ersten Zeitalters erkennen läßt. - 2.000 Jahre und weiter hinter uns opferten die alten Völker im Zeitalter des Großen Bären Herdentiere auf Altären und erlebten zugleich in noch ungebrochener Kampfeskraft die Blüte eigenständiger Kulturen - bis eine neue Herrschaftsform, das Imperium, das völkerüberspannende Großreich, ihren Willen brach. Vor jener Zeit im Zeichen des Bären lag das Zeitalter des durch die Meere streifenden Delfins, und erst vor dessen Zeit liegt das Zeitalter des seine geordnete Herde führenden Widders. Über noch fernere Zeiten gibt die klassische Astrologie auch in irrtumbehafteten Bildern keine Auskunft mehr, doch wir sind nach der Wiederherstellung des richtigen, Zeitaltern und Jahreszeiten gerecht werdenden Tierkreises in der Lage, bis in die Anfänge des jetzt endenden Großjahres zurückdenken zu können, und dürfen versuchen, uns ein Bild von jener geschichtlich nicht mehr erfaßbaren, fernen Zeit zu machen: Haben die Hirtenvölker, die damals, 26.000 Jahre vor unserer Zeit, durch die Steppen und Buschlandschaften Innerasiens zogen, den Polarstern wahrgenommen und sich bei Nacht auf ihren Wanderzügen nach ihm gerichtet? Haben sie sich über seinen Weg am irdischen Himmel Gedanken gemacht?

Haben sie versucht, in den Sternen eine die Zeitalter verbindende Ordnung zu finden? Hatten sie eine mit den Planeten verbundene Musik? Welche Planeten kannten sie? Konnten sie rechnen und messen? Solche Fragen werden wir an die Sterne richten und sehen, ob wir Antworten erhalten, die einst, in ferner Zukunft, auch für uns dann längst Vergessene wieder gelten werden.

I.5. Sternbilder und Tierkreiszeichen

Tausende funkelnder Sterne zeigen sich über den Himmel verstreut. Würden sie in von Menschen erlebbaren Zeiten durcheinanderwirbeln, so wäre in ihnen eine Ordnung wohl kaum zu gewinnen. Das Bild der Himmelskugel bleibt jedoch über Jahrzehntausende nahezu unverändert, als wären die Sterne fest an sie geheftet, weshalb sie auch Fixsterne ("feste Sterne") heißen. Unter den helleren Sternen sind allerdings einige, die unserem Sonnensystem soviel näher sind als die Milliardenschar der übrigen, daß ihre in der Blickebene liegenden Bewegungen schon in Jahrzehnten oder wenigen Jahrhunderten als langsame Wanderung durch den Sternenhimmel sichtbar werden. Alle Sterne vollführen in Abhängigkeit vom Jahreslauf der Erde kleine kreisförmige, elliptische oder auf einer Geraden pendelnde Bewegungen, die aber so unauffällig sind, daß erst Fernrohr und Sternfotografie sie zeigen. Deutlicher können in der Erscheinung ebenso geartete Eigenbewegungen sein, die dadurch zustandekommen, daß zwei ferne Sonnen sich so nahe stehen, daß sie in überschaubarer Zeit um einen gemeinsamen Schwerpunkt wandern. Der hellste Fixstern des Himmels ($-1,6^{m}$), der den Namen Sirius trägt, pendelt infolge der jährlichen Standortänderung der Erde und zugleich, dem überlagert, wegen der gegen die Lichtgeschwindigkeit zwar kleinen, aber doch schon meßbaren Bahngeschwindigkeit der Erde vor dem als fest ansehbaren Hintergrund der fernen Sternenwolken. Außerdem wechselt er seinen Ort in geradliniger Eigenbewegung. Schließlich beschreibt er noch eine elliptische Bahn um einen Schwerpunkt, den er mit einem schweren, aber fast unsichtbaren Begleiter gemeinsam besitzt. - Noch deutlicher als vermittels aller Messungen mit Instrumenten zeigt sich das Kreisen zweier Sterne umeinander, wenn sie aus unserer Blickrichtung einander verdecken: Der im Altertum und im frühen Mittelalter von Griechen und Arabern als unheimlich empfundene Stern Algol (arabisch "Al Gul" = Haupt eines Gul, eines Ungeheuers oder bösen Geistes, griechisch "Gorgo" = Schlund und Name weiblicher Ungeheuer ("Gorgonen"), griechisch auch: Haupt der Medusa mit dem Schlangenhaar, das vor Entsetzen zu Stein erstarren ließ) leuchtet zusammen mit einem nahen, dunkleren Begleiter so hell wie der Polarstern ($2{,}1^m$) mit der Helligkeit $2{,}2^m$ und verblaßt alle 3 Tage für 10 Stunden bis herab zum Wert $3{,}5^m$, wenn sein lichtschwächerer Begleiter vor ihm vorbeizieht.

So zufällig die Sterne auch über den Himmel verteilt sind, so hat es ihre weitgehende Standortfestigkeit doch erlaubt, sie zunächst zu einzelnen, unabhängigen Sternbildern und nach längerer, sinnender Betrachtung zu einer mit Sagen verwobenen Ordnung himmlischer Bilder zu verbinden. Gewiß sind dabei viele Sinngebungen möglich, weil sich mit den Sternen nur grobe Figurenumrisse zeichnen lassen, die zumeist vieldeutig bleiben, während zugleich auch die Sagenwelt, welche die Bilder liefert, austauschbar ist. Wenn uns das, was wir am Himmel sehen, dennoch eindringlich und überzeugend zusammenhängende Götter- und Menschheitsgeschichten zu erzählen vermag, sofern unsere Sinne nur aufmerksam sind, dann wohl deshalb, weil gleiche Gedanken ferner Ahnen in unseren Kulturen nachwirken, so wenig es uns auch bewußt ist, weil unsere Zeit uns glauben läßt, daß die himmlischen Zusammenhänge für unser irdisches Dasein weder Hilfe noch Gefahr bedeuten.

Schon den Denkern grauer Vorzeit wird der Mond das Jahr in zwölf (genauer: 12 1/3) Monate geteilt haben, was sich mit der Teilung des Jahres in vier Jahreszeiten vertrug, wie sie aus tiefstem, mittlerem steigendem, höchstem und mittlerem fallendem Stand der Sonne hervorging. Das langsame Wandern dieser vier Sonnenpunkte entlang der scheinbaren Sonnenbahn und die Bewegung des Himmelspols auf einem Kreis, auf dem der Polarstern liegt, hat zum Begriff des Großjahres geführt, das wie das Jahr in Monate geteilt wurde, die sich Großmonate oder Zeitalter nannten. So wie es 12 Monate mit unterschiedlicher Eigenart gibt, wurde auch nach 12 menschlichen Charakteren und ebenso nach 12 die Zeitalter unterscheidenden Grundgedanken gesucht und schließlich zwölfmal der gemeinsame Nenner ermittelt, der die Zwölftel aus den drei Bereichen verband. Ob jene gemeinsamen Nenner gekünstelt und nichtssagend oder aber kraftvolle, menschennahe Bilder waren, können wir nur unzuverlässig schriftlichen Überlieferungen entnehmen, deren Inhalte von der Zeit zernagt und durchrüttet sind, mit Zuversicht aber eigener Erforschung der Gesamtheit der ja unverändert gebliebenen zwölfteiligen himmlischen Ordnungen unter Anlehnung an Überliefertes, soweit es uns hilft. Wenn sich Monate, Menschencharaktere, Zeitalter und Tierkreissternbilder zu zwölf Symbolen fassen lassen, werden wir diese Symbole in Tierkreisdarstellungen alter Herkunft wiederfinden? Werden diese Zeichen von der Ordnung der Planeten, der Ordnung der Tonwelt, der Ordnung der Farben des Regenbogens und dem Flechtwerk des Göttergeschicks abgeschwächt oder bestätigt werden?

I.6. Sterne und Sternbilder

Immer wird es auf der Nordhalbkugel wie auch ebenso auf der Südhalbkugel der Erde so sein, daß sich die Tierkreissternbilder der Winternächte hoch am Himmel, die der Nächte des Sommers dagegen dem Horizont nah zeigen werden, denn wenn die Sonne auf dem Kreis ihrer Bahn hoch steht (Sommer), kann die Stellung der gegenüberliegenden Nachtsterne nur niedrig sein, während der am niedrigsten unter dem Himmelsäquator (also dem Horizont nah) stehenden Sonne (Winter) oberhalb des Himmelsäquators (also dem Zenit zu) stehende Sterne entsprechen. Dennoch wird das Bild des Himmels in 13.000

Jahren ein ganz anderes sein als heute: Der Polarstern wird 46° von von seinem jetzigen Ort große 24stündige Tagesbögen beschreiben, also um gut ein viertel des Himmelsbogens von seiner jetzigen Polstellung entfernt. Sternbilder, die sich jetzt in sommerlichen Nächten durch den von Dunst und städtischem Widerschein getrübten Horizont bewegen, werden dann zu Wintersternbildern geworden sein und sich so zeigen, wie wir als Bewohner mittlerer Breiten sie jetzt nur durch eine Fahrt in die Tropen sehen können, jenes äquatornahe Gebiet, in dem die Jahreszeiten des Nordens in die umgekehrten des Sommers übergehen - Winter in Sommer, Frühling in Herbst, Sommer in Winter und Herbst in Frühling.

Vergänglich wie die Bindung der Tierkreissternbilder und des Polarsterns an die heutigen Jahreszeiten sind zwangsläufig auch die Grenzen der heute nach Himmelsäquator und Himmelspol ausgerichteten Sternbilder des gesamten Himmels. Die amtlich-astrografischen Sternbildergrenzen verlaufen parallel zu den auf die Himmelskugel übertragenen Längenkreisen (Stundenkreisen) und Breitenkreisen (Deklinationskreisen) der Erde des Jahresanfangs von 1875 geltender Zeitrechnung. Schon in den vergangenen 100 Jahren (bis 1975) hat sich das irdische Koordinatensystem gegen das am Himmel festgelegte um 1/2° geneigt. Deshalb kommt man in der Wissenschaft zunehmend davon ab, sich bei der Suche am Himmel an die Sternbilder zu halten, und verwendet statt dessen die auf ein gegenwartsnahes Bezugssystem umgerechneten Koordinaten der zu beobachtenden Objekte. Der Grund für jene so wenig dauerhafte Festlegung der Sternbildgrenzen war vorwiegend nicht mangelnde Vorausschau, sondern technische Beschränktheit: Fernrohre, die der Sternbeobachtung dienen, sind groß und schwer und mußten, vor allem in vegangenen Jahrzehnten oder gar Jahrhunderten, als die Bautechnik für Großfernrohre sich noch entwickelte, mit möglichst wenigen bewegten Teilen gebaut werden. Sie hatten daher gerade die zwei mindestens notwendigen Achsen, um auf beliebige Sterne des Himmels gerichtet werden und deren Bewegung folgen zu können, nämlich üblicherweise eine Drehachse parallel zur Erdachse und eine senkrecht dazu. Verband man in diesem System die zum Himmelspol gerichtete Drechachse mit einem Antrieb, der mit einem Uhrwerk verbunden war und der Erddrehung entgegenarbeitete, so blieb ein gewähltes

Sternenfeld über Minuten oder Stunden fest im Bild. Gäbe es keine Präzession, so würden eine genau auf die Erddrehung in Bezug auf den Fixsternhimmel abgestimmte Uhr und die Rektaszensions-(Längenkreis-) und Deklinations-(Breitenkreis-)-Angaben genügen, um jeden Fixstern leicht aufzufinden, und in der ersten Zeit nach 1875 hat das für die damalige Sternbeobachtung auch näherungsweise gegolten. - Das Prinzip, ein erdkörpergebundenes Koordinatennetz zu verwenden, hat sich in der praktischen Arbeit bewährt, wenn es auch die besonders für einen Amateur (Liebhaber-Astronomen) nicht unerhebliche Schwäche besitzt, daß Sternkarten schnell veralten und die Grenzen aller Sternbilder im Laufe der Jahrtausende um bis zu 47° kippen und alle paar Jahrhunderte neu angepaßt werden müssen, sofern das überhaupt möglich ist, ohne daß wichtige Sterne in das Gebiet von Nachbarsternbildern fallen. Vernünftig und weniger schwerfällig als das Verfahren mit den in Abständen anzupassenden Sternbildern und Sternkarten wäre es, für die Beobachtungstechnik und für die Gliederung der Himmelsgebiete zwei verschiedene Koordinatennetze zu verwenden: Ein erdachsengebundenes, veränderliches für die Beobachtung und eins, das sich an der Erdbahn und dem Nord- und Südpol der Ekliptik orientiert, zur dauerhaften Festlegung von Sternbildern. Es wäre heute auch technisch nicht mehr zu aufwendig, durch Verwendung einer dritten Achse am Fernrohr (parallel zur Erdbahnachse) allein mit dem neuen, nicht erdachsenbezogenen Koordinatennetz auszukommen und nur noch die nach diesem gearbeiteten Sternkarten zu verwenden, die dann für fast unbegrenzte Zeit gültig wären.

Wenn wir ernsthaft und ins Einzelne gehend Sternbilder von zeitlosem Wert bestimmen wollen, werden wir wie einst die Griechen vom Tierkreis ausgehen, aber strenger als jene die den Tierkreis teilenden Längenkreise in Richtung der Pole der Ekliptik fortsetzen. Allgemein werden wir sich in den Polen der Ekliptik schneidende Längenkreise und zur Ekliptik parallele, zu den Polen hin kleiner werdende Breitenkreise, die die Längenkreise überall rechtwinklig überschneiden, verwenden und dadurch ein Koordinatennetz erhalten, das uns ein Oben (Norden) und ein Unten (Süden) und ein Links (Osten, Sonnenaufgangsbereich) und ein Rechts (Westen, Sonnenuntergangsbereich) festlegt. Von der Größenordnung der in etwa quadratische Himmelsflächen bedeckenden Tierkreissternbilder und einer unteren Helligkeitsgrenze der zu ihrer Darstellung notwendigen Sterne geleitet, werden wir am nördlichen wie auch am südlichen Himmel Sterne durch gedachte Linien zu Sternbildern verbinden, die trotz der Nüchternheit ihrer Gestaltung durch das Bewußtsein ihrer Betrachter bald Leben gewinnen werden, weil ihre Umrisse bedeutend schärfer und eindeutiger gezeichnet sein werden, als es in den Sternbildfeldern des letzten Jahrhunderts möglich ist. Wir müssen keineswegs befürchten, durch unseren Eingriff in die bisherige, zur Zeit weltweit anerkannte Ordnung gegenüber astronomischer Arbeit und zu den Schätzen des Altertums zählender griechischer Sagenwelt ungebührlich respektlos zu sein: Von den gegenwärtigen 88 Sternbildern gehen nur 45 oder wenig mehr auf altgriechische Sternkunde zurück, während besonders die erst im ausgehenden Mittelalter bekanntgewordenen südlichsten Sterne zu Bildern gruppiert worden sind, die eine beschämende Fantasielosigkeit ihrer Namensgeber bekunden. Es mag uns weiterhin beruhigen, daß die Sternbilder wegen der Bindung ihrer Begrenzungen an die in den Sternen bewegliche Erdachse spätestens in einigen Jahrtausenden (was für Himmelsvorgänge keine lange Zeit ist) keinen Bestand mehr haben werden, und ferner, daß die großen Weiterführer der Wissenschaften des Altertums und insbesondere der Sternkunde während der Zeit des europäischen Mittelalters, die Araber, von denen die Gegenwart die Namen fast aller hellen Einzelsterne übernommen hat, bei ihren Namensgebungen weitgehend nicht auf einen Sinnzusammenhang mit den griechischen Sternbildern geachtet haben, und schließlich kann es, als kleiner Trost für weniger Lernwillige, auch sein, daß manche der bisherigen Sternbilder unsere Bedingungen für ein richtiges Sternbild durchaus erfüllen, so daß wir sie unverändert in die neue Ordnung übernehmen können.

I.7. Charakter und Tiersymbole

Als unzählig erscheinen uns auf den ersten Blick die Sterne, die uns schon ohne Fernrohr sichtbar werden. Um sie zu zählen, müßten wir die Himmelskugel entweder durch ein unsichtbares Koordinatennetz, das sich auf die Drehachse der Erdkugel oder auf die Achse der irdischen Kreisbahn um die Sonne bezöge, aufteilen, oder durch Verbindungslinien zwischen den hellsten und auffälligsten Sternen. Beide Wege sind gangbar und in der Vergangenheit beschritten worden. Es stellt sich heraus, daß der Eindruck eines unübersehbaren Sternenmeeres von der geringen Zahl von bestenfalls 3.000 Einzelsternen hervorgerufen wird, was wirklich überraschen muß, wenn wir uns nur vor Augen führen, daß wir bis zu dieser Zahl zwar fast eine Stunde zu zählen hätten, sie aber auf einem Lineal von 3 Metern Länge alle auf den noch gut sichtbaren Millimetermarken aufreihen könnten. Solch eine Betrachtung zeigt uns einmal mehr, wie groß die Leere ist, die sich zwischen den Sternen dehnt.

Bei der Gliederung des Himmels in Anlehnung an die hellsten Sterne stoßen wir fast zwangsläufig auf Linienverbindungen, die uns Gestalten unserer irdischen Umwelt wiedergeben: Mancherlei Tiere oder auch Geräte, deren Aussehen sich nicht unter dem Einfluß des technischen Fortschritts ständig wandelt. Über einige Bilder werden wir uns schnell mit anderen Betrachtern einigen, während andere nur abstrakte Vielecke bleiben, die verschiedenartig gedeutet werden können. Da aber Dreiecke, Vierecke, Fünfecke, Sechsecke und Zickzacklinien wenig einprägsam sind, ist es hilfreich, sie, wenn sie schon als Umrißbilder mehrdeutig sind, wenigstens mit Namen zu versehen, die einer einheitlichen Sagenwelt entstammen. Gut wäre es, wenn man sich auf eine einheitliche Deutung des am Himmel Sichtbaren festlegen könnte, doch dazu hat sich die weltweite Astronomie zumindest bisher nicht einmal im Ansatz durchzuringen vermocht. Von den 88 Sternbildern heutiger Benennung geben kaum vier (Schwan, Orion (als Jäger oder Krieger), Großer Hund und Kreuz des Südens) das wieder, was ihr Name sagt.

Selbst die Tierkreissternbilder, wie sie seit der Zeit der ersten römischen Kaiser, also seit rund 2.000 Jahren festliegen, sind nur Projektionen jahresbezogener Gestalten in Sterngebiete, denen man die Namen, die sie erhalten haben, sofern man sie nicht kennt, gewiß nicht ansieht. Allenfalls mag man noch das heutige Sternbild der Zwillinge (man könnte konsequent in Voraussicht des notwendigerweise einmal Kommenden schon von "Alt-Zwillingen" sprechen) als erkennbar betrachten, in dem wenigstens die Köpfe der beiden Zwillinge Kastor und Pollux als nahezu gleichhelle Sterne nahe beieinander stehen und sich vom umgebenden Sternenfeld als helles Paar absetzen, doch gibt es auf dem Tierkreis mindestens noch ein weiteres, gleichwertiges Sternenpaar, vor allem jenes im (auch im Tierkreis liegenden!) Sternbild Schlangenträger (Ophiuchus), das nicht nur Köpfe andeutet, sondern mit hellen Sternen auch zu den Körpern fortgesetzt ist. Das gegenwärtige Sternbild Schlangenträger liegt zwischen dem Skorpion, der vom Tierkreis ja nur einen kleinen Abschnitt einnimmt, und dem Schützen und hat selbst keine Tierkreisbedeutung.

Um das "Jahr Null" unserer Zeitrechnung, also mathematisch richtig an der Grenze zwischen den Jahren -1 und +1, stand die Sonne eines Monats in dem Tierkreissternbild, dessen Name dem jahreszeitlichen Wesen des Monats und dem besonderen durchschnittlichen Charakter der in ihm geborenen Menschen entsprechen sollte. Inzwischen haben sich die Tierkreissternbilder in Bezug auf den Sonnenstand verschoben, und es bedeutet etwas Verschiedenes, in welchem Zeichen und in welchem Sternbild die Sonne steht. - Obwohl es in der klassischen Astrologie Meinungen gibt, die an geheimnisvolle Kräfte glauben, die von den Sternen aus auf jeden einzelnen Menschen einwirken und sein Leben bestimmen, hält man sich in der Sterndeuterei, wie sie heute betrieben wird, einheitlich an die jahreszeitgebundenen Tierkreiszeichen, von denen die Tierkreissternbilder sich immer weiter entfernen. Bei der Deutung eines wichtigen klassisch-astrologischen Begriffs, des Aszendenten - des zur Stunde der Geburt aufgehenden Tierkreissternbildes (oder aber Tierkreiszeichens) - ist man dagegen in den Meinungen gespalten. Unter den heutigen Astrologen gibt es nicht wenige, die in der Astronomie so wenig bewandert sind, daß sie von der allmählichen Verschiebung des Tierkreises um ein ganzes Sternbild, wie sie in den vergangenen 2.144 Jahren erfolgt ist, noch keine Kenntnis genommen haben und daher mit Sternen arbeiten, die dort, wo sie es annehmen, schon lange nicht mehr stehen.

Irgendwann im Verlaufe des 25.728 Jahre langen Großjahres müssen Tierkreiszeichen und Sternbilder übereinstimmen. Die Grenzsetzung wäre sinnvoll gewählt, wenn die Übereinstimmung gerade beim Übergang zwischen zwei Großjahren gegeben wäre. Die heutigen Tierkreissternbilder erfüllen diese Bedingung nicht. Ihre Übereinstimmung hat gegen Anfang des jetzigen, gemäß der Stellung des Polarsterns zwölften Zeitalters bestanden. Wenn wir annehmen, daß sowohl das Bewußtsein von den Zeitaltern wie auch Jahreszeit und Tierkreiszeichen der Geburt Einfluß auf die Menschen haben, bleibt den heutigen, nicht eindeutigen und zugleich unpassenden Tierkreissternbildern kaum noch etwas von ihrer früheren vermeintlichen Wirksamkeit, auch wenn viele der im Tierkreis vorkommenden Namen Symbolkraft behalten. Die Tierkreis-Sternbilder der Gegenwart sollten als das gesehen werden, was sie sind: Zur Unzeit und daher unrichtig benannte Sterngebiete, deren Namen nicht nur austauschbar sind, sondern des Austauschens durch Verschiebung, Umstellungen und Neubenennungen bedürfen.

Wie sich die Frauen nicht dem Rhythmus entziehen können, der sich in den Mondphasen zeigt, so wird auch der Jahreslauf mit seinen vier Jahreszeiten nicht ohne Einfluß auf den Menschen sein, wobei es wohl nicht ganz bedeutungslos sein wird, wie die Jahreszeiten über jenes Jahr verteilt sind, das von Geburtstag zu Geburtstag zählt. Seit grauer Vorzeit haben Denker nach Symbolen gesucht, die typische Merkmale der Monate - bezogen auf den gemäßigten bis gemäßigt-kühlen Klimagürtel der nördlichen Erdhalbkugel - und hervorstechende Charaktermerkmale der in diesen Monaten geborenen Menschen gleichzeitig wiederzugeben vermochten. Das Ergebnis solchen Sinnens zeigt sich in den großenteils uralten Bildern des Tierkreises, deren Mehrzahl sich in mehr als zwei Jahrtausenden in der Auseinandersetzung mit den tatsächlichen Menschen anscheinend bewährt hat. Nachdem in den letzten 2.000 Jahren die weniger aussagekräftigen unter den Tierkreiszeichen wie totes Wissen fortgeschrieben worden sind, ohne auch in nur geringem Maße Wandlungen zu unterliegen, können wir in genauer Kenntnis der zeitlichen Grenze zwischen den Großjahren und in Anlehnung an Berichte aus ferner Zeit, in denen die Sternengötter nicht zuletzt als prägende Gestalten der den Monaten verwandten Zeitalter beschrieben werden, heute endlich die Schwächen des alten Tierkreises beheben. Ein Gebot unserer Sorgfalt muß es sein, den nun bereinigten Tierkreis daraufhin zu untersuchen, ob seine Symboltiere zumindest der wohl selbstverständlichen Anforderung entsprechen, in ausgewogenem Maße sämtlich verschieden, aber doch gleichrangig und gleichwertig zu sein. Andernfalls wären ja ein zwölftel oder auch mehrere zwölftel der Menschen allein wegen des Tages ihrer Geburt höherwertig oder minderwertig, ohne daß dieser Unterschied - wie wir es sonst kennen - erblich wäre, da ja das Schicksal der Kinder nicht den Zeichen der Eltern, sondern ihren eigenen Tierkreiszeichen gehorchen würde. Wir werden also davon ausgehen, daß es zwölf gleichermaßen verschiedene, aber gleichwertige menschliche Grundcharaktere gibt, die sich auf eindeutige Weise mit den Jahresmonaten in Verbindung bringen lassen, und werden in den Verknüpfungen mit den Symbolen des Tierkreises sehen, ob sie sich zur Darstellung dieser Charaktere eignen. Bei der Erprobung des Tierkreises durch Vergleich wirklicher Menschen sollten wir um ein nicht zu umgehendes Unschärfegesetz wissen, das darin liegt, daß Unterschiede der Herkunft sich den Unterschieden aus den Tierkreiszeichen überlagern und Unterschiede, die allein auf die Verschiedenheit der Geburtsmonate zurückgehen, gerade dann deutlicher werden, wenn die Herkunft ähnlicher wird. Theoretisch kann es - von der Wahrscheinlichkeit her allerdings selten - Geschwister verschiedenen Alters oder sogar scheinbar nicht nah verwandte Menschen geben, die dennoch genau das gleiche biologische Erbgut besitzen. Tatsächlich kein seltener Fall sind aus nur einer Eizelle hervorgegangene Zwillinge. Solche Menschen sind der Herkunft nach völlig gleich, so daß sie uneingeschränkt (abgesehen von den in der Regel auch nicht sehr ungleichen Umwelteinflüssen) die allein von den Geburtsmonaten und ihren Symbolen bestimmten Wesensabweichungen aufweisen müßten - wenn es nicht eben so wäre, daß sie immer so gut wie gleichzeitig zur Welt kommen und daher dem gleichen Lebenszyklus unterliegen und die erste Nacht nach ihrer Geburt unter dem gleichen Tierkreiszeichen erleben.

Symbolgestalten des Tierkreises lassen wir Tiere sein, die wir auf unserem Planeten Erde wirklich sehen und erleben können, wenn auch in einer lebensfeindlichen Zeit zunehmend seltener: Falke, Bär, Delfin, Widder, Stier, Zwillinge, Krebs, Adler, Storch, Schwalbe, Steinbock, Skorpion. Dies ist der neue Tierkreis, sicher besser als der alte mit seinem falschen Beginn und seinen Verwechslungen im Winter, und doch kommen auch wir nicht umhin, eine geringe Unausgewogenheit bestehen zu lassen, wenn wir den natürlichen Erscheinungen, wie sie sind, nicht Gewalt antun wollen: Vier Vögeln stehen vier Säugetiere gegenüber, bei der Bildung von Gegensatzpaaren bleibt jedoch für den Stier nur ein Krebs. Aus Scheu vor der Überlieferung lassen wir ihn im Tierkreis bestehen, denn gerade in seinem Zeichen gibt es besonders viele Abergläubische, die sich mit einem neuen Zeichen nur schwer abfinden würden, und wie wir nach der erfolgreichen Suche nach einem geeigneteren Tier noch sehen werden, geben ihnen die Gegebenheiten des Sternenhimmels auch halbwegs recht. Nehmen wir schon einmal einen Teil der Bewertung der Gewichte und Beziehungen im Tierkreis vorweg und nehmen es als gegeben, daß Steinbock und Falke, Schwalbe und Bär, Storch und Delfin, Adler und Widder, "Krebs" und Stier und zweierlei Zwillinge Gegensatzpaare bilden, und fügen dieser Ordnung als weitere, erst später zu gewinnende Kenntnis hinzu, daß Stier und "Krebs" sich wegen ihrer verträglichen Natur trotz des Umstandes, daß sie ein Gegensatzpaar bilden, immerhin verstehen. Dann kennen wir alle notwendigen Bedingungen, um das Wesen, das eigentlich den Krebs ersetzen müßte, nennen zu können, sofern sicher ist, daß der Stier bleibt. Am Stier ist aber auf dem Tierkreis nicht zu rütteln: Er gehört nicht nur zu den unangreifbaren drei Frühlingssymbolen (Widder, Stier, Zwillinge), sondern in einem "Kreis der Gegensatzpaare" auch zu einem Dreieck der "starken Symbole", die alle drei Paarhufer und Hörnerträger sind (Widder, Stier, neuer Steinbock). Das richtige Tier an der Stelle des Krebses soll fliegen können, weil dem Stier wie jedem anderen Säugetier des Tierkreises (mit Ausnahme der Zwillinge, die Gegensatz ihrer selbst sind und in einer gegensatzähnlichen Beziehung außerdem zum (neuen) Skorpion stehen, der gegensatzlos in sich selbst ruht) ein fliegendes Wesen gegenüberstehen muß. Zugleich soll das Tier eine Eigenschaft besitzen, die eine Möglichkeit gegenseitigen Verständnisses ausdrückt, ohne die Verschiedenheit der beiden Wesen aufzuheben. Diese unvereinbar scheinenden Bedingungen erfüllt ein unauffälliges Wesen der sommerlichen Dämmerung und Nacht: Die Fledermaus. - Gibt es "Krebs"-Geborene, die nun tauschen möchten?

Die Alten, die Weisen grauer Vorzeit, waren gute Naturbeobachter, was selbst auf die Griechen und Römer des späten Altertums noch zutrifft, während das Mittelalter von einer naturfeindlichen Weltschau bestimmt war. Am Sommerpunkt kehrt die Sonne von ihrem höchsten Stand am Himmel zurück, und dieses Rückwärtsschreiten drückte man mit dem Symbol des Krebses aus, da dieses Lebewesen, wie man am Meeresstrand beobachten kann, auch nur rückwärts zu gehen scheint, oder doch zumindest seitlich, aber nicht vorwärts. Die Beziehung der Fledermaus zur Sommer-Sonnenwende ist schwächer: Wir sehen Fledermäuse vorwiegend im Sommer, wenn die Abendsonne schon unter dem Horizont steht und die Hitze des Tages weicht.

Falke, Delfin, Fledermaus und Schwalbe sind mit keiner Deutungskunst im ihnen zugehörigen Himmelsfeld als Sternbild auszumachen. Sie müssen hilfsweise durch Zweitsymbole erklärt werden: Der Falke durch den auch im alten Tierkreis bekannten Schützen oder besser Bogenschützen, der Delfin durch ein Schiff, die Fledermaus durch den altbekannten Krebs, den man tatsächlich, wenn man am richtigen Himmelsort sucht, erkennen kann, und die den Sommer vom Herbst scheidende Schwalbe durch ein Recht und Unrecht scheidendes Richtschwert, das auch Hell und Dunkel scheidet und die (natürlichen, jahreszeitlichen) Monate teilt.

Ein Meister des Fluges ist der Falke (Wanderfalke), der pfeilschnell auf geradestem Wege jedes Ziel erreicht, das sein Auge erspäht. Seine Geradlinigkeit wird in der Sagenwelt mit dem Lichtstrahl gleichgesetzt, was ihn zum Symbol des wiederkehrenden Lichtes der Wintersonnenwende gemacht hat. Am Sternenhimmel wird der Falke durch einen Bogenschützen vertreten, der zielend einen Pfeil auf der gespannten Sehne hält. Das dem Falken gegensätzlichste Lebewesen auf dem Tierkreis ist der Steinbock.

Große Kraft und die Fähigkeit zu klettern, zu schwimmen und sich auf die Hinterbeine zu erheben, sind wesentliche Eigenschaften des so tollpatschig erscheinenden Bären. Seine Zeit ist der kalte zweite Wintermonat, den viele Lebewesen nur mühsam ertragen. Der Bär wagt sich nicht nur auf Bäume und Berge, sondern begibt sich auch in Gegenden, die nur aus treibendem Eis und eiskaltem Meerwasser bestehen, ohne zu Schaden zu kommen. Als Sternbild steht er nicht hell, aber deutlich am Himmel. Das ihm gegensätzlichste Lebewesen auf dem Tierkreis ist die Schwalbe.

Große geistige Regsamkeit und ein ständiger Bedarf an Spielen und anregenden Erlebnissen kennzeichen den Tümmler oder Delfin, der sich mit dem dritten Wintermonat verbindet und mit den bei Beginn der Schneeschmelze auslaufenden Schiffen um die Wette schwimmt. Ihn vertritt am Himmel ein großes, hell gezeichnetes Schiff mit Kiel und trapezförmigem Segel. Das dem Delfin gegensätzlichste Lebewesen des Tierkreises ist der Storch.

Inbegriff gesunder Lebenskraft ist der mit dem ersten Frühlingsmonat eng verbundene Widder, in einfacher Sprache auch Hammel oder Schafsbock genannt. Seine Lämmer bevölkern im Frühling die frisch keimenden Wiesen. Seine aufrechte Haltung und seine gewundenen Hörner gebieten Respekt. Auch der Widder ist am Sternenhimmel deutlich auszumachen. Das ihm gegensätzlichste Lebewesen im Tierkreis ist der Adler.

Größer und rein der Kraft und Masse nach stärker als alle übrigen Tiere des Tierkreises ist der Stier, aber er ist kein Jäger, sondern grast friedlich auf der Weide, solange er nicht unentwegt gereizt wird, bis sich eine Wut in ihm angesammelt hat, die sich entladen muß. Seine Zeit ist der zweite Frühlingsmonat. Der Stier ist auch am Himmel groß und reicht mit seinem Körperende etwas über sein Tierkreiszwölftel hinaus. Das dem Stier auf dem Tierkreis gegensätzlichste Lebewesen ist die durch den Krebs vertretene Fledermaus.

Die Zwillinge sind Menschenkinder und künden mit dem letzten

Frühlingsmonat die Jahresmitte an. Sie sind beide von knabenhafter Unternehmungslust, aber sie unterscheiden sich, indem der eine in ratloser Lage glänzende Einfälle hat, während der andere die Fähigkeit des schnellen und doch sicheren Entschlusses besitzt. Die Zwillinge bilden am Himmel ein von vielen Sternen dennoch sauber gezeichnetes, eindrucksvolles Sternbild. Gegensätzlich sind sie nur zueinander selbst, doch stehen sie zum Skorpion in einer besonderen, fragenden Beziehung.

Eigentlich müßten wir nun von der Fledermaus sprechen, dem bescheidenen Freund der Sommernächte, der unstet flattert, aber niemals anstößt und niemandem schadet. An ihrer Stelle steht aber am Himmel der Krebs, der auch ein Lebewesen ist und mit seinem Rückwärtslauf die Umkehr der Sonne am Beginn des Sommers beschreibt. Der Beginn des Entschwindens der Sonne im Zeichen des Krebses mag Bewohner gemäßigter und kühler Breiten bedrücken, aber eine unaufhaltsame Zunahme der Sonnenstrahlung bis zur Tropenglut wäre nicht weniger unerträglich als ständiger Winter. Der Krebs ist vorsichtig und trotz seines Panzers zerbrechlich, aber seine Scheren verleiten ihn dazu, andere Wesen zu necken und bei unvermeidlichen Kämpfen jede Gefahr zu vergessen. Dem kleinen Lebewesen Krebs oder auch Fledermaus ist auf dem Tierkreis der mächtige Stier am gegensätzlichsten.

Hoch über der irdischen Welt schwebt der mächtige Adler, wohl ein Steinadler, der dem reifen Sommer - dem zweiten Sommermonat - zugeordnet ist. Sein scharfer Blick erspäht alles, was sich unter ihm ereignet, aber er greift nur ein, wenn sich ein Herabsteigen lohnt. Mit lichtschwachen Sternen gezeichnet, schwebt er auch im Sternenhimmel mit weit ausgebreiteten Schwingen. Das ihm gegensätzlichste Lebewesen im Tierkreis ist der Widder.

Das Tierkreistier des letzten Sommermonats ist der Storch, der in dieser Zeit mit seinen flügge gewordenen Jungen zur großen Reise über den fernen Erdäquator rüstet. Sein großes Nest (Jäger sagen Horst, obwohl der Storch nicht wie Falke oder Adler ein Raub- oder Greifvogel ist und Horste eigentlich Greifvogelnester sind) ist auf den Häusern der Menschen errichtet, oft auf einem nicht mehr benutzten Schornstein, woher das Kindermärchen rühren wird, er bringe vom Teich, wo er sich häufig aufhält, die neugeborenen Menschenkinder und werfe sie durch den Schornstein zu den Müttern herab. Trotz seiner verwinkelten Gestalt ist am Himmel ein auf einem Bein stehender Storch erkennbar gezeichnet. Das ihm gegensätzlichste Lebewesen des Tierkreises ist der Delfin.

Der Herbst beginnt mit dem Abschied der Schwalben, die in den Süden ziehen. Irgendwann während der Sommermonate haben sie ihre Jungen im hohen, gemauerten Nest gefüttert. Dem Zweck dienend sind sie kreuz und quer über den Himmel geschwirrt, doch nun sammeln sie sich zum großen, zielstrebigen Wanderflug und lassen das Land im Herbst zurück. Statt einer kleinen Schwalbe sehen wir am Sternhimmel ein großes, stehendes Schwert, das strenger als die lebhaften Schwalben an das Scheiden gemahnt. Die Germanen früherer Zeit kannten noch diese Beziehungen und nannten den ersten Herbstmonat Scheiding und stellten ihn durch eine der Schwalbe nachgeformte Rune (ein Ritzzeichen) dar, während sie die Hülle, aus der ihre Helden das Schwert zogen, Scheide nannten. Das der Schwalbe gegensätzlichste Lebewesen im Tierkreis ist der gewaltige Bär, der die kalte Winterzeit überbrückt.

Mit dem vorletzten Herbstmonat verbinden wir den Steinbock, ein Tier, das durch seine großen, nicht gedrehten, sondern nur gebogenen und mit Querkerben verzierten Hörner beeindruckt. Es ist ein Bergtier, das auf mühsamen Pfaden steile Hänge und höchste Gipfel erklimmt. Die Wege des Steinbocks sind Wagnisse, und es kann vorkommen, daß ihm der Abstieg schwierig oder unmöglich wird. Der Steinbock ist zur rechten Jahreszeit am Himmel leicht zu erkennen, ja der Sternkundige kann sogar sehen, wie er mit einem Huf scharrt. Das dem Steinbock gegensätzlichste Lebewesen auf dem Tierkreis ist der Falke.

Das kleinste Tier des Tierkreises ist der Skorpion, der für den letzten Herbstmonat gelten soll. Er ist ein merkwürdiges Lebewesen, das aussieht, als besäße es keinen Kopf und vor allem keine Augen. Der Skorpion besitzt acht unauffällige Punktaugen auf der Oberseite desselben Körperabschnitts, auf dessen Unterseite sich seine acht Beine befinden. Zwei in

Zangen endende Arme scheinen von kopflosen Schultern auszugehen, doch wie schon die Lage der Augen verrät, bedarf es offenbar des von anderen Wesen gewohnten Kopfes nicht. Der Körper läuft in einen in Abschnitte gegliederten Schwanz aus, an dessen Ende sich ein äußerst giftiger Stachel befindet. Mag der Skorpion auch unheimlich sein, so trägt er doch, wenn er stechen will, den Stachel erst drohend erhoben. Obwohl am kleinsten, ist der Skorpion der Beherrscher des Tierkreises. Während sich die anderen Tiere des Tierkreises in Gegensatzpaare gliedern, ist er ohne Gegenstück und steht als Symbol für die Verantwortung des Herrschenden über Leben und Tod. Am nächtlichen Himmel ist der Skorpion - dieser Skorpion und nicht jener der astrologischen Klassik! - ein deutliches Sternbild.

Die Tiere des so dargestellten Tierkreises sind einander gleichrangig und als Symbole für menschliche Charaktere gleichmäßig verschieden und doch gleichwertig. Mit anderen Darstellungen wären diese Bedingungen wohl auch zu erfüllen gewesen, aber es konnte ja nicht unsere Absicht sein, mutwillig alles Überlieferte umzuwerfen, nur um die richtigen Charaktersymbole zu finden, und schließlich waren wir uns auch der Anforderungen bewußt, welche die Gliederung des Großjahres und noch andere zwölf- und dreizehngliedrige Ordnungen an den Tierkreis stellen.

Der Beweis, daß Menschen gemäß dem Monat ihrer Geburt mit feststellbarer Deutlichkeit dem Tierkreissymbol charakterlich naheständen, das für sie gilt, ist mit wissenschaftlicher Strenge nur schwer zu führen. Gesichertes Wissen ist es aber, daß Kenntnisse, die zum Bestandteil des Bewußtseins werden, den menschlichen Charakter beeinflussen. Ein ausgeprägtes Tierkreiszeichenbewußtsein würde dazu führen, wesentliche Eigenschaften der Mitmenschen hervorgehoben zu sehen und sachlich unbegründete Abneigungen zu vermeiden. Ein Tierkreiszeichenbewußtsein unterstützt die Anerkennung der Verschiedenheit gleichrangiger Menschen. Daß der von uns gewählte Tierkreis niemanden erniedrigt oder erhöht, wird deutlich, wenn wir die 84 möglichen Vergleiche unter seinen Symboltieren vornehmen.

I.8. Alte und neue Tierkreissternbilder

Der Tierkreis (Zodíakus) ist jener Großkreis der Himmelskugel, auf dem sich die Sonne auf ihrem von der Erde her so gesehenen Jahreslauf bewegt. Der Tierkreis ist in Anlehnung an die Zwölfteilung des Jahres durch die Monate in 12 gleiche Abschnitte von je 30° geteilt, und jeder Abschnitt trägt ein Tierkreissymbol. Die Grenzen zwischen den zwölf Teilen des Tierkreises sind näherungsweise durch den Frühlingspunkt der Zeit zwischen den Jahren -7 und +1 unserer Zeitrechnung bestimmt. Damals, vor nunmehr fast 2.000 Jahren, wurde angenommen, daß der sich langsam verschiebende Frühlingspunkt - der Punkt, an dem die Sonne am Frühlingsanfang steht - sich an der Grenze zwischen den Tierkreiszonen des Widders und der Fische befinde. Diese Ansicht, die auch beim damaligen Wissensstand durchaus angreifbar war, erstarrte zu den Sternbildern des klassischen Tierkreises.

Da die Astronomie ihre Sternbildgrenzen parallel zu den auf die Himmelskugel übertragenen Längen- und Breitenkreisen der Erdkugel mit der Achsenstellung des Jahres 1875 bezogen hat, stehen die meisten Tierkreissternbilder gegenüber dem Tierkreis und den Längen- und Breitenkreisen stark geneigt, und ihre Begrenzungen decken sich - aber nicht nur aus diesem Grunde - nur in sehr grober Näherung mit den Grenzen der Tierkreiszonen. Die den Tierkreis überschneidenden Grenzen der Tierkreissternbilder teilen den Tierkreis in unterschiedlich lange Abschnitte, wodurch die Grenzen zwischen den eigentlich gleichgroßen Tierkreiszonen verschwimmen und insbesondere der Übergang des Frühlingspunktes der Sonne vom Gebiet der Fische in das Gebiet des Wassermanns, den klassische Astrologen in unserer jetzigen Zeit erwarten, ein sich über viele Jahrzehnte hinziehender, gleitender Vorgang wird. Das heutige System der Sternbilderfestlegungen erlaubt es Halbgebildeten, den Beginn eines neuen Zeitalters mit heute wie in hundert Jahren anzugeben und für den entsprechenden Umbruch Prophet zu spielen.

Es könnte ja sein, daß die Sternbilder, die den Tierkreis

überdecken, trotz der Willkür der ihnen aufgezwungenen Namen mit etwas Fantasie als die Figuren gedeutet werden können, als die sie bisher benannt sind. Sollte sich dies bewahrheiten, so wäre es trotz vieler guter Gründe schwer, neue Bilder an ihre Stelle zu setzen. Falls aber die alten Tierkreissternbilder nur offensichtlich nichtssagende Sternanhäufungen sind, dann hat es schon ein Erstaunen verdient, wenn ein nur nach astronomischen Gesichtspunkten völlig neu festgelegter Tierkreis plötzlich deutliche Sternbilder zeigt.

Sehen wir uns den alten Tierkreis an: Im Sternbild "Widder" heben sich nur die beiden hellen Sterne Hamal und Scheratan aus einem Meer gleichmäßig verstreuter Sternchen hervor. Sie werden als Augen oder Gehörn des Widders gedeutet. Der Körper des Widders bleibt im Dunkel. - Der rote Stern Aldebaran im "Stier" mag als dessen zornfunkelndes Auge gedeutet werden und die darumliegende Sterngruppe der Hyaden als sein Haupt, aber der Körper bleibt wieder im Verborgenen, und der helle Stern Elnath (arabisch = Horn) zeichnet zusammen mit dem Siebengestirn (den Plejaden, 7 Prinzessinnen, denen der Aldebaran (arabisch = der Nachfolgende) auf dem Weg zum Horizont folgt) sowie Aldebaran, Zeta Tauri, Lambda Tauri und den Hyaden kein der Deutung zugängliches Bild. - Auch die "Zwillinge", deren beide Hauptsterne die Namen des sterblichen und des unsterblichen Zwillingsbruders der griechischen Sagenwelt (Kastor und Pollux) tragen, sind wie "Widder" und "Stier" körperlos. - Nur aus lichtschwachen Sternchen besteht der "Krebs". Er läßt den Eindruck einer dunklen Lücke zwischen den von hellen Sternen gezeichneten Sternbildern entstehen. - Der benachbarte "Löwe" besteht aus einem Trapez aus vier hellen Sternen, das mit etwas gutem Willen als liegender Löwe deutbar ist. - In dem ausgedehnten Sternbild "Jungfrau" fallen nur der helle Stern Spika und die wesentlich schwächeren Sterne Almuredin (Epsilon Virginis) und Gamma Virginis auf, die nicht entfernt ausreichen, das Bild einer Frau oder Jungfrau zu zeichnen. - Das von den Sternen Zuben Elgenubi und Zuben Eschemali angedeutete Gerechtigkeits-Sternbild "Waage" müßte eigentlich als Symbol der Ungerechtigkeit aufgefaßt werden, weil ihre Verbindungslinie stark geneigt ist. - Das nächste Sternbild, der "Skorpion", scheint durch den benachbarten

"Schlangenträger", der auf dem Tierkreis nicht mitzählt, aber auch als Sternbild nicht zu erkennen ist, weitgehend nach Süden aus dem Tierkreis verdrängt. Der "Skorpion" enthält zwar viele helle Sterne, darunter den rötlich leuchtenden Antares (= Gegen-Mars), aber die Deutung als Skorpion bietet sich kaum an. - Auch im Sternbild "Schütze" funkeln wegen der nahen Lage zur Milchstraße viele helle und auch schwächere Sterne, und es mag wohl möglich sein, aus diesem Sternenfeld neben vielen anderen Möglichkeiten auch die Gestalt eines Mannes oder eines Zentauren (Pferd mit Männeroberkörper von den Pferdeschultern an) herauszudeuten, aber eher ist zu erwarten, daß dieser zunächst von der Natur begünstigte Deutungsversuch an den ziemlich beziehungslos geschaffenen, zu engen Sternbildgrenzen scheitert. - Wenn man keine gehobenen Ansprüche an die Helligkeit der beteiligten Sterne stellt, besitzt der "Steinbock" immerhin mit dem Stern Deneb Algedi ein Hinterende, Sadalzabih und Algedi bilden Augen, und die sehr schwachen Sternchen Psi Capricorni und Omega Capricorni können als Vorderfüße aufgefaßt werden. Da es sich um schwache Sterne von zudem noch unterschiedlicher Helligkeit handelt, ist das Bild eher auf Sternkarten und kaum am wirklichen Himmel erkennbar. - Die schwachen Sterne des Sternbildes "Wassermann" besitzen eine nichtssagende Verteilung, die niemals die Gestalt eines Wasser schüttenden oder Wasser tragenden Mannes sichbar werden läßt. Im alten Ägypten neigte sich um die Mitte des Sommers, wenn das Wasser des Nils über die Ufer trat, morgens das Sterngebiet des Wassermanns zum Untergang, während zugleich Sirius, der hellste der Fixsterne, aufging, worin man ein Zeichen sah, das man einem "Wassermann" zuschrieb. Das klassische Griechenland sah im Wassermann, losgelöst von den Wassern des Nil, Deukalion, den Sohn des Prometheus, der sich von den Göttern ein neues Menschengeschlecht gewünscht hatte. - Im Sternbild "Fische" ist wenigstens einer von zwei Fischen erkennbar. Er wird am Westrand (Untergangsseite) eines langgestreckten Sternbildes von den Sternchen Beta, Gamma, Kappa, Lambda, Jota und Theta Piscium gezeichnet, deren verbindender Streckenzug durch schwächere Sternchen noch nachgezeichnet wird. Auch der zweite Fisch soll für sehr geschickte Deuter noch sichtbar sein. Auch er besteht aus sehr lichtschwachen Sternen. - Zwischen dem westlichen Fisch und dem größeren östlichen

Teil des Sternbildes "Fische" berührt das Sternbild "Walfisch" den Tierkreis, ohne jedoch in diesen zu gehören.

Der alte Tierkreis bezieht sich auf ein Weltbild, das die Zeitenwende um ein Zeitalter verfrüht ansetzt. Die richtige Grenze liegt durch den "Stern der Weisen", den Polarstern unserer Zeit (und andere Zeiten haben keinen polnahen hellen Stern) eindeutig fest. Wenn wir uns aber daranmachten, den Tierkreis lediglich um ein Zwölftel seines Umfanges - also um eine Tierkreiszone - zu verrücken, so würden wir damit immer noch bei einer inzwischen veralteten geozentrischen Betrachtungsweise verharren, welche die mächtige Sonne als um die Erde kreisenden Körper auffaßt. Nicht wo die Sonne aus irdischer Sicht im Tierkreis steht, sollte für uns maßgebend sein, sondern die Stellung der Erde in den Sternen, wie sie von der Sonne her zu sehen wäre. Erst damit erhalten wir (in dieser Eigenschaft auf die nördliche Erdhalbkugel eingeschränkt) zur Kennzeichnung der Monate nicht mehr Sternbilder, die sich am Taghimmel hinter der Sonne verbergen, sondern solche, die nachts als der Sonne gegenüberstehend wirklich sichtbar sind. Die zur richtigen Zeitenwende im Jahre 2104 unserer Zeitrechnung genau mit dem Tierkreis übereinstimmenden Tierkreissternbilder werden daher - soweit sie nicht völlig durch neue Bilder ersetzt werden - durch Verschiebung der alten Symbole auf dem Tierkreis zustandekommen, und zwar durch Verschiebung um 5 Sternbilder nach Osten (auf der Himmelskarte nach links) oder, was gleichbedeutend ist, um 7 Sternbilder nach Westen (auf der Himmelskarte nach rechts). Bei ihrer Konstruktion werden wir einheitliche, dabei einfache Grundsätze anwenden, die möglichst weitgehend auf die ganze Himmelskugel ausgedehnt werden können. Als Symbole werden wir jene Tiere und Ersatzbilder verwenden, die wir in dem im Bestreben nach Ausgewogenheit bereits geschaffenen neuen Tierkreis festgelegt haben.

Sternbilder werden dadurch gezeichnet, daß ihre Umrisse durch in der Regel gerade Verbindungslinien zwischen den Sternen gebildet werden, die eine feste Helligkeitsgrenze nicht unterschreiten dürfen.

Für alle Sternbilder soll der Südpol der Ekliptik als Unten, der Nordpol der Ekliptik als Oben gelten.

Sternbilder müssen - mit der einzigen Ausnahme der von ihrer Natur her linienförmigen Schlangen - einen von einem sie zeichnenden Streckenzug umschlossenen Bestandteil, den "Körper", besitzen. Bei den Tierkreissternbildern soll dieser "Körper" vom Tierkreis durchschnitten werden - außer beim Storch, bei dem das Stehen auf nur einem Bein betont werden soll.

Alle Sterne im Bereich eines Sternbildes bis herab zur Helligkeit $+3{,}25^m$ müssen mitverwendet werden. Sterne der Grenzhelligkeit zwischen $3{,}25^m$ und $3{,}75^m$ dürfen nach Bedarf verwendet oder unbeachtet gelassen werden, noch schwächere Sterne dürfen ein Sternbild nur noch ergänzen und müssen zu dessen Erkennbarkeit und hinreichender Vollständigkeit entbehrlich sein. Als Helligkeit veränderlicher Sterne betrachten wir deren Helligkeitsobergrenze, sofern diese in regelmäßigen oder unregelmäßigen Perioden, die jedoch zeitlich überschaubar sind, erreicht wird.

Bei allen Sternbildern soll es sich entweder um Tiere handeln, oder aber um Gegenstände, die in der Menschheitsentwicklung des vergangenen Großjahres eine prägende Rolle gespielt haben.

I.9. Der neue Tierkreis

Im Jahre 2104, dem Jahr der Großen Zeitenwende, wird der Sonne am Ende des letzten Herbsttages um Mitternacht die Grenze zwischen den nun neuen Sternbildern SCORPIUS (Skorpion) und SAGITTARIUS (Bogenschütze) gegenüberliegen. Das neue Sternbild Bogenschütze, dessen zugehöriges Charaktertier der Falke (lateinisch: FALCO) ist, leuchtet den Menschen der irdischen Nordhalbkugel im ersten

Wintermonat, den Bewohnern des Südens im ersten Sommermonat und beiden am Jahresanfang. - Wir verbinden die Sterne Pollux, Kastor, Mebsuta (Epsilon Geminorum), My Geminorum, Alhena (Gamma Geminorum), Mirzam Canis Minoris (Beta Canis Minoris), Prokyon und wieder Pollux und hängen noch Eta Geminorum an My Geminorum. Damit erhalten wir die Körperumrisse eine knieenden Bogenschützen. Die Verbindung von Kastor mit Theta Aurigae bildet den Pfeil, mit dem der Bogenschütze auf den Stachel des Skorpions, das Symbol der Macht im Tierkreis, zielt.

Im zweiten nördlichen Wintermonat zeigt sich am Himmel das neue Sternbild URSUS (Bär). Die bisherigen Sternbilder Ursa Maior (Große Bärin oder, eigentlich ungenau, Großer Bär) und Ursa Minor (Kleine Bärin oder Kleiner Bär) löschen wir zu Gunsten neuer, deutlicherer Bilder, so daß unser neuer Bär der einzige am Himmel wird. - Die nur mäßig hellen, sich aber dennoch vom übrigen Sternenfeld abhebenden Sterne Ras Elased Australis (Epsilon Leonis), Alpha Lyncis, Epsilon Hydrae, Zeta Hydrae, Alphard (Alpha Hydrae) und wieder Ras Elased Australis und mit diesem verbunden Eta Leonis und Aldhafera (Zeta Leonis) ergeben die Gestalt eines auf den Hinterbeinen stehenden Bären.

Im letzten Wintermonat der nördlichen Erdhalbkugel sehen wir das neue Sternbild NAVIS (Schiff), das den schiffbegleitenden Delfin (lateinisch: DELPHINUS) vertritt. - Regulus (Alpha Leonis), Ny Hydrae und Denebola (Beta Leonis) bilden Rumpf und Kiel des Schiffes, Denebola, Regulus, Algieba (Gamma Leonis), Duhr (Delta Leonis) und wieder Denebola das große, viereckige Segel. Dieses Bild ist eines der deutlichsten und offensichtlichsten des Sternenhimmels.

Dem Schiff folgt im ersten Frühlingsmonat des Nordens das neue Sternbild ARIES (Widder). - Gamma Virginis bildet das Haupt des Widders, Gienah (Gamma Corvi) und Algorab (Delta Corvi) zeigen seine Brust, die Verbindung von Gienah mit Epsilon Corvi und von Algorab mit Beta Corvi bilden linkes und rechtes Vorderbein, die Verbindung von Algorab über Gamma Hydrae und Spika zurück zu Gamma Virginis und Gienah vollendet den Umriß des Widderkörpers.

Das neue Sternbild TAURUS (Stier) funkelt am Himmel des zweiten nördlichen Frühlingsmonats. - Zuben Elgenubi (Alpha Librae) und Zuben Eschemali (Beta Librae) bilden das rechte, Pi Hydrae und Theta Centauri das linke Horn des Stieres, und Pi Hydrae, Zuben Elgenubi und Almuredin (Epsilon Virginis) spannen den großen Körper des Stieres auf, dessen Schwanzende nördlich bis in den Bereich des benachbarten Widders reicht. Die Hörner sind auf die (neuen) Zwillinge zu gerichtet.

Am Westrand der sternenreichen Milchstraße steht das neue Sternbild GEMINI (Zwillinge). Die Zwillinge leiten im Norden mit dem letzten Frühlingsmonat zum Sommer über. - Sabik (Eta Ophiuchi) und Zeta Ophiuchi bilden die Köpfe des Paares. Antares, Zeta Ophiuchi, Akrab (Beta Scorpii), Delta, Pi und Sigma Scorpii, wieder Antares und Tau und Epsilon Scorpii bilden den westlichen (dem Stier und Sonnenuntergang näheren) Zwillingsbruder. Ypsilon, Epsilon, My, wieder Ypsilon, dann Kappa und Jota Scorpii, weiter ein Stern dritter Größe vor dem Kugelsternhaufen 6441 und schließlich Sabik, Lambda Scorpii und wieder Ypsilon Scorpii zeichnen den östlichen Zwillingsbruder. Deutlich sieht man die Zwillinge einander zugewandt sitzen.

In der Nachbarschaft der Zwillinge auf der anderen Seite des Bandes der Milchstraße verbirgt sich am Südrand der Ekliptik und tief unterhalb des Himmelsäquators am Nord-Sommeranfang der Jahrhunderte um die Zeitenwende das neue Sternbild CANCER (Krebs), das - wie man es lieber gelten lassen will - sich selbst oder eine Fledermaus (lateinisch: VESPERTILIO) vertritt. - Die Augen des Krebses sind die bläulich-weißen Sterne Nunki (Sigma Sagittarii) und Phi Sagittarii. Die Verbindung von Pi und Xi Sagittarii zeigt sich als winkende linke Schere des uns mit dem Rücken zugewandten, weil die Rückwärtsbewegung bevorzugenden Tieres, und die Verbindungen von Delta Sagittarii und Alnasi (Gamma Sagittarii) und Kaus (Epsilon Sagitarii) und Eta Sagittarii bilden zwei seiner acht Beine. Der Körper wird von Pi, Sigma, Phi, Lambda, Delta, Epsilon, Zeta und wieder Pi Sagittarii gezeichnet.

Sternbild des zweiten Sommermonats der Nordhalbkugel unseres Planeten Erde ist AQUILA (Adler), das mit einem bisherigen, nicht zum Tierkreis gezählten Sternbild gleichen Namens teilweise zusammenfällt, wenn auch nur im Bereich schwächerer Sterne. - Die Sterne Sadalzabih (Beta Capricorni), Deneb Algedi (Delta Capricorni), Sadalsuud (Beta Aquarii), Theta Aquilae, Delta Aquilae, Lambda Aquilae und wieder Sadalzabih zeigen den mit weit ausgebreiteten Flügeln schwebenden (neuen) Adler.

Vieldeutig ist das Sternenfeld für das neue Sternbild CICONIA (Storch), das im letzten Sommermonat am Himmel des Nordens steht. Dennoch läßt sich mit diesen Sternen ein fast naturgetreu genaues Bild eines stehenden Storches zeichnen. - Algenib (Gamma Pegasi) bildet die Schnabelspitze. Zeta Aquarii, Markab (Alpha Pegasi), My und Eta Pegasi, Algenib, Scheat (Beta Pegasi), Eta und My Pegasi, Enif (Epsilon Pegasi), Sadalmelik (Alpha Aquarii), Homam (Zeta Pegasi), Zeta Aquarii, Tau-2, Delta, 88 und 98 Aquarii zeigen den Storch als auf einem Bein stehend, dem linken Bein. Dagegen ist das rechte Bein entweder an den Körper gezogen zu sehen oder mit dem Gelenk im Sternchen Sadachbia (Gamma Aquarii) und durch Gamma Piscium und Jota Piscium schwach angedeutet.

Von unbezweifelbarer Eindeutigkeit ist das neue Sternbild GLADIUS (Schwert) des scheidenden Sommers und beginnenden Herbstes des Nordens, dessen sinnverwandtes Tier die Abschied nehmende Schwalbe (lateinisch: HIRUNDO) ist. - Mirach (Beta Andromedae), Delta Andromedae und Alpheratz (Alpha Andromedae) spannen mit dem südlichen Stern Diphda (= Deneb Kaitos = Beta Ceti) das Schwertblatt auf, und Delta Andromedae zeigt mit dem aus über 150 Milliarden einzelnen Sonnen gebildeten Andromedanebel verbunden den kunstvollen Knauf. Genau genommen liegt jener ferne Nebel etwas unterhalb unserer Grenzhelligkeit von $+3{,}75^{m}$, aber er ist mit etwa $4{,}4^{m}$ immerhin noch gut sichtbar und erhält dadurch, daß er eine Welteninsel gleich unserem Milchstraßensystem ist, seine die Bevorzugung rechtfertigende Bedeutung.

CAPRICORNUS (Steinbock) ist das neue Sternbild des zweiten Herbstmonats der Nordhalbkugel unseres Planeten. - Der Körper des Steinbocks wird von den Sternen Hamal (Alpha Arietis), Scheratan (Beta Arietis), dem tiefroten, alle 331

1/2 Tage für das bloße Auge und sogar kleine Fernrohre verschwindenden Stern Mira Ceti (Omikron Ceti), Menkab (Alpha Ceti), dem Hauptstern Alcyone des Siebengestirns (= der Plejaden) und wieder Hamal umrissen. Hamal und Scheratan können entweder als Augen oder schlicht als die Ansatzpunkte der Hörner gedeutet werden, Mira Ceti und Menkab als die Vorderfüße, das Siebengestirn als Schwanzende. Durch gekrümmte Verbindungen von Scheratan nach Almak (Gamma Andromedae) und von Hamal über Beta Trianguli nach 16 Persei denken wir uns die bogenförmigen Hörner des Steinbocks gezeichnet.

Das letzte der neuen Sternbilder im nördlichen Jahreslauf heißt SCORPIUS (Skorpion). - Der helle, rötliche Stern Aldebaran bildet den Mund des Skorpions, von dessen Seiten aus sich die Zangen zu Pi-3 Orionis und Lambda Tauri erstrecken. Die Verbindung von Elnath (Beta Tauri) nach Zeta Tauri bildet eins der acht Beine. Aldebaran, Elnath, Menkalinan (Beta Aurigae), Jota Aurigae und wieder Aldebaran bilden den Körper des als Lebewesen eigentlich kleinen Tieres, das am Himmel wegen seiner überragenden Bedeutung trotzdem groß wie die benachbarten Tierkreissternbilder gezeichnet erscheint. Der Streckenzug von Menkalinan über Capella, Epsilon Aurigae, Eta Aurigae und Zeta Aurigae zeigt den Schwanz mit dem deutlich erkennbaren Giftstachel. Auf das Stachelende des Skorpionschwanzes zielt der Pfeil des Bogenschützen, der dem Skorpion die Herrschaft über das Erste Zeitalter streitig zu machen scheint. Im Jahreslauf bringt der Bogenschütze in der dunkelsten Zeit in Gestalt eines Pfeiles das Licht. Im rückwärts laufenden Großjahr dagegen stehen der Bogenschütze und sein Zeitalter am Ende einer Entwicklung zum Dunkel, das Licht der Zeiten wird im nächsten Zeitalter, dem des Skorpions, gebracht, der aber selbst kein Lichtbringer ist. Im Ersten Zeitalter kommt ein Lichtbringer von außerhalb des Tierkreises.

Wenn es eine wohl tausend Jahre alte oder wahrscheinlich wohl viel ältere Überlieferung gibt, welche die Rolle des Lichtbringers im Jahr und im Großjahr richtig zu deuten weiß, drängt sich die Frage auf, ob nicht bei der Entstehung dieser Überlieferung die Zusammenhänge zwischen Jahreslauf und Lauf der Zeitalter mit ihrer entgegengesetzten Richtung noch sehr genau bekannt waren. Das wiederkehrende Licht des Jahreslaufes ist die Sonne. Sah man in alten Zeiten den Lichtbringer der Zeitenwende im Gebiet um den Pol der Ekliptik und als das Licht, das er brachte, den Polarstern? In der Überlieferung steht, der Erste der Götter habe eins seiner Augen in einen Quell der Weisheit als Pfand gelegt! Wenn den Wissenden von einst die Bedeutung des Polarsterns, der für sie noch fernab vom Pol stand (oder entstand ihr Wissen vor mehr als 25.000 Jahren?), klar war, dürften sie wohl auch die richtigen Grenzen zwischen den Sternbildern des Tierkreises gekannt haben, und mit ihnen den Ort des zur Zeitenwende geltenden Wintersternbildes des Bogenschützen. - Haben noch andere der neu entdeckten Tierkreissternbilder ihren bildlichen Ursprung in ferner, vorgeschichtlicher Zeit? Die Motive unserer neuen Tierkreissternbilder haben wir weitgehend einer toten astrologischen Tradition entnommen. Warum wurden sie so deutlich, während der traditionelle Tierkreis versagt? Zufälle und wilde Spekulationen? Erinnern wir uns, daß der Große Wagen nur dem vorwärts fährt, der die (Rückwärts-) Präzession des Himmelspols und den Pol der Ekliptik als Mittelpunkt der Bewegung kennt! Die Geschichte des Rades und des beräderten Wagens läßt sich durch Funde einige Jahrtausende in die Vergangenheit verfolgen. Da die älteren Exemplare aus Holz und nicht aus beständigerem, aber hierfür ungeeignetem Stein oder aus zu seltenem Metall gefertigt waren, sind sie fast alle zu Staub zerfallen, und die Spur des ersten Rades und des ersten Wagens verliert sich wie auch die der ersten vor Wagen gespannten Pferde in vorgeschichtlicher Zeit. - Erdwälle und Gräben rund um Burgen und Wehrsiedlungen sind vielleicht eine naheliegende Erfindung, die ohne Vorbilder denkbar ist. Sollte sie aber doch erst durch den Anblick der Ringgebirge des Mondes (denn auf der Erde gibt es ja keine, die ohne Flugzeug erkennbar wären) angeregt worden sein, dann muß angenommen werden, daß die Weisen jener Völker, die ihre Sicherheit hinter großen Ringbefestigungen gesucht haben, mehr gesehen haben, als das bloße Auge wahrnimmt. Auch dieser Spur werden wir später noch einmal nachgehen.

Nehmen wir es als letzte Bestätigung dafür, daß wir den Tierkreis richtig gegliedert und benamt haben, daß die himmelumspannende Milchstraße als Sommergrenze zwischen unseren Zwillingen, die Symbol der Teilung des Jahres sind, und unserem Krebs verläuft und als Wintergrenze zwischen unserem Skorpion und unserem Bogenschützen. Hat dies nicht mehr Gewicht als ein Machtwort des Herrschers Alexander oder der ersten römischen Kaiser?

I.10. Ein wiederbelebter Sternenhimmel

Nachdem unser einfachen geometrischen Regeln gehorchendes Verfahren zur Bestimmung von Sternbildern sich am Tierkreis so überaus gut bewährt hat, indem deutliche Gestalten entstanden, die mit Präzession und Großjahresanfang, Zeitaltern und Jahresmonaten und mit uralten Berichten über Zeitalter und ihre Götter im Einklang stehen, dürfen wir es wohl wagen, die Namen der Sternbilder des übrigen Himmels kurzerhand auszulöschen und auch hier nach durch klare Zeichnung entstandenen, einprägsamen Bildern zu suchen. Wir können durchaus zuversichtlich sein, daß wir bessere Bilder finden, als sie die ältere Ordnung bietet.

Achtundachtzig Sternbilder auf neunundachtzig Feldern unterschiedlicher Größe finden wir auf heutigen Sternkarten (in der Zeit etwa zwischen 1975 und 2000 geltender Zeitrechnung). Gebiete, die mit kaum sichtbaren Sternchen regellos bedeckt sind, tragen Sternbildernamen, während ins Auge fallende Sterngruppen namenlos bleiben.

Die Himmelskugel bietet von der Sonne aus wie von den fernsten Planeten den gleichen Anblick, weil sich selbst die nächsten Fixsterne in Entfernungen aufhalten, die mehrere tausendmal größer sind als der Durchmesser unseres Planetensystems, wie er von den Rändern der Bahn des Planeten Pluto oder des gedachten Transpluto zu messen wäre. Wenn wir in Anlehnung an ein auf die Ekliptik, also jenen Großkreis, der die Himmelskugel in eine Hälfte über der Erdbahnebene und eine Hälfte unter der Erdbahnebene teilt, bezogenes Koordinatensystem Sternbilder formen und ihnen dabei mit Nordpol und Südpol der Ekliptik auf natürliche Weise ein Oben und Unten geben, so gilt das zunächst nur für die Erde und nicht allgemein für alle Planeten. Da aber die Bahnebene des schweren Hauptplaneten Jupiter nur um 1,3° gegen die Bahnebene unseres Planeten geneigt ist und es daher nur einen geringen Unterschied macht, ob wir den derzeitigen oder den mittleren Pol der Ekliptik verwenden, der dem Pol der Jupiter-Ekliptik und den mittleren Ekliptik-Polen der meisten anderen Planeten recht nahekommt, darf unsere Himmelsordnung für alle Planeten gelten. Was den Planeten Erde überdies auszeichnet, ist sein den Tierkreis in zwölf Abschnitte teilender Mond.

Während der Tierkreis für alle Planeten gelten kann, gibt es den alle 25.728 Jahre wiederkehrenden Polarstern nur für die Erde. Andere Planeten haben je nach den Neigungen ihrer Rotationsachsen und den zugehörigen Achsenpräzessionen völlig andere Polarsterne - vielleicht auch im einen oder anderen Falle keinen -, die auch in anderen Zeiträumen periodisch oder gestört-periodisch wiederkehren. Je nach Bahnneigung und Achsenneigung werden die polaren Himmelsgebiete der einzelnen Planeten recht verschieden zu beurteilen sein. Wegen der glücklicherweise auch für einen Beobachter aus dem All, der nichts von den Menschen und dem Planeten ihrer Herkunft zu wissen braucht, hervorgehobenen Bedeutung des Erde-Mond-Systems können wir uns auf eine Himmelsordnung beschränken, die sich allein aus Ekliptik und Polrichtung des Planeten Erde herleitet, ohne damit gedachten zukünftigen Bewohnern der anderen Planeten eine vollwertige Einbindung in den Sternenhimmel zu nehmen, die ihre Welt zu einer kosmischen Heimat macht, wie es einst die Erde für ihre Ahnen gewesen ist.

Sehen wir uns also an, was die Himmelskugel uns zwischen Tierkreis und Ekliptik-Polargebieten zeigt und welche Sterne der bisherigen Sternbilder-Ordnung wir verwenden können. Die wenigen Fälle, in denen sich alte Sternbilder mit Namen und Gestalt bestätigen lassen, werden wir zur Ehre der Namensgeber der letzten rund 3.000 Jahre gerechterweise nicht verschweigen, wie es ohnehin angebracht ist, konservativ vorzugehen, wo dies zu sinnvollen, erkennbaren Bildern führt.

Wir sehen das Sternbild CURRUS MAGNUS (Großer Wagen) aus den Sternen Benetnasch, Mizar, Alioth, Megrez, Phachd, Merak, Dubhe und wieder Megrez. Dicht am Deichselstern Mizar befindet sich das $+4{,}0^m$ helle Sternchen Alkor, das als "Reiterlein" bekannt ist und als grober Augenprüfer verwendet wird. Für ein leicht kurzsichtiges Auge verschwimmt das Reiterlein im $+2{,}4^m$ hellen Mizar. - Der Große Wagen wirft unter einem symbolischen Licht, das aus dem nördlichen Ekliptik-Polargebiet kommt, einen Schatten, das Sternbild UMBRA CURRUS (Wagenschatten), das aus den Sternen Cor Caroli (Alpha Canum Venaticorum), Ny Ursae Maioris, Omikron Leonis Minoris und My, Jota, Theta, Psi und wieder My Ursae Maioris gebildet wird. Ceginus (Gamma Bootis) ist als Vorreiter-Sternchen des Großen Wagens anzusehen, Rho Bootis als sein Schatten.

Zwischen dem Vorreiter-Schatten und dem rechten, also westlichen Zwilling sehen wir das Sternbild FALX (Sense), das aus den hellen Sternen Arktur, Gemma (Alpha Coronae Borealis), Mirak (Epsilon Bootis), Muphrid (Eta Bootis), wieder Arktur und weiter Unuk Elhaija (Alpha Serpentis), Delta Ophiuchi und Epsilon Ophiuchi entsteht. Der an Gemma anschließende, veränderliche, tiefrote Stern T Coronae Borealis ist die Sensenspitze. - Über dem östlichen, linken Zwilling schwebt ein von Kindern bei windigem Wetter verwendetes Spielzeug: Das Sternbild DRACO VOLANS (Flugdrache oder kurz Drachen) aus den Sternen Ras Algethi (Alpha Herculis), Delta, Zeta und Beta Herculis und wieder Ras Algethi und weiter Ras Alhague (Alpha Ophiuchi) und Celbalrai (Beta Ophiuchi).

Die Sternbilder Camelopardalis (Giraffe), Lynx (Luchs), Leo Minor (Kleiner Löwe), Coma Berenices (Haar der Berenike) und Scutum (Schild) bleiben bis auf den hellsten Stern in Lynx und ein lichtschwaches Sternchen am Rande von Leo Minor auf unserem Benennungsstreifzug unberührt. Alpha Lyncis, ein unaffälliges rotes Sternchen der Größe 3^m in der äußersten südöstlichen Ecke des unbrauchbaren Sternbildes Lynx, bildet den Kopf unseres neuen Tierkreissternbildes URSUS, das wir schon kennen.

Zwischen dem Stern Wega am Rande des Ekliptik-Polargebietes

und unserem neuen Tierkreissternbild AQUILA windet sich, mit dem Kopf dem Tierkreis zu, das Sternbild SERPENS BOREALIS (Nördliche Schlange). Ihre Sterne sind Atair (Alpha Aquilae), Tarzend (Gamma Aquilae), Deneb-al-Okab (Zeta Aquilae), Sulaphad (Gamma Lyrae) und Scheliak (Beta Lyrae). Alschain (Beta Aquilae) vor dem weißblauen, hellen ($+0{,}8^m$) Kopfstern kann als Schnauze der Schlange gedeutet werden. - Gleich vier der Sternbilder des alten Systems lassen wir aus: Vulpecula (das Füchschen), Sagitta (Pfeil), Delphinus (Delfin oder Tümmler) und Equuleus (das Fohlen). Den Pfeil finden wir als Lichtboten des Bogenschützen und den Delfin als Symboltier zum am Himmel sichtbaren Schiff im erneuerten Tierkreis wieder.

Nordöstlich von SERPENS BOREALIS sehen wir das schon bisher geltende Sternbild CYGNUS (Schwan), das mit großer Deutlichkeit den langhalsigen Vogel im Fluge zeigt. Das Sternbild besteht aus dem Kopfstern Albireo (Beta Cygni), dem Herzstern Schedir (Gamma Cygni), dem linken Flügelstern Epsilon Cygni mit Fortsetzung nach Zeta Cygni, dem rechten Flügelstern Delta Cygni mit Fortsetzung nach Jota Cygni im Randbereich des Ekliptik-Polargebietes und dem Schwanzstern Deneb.

Das nur aus ungeordneten, lichtschwachen Sternchen bestehende Sternbild Lacerta (Eidechse) übergehen wir selbstverständlich und kommen zu dem aus nur einem einzigen, mäßig hellen Stern - Lambda Andromedae - bestehenden neuen Sternbild POMUM (Reichsapfel). Das zugehörige Zepter finden wir durch die beiden schwachen Sterne Omikron Andromedae und Delta Cephei nur angedeutet, weshalb wir es nicht unter die zu zählenden Sternbilder aufnehmen. - Wenig oberhalb des Reichsapfels finden wir das neue Sternbild CORONA (Krone), das gegenwärtig noch als Cassiopeia bekannt ist und wegen seines Aussehens im Volksmund der Schreibkundigen auch als "Nördliches W" bezeichnet wird. Die Krone besteht aus den Sternen Epsilon Cassiopeiae, Ruchbar (Delta Cassiopeiae), Gamma Cassiopeiae, Schedir (Alpha Cassiopeiae) und Cheph (Beta Cassiopeiae).

Als Schmuckstück und letztes Nordsternbild außerhalb des Polgebietes finden wir im Gebiet des bisherigen Perseus das neue Sternbild PHOCA (Seehund), von Rho, Zeta, Epsilon und Delta Persei, Algenib (Alpha Persei), Gamma und Tau Persei und dem veränderlichen Stern Algol (Beta Persei) und wieder Rho Persei als abwärts tauchendes Wassersäugetier deutlich gezeichnet. Das tiefrote Sternchen Rho Persei ist schwach veränderlich, indem es mit einer Periode von ungefähr 50 Tagen unregelmäßig zwischen den Helligkeiten $3{,}2^m$ und $3{,}8^m$ schwankt, während die Schwankungen des als unheimlich überlieferten Agol schneller erfolgen und noch deutlicher sind. Wir nehmen dem alten Bild seinen Schrecken und sehen, wie uns der Seehund aus der Sternenwelt mit einer Flosse zuwinkt.

Südlich des Tierkreises sehen wir das neue Sternbild LUPUS (Wolf), das bisher sinnverwandt als Großer Hund (Canis Maior) gedeutet wurde. Der Augenstern Sirius - hellster Stern der Himmelskugel - kann auch selbständig als der Wolf der Sage gedeutet werden, der an seinen Fesseln rüttelt und sich trotz ihrer langsam fortbewegt, denn unter dem Einfluß seines auch in Fernrohren kaum sichtbaren, lichtschwachen und überstrahlten Begleiters pendelt er mit einer Periode von 50 Jahren hin und her und wandert zugleich langsam - eine Vollmondbreite in etwa 6.000 Jahren - südwestwärts über den Himmel. Das Sternbild wird von Sirius, Mirzam Canis Maioris (Beta Canis Maioris) als Schnauzenspitze, Zeta Canis Maioris als Vorderfuß der hockenden Tieres, Epsilon Canis Maioris, Delta Canis Maioris, Omikron-Zwei Canis Maioris und wieder Sirius als Auge und ferner der Verbindung von Delta nach Eta Canis Maioris als Schwanz deutlich gezeichnet.

Dem neuen Sternbild LUPUS benachbart liegt ein Sterngebiet, das mit dem Namen Monoceros (Einhorn oder Nashorn) versehen ist und keine hellen Sterne enthält. Das Sternbild Canis Minor (Kleiner Hund) wird zum Bestandteil des Tierkreissternbildes SAGITTARIUS (Bogenschütze), wie auch Hydra und Corvus (Wasserschlange und Rabe) zum neuen Tierkreis beitragen. Sterne des Sternbildes Crater (Becher) können wir nicht verwenden, und die "Sternbilder" Sextans (Sextant - ein Meßgerät der Seefahrt), Pyxis (Kompaß) und Antlia (Luftpumpe!) geben schon in ihren Namen ihre Bedeutungslosigkeit wieder. - Als Sinnbild heißer, südlicher Länder finden wir in südlicher Nachbarschaft zum Sternbild

LUPUS das Sternbild CROCODILUS (Krokodil) aus Rho Puppis, einem Sternchen 3,5. Größe beim offenen Sternhaufen 2477 und einem südöstlich benachbarten Sternchen, Gamma und Kappa Velorum und ostsüdöstlich angereihten Sternen aus dem gegenwärtigen Sternbild Carina (Schiffskiel), Alpha und Beta Muscae, Lambda Centauri, einem hellen Stern in Carina, Phi Velorum und einem sich nordwestlich anschließenden Sternchen 3,5. Größe, Zeta Puppis und wieder Rho Puppis. In diesem Streckenzug erleben wir die mangelhafte Benennung südlicher Sternbilder und Sterne, gegen die sich die Gestalt des leicht erkennbaren Krokodils vorteilhaft abhebt. - Das lateinische Wort Puppis meint das Schiff Argo der altgriechischen Sagenwelt, welches sprechen konnte. Vela (Segel) und Carina (Schiffskiel) gehören eigentlich dem Sinne nach dazu, aber die gegenwärtig geltende Sternbilderbenennung trägt diesem Umstand wenig Rechnung. Wir finden ein sichtbares Schiff mit Rumpf, Kiel und Segel im neuen Tierkreis wieder.

Über dem Rücken des Krokodils finden wir in Gestalt der beiden hellen Sterne My Velorum und Lambda Velorum das neue Sternbild LIBRA (Wippe, auch Waage). - Über dem Kopf des Krokodils steht das Sternbild CRUX (Kreuz des Südens), das wir trotz seiner geringen Deutlichkeit übernehmen, weil es in der großen Zeit der Seefahrt des ausgehenden Mittelalters zum Symbol der im fernen Süden liegenden Länder geworden ist. Das Kreuz kann als Hinrichtungswerkzeug gesehen werden, an welches einst in Palästina Jesus genagelt wurde und in dessen Namen einst Ritterheere im Mittelalter aus dem christlichen Abendland nach Jerusalem im mohammedanischen Morgenland gezogen sind, aber auch als Bild der Himmelsrichtungen, in welche sich im endenden Mittelalter unternehmungsfreudige Menschen in großer Zahl ausbreiteten. Das Sternbild CRUX wird von den hellen Sternen Gamma, Beta und Alpha Crucis (Helligkeiten: $+1{,}6^m$, $+1{,}25^m$ und $+0{,}8^m$) und dem Stern Delta Crucis, der nur von 3. Größe ist, gebildet. Zwischen Alpha und Delta Crucis befindet sich noch als Sternchen 3,5. Größe Epsilon Crucis. - Bei dieser Gelegenheit sei kurz etwas über Helligkeiten und mit ihnen zusammenhängende Bezeichnungen gesagt, die neben den meist arabischen Namen der bekannteren, einigermaßen hellen Sterne bestehen. Die Anderung um eine Größenklasse $1{,}0^m$ entspricht einer Helligkeitsänderung um den Faktor $10^{0,4}$ = rund 2,512. Innerhalb der Grenzen eines Sternbildbereiches werden die Sterne in der Regel nach ihrer Helligkeit (mit dem hellsten beginnend) in der Reihefolge des klassischen griechischen Alphabets (Alpha, Beta, Gamma, Delta, Epsilon, Zeta, Eta, Theta, Jota, Kappa, Lambda, My(Mü), Ny(Nü), Xi, Omikron, Pi, Theta, Rho, Sigma, Tau, Ypsilon, Phi, Chi, Psi, Omega) benannt, und ihr lateinischer Name erscheit dahinter im Genitiv (Zugehörigkeits- oder Wes-Fall). Der hellste Stern im Sternbild CRUX (Kreuz) ist also der $0,8^m$ helle, blaue Stern Alpha Crucis am Südende des Kreuzes (Gamma Crucis am Nordende des Kreuzes ist deutlich rot). Alpha Crucis ist 2,512mal so hell wie ein Stern 1,8. Größe (wie beispielsweise Benetnasch, der Stern der Deichselspitze des Großen Wagens). Mit "Größe" ist gemeint, daß ein hellerer Stern größer erscheint, indem seine Helligkeit das unmittelbar benachbarte Gebiet wegblendet. Der eigentliche Sternkörper bleibt auch in stark vergrößernden und dabei scharf abbildenden Fernrohren immer punktförmig, und die Helligkeit allein gibt über seine wirkliche Größe keine Auskunft, denn es gibt hell leuchtende und trüb glimmende Sterne jeweils aller Größen, und bei gleicher Entfernung und gleicher wirklicher Größe wird der stärker strahlende "größer" erscheinen.

Zwischen dem Kreuz des Südens (CRUX) und dem Stier (TAURUS) des neuen Tierkreises sehen wir deutlich einen Sägefisch (lateinisch: PRISTIS, PRISTIS PECTINATUS oder einfach PISCIS = Fisch). Er entsteht durch Verfolgen der Sterne Delta, Gamma, Epsilon und Zeta Centauri, Alpha und Beta Lupi, Kappa Centauri, Delta, Gamma und Eta Lupi und Beta Lupi, Eta Centauri, Zeta Centauri, Jota und Gamma Centauri.

Südöstlich des Sägefisches zeigt sich das Sternbild SALAMANDRA (Schwanzlurch oder Salamander), das ein sich vom nahen Krokodil und von unseren Blicken wegkrümmendes und dem Sägefisch zugewandtes Amphibium (luftatmendes Wassertier) mit großen Froschaugen erkennen läßt. Es besteht aus den sehr hellen Augensternen Alpha (links) und Beta (rechts) Centauri und weiter Alpha Circini, Gamma, Beta, Alpha, Gamma Trianguli Australis, Alpha Trianguli Australis, Beta und Alpha Arae, Theta Scorpii, Zeta Arae und wieder Alpha Trianguli Australis. - Unberührt bleiben die in unserem Helligkeitsbereich sternlosen Sternbilder Norma (Winkelmaß), Apus (Paradiesvogel), Chamaeleon (Chamäleon), Octans (Oktant), Pavo (Pfau) (bis auf einen Stern in einer äußersten Ecke seiner Begrenzung), Telescopium (Fernrohr), Corona Australis (Südliche Krone), Microscopium (Mikroskop oder Nahrohr), Sculptor (Bildhauer), Fornax (Chemischer Ofen), Horolologium (Pendeluhr), Caelum (Grabstichel, ein kleines Werkzeug zum Gravieren von Grabsteinen), Pictor (Maler) (bis auf einen schwachen, aber wichtigen Stern am Rand) und Mensa (Tafelberg, Berg am Kap der Guten Hoffnung in Südafrika). 30° vom Kreuz des Südens entfernt liegt in einem ausgesprochen dunklen, sternarmen Gebiet der gegenwärtige südliche Himmelspol. In sternenreichere Gebiete wird er erst in 3.000 Jahren rücken, wenn er sich unter dem Bauch des Krokodils entlangschiebt. Das Gebiet, in dem der südliche Himmelspol liegt, heißt Octans (Oktant) und zeigt sich dem Beobachter ebenso wenig als Sternbild wie die schlichten Gebrauchsgegenstände Luftpumpe, Grabstichel, Zirkel, Chemischer Ofen, Pendeluhr, Mikroskop, Winkelmaß, Netz, Sextant oder Fernrohr, und auch von Begriffen wie Altar, Indianer, Tafelberg, Maler oder Bildhauer ist eine Darstellung als Sternenmuster kaum vorstellbar. Welch traurig tote Fantasie der Namensgeber! Die seelenlosen Namen werden der Schönheit des Südhimmels nicht gerecht und dienen in keiner Weise dem Zurechtfinden im Sternengewirr.

Wir haben unseren Streifzug durch die südliche Sternenwelt noch nicht ganz beendet. - Westlich des Schwanzlurches zeigt sich ein merkwürdiges, deutlich aus drei Dreiecken aufgebautes Gebilde. Es läßt sich am besten als Pflug, lateinisch ARATRUM, deuten. Das Sternbild besteht aus den Sternen Achernar (Alpha Eridani), Beta Gruis, Gamma, Alpha und wieder Beta Gruis, Alpha Tucanae, Alpha Indi, Alpha Pavonis, wieder Alpha Tucanae und wieder Achernar. Wie schon der Große Wagen, wandert der Pflug um seinen mit den Jahrtausenden veränderlichen Himmelspol schräg und rückwärts, um seinen Ekliptik-Pol, der für alle Zeiten fest bleibt, jedoch vorwärts!

Nördlich des Pfluges, mit dem hellblauen Stern 1. Größe Namens Fomalhaut als Kopfstern und einem schwachen

Schnauzensternchen unserem Sternbild SERPENS BOREALIS (Nördliche Schlange) und dessen von einem schwachen Schnauzensternchen und dem hellblauen Stern 1. Größe Namens Atair gebildeten Kopf genau zugewandt, sehen wir unverwechselbar die Südliche Schlange, lateinisch SERPENS AUSTRALIS. In günstigen Nächten ist es Menschen mittlerer und tropischer Breiten möglich, beide Schlangen einander über die Ekliptik anblicken zu sehen, mit dem neuen Tierkreissternbild des schwebenden Adlers (AQUILA) zwischen sich. Die Südliche Schlange besteht aus den Sternen Epsilon Piscis Austrini, Fomalhaut (Alpha Piscis Austrini), Alpha, Beta und Gamma Phoenicis und Chi Eridani.

Im Bereich des Sternbildes Eridanus (Eridanus - Strom der Unterwelt), das wir sinngemäß im Süd-Ekliptikpolgebiet wiederfinden werden, und im Gebiet des undeutlichen Sternbildes Lepus (Hase), das nach der Vorstellung der alten Griechen zwischen dem Großen Hund (neu: dem gefesselten Wolf) und dem Jäger Orion (neu: dem Krieger) zu suchen ist, erkennen wir viel deutlicher ein Sternbild, das den Namen CETUS (Wal) erhält und dem gestaltlosen bisherigen "Sternbild" Wal (Cetus) benachbart ist. Die Sterne Epsilon Leporis, Nihal (Beta Leporis), Arneb (Alpha Leporis), Cursa (Beta Eridani), Zaurak (Gamma Eridani), Theta Eridani und wieder Epsilon Leporis zeigen einen hochstirnigen Pottwal.

Nahe dem neuen Sternbild LUPUS (Wolf) und vor der Stirn des Wals (CETI) sehen wir einen aufrechten, breitschultrigen Mann mit einem Gurt, an dem die Scheide eines Schwertes hängt, und in der erhobenen linken Hand ein Schwert schwingend, während an der rechten Schulter ein blutroter Stern den Verlust des rechten Armes andeutet. Es ist der Herr des Krieges, der nach alter Sage seinen rechten Arm bei der Fesselung des Wolfes geopfert haben soll. Er leistet dem (neuen) Skorpion (SCORPIUS), dem Beherrscher des Tierkreises, Gesellschaft. Die gegenwärtige Namensgebung sieht dort den Jäger Orion, der von einem Skorpion zu Tode gestochen wurde, bevor er seinen Platz am Himmel erhielt und der bereits dem Sternenhimmel angehörende Skorpion an eine ungefähr ihm gegenüberliegende Seite des Himmels versetzt wurde. - Unser Sternbild des linkshändig kämpfen müssenden Kriegsmannes heißt MILES (der Krieger). Sein Schwert funkelt im Sternchen Lambda Orionis und umliegenden schwachen Sternchen, seine linke Schulter bildet Bellatrix (Gamma Orionis), die rechte Beteigeuze (Alpha Orionis), sein Gurt besteht aus den Sternen Alnitak (Zeta Orionis), Alnilam (Epsilon Orionis) und Mintaka (Delta Orionis). Die Scheide des für den linkshändig Kämpfenden rechts gegurteten Schwertes (kann eine nordische Sage noch schöner in den Sternen bestätigt werden?) erstreckt sich von Alnitak über Sigma Orionis nach Theta Orionis in den Orionnebel, der ein gewaltiger, in Teilen leuchtender Gas- und Staubnebel ist. Erinnert diese aus einer kosmischen Wolke bestehende Schwertscheide nicht an den Knauf des im neuen Tierkreis stehenden Schwertes, der von den hellen inneren Bereichen eines Spiralnebels gebildet wird? - Das rechte Bein des Kriegers zeigt sich als Verbindung von Alnitak nach Kappa Orionis, das linke als Verbindung von Mintaka über Eta Orionis zum hellen, blauen Stern Rigel (Beta Orionis).

Unser Streifzug hat uns im Tierkreis die sichtbaren Sternbilder des Bogenschützen, des Bären, des Schiffes, des Widders, des Stieres, der Zwillinge, des Krebses, des Adlers, des Storches, des Schwertes, des Steinbocks und des Skorpions gezeigt. Am Nordhimmel sahen wir den Großen Wagen, den Wagenschatten, die Sense, den Flugdrachen, die Nördliche Schlange, den Schwan, den Reichsapfel, die Krone und den Seehund, am Südhimmel den Wolf, das Krokodil, die Wippe, das Kreuz des Südens, den Sägefisch, den Schwanzlurch, den Pflug, die Südliche Schlange, den Wal und den opfermutigen Krieger. Manche der altgriechischen Sagen, die mit den astronomisch genaueren nordischen Sagen aus Island immerhin großenteils einen fernen gemeinsamen Ursprung haben, werden zur Erde zurückkehren, weil neue Bilder deutlicher am Himmel stehen, teils sagenbezogen, teils unmittelbar durch ihre Gestalt zu uns Menschen sprechend.

I.11. Himmlische Reiche

In einigen hunderttausend Jahren werden die Sternbilder nicht mehr in der Gestalt am Himmel stehen, wie wir sie heute sehen, sondern infolge der Eigenbewegungen der Sterne stark verzerrt sein. Ein Großjahr mit seiner schon unvorstellbaren Länge von 25.728 Jahren ist jedoch kurz genug, um die Sternbilder noch erkennbar zu erhalten. Die Sternbilder am Beginn des jetzt zuendegehenden Großjahres waren dieselben wie heute. Der damals leuchtende Polarstern mag die Denker jener Zeit durch sein allmähliches Hineinrücken in eine nutzbare Stellung als nächtlicher Wegweiser veranlaßt haben, über die Bewegung des Himmelspols zwischen den Sternen nachzudenken. Wenn sie die kreisförmige scheinbare Bahn des Polarsterns trotz mancher Beobachtungsschwierigkeiten erkannt haben, dann muß ihnen auch der zugehörige Weg des Großen Wagens um den Pol der Ekliptik deutlich geworden sein, selbst wenn sie gezähmte Pferde und schnellrädrige Wagen noch nicht kannten. Eine enge Beziehung zwischen Sterndeutung und Menschenschicksal wird sich entwickelt haben, wodurch aus den an sich zufällig angeordneten Sternen eine umfassende und sich selbst durch vielfache Beziehungen bestätigende Ordnung entstand, die trotz der Schwächen mündlicher Überlieferung in einer schriftlosen Zeit in vielen aufeinanderfolgenden Zeitaltern nicht verfiel, sondern einen weiteren, sie immer mehr sichernden Ausbau erfuhr. Ein Verfall dieses Wissens und Denkens konnte erst durch eine Abkehr von den Sternen erfolgen. Auch die alte Himmelsforschung wird nicht ganz ohne Geräte ausgekommen sein, vielleicht Hohlspiegel aus Gold, optische Linsen aus Bergkristall (Quarz), Silberplatten zum Zeichnen von Sternkarten. Vielleicht findet man eines Tages doch noch den einen oder anderen wenigstens bescheidenen greifbaren Beweis für eine steinzeitliche Himmelsforschung im Gebiet der Urheimat der Indogermanen an den Südrändern des Ural-Gebirges. Wir wissen, daß die über die Turkvölker noch weiter östlich lebenden Chinesen auf eine uralte Sternkunde zurückblicken können und auch das Rad, das Eisen und den vielseitigen Umgang mit Gold, Silber und anderen Elementen aus der Erde früh gekannt haben. Dennoch sind die eigentlichen Leistungen der fernen Vergangenheit wohl rein geistiger Art: Gedanken, die von wissenden Alten an ihre Nachfolger weitergegeben wurden. Solch ein Erbe können wir selbst heute noch den Sprachen - die ja einmal entstanden sein müssen - wie auch mancher aus alter Zeit überkommenen Sage entnehmen. Wenn wir alte Sagen zur Deutung des Sternenhimmels heranziehen, müssen wir immer im Auge behalten, daß sie möglicherweise in einer mit den Sternen wenig vertrauten Zeit in der Sprache und Vorstellungswelt abgefaßt sind, in der ein erster Schriftgelehrter sie aufzeichnete. Manche alten Berichte werden uns dadurch trotz des deutlichen Zusammenhangs mit dem, was wir ergründen wollen, zu einer nur geringen Hilfe: Das 4.600 Jahre alte Gilgamesch-Epos aus dem Lande der Sumerer an den Flüssen Euphrat und Tigris handelt von 7 Gottheiten, die in ihrer Mehrheit mit Sonne, Mond und Planeten zusammenhingen und zugleich eine Entsprechung in irdischen Herrschern hatten, die in hochliegenden Burgen neben den Staatsgeschäften die Erforschung der Gestirne betrieben. Die Sumerer kannten schon den schnellen, pferdebespannten zweirädrigen Streitwagen! Die im Gilgamesch-Epos dargestellten astronomischen Zusammenhänge sind leider nicht sehr umfangreich. - Ebenso nennt die auf die alt-arioindischen Veden (Weden, Erinnerungen des Wissens) zurückgehende Bhagavadgita (Lied der Gottheit, des Erlösers im Eisen-Zeitalter) bei aller Betonung eines Hauptgottes wieder sieben oberste Himmelsgötter neben allerdings zahlreichen anderen, teilweise auf Himmelserscheinungen, überwiegend jedoch auf die Erde und die Menschenseele bezogenen Gottheiten. Auch das indische Herrschervolk alter Zeit kannte Pferd und Wagen wie die Sumerer. Chinas Sternkunde ist mindestens 3.500 Jahre alt, und auch sie kannten Pferd und Streitwagen wie Sumerer und Inder. Chinas erste Herrscher kamen aus dem Nordwesten. Anstelle himmlischer Götter verehrte das alte China den "Erhabenen Himmel" als Ganzes. - Von der Zeit der Aufzeichnung her ist das Buch "Die Edda" noch neu. Es erhielt erst vor rund 700 Jahren auf der Insel Island (Eis-Land) seine schriftliche Form. Die Edda stellt die Götter als bis zur Zeit des Endkampfes unsterbliche, oberhalb der Erde lebende Menschen dar, deren Wirkungsfeld durch irdische Begriffe beschrieben ist. Vielleicht, ja wahrscheinlich hat die Edda unter fremdgeistiger, christlicher Bedrohung gerade wegen ihrer Erd- und Menschennähe als unbeeinträchtigtes

Ganzes auch die späten Zeiten der mündlichen Überlieferung überstanden. Übertragen wir die Namen und Gestalten der Edda mitsamt ihrer weitgehend irdischen Umwelt in die himmlische Welt der Sterne, so wird jene unscheinbare Dichtung überraschend zum Bürgen für eine überwältigende Glanzzeit der Himmelsforschung, in der Kenntnisse errungen worden sind, die unsere moderne Astronomie vor 200, 100 oder teilweise selbst 50 Jahren (von 1980 rückwärts gezählt) noch nicht besaß, von den noch erstaulicheren Hinweisen auf Ergebnisse allerneuester astronomischer Forschung zunächst noch abgesehen.

Ohne neuzeitliche Kenntnisse des Sternenhimmels, wie sie heute bei naturwissenschaftlich interessierten Menschen Allgemeingut sind, könnten wir den alten Überlieferungen nur einen sehr kleinen Teil ihres astronomischen Gehalts entnehmen. Heute können wir jedoch mit Erfolg zwischen dem Himmel, wie wir ihn sehen und aus Berichten der Astronomie und Raumfahrt kennen, und dem alten Wissen Beziehungen knüpfen, die zu einer Gesamtschau religiösen Ausmaßes führen.

Alle bekannten Religionen teilen das Weltganze in verschiedene Bereiche: Welt der Lebenden, Welt der Verstorbenen. Die Welt der nicht mehr Lebenden kennt zumeist einen himmlischen Bereich für jene, die durch ihr Leben Verdienst erworben haben, und für die Unwürdigen eine Unterwelt irgendwo in der Tiefe - in der Tiefe der Erde, als diese noch als einzige große und feste Welt gesehen wurde. Die Götterwelt der Griechenvölker und die der Germanen sahen die Unterwelt als finsteren Bereich der Nebel und Schatten, kühl und lichtarm wie der ferne Norden zur Winterzeit. Im fruchtbaren, Dauerbesiedlung ermöglichenden Norden der arabischen Halbinsel entstandene Religionen sehen die Unterwelt als Übersteigerung des Wüstenglut, als Gebiet verzehrenden Feuers - oder ist den frühen Christen zuzutrauen, daß sie gewußt hätten, daß in den Tiefen der Erde das Gestein wirklich von schmelzglühender Hitze ist? Waren die Römer der Verfallszeit und ihre vorläufigen Erben noch in der Lage, aus Italiens Vulkanen auf das Geschehen in der Tiefe zu schließen? - Wir lösen uns von allem allzu Erdbezogenen jener Bilder und suchen jene Reiche, welche die Religionen uns nennen, im Sternenhimmel.

Zwischen Tierkreis und Gebiet des nördlichen Pols der Ekliptik und zwischen Tierkreis und südlichem Ekliptik-Polargebiet liegen die Sternbilder, denen wir in freier Deutung aus dem Anblick den sie bieten, Namen irdischer Gestalten und Gegenstände geben konnten: Großer Wagen, Wagenschatten, Sense, Flugdrachen, Nördliche Schlange, Schwan, Reichsapfel, Krone und Seehund im Norden, Wolf, Krokodil, Wippe, Kreuz des Südens, Sägefisch, Schwanzlurch, Pflug, Südliche Schlange, Wal und Krieger im Süden. Aus der Überlieferung können wir entnehmen, daß die benachbarten Bilder des Wolfes und des Kriegers den FENRISWOLF, der die Götter vernichten will, und den Gott TIU in ihrer Übersetzung zu menschennahen Bildnissen zeigen. - Das Gebiet der frei wählbaren Himmelsgestalten stellt in einer Auswahl das irdisch-körperliche Reich der Menschen dar und heißt UTGARD (das "außerhalb" Liegende).

Der Bereich der dreizehn himmlischen Götter heißt ASGARD und liegt auf dem Tierkreis. Die Tiergestalten des Tierkreises geben nicht nur Jahreszeiten und Menschencharaktere und einige Schicksalsverflechtungen zwischen Göttern wieder, sondern kennzeichen auch die zwölf namentlich überlieferten Götterburgen und ihre Herren. - Im neuen Sternbild SCORPIUS (Skorpion) liegt GLADSHEIM, die Stätte der Fröhlichen und der klirrenden Waffen im Saal Walhalla, deren Herr der Heldenerheber ist, der die Verdienten mit einem goldenen Speer erwählt und in sein himmlisches Reich aufnimmt. - Im neuen Sternbild CAPRICORNUS (Steinbock) liegt BREIDGLAST, die Burg des weiten Leuchtens, und ihr Herr ist der Freund der Begeisterten, in heiligem Eifer Strebenden, deren Ziele leuchtenden Berggipfeln gleichen. - Im neuen Sternbild GLADIUS (Schwert), dessen Symboltier die Schwalbe des Herbstes ist, liegt GLITNIR, ein die Augen beglückender Ort des Glitzerns und Gleißens, dessen Herr der Richtende ist, der mit seinem scharfen, funkelnden Schwert das Recht vom Unrecht trennt, das Licht vom Dunkel, den Herbst vom Sommer und alle Monate voneinander. - Im neuen Sternbild CICONIA (Storch) liegt FOLKWANG, die Burg, die das selbstbewußte Volk liebt. Ihr Herr ist der Wangenröter des Zornes und der Liebe. - Im neuen Sternbild AQUILA (Adler) liegt FENSAL, die

Heimstätte der Freundschaft und Treue, deren Herr die Treuen und Freunde der Götter in die himmlischen Reiche geleitet. - Im neuen Sternbild CANCER (Krebs), das nur schwer zu einer Fledermaus (VESPERTILIO) umzudeuten ist, auch wenn es für die Systematik des Tierkreises zuträglich wäre, liegt SÖKWABEK, das hinter rauschendem Wasserfall zu suchende Schloß, dessen Herr den Sommer mildert und auf einer goldenen Harfe ein Lied spielt, das Natur und Sinne am Leben erhält. - Im neuen Sternbild GEMINI (Zwillinge) liegt WALASKIALF, die Stätte der Entscheidung. Ihr Herr durchtrennt das Gewirr feindseliger Verstrickungen durch Entscheidungskämpfe. Ein zweiter Gott - Gast und damit mit gleichem Entscheidungsrecht - bewohnt die Burg. Er mildert und wendet die Entscheidungen durch Förderung von List und Einfallsreichtum. - Im neuen Sternbild TAURUS (Stier) liegt THRUDHEIM, die mächtige Burg der Starken, deren Herr fleißige Arbeit und krafvolle Selbstbehauptung belohnt. - Im neuen Sternbild ARIES (Widder) liegt HIMINBJÖRG, die regenbogennahe Himmelsburg, deren Herr bei den Menschen auf Ordnung sieht. Der Schäfchenhimmel der Vollmondnacht erinnert an sein Reich. - Im neuen Sternbild NAVIS (Schiff), dessen Symboltier der den Schiffen vorauseilende Delfin (Tümmler) ist, liegt NOATUN , die Schiffsstadt, und ihr Herr ist der Beherrscher der Meere, der Erforschung des Stofflichen und der im Frieden Tüchtigen. - Im neuen Sternbild URSUS (Bär) liegt LANDWIDI, die Burg in der Landesweite buschlanddurchstreifender, einsam Schaffender. Ihr Herr widersteht dem entfesselten Fenriswolf und rettet die Völker vor den ewig gierigen Imperien. - Im neuen Sternbild SAGITTARIUS (Bogenschütze) liegt EIDALIR, das Eibental, in dem die doppelt gebogene Jagd- und Kriegswaffe geschnitten wird. Das Symboltier des jagenden Bogenschützen ist der zum Jagen in der Luft befähigte Falke.

Ein mächtiger Ringwall trennt das Reich, aus dem nach zwölf Zeitaltern das Licht der Erlösung kommt, von UTGARD, dem Reich des Vergänglichen. Das neue Sternbild MAGNUM VALLUM (Großer Wall) wird aus zwei Sternenringen gebildet: Der Himmelspol trifft zwar nur einmal auf seiner langdauernden Kreisbahn auf einen hellen Stern, aber natürlich ist es möglich, alle jene Sterne als grobe Andeutung der Nordrichtung aufzufassen, die jener Kreisbahn des

Himmelspols jeweils am nächsten stehen. Ziehen wir solche Sterne bis zu einer Helligkeit von $+3{,}75^{m}$ in Betracht und verbinden sie sämtlich durch einen geschlossenen Streckenzug, so erhalten wir den Außenrand des Großen Walls. Dort liegen neben dem einzig gültigen, weil genügend polnahen und zugleich genügend hellen Polarstern (lateinisch: Stella Polaris oder auch Alpha Ursae Minoris) die angenäherten "Polarsterne" aus allen zwölf Zeitaltern: 1. Arrai (Gamma Cephei) am Ende des Skorpion-Zeitalters, das Ende des Jahres 2104 unserer jetzigen Zeitrechnung beginnt. 2. Alfirk (Beta Cephei) in der zweiten Hälfte des Steinbock-Zeitalters, dessen Beginn vom Jahre 2104 aus noch 2.144 Jahre weiter in der Zukunft liegt. 3. Alderamin (Alpha Cephei) und Eta Cephei im Schwalbe-Zeitalter. 4. Omikron-Eins Cygni im Storch-Zeitalter. 5. Delta Cygni, der rechte Flügelstern des Schwans, im Adler-Zeitalter. 6. Der $0{,}0^{m}$ helle Stern Wega (Alpha Lyrae) im Krebs-(oder Fledermaus-)Zeitalter. 7. Ettanin (Gamma Draconis) und Pi Herculis im Zwillinge-Zeitalter. 8. Eta Herculis im Stier-Zeitalter. 9. Jota Draconis am Ende des wahren Widder-Zeitalters, das nicht um die Geburt des Jesus von Nazareth endete, sondern von den Jahren -6477 bis -4329 heutiger Zeitrechnung reichte. 10. Thuban (Alpha Draconis) gegen Ende des Delfin-Zeitalters, das von -4329 bis -2185 dauerte und zeitlich die großen, durch mächtige Bauwerke belegten Kulturen des Altertums umschließt - die der Sumerer und Akkader, der frühhelladischen Griechen und Kreter und des Baus der ägytischen Pyramiden. 11. Kochab (Beta Ursae Minoris) im von -2185 bis -41 zu zählenden Bär-Zeitalter, in welchen Assyrien, Babylonien, das Reich der Judäer und Israeliten in Palästina, das Chinesische Reich und die Reiche der ersten großen Ausbreitungswelle der Indogermanenvölker - vom Indus und den Bergen Sinkiangs bis zum Atlantik, dem Mittelmeer und Skandinavien - entstanden. 12. Kein Stern außer dem sich langsam annähernden Polaris im Falke-Zeitalter, welches Vergessen, Unwissenheit und Fremdherrschaft durch nicht von den Völkern getragene Imperien und Machtkonstruktionen bringt. Stützt nicht die Tatsache des Fehlens eines Ersatz-Polarsterns das Bild vom lichtfern regierenden Gott und der Hoffnung auf Erlösung aus der Finsternis? - Den Innenrand des Großen Walls bilden alle genügend hellen Sterne im Gebiet um den nördlichen Pol der Ekliptik, die innerhalb der

Außenbegrenzung liegen - mit Ausnahme des Innersten. Sie heißen Pherkad (Gamma Ursae Minoris), Eta und Beta Draconis und Tais (Delta Draconis).

Vom Großen Wall umschlossen liegt das Reich der Lichtwesen, der Alfen und Elfen, das ALBENHEIM (ALBIA) heißt. Dort liegt im Bereich des Gasnebels 6543 der mittlere ebenso wie der zeitabhängige Nordpol der Erdbahn. Der bläuliche Stern Zeta Draconis steht in ALBENHEIM als Zeichen des ewig einjährigen Lichtbringers, der den Großen Wagen seinen verheißungsvollen Schatten in Gestalt eines wagenähnlichen Sternbilds werfen läßt und am Ende des Finsteren Zeitalters den Göttern in den zukünftigen Zeitaltern das Licht der Erlösung von alter Schuld und der Erkenntnis durch neu erleuchtete Erinnerung bringt. Der Erlöser und Herr der Alfen (männlich) und Elfen (weiblich) - schwer faßbarer Lichtwesen - heißt mit seinem Stern WALI, was "der Erwählte" heißt und mit dem griechischen Christos (Χριστος) und dem lateinischen Christus (Krist) wie auch dem indischen Krischna gleichbedeutend ist. Nie darf und durfte ein Mensch sich diesen Himmelstitel zulegen!

Wenn wir davon ausgehen, daß trotz der entgegengesetzten Jahreszeiten nur ein einziger Kalender sowohl für die Nord- als auch für die Südhalbkugel unseres Planeten gilt, dann kann es sinngemäß auch nur ein Großjahr geben, das für die ganze Erde - ja, darüber hinaus für alle Planeten unseres Sonnensystems - gilt, so wie es für die Erde nur einen wirklichen Polarstern gibt. - Dem Großen Wall entsprechend benennen wir deshalb um den Südpol der Ekliptik ein Sternbild MAGNA FOSSA (Großer Graben). Der Große Graben übernimmt den Sinngehalt des aufgelösten Sternbilds Eridanus, das ja den Fluß darstellen sollte, der die Lebenden von der Unterwelt trennt. Der Große Graben liegt in einem tief südlichen Bereich des Himmels, so daß von ihm Bewohner mittlerer und polarer Breiten der irdischen Nordhalbkugel im jetzigen Falke-Zeitalter und dem kommenden Skorpion-Zeitalter nur einen Teil des Außenrandes südlich des (neuen) Sternbildes des Wolfes am unruhigen Horizont sehen können. Bei der Bestimmung des Sternbildes des Großen Grabens zeigt sich, daß die Abstände der Ersatz-Polarsterne von dem Kreis, den der Himmelspol beschreibt, am Südhimmel merklich größer sind und ihre Verteilung ungleichmäßiger ist, als wir es vom Nordhimmel her kennen. - Die südlichen "Polarsterne" der zwölf Zeitalter sind: 1. Kein genügend heller Stern im nah vorausliegenden Skorpion-Zeitalter - was den Nord-Polarstern wiederum als weltweiten Stern der Zeitenwende betont. 2. Omega und Ypsilon Carinae im Steinbock-Zeitalter. 3. Ein Stern 3,5., ein Stern 2. und wieder ein Stern 3,5. Größe im Schwalbe-Zeitalter. 4. Delta und Omikron Velorum und Chi Carinae im Storch-Zeitalter. 5. Der Stern 3. Größe Sigma Puppis und sein gleichheller Nachbar im Adler-Zeitalter. 6. Ny Puppis im Krebs-Zeitalter. 7. Beta und Alpha Columbae im Zwillinge-Zeitalter. 8. Alpha Doradus im Stier-Zeitalter. 9. Alpha Reticuli im Widder-Zeitalter. 10. Phi Eridani und Alpha Hydri im Delfin-Zeitalter. 11. Beta Hydri am Ende des Bär-Zeitalters, als er sagenumwobenen griechischen Umrundern Afrikas im Süden als Leitstern gedient haben könnte. 12. Kein Stern im seit dem Jahre -41 zählenden, gegenwärtigen Falke-Zeitalter. - Der Innenrand des Großen Grabens wird von Gamma Volantis, Beta Carinae, Epsilon Carinae, Tau Puppis, Canopus (Alpha Carinae) - dem mit $-0{,}8^{m}$ zweithellsten Stern der Himmelskugel - und Beta Doradus und Gamma Hydri gebildet.

Durch den Großen Graben von der übrigen Sternenwelt getrennt liegt NEBELHEIM (TENEBRIA), die Unterwelt, die von der einst allein von Sternkundigen bewohnten außertropischen Nordhalbkugel unseres Planeten aus nie erblickt wurde und als dunkler, für Lebende nicht erreichbarer Himmelsort gelten mußte. Nah dem Südpol der Ekliptik schimmert die ferne Sternenballung der Großen Magellanschen Wolke, der die Kleine Magellansche Wolke jenseits des Großen Grabens benachbart ist. Der bläulichweiße, lichtschwache Stern Alpha Pictoris erhält den Namen HEL der Hüterin der dem Vergessen zustrebenden Schatten. Anstelle der Alfen und Elfen ALBENHEIMS, die auch Lichtalben heißen, gibt es in NEBELHEIM, dem Reich der HEL, die lichtfressenden Schwarzalben, deren Anblick selbst unsterbliche Götter fürchten müssen.

Galt den Alten die Erde als durch eine mächtige Schlange geteilt, so sehen wir nun diesen teilenden Ring im schimmernden Band der Milchstraße, die auch ORBIS LACTEUS oder GALAXIS heißt. Die Schlange heißt MIDGARDSCHLANGE, ihr Reich MIDGARD (das in der Mitte oder im Zwischen Liegende). Das irdische Gegenstück war in den Ozeanen und Urwäldern, durch die der Äquator läuft, nur Sage, doch tatsächlich leben in den Topen die größten Schlangen, und auch Wasserschlangen gibt es in den äquatornahen Korallenmeeren. Man fragt sich, wie die im kalten Norden Europas - gar auf Island - lebenden Germanen alter Zeit auf das Bild der weltumspannenden Schlange kommen konnten, das ähnlich in Südostasien in der Kultur der Khmer vorkommt. - MIDGARD als himmlische Weltenschlange teilt die Himmelskugel der Zeitenwende, wenn nach 25.728 Jahren wieder der Polarstern an seinem Ort unbeweglich am Himmel steht, in eine Winterhälfte und eine Sommerhälfte. MIDGARD spannt sich über beide Teile UTGARDS, schneidet zwischen Skorpion und Bogenschütze und zwischen Zwillingen und Krebs ASGARD und berührt den nördlichen Großen Wall ebenso wie den südlichen Großen Graben. Vielen Sternbildern - Schwan, Krone, Seehund, Skorpion, Bogenschütze, Fenriswolf (Wolf), Krokodil, Kreuz des Südens, Schwanzlurch, Zwillingen und Krebs sowie Nördlicher Schlange - dient MIDGARD als neblig-schimmernder Sternenhintergrund. Eigentlich ist die Milchstraße ja überall am Himmel, denn sie umfaßt alle Sterne einer linsenförmig-flachen, in Spiralarme gegliederten Welteninsel, in der an unbedeutender Stelle - in mittlerer Randlage - unsere Sonne mit ihren Planeten treibt.

Alle Welten überragt der Sage nach die Esche Yggdrasil. Bäume können so alt werden, daß sie mehrere Zeitalter überdauern, so daß ihr Zeitmaßstab an den der Götter und des Himmelsgeschehens heranreicht. Das Sternenmeer, das die Midgardschlange umspannt, ist gewiß groß, denn es umfaßt mehr als 100 Milliarden (100.000.000.000) Sonnen, zwischen denen sich eine gewaltige Leere dehnt. In der Weltenesche ist diese Sternenwelt aber nur ein einziges Blatt! - Unbegreiflich tief in alle Richtungen gähnt der schwarze Abgrund, der die Sternenreiche trennt, die sich in den fotografischen Aufnahmen mit großen Fernrohren (Teleskopen) als Milliarden schimmernder, neblig verschwimmender Ellipsen zeigen - mehr als je der größte Baum Blätter hat. Fern am Rande des Sichtbaren, von wo uns das Licht infolge der noch unerklärten ständigen Dehnung des zwischen den Sterneninseln liegenden Raumes nur noch langwellig-rötlich erreicht, liegt das Geheimnis vom Werden und Vergehen und vom Unterschied zwischen dem Seienden und dem nicht Seienden verborgen. - Am Fuße des Baumes sitzen nach alter Sage die Nornen URD (Vergangenheit, Ursprung), WERDANDI (das Werdende der Gegenwart) und SKULD (was noch werden soll, die Zukunft) und spinnen die Fäden des Weltenschicksals. Wird je ein Gott oder Mensch ergründen, welchem Gesetz die Arbeit der Nornen gehorcht?

I.12. Alte und neue Sterndeutung

Die Astrologie hat eine lange Geschichte, die sich in grauer Vorzeit verliert. Durch die Deutung der Gestirne setzte sie das gegenwartsnahe Schicksal der Menschen und Völker mit den langen Zeiträumen, in denen das Sterngeschehen abläuft, in Beziehung und war durch diese Rückbindung (lateinisch Rückbindung = religio) im eigentlichen Sinne Religion. Das spezielle Christentum des Jesus von Nazareth hat zwar verdienstvollerweise seine Gläubigen von allen Arten unmittelbaren blutigen Fleischopfers abgebracht, aber zu Gunsten einer sehr abstrakten Religion, die glaubte, sich von den Sternen lösen zu können. Das Christentum der nunmehr vergangenen fast 2.000 Jahre war ein sich allein auf das geschriebene Wort stützender Bekenntnisglaube und mußte zwangsläufig mit dem deutlicheren Sternenglauben in Widerspruch geraten. Die Sterndeutung wurde mit dem Aufkommen jenes neuen Glaubens eingeengt und von der wissenschaftlichen Sternforschung getrennt, und ihre Entwicklung kam zum Stillstand. Ein auf 7 bewegte Himmelskörper mit der Erde in der Mitte fixiertes System erstarrte. Als nicht mehr bezweifelt werden konnte, daß Sonne und Mond keine Planeten sind, wohl aber die Erde, sah man sich erheblich irritiert, weil die Zahl der Planeten - nun Merkur, Venus, Erde, Mars, Jupiter, Saturn - unter die in der Himmelskunde so vielfach vorkommende Zahl 7 gesunken war, und die Astrologie übernahm die neue, heliozentrische (die Sonne zum Mittelpunkt nehmende) Ordnung auch dann nicht, als im Jahre 1781 ein 7. Planet - der Planet Uranus - entdeckt wurde, doch man ersparte sich damit eine neue Enttäuschung: Zwischen 1801 und 1807 wurden vier weitere, allerdings recht kleine Planeten etwa von der Helligkeit des Uranus entdeckt, teils schon knapp oberhalb, teils nur wenig unterhalb der Wahrnehmungsgrenze des menschlichen Auges - Ceres, Pallas, Juno und Vesta (in der Reihenfolge der Entdeckung gezählt). Weitere kleine und Kleinstplaneten folgten ab 1845, unter ihnen 1851 als Nummer 15 Eunomia, der von der Erde her und umgerechnet von der Sonne her gesehen noch etwas heller als Juno ist. Mochte man sich auch der Anerkennung der Kleinplaneten als wahre Planeten widersetzen: Die Entdeckung des großen Planeten Neptun im Jahre 1846 sprengte dann doch entgültig die Zahl Sieben im Planetensystem. Die Astrologie blieb bei ihrem geozentrischen Bild, das Sonne und Mond wie Planeten behandelte, und reihte die Großen der neuentdeckten Planeten mit ein, indem sie ihnen im Nachherein irgendwelche Eigenschaften zumaß, die vorher von den klassischen 7 "Planeten" voll abgedeckt waren. Keinem Astrologen kam der Gedanke, eine neue, heliozentrische Zwölf-Planetenbahnen-Astrologie zu definieren und auf den letzten, noch fehlenden Planeten außerhalb der Bahn des Neptun zu hoffen, der im Jahre 1930 sogar wirklich entdeckt wurde.

Bis heute (zehn oder zwanzig Jahre vor dem Jahr 2000) klammert sich die Gebrauchs-Astrologie an ihr klassisches System: Tierkreiszeichen, "Aszendent", "Häuser", in einem Aszendenten und den Häusern stehende echte und unechte Planeten und die zeichnerische Darstellung der "Planetenstellungen" als "Aspekte" sollen das vergangene und zukünftige Leben eines Menschen beschreiben. Redliche Astrologen ziehen sich auf den Standpunkt zurück, daß sie nur eine Kultur pflegen, daß ihre Bilder suchenden Menschen lediglich Leitlinien zu geben vermögen. Die Mehrheit der heutigen Astrologen scheint allerdings davon zu leben, daß sie den zu ihnen kommenden Menschen weismacht, "paraphysikalische Kräfte" der Planeten, der Sonne und des Mondes nähmen auf das zukünftige Leben eines jeden Menschen nach Gesetzen, die der Astrologe kenne, Einfluß.

Das Tierkreiszeichen der klassischen Astrologie war ursprünglich - etwa in der Zeit zwischen den Jahren -300 und +300 unserer heutigen Zeitrechnung - das Sternbild, in dem die Sonne bei der Geburt stand. Inzwischen haben sich aber die Sternbilder des Tierkreises in Bezug auf den Jahreslauf verschoben, und es muß zwischen einem Tierkreiszeichen-Himmelsgebiet und dem zugehörigen Tierkreis-Sternbild unterschieden werden. Das Tierkreiszeichen ist leicht vom Kalender abzulesen: 21. März (in Schaltjahren 20. März) bis 19. April Widder. 20. April bis 20. Mai Stier. 21. Mai bis 20. Juni Zwillinge. 21. Juni bis 22. Juli Krebs. 23. Juli bis 22. August "Löwe". 23. August bis 22. September "Jungfrau". 23. September bis 22. Oktober "Waage". 23. Oktober bis 21. November "Skorpion". 22. November bis 21. Dezember "Schütze". 22. Dezember bis 19. Januar "Steinbock". 20. Januar bis 18. Februar "Wassermann". 19. Februar bis 20. März (in Schaltjahren 19. März) "Fische". Diese Jahresaufteilung entspricht besser den astronomischen und jahreszeitlichen Gegebenheiten als der amtliche Kalender, der von sternenfernen römischen Politikern geschaffen worden ist. Von jedem der Tierkreiszeichen sind feste kennzeichnende Charaktermerkmale überliefert, daneben Stärken und Anfälligkeiten. - Da die Tierkreiszeichen die Menschen nur sehr grob in 12 Gruppen teilen und man die Erfahrung gemacht hat, daß viele Menschen ihrem Wesen nach nicht so sind, wie ihr Tierkreiszeichen es fordert, fand oder erfand man als Ergänzung zum Geburtsmonat und seinem Tierkreiszeichen den Aszendenten, der von der Geburts-Uhrzeit abhängt. Der Aszendent ist das Tierkreiszeichen-Himmelsgebiet, das zur Stunde der Geburt "aufgeht" oder, genauer gesagt, auf den Himmelsäquator projiziert im Osten steht. Steht im Aszendenten aus der Sicht vom Planeten Erde aus ein Planet (Sonne und Mond immer bei den Planeten mitgezählt!), so werden die Tierkreiszeichen-Eigenschaften, die der Aszendent vertritt, durch Eigenschaften, die man jedem der "Planeten" fest zugeordnet hat, ergänzt. - Der Aszendent ist auf eine skurrile Weise doppelsinnig, indem er neben der von seinem Tierkreiszeichen-Himmelsgebiet abgeleiteten Tierkreiszeicheneigenschaft zugleich erstes "Haus" in einem Reigen von 12 Häusern ist, als Haus aber die Eigenschften des Widders, des ersten Zeichens im astrologischen Jahr, verkörpert. Wer also beispielsweise Anfang April um 12.00 Uhr mittags (Ortszeit - diese kann bei der heute üblicherweise bürokratisch verordneten amtlichen Zeit um 2 und mehr Stunden abweichen, besonders wenn gerade "Sommerzeit" gilt!) bei gerade aufgehendem Halbmond geboren ist, gehört zum Tierkreiszeichen Widder und besitzt (um drei Tierkreiszeichen weiterzählen: Stier, Zwillinge, Krebs) einen Krebs-Aszendenten, der vom Mond unterstützt wird. Zugleich steht der Mond im ersten Haus und fördert daher mit seinen Eigenschaften auch die Merkmale des Widders, während die Sonne im 10. Haus steht und damit Eigenschaften des Tierkreiszeichens "Steinbock" hervorhebt. Durch Berücksichtigung von Planetenstellungen (genauer: scheinbaren "Planeten"-Stellungen aus dem Blickwinkel des Planeten Erde), Tierkreiszeichen, Aszendent und Häusern bietet sich dem Astrologen eine Vielzahl von Verknüpfungsmöglichkeiten, die er nach seinem Ermessen für ein Horoskop heranziehen kann. Mit der Erde als Mittelpunkt und ihrem Äquator als Zeichenebene wird vom klassischen Astrologen ein Kreis gezeichnet, auf dem die "Planeten"-Positionen markiert werden, wobei der Tierkreis (jener der Tierkreiszeichen-Gebiete, nicht jener der Tierkreissternbilder) als Bezugssystem gilt. Die "Planeten"-Konstellation bei der Geburt und spätere Konstellationen (Stellungen der "Planeten" auf dem Kreis) unter Hinzunahme des Ortes auf dem Kreis, der sich aus dem Geburtstag im astrologischen Jahr ergibt, werden auf Dreiecks- (positiv) und Vierecks- und Gegenstellungen (negativ) untersucht und ergeben die "Aspekte" (dem Wortsinn nach: An- oder Ausblicke).

Die klassische Astrologie, insbesondere jene Richtung, die an das Wirken "kosmischer Kräfte" paraphysikalischer Natur glaubt, steht recht ratlos vor der Verschiebung der Tierkreis-Sternbilder gegenüber den jahreszeitgebundenen Tierkreiszeichen-Himmelsgebieten. Vor allem bei der Bestimmung des Aszendenten und der mit ihm zusammenhängenden Häuser steht sie bewußt vor der Wahl zwischen den tatsächlichen Sternen und bloßen Himmelsgebieten, die sich mit den Jahrhunderten langsam verschieben. Auch der Umstand, daß auf der Südhalbkugel unsers Planeten die Jahreszeiten umgekehrt wie im Norden liegen, ist in die klassische Astrologie nicht eingearbeitet, obwohl es wichtig wäre, sofern zwischen dem Kreis der Jahreszeiten und den Menschen überhaupt eine Beziehung bestehen soll, was ja eine der Grundlagen aller Astrologie ist. Klassische Horoskope gelten für alle Menschen, die annähernd zur gleichen Zeit in der Nähe des gleichen Längenkreises geboren sind, irgendwo zwischen Nordpol, Tropen und Südpol, so verschieden diese Gebiete auch klimatisch und damit in der jahreszeitlichen Wirkung auf einen Menschen sind. Der Begriff des Aszendenten (d.h. des "aufsteigenden" Sternbildes) wirkt in mittleren oder gar subpolaren und polaren Breiten recht unmotiviert, weil dort die Sterne des Tierkreises infolge der Schiefe der Ekliptik großenteils sehr weit im Norden oder Süden oder auch überhaupt nicht aufgehen und die Projektion auf den Himmelsäquator vielen Astrologen nicht bekannt ist und zumindest jenen, die an unmittelbare Wirkungen der Sterne eines Sternbildes glauben, nicht hilft. Die Dreiecke und Vierecke der "Aspekte" muten ein wenig wie geometrische Spielerei an und erinnern auffallend an die Liebe der Denker Alt-Griechenlands zu reinen geometrischen Formen, wobei eine einleuchtende Beziehung zum Sternenhimmel fehlt.

Wenn eine neue, heliozentrische Astrologie, die sich wieder als religiös begreift und mit dem Weltbild der modernen Naturwissenschaften im Einklang steht, die Inhalte und Methoden der klassischen Astrologie allmählich ablösen soll, dann muß sie so geartet sein, daß sie es den vielen Astrologen auch weiterhin ermöglicht, Horoskope zu errechnen, auch wenn die Regeln neue sind. Wünschenswert ist eine Einengung des Ortes, für den ein Horoskop Gültigkeit haben soll. Die wirksamen Beziehungen sollten überschaubarer werden, der vom Astrologen errechnete und erdeutete Rat der Gestirne für das Leben der Menschen nachprüfbar. Die Sterndeuter werden mit einer solchen neuen Astrologie nicht brotlos, denn die Arbeit des Astrologen erfordert nicht nur gewisse mathematische und astronomische und sonstwie objektive Vorkenntnisse, sondern macht auch eine Zusammenschau der gegebenen Tatsachen erforderlich, was nur einem erfahrenen Kenner des Himmlischen und Freund der Menschen gelingt.

Wir übernehmen den Begriff des Tierkreiszeichens. Im Jahre 2104 unserer Zeitrechnung sollen Tierkreiszeichen-Himmelsgebiete und Tierkreis-Sternbilder übereinstimmen. Die Abweichung beträgt gegenwärtig (nehmen wir das Jahr 1975, für das es aktuelle Sternkarten gibt) nur noch rund 2° oder 1/15 Tierkreiszeichen. Für nördlich des Äquators lebende Menschen unserer, der Zeitenwende nahen Zeit sollen die Tierkreiszeichen um Mitternacht des Geburtstages als Sternbilder auf ihrem höchsten Stand erscheinen. In späteren Zeitaltern werden die Tierkreissterbilder sich wieder fortbewegt haben, ohne daß sich die Bindung zwischen Tierkreiszeichen und jahreszeitlichen Monaten lösen darf, was wieder die getrennte Betrachtung von Tierkreissternbildern und Tierkreiszeichen-Himmelsgebieten erforderlich machen wird, nun aber im Begriffsraum eines wohlgeordneten Ganzen. Einige Tierkreiszeichen benennen wir neu und gelangen zu nachfolgender Aufteilung, die unter Beachtung, daß die Wanderung des Perihels der Erde gegenüber dem tropischen (jahreszeitlichen) Jahreskreis zunächst nur zu einem Wechsel des Schaltmonats vom Frühlingsanfang zum Herbstanfang, später auch zu Änderungen der Monatslängen führen wird, für die nächsten zwei oder drei Jahrhunderte gültig bleiben wird: 22. Dezember bis 19. Januar FALKE. 20. Januar bis 18. Februar BÄR. 19. Februar bis 20. März (in Schaltjahren 19. März) DELFIN. 21. (in Schaltjahren 20.) März bis 19. April WIDDER. 20. April bis 20. Mai STIER. 21. Mai bis 20. Juni ZWILLINGE. 21. Juni bis 22. Juli KREBS (oder FLEDERMAUS). 23. Juli bis 22. August ADLER. 23. August bis 22. September STORCH. 23. September bis 22. Oktober SCHWALBE. 23. Oktober bis 21. November STEINBOCK. 22. November bis 21. Dezember SKORPION. Für den Falken sehen wir am Himmel einen Bogenschützen, für den Delfin ein Schiff, für die Schwalbe ein Schwert, die übrigen Tierkreiszeichen unmittelbar und leicht erkennbar so, wie sie benannt sind. Für die südlich des Äquators liegende Erdhälfte verschieben sich alle Tierkreiszeichen um 6 Monate, während hingegen die Tierkreissternbilder wie der Kalender und die Zeitalter für die ganze Erde gelten, die Sternbilder und Zeitalter sogar noch über unseren Heimatplaneten hinaus. – An die Stelle des Aszendenten setzen wir etwas Neues, nämlich den "Geburtsstern", denjenigen unter den helleren Sternen (etwa $3{,}5^m$ als Grenzhelligkeit), der zum Zeitpunkt der Geburt im Zenit, dem höchsten Punkt der sichtbaren Himmelskugel, steht. In Betracht kommen alle jene deutlich sichbaren Sterne, die zu den neuen Sternbildern beitragen. Den gleichen Geburtsstern haben Menschen, die nacheinander auf demselben Breitenkreis geboren werden. Es wird immer nur wenige Menschen geben, die mit gleichem Geburtsstern und zugleich gleichem Planetenstand geboren werden. Ihre Geburten müßten dann nach Zeit und Ort sehr nah beieinanderliegen, und ein verwandtes Schicksal ist dann wohl auch viel eher zu erwarten, als wenn Menschen zwar zur gleichen Zeit, aber in so verschiedenen Gegenden wie Skandinavien, dem Kongo-Urwald oder der Antarktis geboren werden, denen die klassische Astrologie ja ein praktisch gleiches Schicksal zuweist. - Wie wir den Aszendenten durch den Geburts-Zenitstern ersetzen, so geben wir auch den "Häusern" eine neue Bedeutung. Wir binden die 12 Häuser fest an die Sternbilder des Tierkreises. Aus den stundenabhängigen, am Himmel nicht realen "Häusern" des klassischen Systems werden die zwölf himmlischen Götterburgen, die über alle Zeitalter eines Großjahres unverändert bleiben. Erstes dieser Häuser ist der neue Bogenschütze, jetzt, kurz vor der Zeitenwende für Erdbewohner nördlich des Äquators das erste Wintersternbild. Ihm folgen im Jahreslauf die neuen Sternbilder Bär, Schiff, Widder, Stier, Zwillinge, Krebs, Adler, Storch, Schwert, Steinbock und Skorpion. - Sonne und Mond liegen zwar mit der Erde und den meisten Planeten näherungsweise in einer Ebene und könnten daher wie diese "Planeten" (von lateinisch planis = eben) heißen, aber die nahezu stillstehende Sonne wandert nicht wie die wirklichen Planeten auf einer eine Ebene beschreibenden Bahn, und Planetenbegleiter, wie der Mond der Erde einer ist, besitzen gewöhnlich Bahnen, die unabhängig von der Bahnebene ihres Planeten in der Nähe seiner Äquatorebene verlaufen. Sonne und Mond werden daher in heutiger Zeit nicht mehr als Planeten angesehen. Unter Berücksichtigung der Entdeckungen der letzten drei Jahrhunderte können wir genau 13 Planeten, die sich in genau 12 verschiedenen Abständen um die Sonne bewegen, den zwölf Häusern oder Götterburgen zuordnen. So entspricht jedem unserer Häuser eine Planetenbahn (in einem Falle zwei Bahnen mit gleichem mittlerem Sonnenabstand). Wir werten es als betontes Ereignis, wenn ein Planet - von einem gedachten Standpunkt in der Sonne her betrachtet - in "seinem" Haus steht. Als gekoppelte Hervorhebung zweier Planeten sehen wir es an, wenn ein Planet A im Hause des Planeten B und Planet B im Hause des Planeten A steht, und ebenso beurteilen wir alle Planetenstellungen mit noch mehr Planeten, bei denen

Planet A in Haus B, Planet B in Haus C, ... und Planet X in Haus A steht, einer immer im Haus eines weiteren. Wir nennen diese betonenden Stellungen Zyklen ersten bis 12. Grades. Damit erhalten wir einen guten, sternbezogeneren Ersatz für die Dreiecks- und Rechteck-Aspekte früherer Zeit. - Indem wir auf der Erdbahn vom Ort der Erde bei der Geburt um 90° (1/4 eines Kreises) zurückgehen, finden wir eine Anfangsmarke, die uns einen in der Erdbahnebene liegenden Kreis mit der Sonne als Mittelpunkt in 96 fortlaufend gezählte Abschnitte von je 3.75^{o} teilen läßt, die wir sinnvoll in Lebensjahre übersetzen können. Die den Planeten fest zugeteilten Eigenschaften sollen in dem Jahr wirksam werden, in dessen Abschnitt sie zum Zeitpunkt der Geburt standen. Die Lebensdauer, auf die ein Mensch sich einrichten soll, ergibt sich daraus, ob die hinteren Lebensabschnitte noch mit solchen Planeten besetzt sind, die eine Fortsetzung des Lebens sinnvoll erscheinen lassen: Durch Häuser-Zyklen hervorgehobene Planeten, der Planet, von dessen Haus das Tierkreiszeichen abgeleitet ist, vielleicht noch sich durch ihre Eigenschaften gut ergänzende Planetengruppen. - Die Geburtsstunde verwenden wir außer zur Bestimmung des Zenitsterns zur Festlegung eines Lebenskraft-Höhepunktes und eines Lebenskraft-Tiefpunktes: Die Uhrzeit 18.00 (echte Ortszeit, nicht die zu grobe Zeitzonen-Zeit) legen wir auf die Anfangsmarke unseres 96-Jahre-Kreises. Die Geburts-Uhrzeit fällt dann auf ein Lebensjahr, das wir als Lebenshöhepunkt deuten, während wir 180° weiter auf dem Kreis eine Lebenstiefpunkt erblicken. - Soweit ist unsere Sterndeutung für jeden Planeten unseres Sonnensystems in der gleichen Weise anwendbar, und es lohnt ja durchaus, einen Gedanken darauf zu verwenden, wie Menschen den Sternen Lebenssinn entnehmen sollen, die auf einem der anderen Planeten geboren sind, was eines nicht mehr fernen Tages mit Gewißheit geschehen wird. Wie allerdings jeder Planet mancherlei ihn kennzeichnende physikalische Eigenschaften besitzt, so ist die Besonderheit des Planeten Erde sein das Jahr nähererungsweise in zwölf Teile gliedernder Mond, der in der Sterndeutung die Rolle eines Maßgebers für den Gerechtigkeitssinn spielt: Der zunehmende Mond des 1. Viertels zeigt Bemühen um Gerechtigkeit, der Mond im 2. Viertel ausgeprägtes Gerechtigkeits- und Rechtsbewußtsein, der Mond des 3. Viertels eine Vernachlässigung der Regeln von Recht und Gerechtigkeit und der Mond im 4. Viertel eine erhebliche Neigung, die Regeln der Gerechtigkeit ungenügend zu beachten. Ein Häuser-Zyklus, an dem der Planet Erde beteiligt ist, unterstützt die Bedeutung einer Mondstellung im 2. Viertel und schwächt die des Mondes im 4. Viertel ab.

I.13. Neue Namen, neue Zeichen

Seit rund 2.000 Jahren ist der klassische Tierkreis in Gebrauch, ohne je überprüft worden zu sein. Alt und zugleich veraltet sind deshalb auch die für seine Tiere und sonstigen Gestalten verwendeten Zeichen. Unser neuer Tierkreis enthält nicht nur einige Neubenennungen und Umstellungen, sondern bezieht sich vor allem auch auf andere Sternbilder. Die Sternbilder des neuen Tierkreises sind wirklich erkennbar, und keine der Gestalten entzieht sich einer sinnvollen Deutung im Zusammenhang mit Jahreszeiten, Menschencharakteren und Zeitaltern. Nur in 3 von 12 Fällen zeigen die Tierkreissternbilder auch bei uns kein Tier, aber doch immerhin noch Bilder, die den Zusammenhang mit einem Tier schnell erkennen lassen, so daß mit dieser Verallgemeinerung der neue Tierkreis ein echter Kreis von Tiergestalten ist, die zudem gleichwertig und gleichrangig und doch in ausgewogenem Maße verschieden sind. Eine Übernahme der Zeichen des alten Tierkreises in den neuen Tierkreis - soweit die Tiergestalten bleiben - würde am Sternenhimmel und im Falle der zyklisch vertauschten Sternbilder Steinbock, Skorpion und Bogenschütze (Schütze) in den menschenbezogenen, jahreszeitgebundenen Tierkreiszeichen zu Zweideutigkeit führen. Besser ist es, den alten Tierkreis mit seinen Zeichen unverändert zu belassen, aber zum Vergangenen, Überlebten zu zählen, und für den neuen Tierkreis neue Zeichen zu entwickeln, die einfach und einprägsam wie die alten sind, ohne aber mit ihnen verwechselbar zu sein.

Unser neues astrologisches Jahr beginnt nicht mehr wie das

klassische mit dem ersten Frühlingsmonat, sondern - wegen der Entsprechung zwischen mitternächtlichem Tagesbeginn und in der Zeit größter Dunkelheit liegendem Jahresbeginn - mit dem ersten Wintermonat der nördlichen Erdhalbkugel. - Statt wie früher mit dem "Steinbock", beginnt der Winter nun mit dem BOGENSCHÜTZEN (Tier: Falke) - lateinisch SAGITTARIUS. Sein Zeichen betont den Bogen, während das frühere Zeichen für den Herbst-Schützen den Pfeil hervorhob. An die Stelle des Zeichens ♑ ("Capricornus") des alten Tierkreises setzen wir das Zeichen (SAGITTARIUS), das wir wie alle weiteren streng vom am Himmel Sichtbaren abgeleitet haben. - Den früheren "Wassermann" und sein Zeichen ♒ ("Aquarius") ersetzen wir durch den BÄREN und das Zeichen (URSUS). - Die früheren "Fische" und ihr Zeichen ♓ ("Pisces") tauschen wir gegen das SCHIFF (Tier: Delfin) und das Zeichen (NAVIS) mit seinem Trapez-Segel, das der gegenwärtige Winterhimmel (Süderde: Sommerhimmel) auch dem ungeübtesten Auge überdeutlich zeigt. - Das alte Zeichen für das Tierkreiswesen WIDDER, ♈ ("Aries"), ersetzen wir durch das Zeichen (ARIES). Dem alten Zeichen ♉ ("Taurus") des STIERS setzen wir das neue Zeichen (TAURUS) entgegen. Das undeutliche frühere Zeichen für die ZWILLINGE, ♊ ("Gemini"), wechseln wir gegen das neue Zeichen (GEMINI) aus. - An die Stelle des früheren Zeichens ♋ ("Cancer") für den KREBS (Tier: Krebs, oder aber Fledermaus) tritt das Zeichen (CANCER). - Der frühere "Löwe" mit dem Zeichen ♌ ("Leo") beherrschte als großes, unüberwindliches Raubtier zu einseitig den Tierkreis und muß in dieser Eigenschaft dem neuen, wie er die heißen Länder bevorzugenden Herrscher, dem Skorpion, weichen, der aber an einer anderen Stelle des Tierkreises steht. Der "Löwe" gilt weltweit als ein Symbol der Königswürde, aber viele der mächtigsten Reiche der Welt haben auf ihren Wappen den ADLER gezeigt. Wir können daher ohne Bruch mit altbeliebten Vorstellungen den "Löwen" durch den ADLER und das Zeichen (AQUILA) ersetzen. - Für sein Sternbild "Jungfrau" kennt der veraltende Tierkreis nur das Zeichen ♍ ("Nuptia"), das von der lateinischen Buchstabenverbindung NP abgeleitet ist. Wir ersetzen Gestalt und Zeichen durch den STORCH mit Zeichen (CICONIA). - Das Zeichen der "Waage", ♎ ("Libra"), das die Gerechtigkeit in den Geschäften des täglichen Lebens ausdrückt, ersetzen wir durch das strengere, allgemeiner das Recht vom Unrecht trennende SCHWERT (Tier: die vom Sommer scheidende Schwalbe) mit dem Zeichen (GLADIUS). - An den früheren Ort des "Skorpions" und des Zeichens ♏ ("Scorpius") setzen wir den zur Höhe strebenden STEINBOCK und sein neues Zeichen (CAPRICORNUS). - Den Abschluß des Tierkreises bildet an der Stelle des früheren Zeichens ♐ ("Sagittarius"), das den Pfeil des klassischen "Schützen" darstellt, der mit erhobenem Stachel drohende SKORPION, (SCORPIUS). - Wir haben zwölf neue Tierkreiszeichen gefunden und können nun ganz ohne Ungeduld und Furcht vor Verwirrung den allmählichen Übergang vom alten zum neuen Tierkreis einer sinnvoll wiedererwachenden Astrologie erwarten:

	alt			neu	
♑	10. "Capricornus"	22.12.-19.01.	01.	SAGITTARIUS (Falco)	
♒	11. "Aquarius"	20.01.-18.02.	02.	URSUS (Ursus)	
♓	12. "Pisces" (Schaltjahr:	19.02.-20.03. 19.02.-19.03.)	03.	NAVIS (Delphinus)	
♈	01. "Aries" (Schaltjahr:	21.03.-19.04. 20.03.-19.04.)	04.	ARIES (Aries)	
♉	02. "Taurus"	20.04.-20.05.	05.	TAURUS (Taurus)	
♊	03. "Gemini"	21.05.-20.06.	06.	GEMINI (Gemini)	
♋	04. "Cancer"	21.06.-22.07.	07.	CANCER (Cancer) (Vespertilio?)	
♌	05. "Leo"	23.07.-22.08.	08.	AQUILA (Aquila)	

♍ 06.	"Nuptia"	23.08.-22.09.	09.	CICONIA (Ciconia)
♎ 07.	"Libra"	23.09.-22.10.	10.	GLADIUS (Hirundo)
♏ 08.	"Scorpius"	23.10.-21.11.	11.	CAPRICORNUS (Capricornus)
♐ 09.	"Sagittarius"	22.11.-21.12.	12.	SCORPIUS (Scorpius)

I.14. Die zwölf Monate

Hoch über den Wolken gibt es Sternbilder, die helleren Planeten und solche Planeten, die nur das Fernrohr ausmacht. Auffälliger als sie sind Mond und Sonne, die auch einen durch Wolken verschlossenen Himmel noch zu erhellen vermögen, und beide bestimmen die Gliederung einer sich wiederholenden Zeitspanne, die wir das Jahr nennen. Unmittelbarer als alles, was uns der Blick zum Himmel zeigt, erleben wir die Witterungsunterschiede der Jahreszeiten und ihrer Monate, denn sie sprechen alle unsere Sinne an: Auge, Ohr, Geruch, Geschmack, Tastempfinden und die Sinne für Kälte, Wärme und Schmerz - wenn auch oft weit unterhalb unserer Bewußtseinsschwelle. Die Mehrzahl der Menschen beginnt, sich in technisch wohl durchorganisierten Stadträumen zusammenzuballen, wo sie den größten Teil ihres Daseins in klimatisierten Werkhallen, Schreibstuben und Wohnungen verbringen und auch auf ihren Wegen, die sie überwiegend in geschlossenen Fahrzeugen zurücklegen, kaum noch Regen und Schnee, fallendes Laub oder Blumenduft erleben und selbst Kälte und Hitze entfliehen können. Viel größer als das Gebiet der Städte ist aber das offene Land, wo einem Wind und Wetter und der schweifende Blick in vielen Sprachen sagen, in welchem Monat das Jahr sich befindet.

Die amtlichen Kalendermonate vom Januar bis zum Dezember bedeuten eine etwas zu tiefe Verbeugung der Welt vor der in Rom geschriebenen Geschichte, denn ihre zeitlichen Grenzen stimmen nicht, wie erwartet werden sollte, mit denen der am Sonnenstand abzulesenden Jahreszeiten überein. Wenn wir uns ein Bild von den Monaten machen wollen, die sich mit menschlichen Charakteren und Tierkreiszeichen in Verbindung bringen lassen, müssen wir von den zunächst noch namenlosen, von je einem Tierkreissymbol dargestellten natürlichen Monaten ausgehen, von denen je drei immer genau eine Jahreszeit bilden. Während es in Polnähe nur eine dunkle Jahreszeit und eine, in der ganztägig die Sonne scheint, gibt, und andererseits in Äquatornähe die Sonne zweimal im Jahr senkrecht von oben herabscheint und eine hohe Mittagsstellung das ganze Jahr hindurch beibehält, findet allein in den mittleren Breiten ein gleichmäßiger Wechsel zwischen höheren und niedrigeren Sonnenständen statt, weshalb auch nur hier eine Feingliederung grober Jahreszeiten in unverwechselbare Monate überzeugend möglich ist. - Das Jahr der irdischen Nordhalbkugel beginnt mit dem Winter, das der Südhälfte unseres Planeten mit dem Sommer, aber die namentliche Darstellung der neuen, zunächst nur mit den Gestalten des neuen Tierkreises gekennzeichneten Monate muß im Süden wie im Norden gelten.

Nach Wochen des Wartens in zunehmender Finsternis und Kälte ereignet sich die Wintersonnenwende, die das Sonnenlicht allmählich wieder zurückkehren läßt. Ein immergrünes Bäumchen mit zwölf Lichtern für die zwölf Monate des Jahres und mit einem Stern zum Gedenken, daß nicht nur die Menschen in ihrem Jahreslauf von Kälte und Dunkelheit, sondern auch die himmlischen Götter von Verstrickung im Unrecht und drohendem Vergessen erlöst werden, gibt neben Feuer, Adventskranz, Gabentisch, lustigem Reigen und fröhlichem und besinnlichem Gesang der winterlichen Sonnenwende den Sinn eines Festes der Hoffnung. Die Gewißheit eines kommenden Frühlings läßt wolkenverhangenen Himmel und eine unter Schnee und gefrorenen Gewässern schweigende Natur mit beweglicher Heiterkeit aufnehmen.

Im zweiten Wintermonat liegt eine weiße Landschaft unter offenem Himmel. Kalte Sterne, klirrender Frost und heulende

Winde lassen die Menschen erstarren und an heimischen Feuern Schutz suchen. Nur starke Charaktere bewegen sich kämpfend voran.

Im dritten Wintermonat tauen die ersten Gewässer, Bäche strömen, junges Grün sprießt, das weichende Eis gibt den Seefahrern den Weg frei.

Mit dem Frühlingsanfang gewinnt der Tag den Vorrang vor der Nacht. Schon früh geht die Sonne auf, Wind und Wetter zeigen täglich ein neues Gesicht. Zwischen milden, aber oft heftig aufböenden Winden und Hagel, Regen und durchbrechendem Sonnenschein zeigt sich der Regenbogen - die farbige Lichterscheinung, die wie eine Brücke Erde und Wolkenhimmel zu verbinden scheint.

Im zweiten Frühlingsmonat erinnert nichts mehr an den Winter. Die Pflanzenwelt kleidet sich in ein grünes Blätterkleid. Im Knospen und Blühen, der Heimkehr der Zugvögel und der Geburt junger Weidentiere zeigt die Natur ihre Lebenskraft. Mit Donner und Blitz beweist das Wetter seine Macht.

Der dritte Frühlingsmonat leitet in den Sommer. Die Sonne erreicht ihren höchsten Stand, Sommerblumen duften und blühen in vielen Farben, Insekten und Vögel schwirren, die Saat des Landmannes geht auf.

Der Sommer beginnt mit einem Abschied: Eine sengende Sonne zieht sich zurück. In kurzen Nächten künden Feuer die Jahreswende. Lieder und Liebe erfüllen die langen, warmen Abende.

Im zweiten Sommermonat muß schon der Mond den Liebenden den späten Abend erhellen. In glühender Luft unter klarem Himmel wird aus Liebe Ehe, aus Bekannten werden Freunde, der Wind bleibt ruhig, die Ernte reift.

Im dritten Sommermonat liegen die Weiden trocken, die Sommerhitze weicht, flackert aber unvermittelt, Wald- und Flurbrände erzeugend, heftig auf.

Wechselhafte Stürme eröffnen den Herbst. Die Zugvögel fliegen fort. Die Sense oder Sichel geht über die Felder und läßt sie kahl zurück. Früchte stehen an Baum und Strauch.

Im zweiten Herbstmonat schmücken sich Wälder und Hecken mit vielfältigen Blätterfarben, aber schon bald weht ein kühler Wind die bunte Pracht von den Bäumen, und dürre Zweige recken sich nackt in den dunkelnden Himmel.

Seen und Flüsse beziehen sich mit dünnen Eisschichten, Nebel wallen in den kurzen Tagstunden, am Nachthimmel spielen als farbige Vorhänge die weltallnahen Polarlichter und verzaubern die Adventszeit. Die Sonne scheint zu entschwinden, der Winter steht bevor.

Mehrfach wurde im Mittelalter versucht, Namen, welche die natürlichen Monate beschreiben, durchzusetzen, aber die Monatsnamen des römischen Kalenders waren stärker. Deren um einen drittel Monat gegen die Natur verschobene Monate mit ihren überwiegend nichtssagenden, ja irreführenden Namen bestanden mit der Macht des von Rom gelenkten Christentums fort, denn auch in Kalenderfragen galt das Wort des Papstes.

I.15. Monate und Mond

Alle 29 1/2 Tage sehen wir den Vollmond, der die Mondstellung zeigt, in der sich dieser erdbegleitende Himmelskörper wenig oberhalb oder unterhalb des Erdschattens befindet. Zwölf Monate - dichterisch auch "Monde" genannt - ergeben nahezu ein Jahr. Die genaue Jahreslänge ergibt sich aus der Beobachtung der täglichen Mittagshöhe der Sonne: Steht sie am tiefsten, so beginnt der Winter, sind bei steigender Sonne Tag und Nacht gleich lang, so ist Frühlingsanfang, wendet die Sonne auf ihrem höchsten Punkt, beginnt der Sommer, und ist die Sonne wieder zur mittleren

Höhe der Tag- und Nachtgleiche gesunken, dann fängt der Herbst an. Die regelmäßig wechselnden Gesichter des Mondes legen es nahe, jede der vier Jahreszeiten in drei Teile zu gliedern, die nach dem Mond als Monate benannt werden. Die Monatslängen des Sonnenjahres entsprechen je 30° des irdischen Umlaufes um die Sonne und sind wegen der großen Kreisähnlichkeit der genau genommen elliptischen Erdbahn nur wenig verschieden. Im sonnennäheren Teil ihrer Bahn durchwandert die Erde einen Monatsbogen etwas schneller, im sonnenferneren Teil langsamer. Wegen der Präzession der Erdachse und der Erdbahnachse verschieben sich kürzester und längster Monat und die beiden Monate mittlerer Länge, von denen immer der geringfügig längere Schaltmonat ist, im Laufe einiger Jahrhunderte, ohne daß sich je die Reihenfolge der Jahreszeiten und die Zahl ihrer Monate ändert.

Die Zwölfteilung des Jahres erlaubt es, statt der natürlichen Vierteilung durch die Jahreszeiten auch eine Dreiteilung des Jahres vorzunehmen. - Alte Sagen sprechen von 3 ersten Göttern in der Urzeit, von drei schicksalskundigen Nornen und von den drei unheimlichen Wesen Fenriswolf, Midgardschlange und Hel. Drei- und vierspeichige Sonnenräder rollten einst an Monatsanfängen brennend die Hügel hinunter, um vom Wandern der Sonne zu künden und ihren bisherigen Abstieg darzustellen. Das vierspeichige Sonnenrad ist als Hakenkreuz von Nepal bis ins Baskenland, von Finnland über Island bis zu den Alpen noch heute als Aufforderung an die Menschen, die Welt durch schöpferische Taten, die von der Gewißheit der Wiederkehr des Lichts genährt sind, voranzutreiben, ein tragendes Symbol, während die dreiteilige Entsprechung seltener auftritt - beispielsweise im Wappen der Insel Man. Eine Dreiteilung des Jahres verbirgt sich auch in den Symbolen des Tierkreises und der ihnen klassisch zugeordneten vier "Elemente", die in fester Reihenfolge je dreimal auftreten.

Auf Mond und Sonne beruhen viele große Kulturen, denen die Sterne zu fern und irdische Bezugspunkte zu nah und unbeständig waren. Im Rhythmus des Mondes schwankt das Wohlbefinden der Frauen. Der Mond erzeugt Ebbe und Flut an den Meeresküsten. Die Sonne bestimmt den Jahresablauf des Ackerbauern. Sonnen- und Mondfinsternisse ziehen auch die

Aufmerksamkeit erdverbundenster Menschen auf sich. Der erstaunliche Umstand ihrer scheinbar gleichen Größe läßt Sonne und Mond als Zwillingspaar erscheinen. Seßhafte Völker mit ausgiebigem Ackerbau und volkreichen Städten bauten Tempel der Verehrung von Sonnen- und Mondgottheiten, opferten im Rahmen solcher Religion Fleisch und Blut lebender Tiere und Menschen und versuchten in abergläubischem Brauchtum Einfluß auf Fruchtbarkeit und Zeugungsfähigkeit, Geburten und Sterbealter zu gewinnen. Große Bauwerke wie die ägyptischen Pyramiden, die Säulen Griechenlands, die Tempelberge Mexikos und Mittelamerikas und die Großstein-Städte Alt-Perús entstanden, aber je größer und dauerhafter die irdischen Werke wurden, desto ferner rückte das Himmlische der Religion, und die Gottheiten gewannen allzu menschliche Züge: Volksherrscher durften sich als Abkömmlinge der Sonne bezeichnen. Im Herrscher, in heiligen Bergen, in heiligen Bäumen, heiligen Gewässern und Heiligen unter den Menschen wurde das Göttliche verehrt. Irdische Frauen verkündeten das Schicksal, greifbare Götzen vertrieben die Furcht vor Gottheiten und Geistern, die sich in den Kräften des Wetters verborgen zu halten schienen. Die Angst vor dem Sterben drückte sich im Mittelmeerraum vorrömischer Zeit in der Sippenführung durch Frauen und der Verehrung der "Großen Mutter" in Tempeln und an Orakelsteinen aus. - Erst das Christentum des Jesus von Nazareth und der Islam des Mohammed von Mekka und Medina riefen die erdzugewandten Menschen vernehmbar aus dieser Verhaftung an Naturgewalten zurück und verlangten von ihnen, sich von ihrem Gott oder ihren Göttern "kein Bildnis" mehr zu machen.

Auch jene so ausgeprägt den Planeten und Sternbildern des Nachthimmels zugewandten Kulturschöpfer ferner Jahrtausende, die das Prinzip der Drehbewegung erkannten und das Rad fanden, werden dem Einfluß von Sonne und Mond nicht entgangen sein. Auch sie hatten ja ebensoviel Frauen wie Männer und lebten in einer das menschliche Leben bedrohenden Welt mit vielen Rätseln und waren somit wohl nicht immer für Aberglauben und Flucht in das Irdische unempfänglich. Ihre Sagen zeigen aber, daß selbst ausgelassene Feste an nächtlichen Feuern, Feueropfer und durch Alkohol gesteigerter Sinnesrausch sie das Feuer doch noch als himmelwärts strebendes Licht sehen ließen, das ihre Toten in eine überirdische Welt führte, wo sie als Lichtwesen wieder Gestalt gewinnen oder zu Schatten verblassen konnten.

Da die Erde sich dreht und der Wechsel vom letzten Tag des alten Jahres zum ersten Tag des neuen Jahres für die verschiedenen Längenzonen (Zeitzonen, die zwischen zwei um 15 Längengrade auseinanderliegenden Längen-Halbkreisen liegen) in Sprüngen von je einer Stunde im Verlauf von 24 Stunden nacheinander jeweils zur örtlichen Mitternachtszeit auftritt, weicht der Jahresbeginn je nach Ort um bis zu 24 Stunden von dem Zeitpunkt ab, der durch die Stellung des Erde-Mond-Schwerpunktes auf der Bahn um die Sonne bestimmt ist. Gegenwärtig ist der Jahresanfang so festgesetzt, daß zu diesem Zeitpunkt die "mittlere Sonne" (der um die Sonne pendelnde Punkt, der alle 24 Stunden den Mittagsmeridian schneidet) die "Rektaszension" (Winkelmaß im Stundenmaß ausgedrückt) $18^h\ 40^m$ hat, was 280° vom Frühlingspunkt - auf der Äquatorebene gezählt - entspricht: Ein Tribut an die Willkür des römischen Kalenders. Wieviel einfacher wäre es, endlich konsequent heliozentrisch zu denken und den Jahresanfang so zu wählen, daß zu diesem Zeitpunkt (unter rechnerischer Berücksichtigung des Mondeinflusses) Erdachse und Sonne in einer senkrecht auf der Erdbahnebene stehenden Ebene liegen, wobei die nördliche Halbachse der Erde von der Sonne weg, die südliche zu ihr hin weist! Die Verschiebung gegenüber dem heute gebräuchlichen Kalender würde nur etwa zehn Tagen entsprechen - weniger als dem Unterschied zwischen Sonnenjahr und Mondjahr, der knapp 11 Tage beträgt.

Von fernen Planeten aus ist die Lage der Erdachse kaum noch zu erkennen, wohl aber sieht man, wie der Planet Erde von einem Mond während eines Jahresumlaufes der Erde um die Sonne rund zwölfmal umkreist wird. Die Zwölfteilung des Erdjahres wird eine Zwölfteilung der Jahre der anderen Planeten nahelegen, wodurch auch für sie der aus den Gegebenheiten des Planeten Erde entstandene Tierkreis in Gestalt der Tierkreissternbilder Bedeutung bekommt. Mond und Sonne werden so zu Maßgebern im gesamten Sonnensystem.

I.16. Norden und Süden

Wir haben durch die Verbindung alten Wissens um die Zeitalter und den in langen Zeiträumen wiederkehrenden Polarstern mit Kenntnissen vom wechselnden Bild, das der sichtbare Teil der Himmelskugel für einen ortsfesten irdischen Beobachter bietet, zu einem neuen Ring der Tierkreissternbilder gefunden, dessen sichtbar werdende Gestalten durch ihre Eindeutigkeit die Mehrzahl der alten Namen überraschend bestätigen. Wir können ziemlich sicher sein, daß wir bei unserer Neubestimmung der Tierkreissternbilder uraltes Denken nachvollzogen haben.

Nordhalbkugel und Südhalbkugel der Erde haben entgegengesetzte Jahreszeiten, was mit einer Verschiebung der Jahreszeiten um ein halbes Jahr gleichbedeutend ist. Ordnen wir jedem Monat und zugleich den in ihm geborenen Menschen ein Tierkreissymbol zu, so muß eine gleichzeitig erfolgende Zuordnung für Nord und Süd Zeichen des Tierkreises verwenden, die sich genau gegenüberstehen. Unsinnig wäre es aber, die so eindeutig am Himmel erkennbaren Tierkreissternbilder im Süden umzudeuten. Es würden nicht nur keine sinnvollen Bilder entstehen, es würde auch die Beziehung zum Stern der Zeitenwende zerstört, und die von der Erdachse und den Drehachsen der anderen Planeten unabhängige Benennung der Tierkreissternbilder würde zweideutig und für den gedachten Besucher von außen, der die Lage der Erdachse nicht kennt und nur weiß, welcher der Stern der Zeitenwende ist, nicht erschließbar. Da die Sternbilder eindeutig bleiben sollen, liegt der Unterschied für den nördlichen und den südlichen Betrachter des Himmels darin, daß dem im Norden Geborenen sein Tierkreissternbild, sofern gerade die Zeit um die Große Zeitenwende erreicht ist, wie heute, um das Jahr 2000, in seinem Geburtsmonat gegen Mitternacht in höchster Stellung über dem Horizont erscheint, während für den im Süden Geborenen Tierkreiszeichengebiet und Tierkreissternbild einander gegenüberliegen.

Wir wissen, wie die Jahreszeiten zustandekommen: Die nahezu feststehende Erdachse wendet abwechselnd die nördliche und die südliche Polarzone in einem Winkel von etwa 67° der Sonne zu. Die Jahreszeiten, die für mittlere Breiten vor allem etwas über zu erwartende Temperaturen sagen - Winter kalt, Sommer heiß, Frühling und Herbst gemäßigt - sind immer auf die drei Monate im Anschluß an die kennzeichnende Achsenstellung der Erde gelegt. Den Sonnenhöchsstand finden wir also nicht in der Mitte des Sommers, sondern am Anfang, und ebenso den Sonnentiefststand am Winterbeginn und nicht in der Wintermitte. Trotzdem liegen die Jahreszeiten so richtig, denn die tiefsten Temperaturen liegen irgendwo in der Mitte des Winters, die höchsten Temperaturen werden irgendwo in der Mitte des Sommers erreicht, und der Grund dafür liegt in der Dauer des Erwärmungs- und Abkühlvorgangs der Erdzonen. Eine Erde ohne Lufthülle und Wasser würde ihren größten Erwärmungsgrad wenige Tage nach Sommeranfang erreichen, und entsprechend ihre stärkste Abkühlung wenige Tage nach dem Winterbeginn. Die langsame Wärmeaufnahme und -abgabe durch Meere und Luftmassen bewirkt dagegen die bekannte Verzögerung, die in mittleren Breiten bei ein bis zwei Monaten liegt und zu den Tropen hin etwas geringer, zu den Polarzonen hin etwas größer ist.

Die Jahreszeiten fallen in den gemäßigten Zonen der nördlichen Erdhalbkugel und den entsprechenden Breiten der Südhalbkugel ein wenig verschieden aus. Im Norden ist es so, daß sich die Erde im Winter (genauer: um den 2. Januar, die Perihelstellung) der Sonne etwas näher, im Sommer (um den 3. Juli) etwas ferner befindet, so daß die Winter etwas gemildert und die Sommer etwas abgeschwächt werden, was noch dadurch verstärkt wird, daß der nördliche Winter wegen der schnelleren Bewegung der Erde in Sonnennähe rund 5 Tage kürzer ist als der Sommer. Im Süden wird der Winter durch Sonnenferne und langsamen Lauf der Erde etwas verschärft, während der Sommer zwar in Sonnennähe, aber beschleunigt vergeht, so daß es im Ganzen, ginge es nur nach diesen astronomischen Gegebenheiten, bei gleichem Abstand vom Äquator auf der Südhalbkugel unseres Planeten im Jahresdurchschnitt kälter als auf der Nordhalbkugel sein sollte, was jedoch durch die Land-Meer-Verteilung und die Strömungen von Meerwasser und Luftmassen verwischt wird. Die tatsächlichen Unterschiede sind nicht groß, aber sie werden doch erkennbar, wenn wir Feuerland, das um 54° südlicher Breite an der

Südspitze Südamerikas liegt, mit bekannten Gebieten um den 54. nördlichen Breitenkreis vergleichen: Irland und nördliches England, deutsche Nord- und Ostseeküste, Südende des Ural-Gebirges, Baikalsee, Aleuten, Labrador. Feuerland ist im Durchschnitt kälter. Ein weiterer klimabestimmender Unterschied zwischen Nord und Süd ist der Umstand, daß südlich -40° Breite kaum noch Land liegt: Australiens Insel Tasmanien, Neuseeland, die Landschaft Patagonien, nichts mehr von Afrika. - Lediglich die eisbepackte Antarktis dehnt sich nach einer sturmdurchpeitschten Meereslücke etwa ab 65° südlicher Breite.

Wie die Sternbilder des Tierkreises, so muß auch ein Kalender für Nord- und Südhälfte eines Planeten gleichermaßen gelten - nicht nur aus dem bloß praktischen Grund, daß sonst der Äquator in tropischen Ländern zur länder- und völkertrennenden Scheidelinie zweier Zeitbezugssysteme würde: Für die Zeitalter des Großjahres dient nur ein Stern als Bezugspunkt, und dieser steht über der irdischen Nordhalbkugel. Die Verwendung eines Kalenders, der nur nördlich des Äquators - Stoff für Sagen und ein Weltbild liefernd - mit dem Winter und der Wiederkehr des Lichts beginnt, im Süden dagegen mit dem Teil des Jahres, der eigentlich als Höhepunkt und Mitte gedeutet werden müßte, mag für die Menschen südlich des Äquators, für die der nördliche Himmelspol stets unter dem Horizont liegt, eine Erinnerung an das für alle Menschen des Sonnensystems bestimmende langfristige Geschehen am Sternenhimmel um den Polarstern und den Pol der Ekliptik sein.

Wenn wir einmal unterstellen, daß es auf den Charakter eines Menschen tatsächlich einen Einfluß hat, in welcher Jahreszeit und welchem ihrer Monate er geboren ist, dann müssen wir auch überlegen, welche Konsequenz dies für die irdische Südhalbkugel hat: Die klassische Astrologie nimmt den Umstand der Umkehr der Jahreszeiten zwischen Norden und Süden üblicherweise nicht zur Kenntnis und verliert sich bei ihren Rechtfertigungsversuchen in angeblichen Strahlungseinflüssen lichtjahreferner Sterne des Tierkreises, die dort, von wo aus sie nach dem rechnerischen Bild der Astrologen als Tierkreiszeichen wirken sollen, längst nicht mehr stehen, weil die Erdachse in zweitausend

Jahren neuerer astrologischer Geschichte ihre Richtung so weit geändert hat, daß eine Verschiebung um ein ganzes Tierkreissternbild erfolgt ist. Von der Annahme ausgehend, daß jeder Mensch einen persönlichen Jahreslauf von Geburtstag zu Geburtstag mit der entsprechenden Folge der Jahreszeiten mehr oder minder deutlich als Zeittakt in seinem Leben verspürt, müssen wir für die Südhalbkugel der Erde die gleichen natürlichen Kalendermonate mit um sechs Zeichen verschobenen Tierkreiszeichen verbinden, während hingegen die sich mit den Jahrtausenden langsam verschiebenden Tierkreissternbilder für den Norden und den Süden zwar die gleichen sind, jedoch in Bezug auf die Tierkreiszeichen am Himmel entgegengesetzt stehen. - Streng genommen kann der Süd-Tierkreis wie der nördliche nur in gemäßigten Breiten als wirksam gelten, weil nur hier die Jahreszeiten genügend ausgeprügt sind. Gemäßigte Breiten kommen aber im Süden kaum vor, die von Menschen in größerer Zahl bewohnten Gebiete liegen in den Tropen oder nahe daran. Dadurch wird die Richtigkeit und Notwendigkeit der Umkehrung des Tierkreises aber nicht widerlegt. Schwieriger ist schon die Frage zu beantworten, ob ein Mensch, der über den Äquator hinweg auswandert, seinen persönlichen Jahresrhythmus mitnimmt. Wir wollen es annehmen und uns vorstellen, daß der Übersiedler, vor allem jener, der von kühl-gemäßigten Zonen des Nordens - etwa Mittel- und Nordeuropa, wo die Nationen der hauptsächlichen kolonialen Erschließung des Südens liegen - in mild-gemäßigte Subtropengebiete der südlichen Erdhälfte ausgewandert ist, zunächst bewußt und erst mit den Jahren unbewußter und verschwimmend die Jahreszeiten entgegengesetzt zu dem sieht, was sie nach dem Stand der Planetenachse zur Sonne eigentlich sind: Einen milden Winter als kühlen Sommer, einen undeutlich aus dem Winter hervorgehenden Frühling als Herbst, einen das Land ausdörrenden, das Leben lähmenden Sommer als Winter, einen von immergrünen Pflanzen erfüllten Herbst als Frühling. Die Kinder und ferneren Nachkommen des Auswanderers werden die Jahreszeiten schon eher so sehen, wie sie wirklich sind. Sicherlich sind für die Charakterbildung eines Menschen die ersten Lebensjahre am wichtigsten, und so bleibt die Wahl des richtigen Tierkreiszeichens eigentlich nur für solche Menschen schwierig, die schon als kleine Kinder aus mittleren Breiten auf der einen Seite des Äquators in solche der anderen Seite gezogen sind.

Der auf Julius Cäsar und Papst Gregor zurückgehende Kalender hat sich weltweit durchgesetzt und ist dem Jahr, das wir als natürlich erkannt haben, wenigstens mit der Reihenfolge seiner Jahreszeiten recht nah, auch wenn jede Jahreszeit um etwa ein Neuntel ihrer Gesamtlänge verschoben ist - jene 10 Tage zwischen natürlichem Jahresbeginn am 22. Dezember und heute noch geltendem Jahresbeginn am 1. Januar bestehender Zeitrechnung. Am amtlichen Kalender ist richtig, daß er zumindest so angelegt ist - wenn dabei auch etwas ungenau -, die Jahreszeiten auch über lange Zeiträume festzuhalten. Seine Monatsnamen - in viele Weltsprachen übersetzt und so verwendet - sind zum Teil recht unglücklich gewählt: Die Monate Juli und August sollen für alle Zeiten die Kaiser Julius Cäsar und Augustus verherrlichen, die nachfolgenden vier Monate September bis Dezember geben die Ordnungszahl der Monate in einem um 2 Monate verschobenen Jahr an - septem = 7, octo = 8, novem = 9, decem = 10. - Monatsnamen, die von ihrer Namensbedeutung her auf ihre Stellung im Jahreslauf schließen lassen sollten, wurden von einem Kaiser des mittelalterlichen "Heiligen Römischen Reiches Deutscher Nation" vorgeschlagen, aber sie haben die lateinischen Namen zu keiner Zeit verdrängen können, und das ist nur gut, denn mit ihrer Jahreslaufbezogenheit passen sie nur zum natürlichen Monatskreis, wie ihn die Astrologen bei allem ihren Ruf schmälernden Humbug, den sie treiben, richtig verwenden, nicht aber zum amtlich-römischen Kalenderjahr mit seinen um 8 bis 12 Tage verschobenen Monatsgrenzen. Wenn zeitnahe und um Übereinstimmung mit den astronomischen Gegebenheiten redlich bemühte Sterndeuter jene mittelalterlich-kaiserlichen Monatsnamen - natürlich in sinnwahrenden oder klangwahrenden Übersetzungen in die Volks- und Landessprachen der Welt - übernehmen wollen, so müssen sie sich vorher Gedanken machen, ob dieser Monatskreis sinnvoll auf Kalender und Jahreszeitenlauf der Südhalbkugel übertragen werden kann. Wenn die Namen auch im Süden die Jahreszeiten wiederspiegeln sollen, können sie nicht zu Monatsnamen eines weltweiten Kalenders werden. Da schon der heute gewohnte Kalender sich weitgehend an den natürlichen Jahresbeginn des Nordens anlehnt, mag es den Bewohnern der südlichen Erdhälfte zuzumuten sein, Monatsnamen zu verwenden, die nur im Norden - wo ein Polarstern Tierkreissternbildern, Großmonaten und Kalendermonaten ihre zusammenhängende Bedeutung gibt - sinnerfüllt sind, während sie im Süden zumeist gerade das Gegenteil dessen sagen, was die Natur zeigt.

Da eine klangvolle und leicht zu sprechende Wahl der Namen in manchen Sprachen schwer, wenn überhaupt zu treffen ist, leiten wir den Benennungsvorgang damit ein, daß wir zunächst unmittelbar von den Namen des besagten mittelalterlichen Kaisers ausgehen und diese durch Verwendung gleicher Endsilben so vereinheitlichen und vereinfachen, daß sie - als Lautgebilde nur in der Schreibweise übersetzt - von Völkern aller Sprachen übernommen werden können, solange deren eigene Namensgebung, die sprachlich schwierig und in Ländern südlich des Äquators nicht einmal wünschenswert sein kann, noch nicht erfolgt ist; auch die Namen der heutigen Kalendernamen sind schließlich nirgends dem Sinne nach, sondern überall nur gemäß ihrem lateinischen Wortklang in die Sprachen eingegangen. Berücksichtigen wir all dies, so ergeben sich in unserer Sprache folgende Namen:

1. Albing: Monat des wiederkehrenden Lichts, der "Alfen" und "Elfen" (Lichtwesen der Märchen- und Sagenwelt), Monat des "Julfestes" (Weihnachtsfestes) und deshalb ursprünglich auch mit "Juling" benannt, was aber nur eine Seite des in zweifachem Sinne mit der Rückkehr des Lichts verbundenen Weihnachtsfestes zum Ausdruck bringt. - Winteranfang.

2. Harting: Monat des "harten" (strengen) Winters.

3. Horning: Monat des "Horn"(Geweih)-Abwurfs der Hirsche und Rehe.

4. Lenzing: Monat der "linden" (milden) Lüfte - Frühlingsbeginn.

5. Wandling: Monat des "wandelbaren" Wetters, der heftigen Gewitter.

6. Weiding: Monat, der das Vieh auf den "Weiden" sieht.

7. Braching: Monat des "brachen" (ruhenden) Landes
   - Sommeranfang.

8. Heuing: Monat des "Heues" und seiner Einbringung.

9. Ernting: Monat des "Ernte"beginns.

10. Scheiding: Monat des "Scheidens" vom Sommer
    - Herbstbeginn.

11. Gilbing: Monat der "gilbenden" Blätter, des
    fallenden Laubs.

12. Nebling: Monat der "Nebel" und Schatten, Advents-
    zeit, Erwartungszeit für das neue Licht.

Werden eines Tages diese Namen (in den Schreibweisen und Übersetzungen der Sprachen der Welt) und mit ihnen verbunden die genau in den Jahreszeiten liegenden Monate den jetzigen, weltweit verbreiteten, aber dennoch unbefriedigenden Kalender ersetzen? - Selbst auf die Gefahr von Verwechslungen hin bietet es sich als zumindest gleichberechtigte Möglichkeit an, nach altrömischer Art Namen aus lateinischen Zahlwörtern herzuleiten, diesmal jedoch ohne die irreführende Verschiebung um zwei Monate. Die Monate hätten dann die neuen Namen

1. Unember (Albing)

2. Duember (Harting)

3. Triember (Horning)

4. Quattember (Lenzing)

5. Quinkember (Wandling)

6. Sexember (Weiding)

7. September (Braching)

8. Oktober (Heuing)

9. November (Ernting)

10. Dekember (Scheiding)

11. Undekimber (Gilbing)

12. Duodekimber (Nebling)

I.17. Dreizehn Einstellungen zum Dasein

Zwölf Zeitalter, zwölf Tierkreisgestalten, zwölf Götterburgen, zwölf jahreszeitliche Monate bilden vier Ringe, die in allen ihren zwölf Abschnitten zur Deckung gebracht werden können. Gehören auch die zwölf in Astrologie und Volksglauben überlieferten menschlichen Wesensarten dazu? Falls die jahreszeitlichen Monate und das persönliche Jahr von Geburtstag zu Geburtstag wirklich etwas prägend wirken, sollte das nicht überraschen. Unwahrscheinlich ist hingegen ein Einfluß der Geburtsstunde, die ein Mensch wegen des noch nicht genügend ausgebildeten Wahrnehmungsvermögens nur recht unvollkommen wahrzunehmen vermag, die in der klassischen Astrologie aber fast gleichberechtigt neben dem Tierkreiszeichen der Geburt steht. Wahrscheinlich ist es dagegen, daß bei einem Menschen mit bereits entwickeltem Bewußtsein und dem Vermögen, sich über Sterne, Jahreszeiten, selten zu sehende Tiere und Möglichkeiten menschlichen Verhaltens zusammenhängende Gedanken zu machen, Vorstellungen über sein Tierkreiszeichen, seine Tierkreissterne, seine Planetenstände und auch seinen Geburts-Zenitstern steuernden Einfluß auf sein ganzes Leben haben. Dies gilt vor allem natürlich für Menschen, die Zeit haben, sich solche Gedanken zu machen, Menschen, deren Lebensweg nicht durch starre

Lebensumstände weitgehend festgelegt ist. Dem Schicksal der Menschen in ihrer Gesamtheit geben die im Sternenhimmel verankerten Zeitalter kennzeichnende Namen. Trotz dieser Möglichkeiten, mit dem Sternenhimmel in Beziehungen zu treten, bleibt ein Mensch in seiner Entscheidung, ob er sich nach den Bildern, die sich am Himmel zeigen, richten will, frei, denn wenn sie auch tatsächlich vorhanden sind, so leben all jene Bilder doch nur durch das Wirken menschlichen Geistes in unserem Bewußtsein. Erst menschliches Sinnen über ungezählte Generationen hat jene sich vielfältig ergänzenden Ordnungen in ihrer einmaligen, kunstvollen Verwobenheit erschließen können, so daß sie ranghöher neben manchen als alt und tiefgründig geltenden und dabei doch viel neueren und einfacheren religiösen Weltbildern bestehen können.

Wenn auch die Ursprünge der Astrologie in unergründbar fernen Vergangenheiten liegen, so ist doch bekannt, daß die klassische Astrologie, der wir heute vorwiegend in Vorderasien, dem neuen Erdteil Australien und Nord- und Südamerika begegnen, seit Beginn des gegenwärtigen Zeitalters (seit Ende -41 der amtlichen Zeitrechnung) ihr Verbreitungsgebiet vom einstigen Großreich Alexanders von Makedonien und dem dieses Reich überschneidenden Römerreich des Augustus und seiner Nachfolger her ausgeweitet hat.

Ein Tierkreis, der wirklich ganz aus Tieren besteht, dafür allerdings am sichtbaren Sternenhimmel keine Entsprechung hat, ist aus dem von der Kultur Chinas beeinflußten Hauptteil Asiens bekannt. Dort werden die 12 Symboltiere allerdings nicht Monaten und Großmonaten, sondern nur Jahren zugeordnet. Ihre Reihenfolge läßt zunächst keinen Zusammenhang mit dem uns bekannten Tierkreis erkennen. Erst eine Umordnung der Tiere erlaubt die Bildung eines "chinesischen Tierkreises", der dem klassischen wie dem erneuerten Tierkreis einerseits ähnelt und andererseits mit der Wahl seiner Tiere und der Schwierigkeit, sie ausgewogen und vorteilhaft zu deuten, die Eigenständigkeit des fernöstlichen Charaktersystems belegt. Die Gegenüberstellung mag Übereinstimmung wie auch Andersartigkeit verdeutlichen:

Hund als Gegenspieler des Tigers
(Falke als Gegenspieler des Steinbocks)

("Steinbock" als Gegenspieler des "Skorpions" (klass.))

Pferd als Gegenspieler der Hauskatze
(Bär als Gegenspieler der Schwalbe)
("Wassermann" als Gegenspieler der "Waage" (klass.))

Schlange als Gegenspieler des Schweines
(Delfin als Gegenspieler des Storches)
("Fische" als Gegenspieler der "Jungfrau" (klass.))

Drache als Gegenspieler der Ziege
(Widder als Gegenspieler des Adlers)
("Widder" als Gegenspieler des "Löwen" (klass.))

Büffel als Gegenspieler der Ratte
(Stier als Gegenspieler des Krebses / der Fledermaus)
("Stier" als Gegenspieler des "Krebses" (klass.))

ein Affe als Gegenspieler des anderen Affen
(ein Zwilling als Gegenspieler des anderen Zwillings)
("Zwilling" als Gegenspieler des "Zwillings" (klass.))

Kampfhahn ohne Gegenspieler
(Skorpion ohne Gegenspieler)
("Schütze" ohne Gegenspieler (klassischer Tierkreis))

Die Kennzeichnung der Jahre mit charakteristischen Symbolen, die als eine Art Leitwort für ihre Zeitspanne aufgefaßt werden, gibt es nicht nur in der chinesischen Astrologie, sondern auch in der klassischen Sterndeutung der orientalisch-mittelmeerischen Verbreitung, wie sie vor der Entdeckung der Planeten Uranus, 1Ceres, 2Pallas, 4Vesta, Neptun, 15Eunomia und Pluto bestand: In siebenjährlich sich wiederholender Folge sollen die Himmelskörper Saturn, Jupiter, Mars, Sonne, Venus, Merkur und Mond den Jahren vorstehen. Unklar bleibt im chinesischen wie im klassisch-astrologischen Fall, mit welchem herausragenden Anfangsjahr die Zählung begonnen haben soll - das Jahr +1 unserer amtlichen Zeitrechnung ist es in beiden Fällen nicht, und das wäre anderenfalls auch nichts als ein Zufall, da beide Astrologien älter als die römisch-christliche Zeitrechnung sind. Wenn man schon Jahre kennzeichen möchte, sollte solche

Willkür wie ein durch nichts begründeter Anfang oder der Einfluß des Umstandes, daß man nicht alle Planeten kennt, ausgeschlossen sein. Sinnvoll mag es sein, ein Jahr nach dem Planeten zu benennen, der in ihm - von der Sonne aus betrachtet - eine Stellung in seinem eigenen Tierkreissternbild ("Haus" neuer Art) einnimmt; falls "Zyklen" auftreten (etwa Planet a in Haus B, Planet b in Haus A) oder mehrere Planeten in ihrem eigenen Haus oder getrennten Zyklen stehen, muß das als Einfluß mehrerer Planeten auf das Jahr - das selbstverständlich das natürliche Jahr der Jahreszeiten vom Winteranfang über Frühling und Sommer zum Herbstende sein sollte - gedeutet werden.

Altertum und Mittelalter des Orients und des Abendlandes kannten vier vermeintliche chemische Elemente: Feuer, Erde, Luft und Wasser - alle durchdrungen von einem geheimnisvollen "Äther", der im eigentlichen Sinne kein Element war. In der genannten Reihenfolge wurden jene vier "Elemente", mit dem ersten Frühlingsmonat beginnend, dreimal auf den Tierkreis übertragen. Sie teilten das Jahr damit in drei Abschnitte und gaben bei der Charakterisierung der Wesen des Tierkreises erste grobe Hinweise: Widder, Löwe (neu: Adler) und Schütze (neu: Skorpion) feurig, Stier, Jungfrau (neu: Storch) und Steinbock (neu: Falke) erdverbunden, Zwillinge, Waage (neu: Schwalbe) und Wassermann (neu: Bär) luftig-heiter-gedankenverspielt, Krebs (neu: Krebs oder Fledermaus), Skorpion (neu: Steinbock) und Fische (neu: Delfin) wäßrig-bewegt und tiefgründig. - Wenn wir nicht von unserer Erfahrung mit Menschen, sondern nur von den Tierkreisgestalten alter und auch neuer Art ausgehen, sind die "Elemente" in etwa 3/4 der Fälle vertretbar zugeordnet, wobei die Schwächen bei den Tierkreiszeichen der dunklen Herbst- und Wintermonate auftreten:

Den klassischen Steinbock, den Stier und die Jungfrau können wir als erdnahe Phlegmatiker betrachten, nicht so den neuen "Falken", gewiß den neuen "Stier", ebenfalls den neuen "Storch" als bodennahen Schreitvogel.

Der Wassermann als Weltbeglücker, die kindlich-liebenswerten Zwillinge und die symbolisch-abstrakte Waage dürfen wohl als luftverwandte Euphoriker gelten, der neue "Bär" wohl weniger, die neuen "Zwillinge" durchaus, wie bisher, und deutlicher als alle anderen die neue "Schwalbe".

Die Fische und der Krebs können schon ihrer Natur nach, der klassische Skorpion nur noch über seine äußerliche Ähnlichkeit mit dem Krebs als dem Wasser verbundene Melancholiker oder Sanguiniker - hier durchdringen sich zwei der im Altertum definierten Charaktere! - aufgefaßt werden, ebenso ist der neue "Delfin" ein Wassertier, der neue "Krebs" wäre es auch, eine an seine Stelle gesetzte, neue "Fledermaus" sicherlich nicht, ebensowenig wie der neue "Steinbock".

Den Widder als Herdenführer und den Löwen als Herrn der Wildnis, mit weniger Grund allerdings den klassischen Schützen, dürfen wir als feuerverwandte Choleriker sehen, was ebenso für den neuen "Widder", den neuen "Adler" als mächtigsten Greifvogel und auch für den reizbaren, wüstenglut-geprägten neuen "Skorpion" gilt.

Es mag sich lohnen zu prüfen, wie sich die 4 "Elemente" bei der Bildung von Gegensatzpaaren innerhalb des Tierkreises begegnen. Die einfachste Regel besteht darin, den größten Gegensatz zwischen jenen Tierkreiszeichen zu suchen, die sich gegenüberliegen und damit auf entgegengesetzte, nicht immer allerdings von den Temperaturen her sehr verschiedene Jahreszeiten entfallen. Diese Regel führt aber dazu, daß das Wasser als Gegenteil der Erde, das Feuer als Gegenteil der Luft erscheint, was nicht überzeugt, denn das heiße Feuer ist doch wohl eher als das Gegenteil des löschenden Wassers, die leichte, unsichtbare Luft als Gegenteil der schweren, dunklen Erde zu begreifen. In einem Gegensatzschema, das von den "Sphärenklängen" der Planetenbahnen hergeleitet ist, stehen - noch schlimmer - Feuer gegen Feuer, Luft gegen Luft und wieder Erde gegen Wasser, was bedeutet, daß die Deutung der Tierkreiszeichen mit 4 "Elementen" auch hier gründlich versagt. Dennoch muß anerkannt werden, daß viele Tierkreisgestalten mit ihrem "Element" doch in einer irgendwie sinnvollen Beziehung stehen, was den Schluß nahelegt, daß die Vorstellungen von der Chemie und ihren Elementen und Stoffverbindungen in jener fernen Zeit der Weisen, in welcher der Tierkreis entstand, nicht sehr von denen der Unwissenden, wenn auch Suchenden des Jahrzehntausende näher zu uns liegenden Mittelalters abwichen. Eine sehr weitgehend dem Himmelsgeschehen und dem reinen Denken ergebene Zeit stand der greifbaren Materie offenbar etwas fremd gegenüber. Wurde sie gerade deshalb zur Schöpferin des Rades und der Mechanik, eben weil die Mechanik dem reinen Denken näher steht als die Erforschung der Materie? Da andererseits die schöpferischen Wissenden der fernen Vergangenheit vom Licht, das von den Sternen ausgeht, von Lichtbrechung und Gesetzen der Optik nach manchem, was die heutigen Reste ihrer Überlieferung verraten, sehr viel verstanden haben, müssen sie während der ganzen langen Zeit des Bestehens ihrer Kultur ständig kurz vor der Schwelle des Erkennens der Chemie gestanden haben, denn die Chemie verbindet ja die Farben des Lichts mit den Elektronenanordnungen, welche die Atome - die kleinsten Teilchen der wirklichen Elemente - unterscheiden.

In Anlehnung an ein vor allem von den Eigenschaften der Symboltiere hergeleitetes Verträglichkeitsschema, das uns schon geholfen hat, die zwölf Tiere der chinesischen Astrologie in unsere Vorstellungswelt sinnvoll einzubauen, und indem wir eine Beziehung zu den kennzeichnenden Merkmalen der zugeordneten jahreszeitlichen Monate suchen, wollen wir - von der in der klassischen Astrologie bestimmenden Deutung aus den unechten Elementen gelöst, darstellen, welche dreizehn Einstellungen zum Dasein die Tierkreiszeichen den in ihnen Geborenen tatsächlich nahelegen. Es werden dreizehn gleichberechtigte und gleichwertige und dabei doch sehr verschiedene Wege sein, den menschlichen Lebensweg zu gestalten. Ob wohl mancheiner, der sich nach dem "Elemente"-Schema der klassischen Sterndeuterei als falsch beurteilt empfand, in unserer neuen Darstellung unter seinem (zum Teil ebenfalls "neuen") Tierkreiszeichen den ihm gemäßen Weg entdeckt?

FALCO/SAGITTARIUS (Falke/Bogenschütze), 22.12.-19.01. (Norden) / 21.06.-22.07. (Süden): Der Falke-Mensch ist ein Jäger. Naheliegende Ziele verfolgt er geradlinig und zielbewußt. Das gute Augenmaß bei der Wahl seiner Vorhaben läßt ihn von Erfolg zu Erfolg springen. Der geruhsame Stier, ein entscheidungsfreudiger Zwilling, der hochmütige Adler und die vielseitige Schwalbe sind ihm gute Gefährten. - Der Pfeil als erster Strahl des wiederkehrenden Lichts in dunkler Zeit ist Anlaß zur Freude.

Im Gegensatz zum Weg des Falken steht der des Steinbocks.

URSUS (Bär), 20.01.-18.02. (Norden) / 23.07.-22.08. (Süden): Der Bär-Mensch ist ein Genießer. Er versucht viele Dinge, meistens auch mit Erfolg, aber er beteiliegt nur selten andere an dem, was er tut, und ist deshalb öfter als andere unverstanden. Sein Wille zur Unabhängigkeit kann so weit gehen, daß er sich über die Ordnung, die sich seine Mitmenschen gegeben haben, hinwegsetzt. Ein einfallsreicher Zwilling, der empfindsame Krebs (eine Fledermaus ebenso) und der eifernde Steinbock sind ihm gute Gesellschafter. - Das Überleben in bitterkalter Winterzeit erfordert rechtzeitige Vorsorge und die Fähigkeit zu schneller, wirksamer Tat.

Im Gegensatz sum Weg des Bären steht der der Schwalbe.

DELPHINUS/NAVIS (Delfin/Schiff), 19.02.-20.03.(Schaltjahr: 19.03.) (Norden) / 23.08.-22.09. (Süden): Der Delfin-Mensch ist ein Denker. Er geht einzelnen Dingen mit findigem Geist auf den Grund. Das Schicksal von Menschen kann ihn sehr berühren, und er mag selbst Widersacher nicht leiden sehen. Mit lebhaftem Eifer widmet er sich seinen Aufgaben. Der ehrgeizige Skorpion, der empfindsame Krebs (oder die gleich geneigte Fledermaus) und der hochmütige Adler sind die von ihm geschätzten Gefährten. - Aus Erstarrung erwachte, bewegte Wasser drängen zu suchender Ausfahrt.

Im Gegensatz zum Weg des Delfins steht der des Storches.

ARIES (Widder), 21.03.(Schaltjahr: 20.03.)-19.04. (Norden) / 23.09.-22.10. (Süden): Der Widder-Mensch ist einer der Aufrechten. Er sucht geordnete Abläufe und verhält sich in ihnen so sicher, selbstbewußt und nie versagend, daß er andere mitreißt. Seine Autorität beruht auf Leistung, seine Führerschaft ist ohne Eitelkeit. Sein harter Arbeitseinsatz sucht tröstenden Ausgleich im Bewundern schöner Dinge, die sein Leben streifen. Der Konflikt zwischen Ruhebedürfnis und Leistungswillen führt zu häufigen heftigen Gefühlsausbrüchen. Er liebt die Gesellschaft des ehrgeizigen Skorpions, des empfindsamen Krebses (wie der Fledermaus), des hilfsbereiten Storches und des eifernden Steinbocks. - Warm und kraftvoll wehen Frühlingswinde nach harter Winterzeit.

Im Gegensatz zum Weg des Widders steht der des Adlers.

TAURUS (Stier), 20.04.-20.05. (Norden) / 23.10.-21.11. (Süden): Der Stier-Mensch ist ein Kraft-Quell. Sparsam, gutmütig und bedachtsam dient er anderen als ruhender Pol und Beispiel an Zuverlässigkeit und eindeutiger Haltung. Was er vollbringt, ist wohlvorbereitet und dauerhaft. Erst wenn fortwährend fremder Wille auf ihn einwirkt und seine Grundsätze mißachtet, befreit er sich mit vernichtender Zerstörungskraft. Den ehrgeizigen Skorpion, den glücksuchenden Falken, den hochmütigen Adler, den hilfsbereiten Storch und die vielseitige Schwalbe schätzt er als Gefährten. - In milder Wärme nahenden Sommers erschrecken machtvolle Gewitter.

Im Gegensatz zum Weg des Stieres steht der des Krebses (oder der Fledermaus, wenn sie anstelle des Krebses im Tierkreis stehen soll). Gemeinsam ist Stier und Krebs (Fledermaus) eine überdurchschnittliche Verträglichkeit, aber ihre Freunde sind verschieden.

GEMINI (Zwillinge), 21.05.-20.06. (Norden) / 22.11.-21.12. (Süden): Zwillinge-Menschen sind Spieler-Naturen. Dem Zwillinge-Menschen bieten sich zwei verwandte und doch gegensätzliche Wege:

Liegt sein Schwerpunkt im Einfallsreichtum, dann erlaubt ihm ein frei schweifender Geist, den irrealsten Gedanken nachzuhängen, ohne den Boden unter den Füßen zu verlieren. In schwierigsten Lagen findet er sich zurecht. Den Mitmenschen erscheint er sprunghaft und schwer festlegbar, aber er wird von ihnen gefragt, wenn sie vor Rätseln stehen. Seine Freunde sind der eigenwillige Bär und der eifernde Steinbock.

Liegt der Schwerpunkt des Zwillinge-Menschen in der Entscheidungsfreude, so machen ihn schnelle Entschlüsse allen Zauderern überlegen. Fehlentscheidungen entmutigen ihn nicht, sondern schärfen seine Urteilskraft. Die Mitmenschen übertragen ihm gern Verantwortung. Er findet Freundschaft beim glücksuchenden Falken und der vielseitigen Schwalbe.

- Milde des Frühlings wechselt mit sommerlicher Hitze.

Zwillinge-Menschen finden nur in anderen Zwillinge-Menschen von der Lebensgestaltung her ihr Gegenteil.

VESPERTILIO/CANCER (Fledermaus/Krebs), 21.06.-22.07. (Norden) / 22.12.-19.01. (Süden): Der Krebs-Mensch (Fledermaus-Mensch) ist ein Nimmermüder. Eine rauhe Schale läßt kaum ahnen, daß er verletzlich ist. In der Stille Geplantes setzt er fordernd und unruhig in die Tat um. Vorsicht in der Planung steht großer Mut bei der Ausführung gegenüber. Die Ehre, sich mit seinen Gedanken durchzusetzen, ist ihm wichtiger als materieller Gewinn, den er, wenn er ihn dennoch erlangt, verschleudert. Wer seine ruhelose Art nicht scheut, findet Reichtum des Erlebens. Wer seine Welt nicht teilt, wird rasch beiseitegedrängt und vergessen. Mit dem ehrgeizigen Skorpion, dem eigensinnigen Bären, dem geistvollen Delfin, dem vorantreibenden Widder und dem eifernden Steinbock verträgt er sich gut. - Die Umkehr der Sonne bringt die Gewißheit, daß die sengende Sommerhitze nicht unbegrenzt zunehmen wird, aber auch der Keim kommender Winterkälte ist damit gesetzt.

Im Gegensatz zum Weg des Krebses (der Fledermaus) steht der des Stieres. Gemeinsam ist Krebs (Fledermaus) und Stier eine überdurchschnittliche Verträglichkeit, doch spricht sie unterschiedliche Charaktere an.

AQUILA (Adler), 23.07.-22.08. (Norden) / 20.01.-18.02. (Süden): Der Adler-Mensch ist ein Erhabener. Ihm sind der Glanz und die liebenswerte Ausstrahlung eigen, die andere vergeblich erstreben. Wer ihn anerkennt, gewinnt einen milden Führer, dessen freudbringende Nähe die Unbill harter Arbeit vergessen läßt. Verzweifelten spendet er Trost, Gescheiterte läßt er ihr Unglück weniger bitter sehen, Tüchtige spornt seine Eitelkeit zu Taten an. Der ehrgeizige Skorpion, der glücksuchende Falke, der geistvolle Delfin und der geruhsame Stier verstehen sich mit ihm am besten. - Von Licht und

Wärme durchdrungen ruhen freundlich, doch auch wasserheischend Land und Himmel.

Im Gegensatz zum Weg des Adlers steht der des Widders.

CICONIA (Storch), 23.08.-22.09. (Norden) / 19.02.-20.03.(Schaltjahr: 19.03.) (Süden): Der Storch-Mensch ist ein Opferer. Er greift ein, wo er sieht, daß er gebraucht wird, aber er vergißt nie, sich vorher zu vergewissern, daß seine Hilfe auch angenommen wird, denn er haßt es, wenn Menschen einander zu nahe treten. Gilt es, eine persönliche Bedrohung von sich oder einem anderen abzuwehren, kämpft niemand so bedingungslos wie er. Erfolge erringt er am ehesten in der Zusammenarbeit mit anderen. Der ehrgeizige Skorpion, der vorantreibende Widder und der geruhsame Stier stehen ihm am nächsten. - Im Spätsommer ruft erntereife Frucht nach rührigen Händen.

Im Gegensatz zum Weg des Storches steht der des Delfins.

HIRUNDO/GLADIUS (Schwalbe/Richtschwert), 23.09.-22.10. (Norden) / 21.03.(Schaltjahr: 20.03.)-19.04. (Süden): Der Schwalbe-Mensch ist ein Träumer. Er sucht sich Aufgaben, die untereinander in Abhängigkeit stehen, über die Ordnung seiner Beziehungen zu Menschen und Dingen wacht er mit Sorgfalt. Erfolge bringen sein verzweigtes Wirken nicht zum Stillstand und werden selten voll ausgekostet. Mißerfolge können wegen der Komplexheit der Aufgabenstellungen immer nur Teilmißerfolge sein. Bringt man ihm lange genug Vertrauen entgegen, vermag er Großes zu vollbringen, drängt und beunruhigt man ihn, glänzt er auf vielen Gebieten im Kleinen. Der glücksuchende Falke, der geruhsame Stier und ein entscheidungsfreudiger Zwilling ergänzen ihn vorteilhaft. - Groß dehnt sich der Himmel, und warme Länder in weiter Ferne sind nicht unerreichbar.

Im Gegensatz zum Weg der Schwalbe steht der des Bären.

CAPRICORNUS (Steinbock), 23.10.-21.11. (Norden) / 20.04.-20.05. (Süden): Der Steinbock-Mensch ist ein Gipfelstreber. All seine Kraft ordnet er seiner Begeisterung für eine ihm wichtige Aufgabe unter, wodurch er sich nicht selten in ausweglose Lagen verrennt, aber auch große Erfolge erringt, die zu Denkmälern seines unbeirrten Glaubens werden. Der eigensinnige Bär, der vorantreibende Widder, ein einfallsreicher Zwilling und der empfindsame Krebs (oder die gleich-empfindsame Fledermaus) ergänzen ihn günstig. - Die Blätter fallen, wenn sie am schönsten sind, Licht und Leben weichen, aber ihre Wiederkehr ist dem Zuversichtlichen gewiß.

Im Gegensatz zum Weg des Steinbocks steht der des Falken.

SCORPIUS (Skorpion), 22.11.-21.12. (Norden) / 21.05.-20.06. (Süden): Der Skorpion-Mensch ist ein Beherrscher. Er urteilt nicht, er befiehlt. Entschlossen ringt er um das Licht der Erkenntnis und wirft in diesem Schatten der Macht. Halbheiten befriedigen ihn nicht. Seine Ziele mögen bedeutend oder klein sein und sich auch sprunghaft ändern, aber immer werden sie mit Kampfgeist in Angriff genommen. Niederlagen sind nur Anreiz zu neuem Versuch auf anderen Wegen. Die Freude über das Errungene läßt manchen Schaden vergessen, der vorher entstand. Der Skorpion-Mensch tritt mit so unterschiedlichen Charakteren wie einerseits dem geistvollen Delfin, dem vorantreibenden Widder und dem geruhsamen Stier und andererseits dem empfindsamen Krebs (der ebenso gearteten Fledermaus), dem hochmütigen Adler und dem hilfsbereiten Storch in eine aufbauende Beziehung. - Eine dunkle Adventszeit (Erwartungszeit) sehnt sich nach der Helligkeit und Wärme des Frühlings.

Der Lebensweg, der unter dem Zeichen des Skorpions steht, kennt kein Gegenteil. Er ist von aufgeschlossenem Suchen und Ehrgeiz bestimmt und läßt als Anhänger die gegensätzlichsten Charaktere zusammenfinden. Nur zu den beiden verschiedenen Ausprägungen der Zwillinge steht er in einer fragenden, ratlosen Beziehung, und auch Falke und Steinbock und Bär und Schwalbe vermag er nicht zusammenzubringen.

FALKE <--> STEINBOCK

BÄR <--> SCHWALBE

DELFIN	↔	STORCH
WIDDER	↔	ADLER
STIER	↔	KREBS (FLEDERMAUS)
einfallsreicher ZWILLING	↔	entscheidungsfreudiger ZWILLING

SKORPION

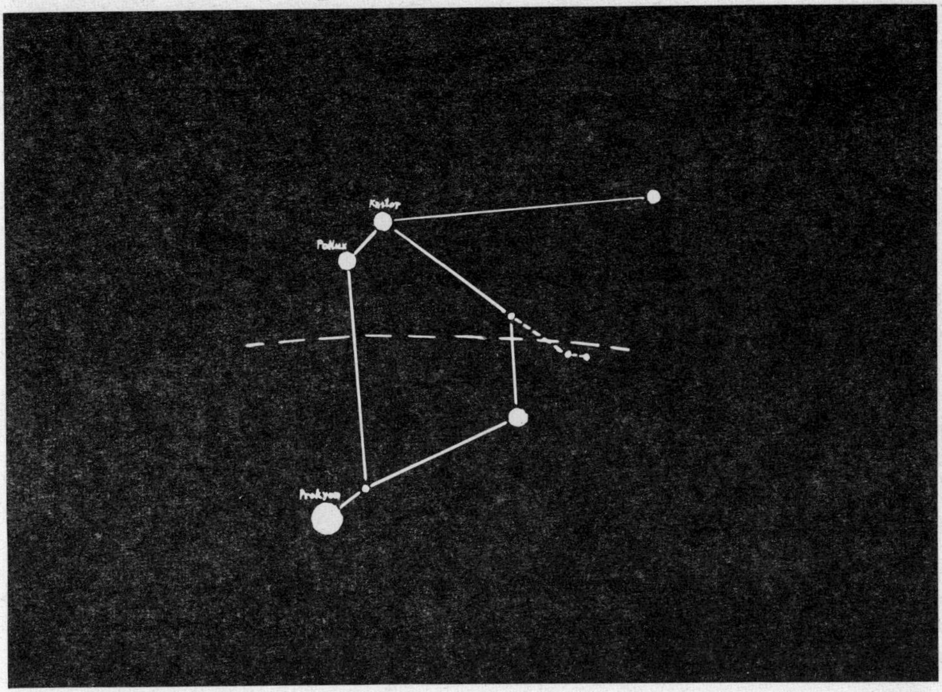
Kastor
Pollux
Prokyon

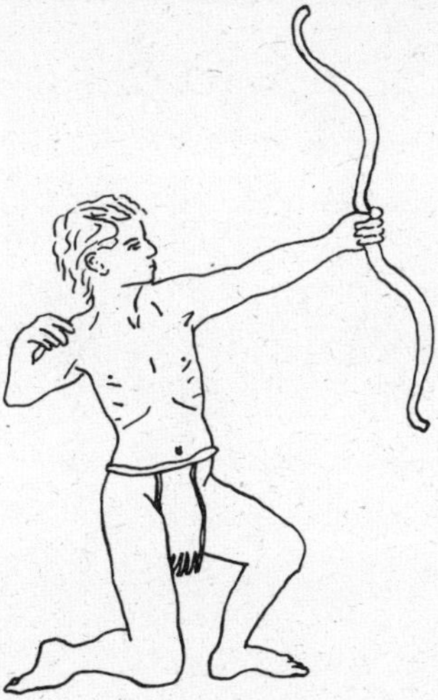

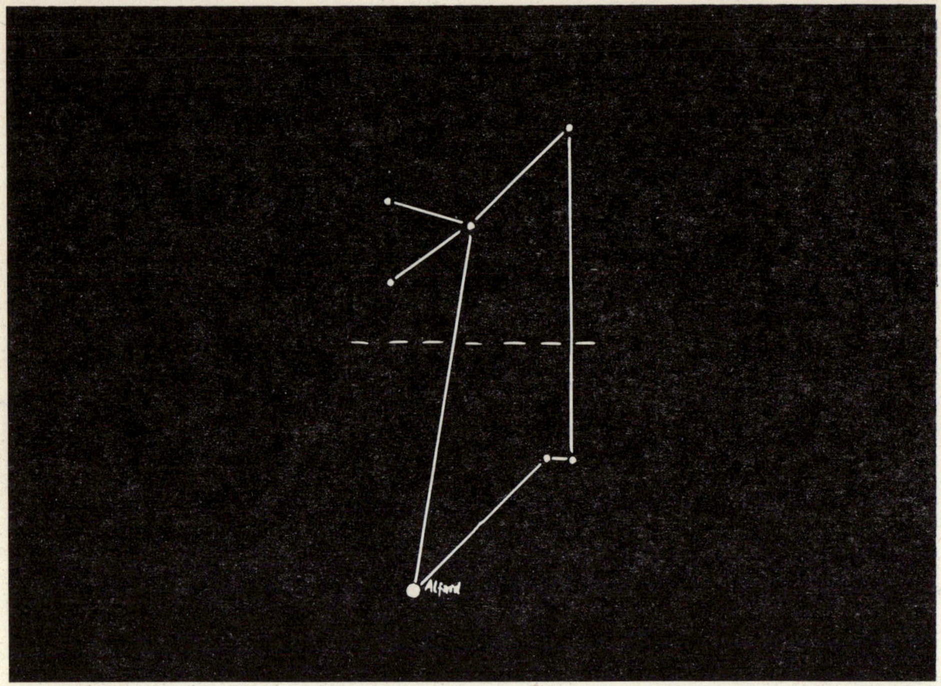
Alford

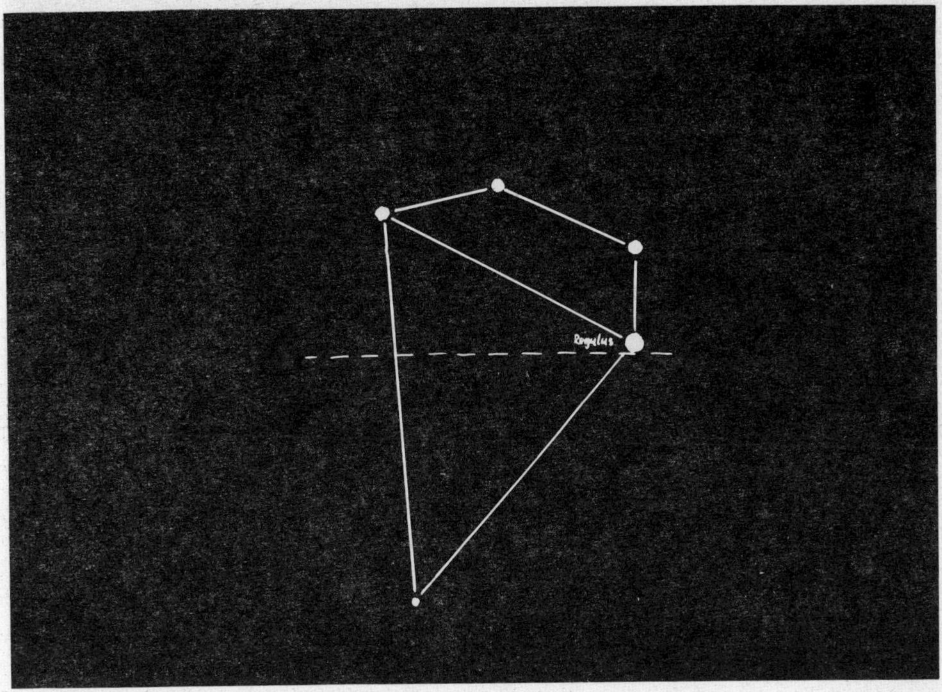
Regulus

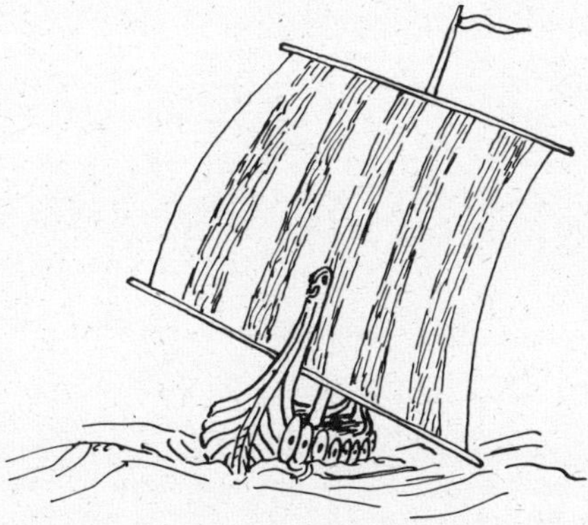

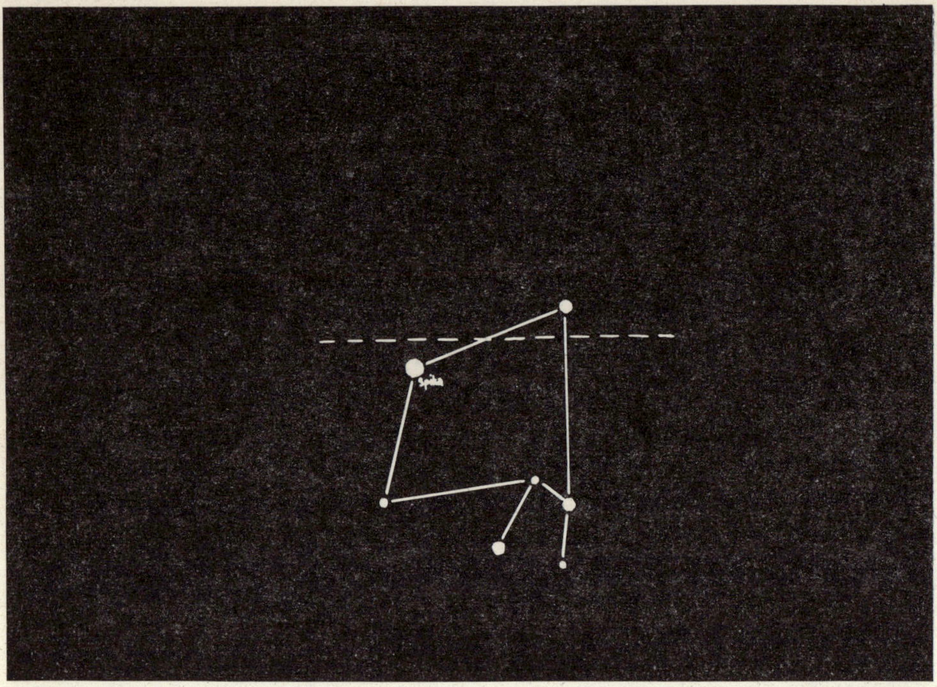
Spika

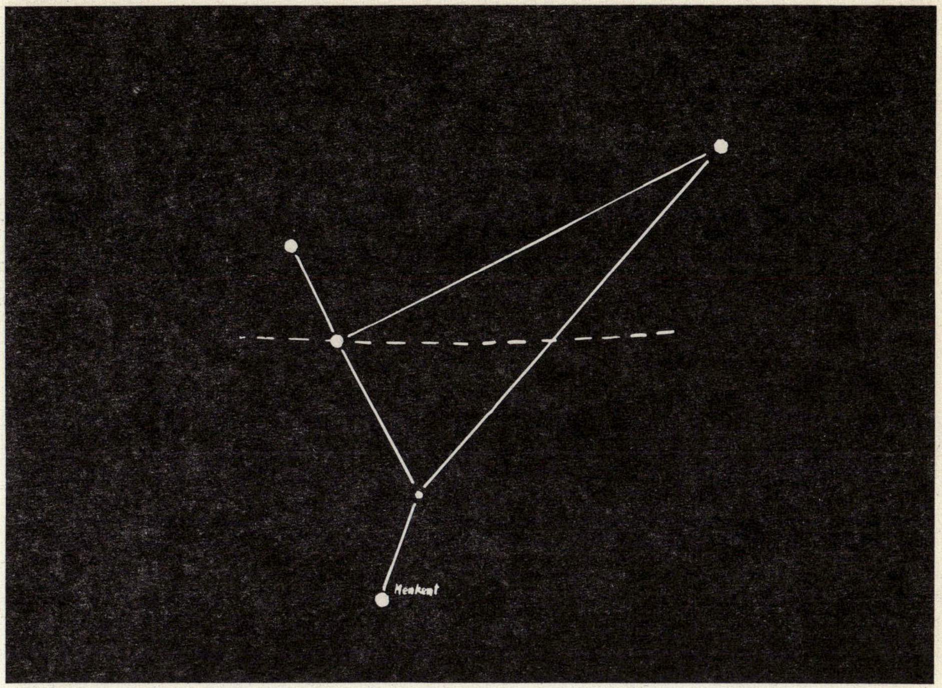
Menkent

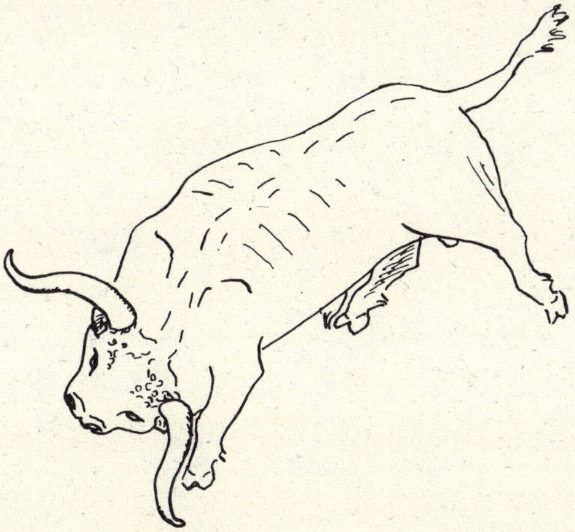

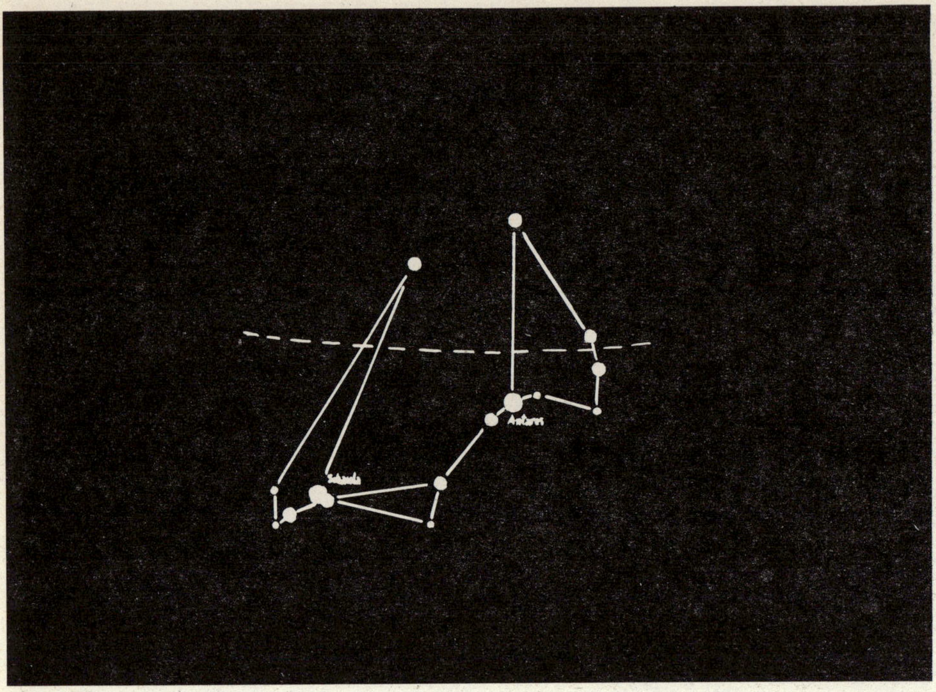
Antares

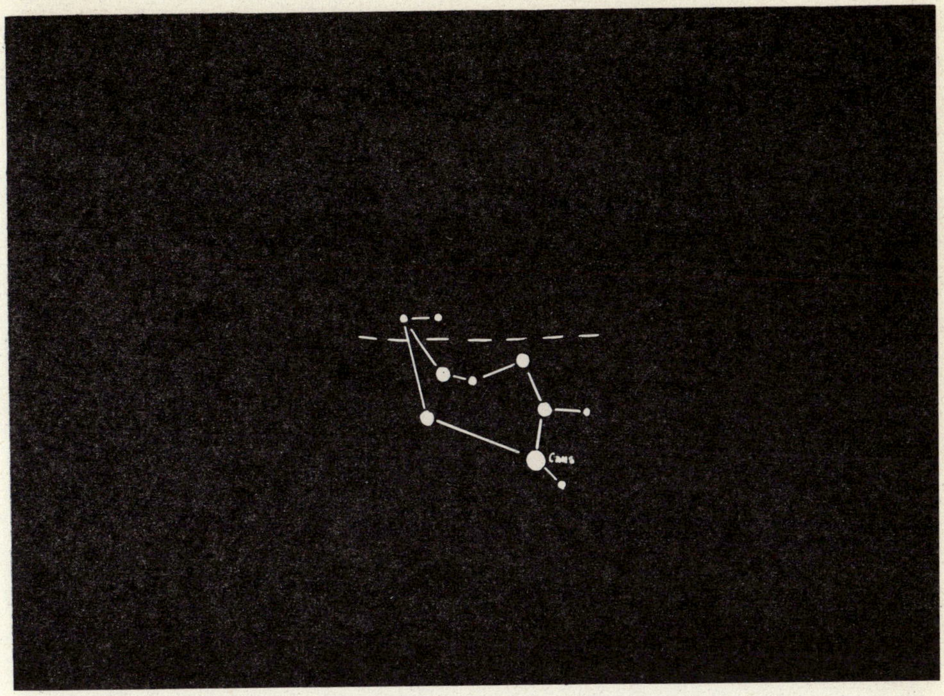

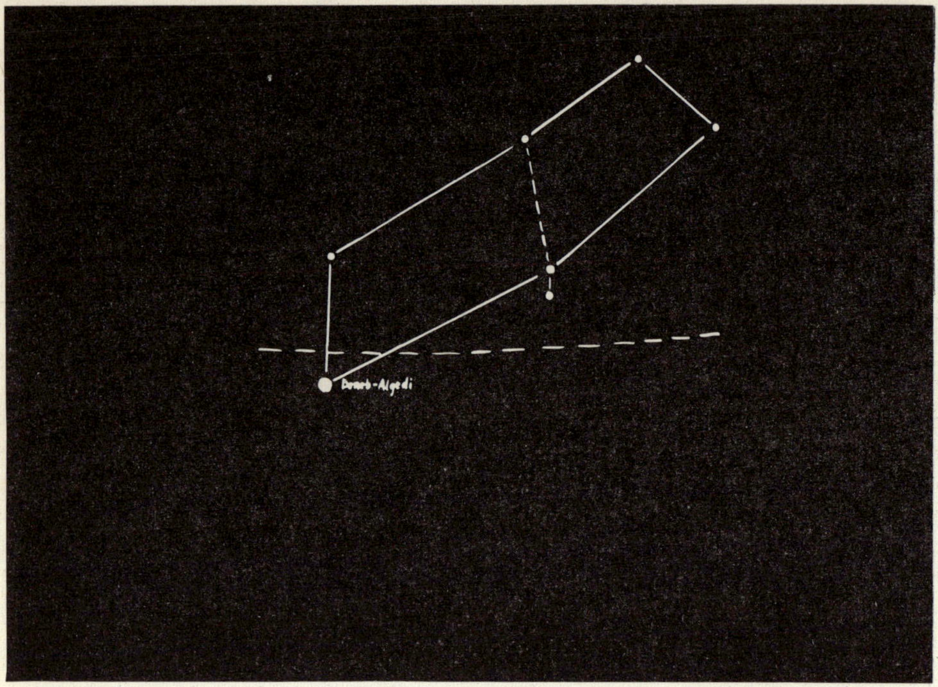
Deneb-Algedi

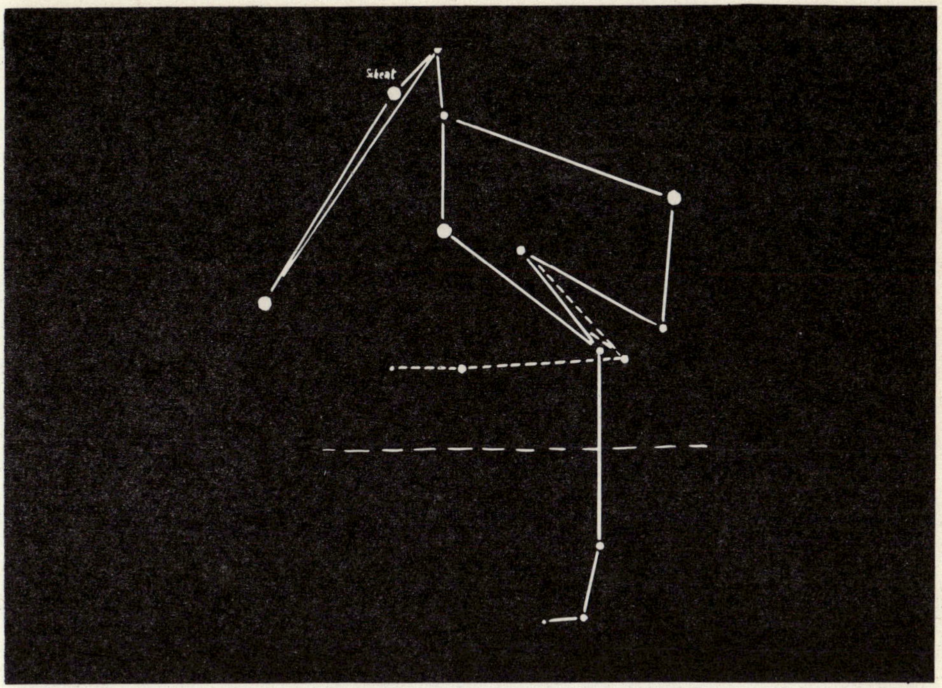
Scheat

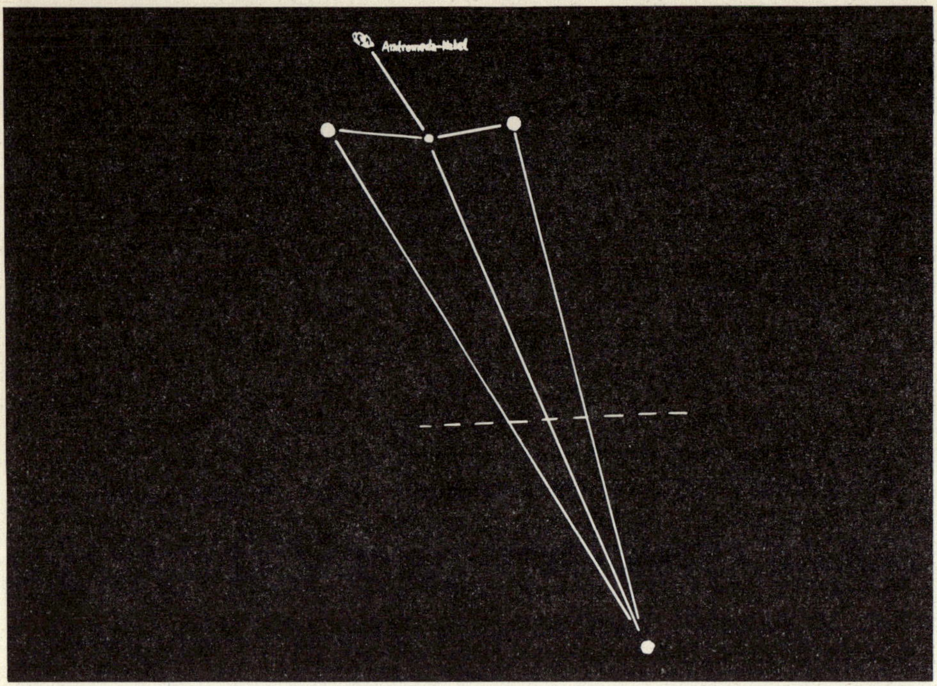
Andromeda-Nebel

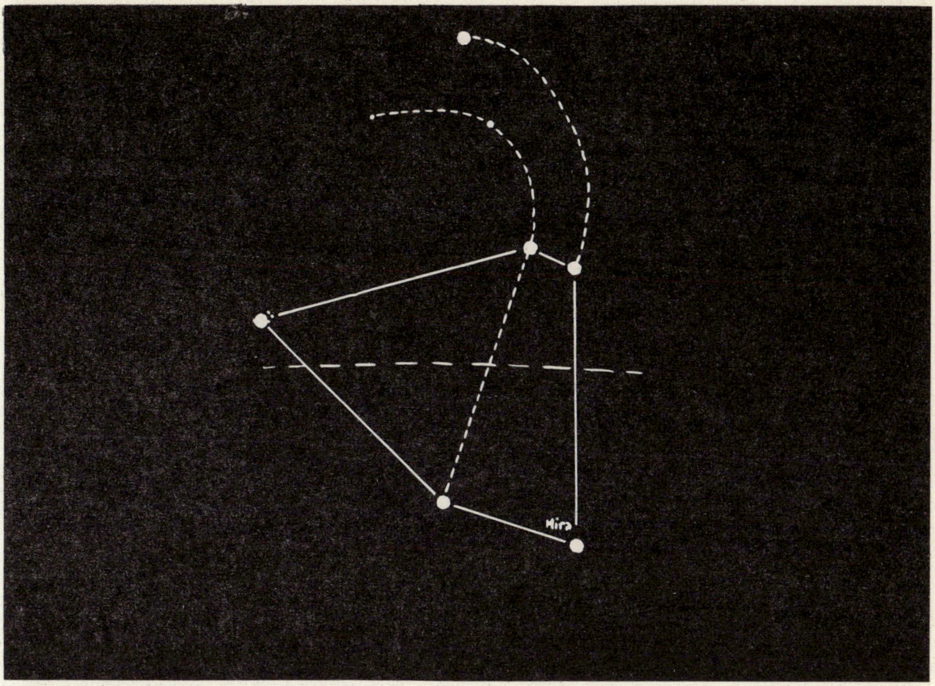
Mira

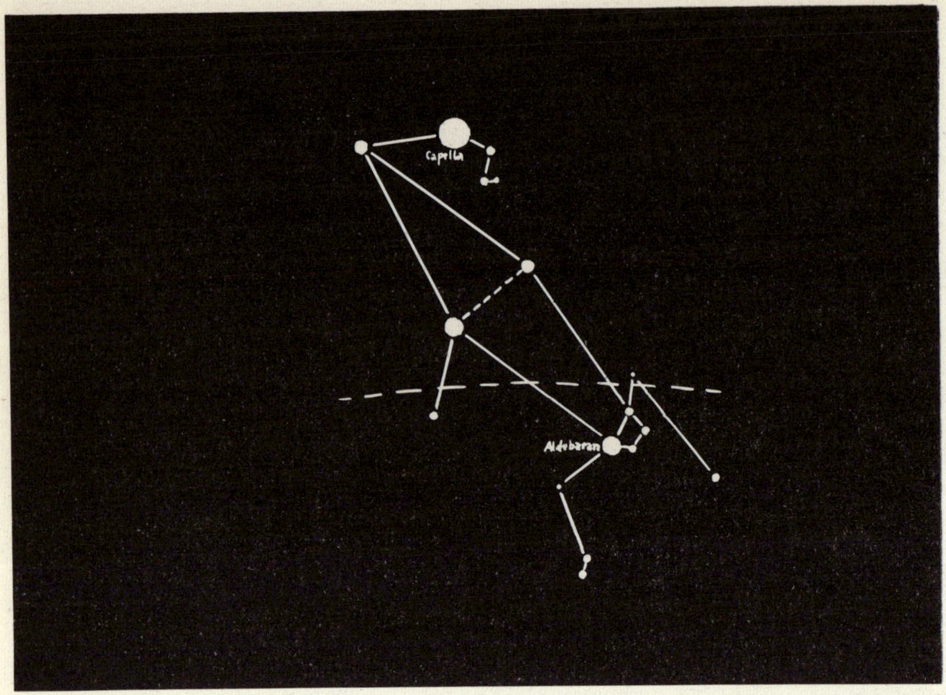
Capella
Aldebaran

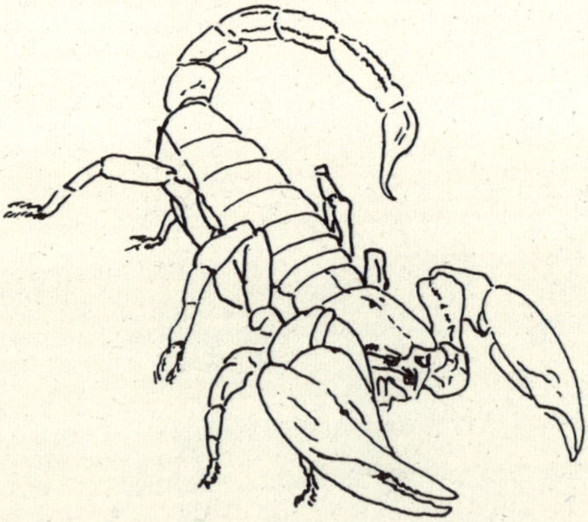

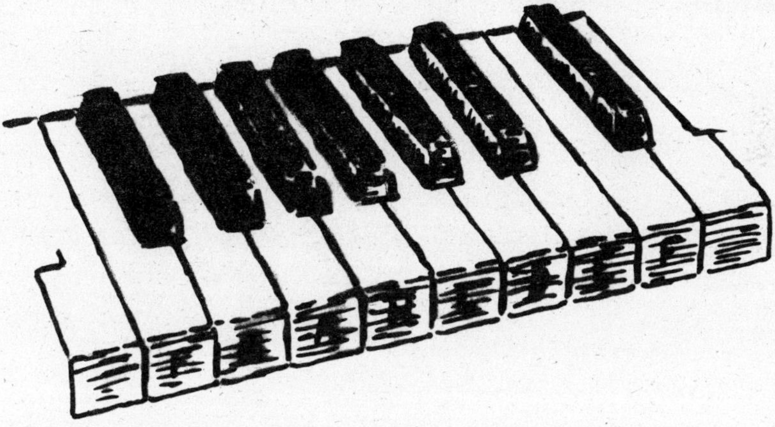

II

S P H Ä R E N K L Ä N G E

INHALTSVERZEICHNIS

II. SPHÄRENKLÄNGE

II.1. Die Planeten unseres Sonnensystems

Rund hundert Milliarden Sonnen bilden den Spiralnebel, in dem unsere Heimatsonne, im Sternenmeer treibend, alle 230 Millionen Jahre einen Umlauf vollführt. Der Name "Nebel" - zunehmend nur noch für leuchtende kosmische Gaswolken in Gebrauch - kennzeichnet unser Milchstraßensystem, das ja nur dadurch vor anderen Galaxien oder Spiralnebeln ausgezeichnet ist, daß wir uns in ihm befinden, sehr treffend: Denken wir uns unser System der 100.000.000.000 Sonnen auf die überschaubare Größe einer Linse von einem Meter Durchmesser und 10 cm Höhe verkleinert, die wir nah vor uns in einem völlig verdunkelten Raum betrachten. Wir sehen dann ein neblig schimmerndes Gebilde, zur Mitte hin etwas heller, im Hauptbereich in mehrere Spiralarme gegliedert. Nur wenn wir unsere Augen sehr anstrengen, erkennen wir die helleren unter den Einzelsternen als winzige Leuchtpunkte, die durchschnittlich 1/10 Millimeter oder nicht viel mehr voneinanderstehen. Irdischer Nebel aus bodennahen Wassertröpfchen-Wolken sieht nicht anders aus.

Unsere Sonne hält durch ihre gewaltige Massenanziehung die Planetenwelt zusammen. Gäbe es die Sonnenanziehung nicht, so würden die Planeten und mit ihnen auch unsere Erde, statt auf kreisähnlichen Bahnen zu wandern, geradlinig davoneilen - in die erbarmungslose Kälte, Dunkelheit und Leere des Raumes zwischen den Fixsternen. Nahezu in einer Ebene umrunden die Sonne auf so gut wie kreisförmigen Bahnen jene kugelförmigen Welten, die Planeten heißen (lateinisch planis = eben). Manche von ihnen sind massereich genug, um Kugelwelten, die als allein wandernde Himmelskörper selbst beachtliche Planeten wären, um sich kreisen zu lassen. Die Planetenbegleiter heißen Monde, Satelliten oder auch Trabanten. Die Planeten sind Verdichtungen in einer einst nur aus Staub, Gas und unregelmäßigen Mineralbrocken bestehenden flachen Scheibe, deren verdünnter Rest immer noch beobachtet werden kann, wenn sich im Frühling kurz nach Sonnenuntergang, im Herbst kurz vor Sonnenaufgang - am besten in dünner Bergluft - das Zodiakallicht (Zodíakus = Tierkreis) zeigt. Über jenen flachen Bereich hinaus umgeben unsere Sonne als ausgedehnte, kugelförmige Hülle Himmelskörper, die aus einer Mischung von Gestein mit einem großen Anteil gefrorener Gase bestehen. Die Bahnen dieser Körper reichen bis in das Gebiet der fernen nächsten Sonnen. Wird ihre sonnenferne Bahn einmal durch die Annäherung an einen der äußeren Planeten gestört, dann können sie sehr nah an die Sonne herankommen. Ihre leichtflüchtigen Bestandteile verdampfen dann durch die Sonnenwärme und dehnen sich als langgezogener Schweif aus, der unter dem Einfluß der energiereichsten Bestandteile der Sonnenstrahlung zu leuchten beginnt: Ein Komet erscheint.

Im erst vor wenigen Jahrhunderten ausgegangenen Mittelalter (als Grenzjahr wird gewöhnlich 1648 - das Ende des 30jährigen Krieges - genommen), als das Fernrohr als zunächst noch wenig leistungsfähiges Instrument gerade erst wieder erfunden wurde, bildeten die fünf leicht erkennbaren hellsten Planeten des Nachthimmels, die Sonne und der Mond (Erdmond) die klassische Zahl der Planeten. Ohne Sonne und Mond und unter Mitzählung des Planeten Erde war die Planetenzahl unbefriedigenderweise 6. Erste Fernrohrbeobachtungen zeigten, daß der Planet Jupiter von 4, der Planet Saturn von mindestens fünf eigenen Monden umkreist wurde. Diese Beobachtungen erleichterten den Übergang zu einer Sicht der Erde als eines gewöhnlichen Planeten unter vielen, der ebenfalls von einem Mond umkreist wurde, nicht dagegen von der Sonne und den Planeten, wie man vorher geglaubt hatte. Die Suche nach dem fehlenden 7. Planeten wurde nun verstärkt, im Jahre 1781 wurde er gefunden. Er erhielt den Namen Uranus. Es stellte sich heraus, daß seine Helligkeit ausreichend war, um ihn für das bloße Auge in besonders dunklen, klaren Nächten gerade noch sichtbar sein zu lassen. Die Freude über die Wiederherstellung der Zahl 7 der Planeten war nur von kurzer Dauer: Zwischen den Bahnen der Planeten Mars und Jupiter klaffte eine auffällig große Lücke. Die bisher bakannten Planeten gehorchten mit ihren Sonnenabständen recht gut der Titius-Bodeschen Reihe: Hat die Erde den Sonnenabstand 1,0 (1,0 AE = 1,0 Astronomische Einheiten), so sind die Abstände der Planeten von der Sonne etwa 0,4 (Merkur), 0,4 + 0,3 (Venus), 0,4 + 0,6 (Erde), 0,4 + 1,2 (Mars), o,4 + 2,4 (unbekannter Planet auf der 5. Bahn), 0,4 + 4,8 (Jupiter), 0,4 + 9,6 (Saturn), und 0,4 + 19,2

(Uranus). Mathematisch heißt die Formel 0,4 + 0,3mal2^n (n = $-\infty$, 0, 1, 2, 3, 4, 5, 6, ...). Auf der fünften Bahn wurde danach die Entdeckung eines Planeten erwartet, der sich in einem Abstand von 2,8 AE um die Sonne bewegte. Er wurde 1801 entdeckt und wurde damit der 8. Planet in der Reihenfolge der Entdeckungen. Er erhielt den Namen Ceres. Wegen seiner geringen Größe von nur 1/4 bis 1/3 des Durchmessers, den der Erdmond besitzt, glaubte man, bei der Zahl 7 für die Planeten bleiben zu können, und nannte den neu entdeckten Himmelsköper einen Planetoïden ("Planetenähnlichen"), als welcher er die Nummer 1 erhielt. Bereits 1802 wurde auf einer Bahn mit demselben mittleren Sonnenabstand von 2,8 AE der kleine Planet 2Pallas, mit einer geschätzten Größe von 1/6 Monddurchmesser, entdeckt, 1804 auf einer Bahn vom mittleren Abstand 2,7 AE der Kleinplanet 3Juno, nur vielleicht 1/14 Monddurchmesser groß oder geringer, 1807 der kleine Planet 4Vesta mit durchschnittlich 2,4 AE Sonnenabstand und einer Größe von etwa 1/7 Monddurchmesser. Nach einer Entdeckungspause von 38 Jahren folgte die Entdeckung weiterer Kleinplaneten, unter denen 15Eunomia (Sonnenabstand 2,6 AE) den zufällig früher entdeckten Kleinplaneten 3Juno an absoluter Helligkeit (das heißt, wenn man sich alle Planeten und Kleinplaneten in den gleichen Sonnenabstand versetzt denkt, was rechnerisch ja leicht möglich ist) noch etwas übertraf. An absoluter Helligkeit übertrifft 15Eunomia, wie wir heute wissen, alle Kleinplaneten und kleinen Planeten außer 2Pallas, 1Ceres und 4Vesta. 15 Eunomia ist nur wenig größer als 3Juno, beide Himmelskörper waren für die Instrumente der Zeit ihrer Entdeckung so gut wie punktförmig. 1846 wurde jenseits der Uranus der Planet Neptun entdeckt, wie sein innerer Nachbar zwar wegen seiner Ferne lichtschwach, aber doch größer als unsere Erde. Er zumindest mußte als achter Planet anerkannt werden, womit die Zahl Sieben endgültig zerbrochen war. Die Bahn des Neptun ist schön kreisförmig und kaum gegen die mittlere Bahnebene der Erde geneigt, aber: Er liegt mit 30,1 AE außerhalb der Titius-Bodeschen Reihe! Nach n = 6 für Uranus durfte erst mit n = 7 in einem Sonnenabstand von 38,8 AE wieder ein Planet folgen. Andererseits durchbrechen ja auch die kleinen Planeten jenes empirische (nur aus vergleichender Betrachtung ohne Kenntnis von Ursachen gefundene) Gesetz, indem sie zu mehreren im Bereich nur einer Titius-Bodeschen

Zahl wandern, und auch die rettende Vorstellung, es handele sich dort um einen zertrümmerten Planeten, wurde durch Stabilitätsbetrachtungen der Bahnen wie des Materials, aus dem jene Himmelskörper bestehen, in den Bereich irrender Vermutungen verwiesen. Die vier großen unter den kleinen Planeten und unzählige weitere Kleinplaneten sind Milliarden Jahre alt wie das übrige Planetensystem um unsere Sonne. - War man so zunächst vielleicht erleichtert, von der lange geliebten Zahl Sieben auf eine Zahl Zwölf der Planeten gelangt zu sein, so war man doch noch nicht am Ziel, das erst mit der Entdeckung des Pluto im Jahre 1930 erreicht war, dem auch mit stärksten Instrumenten keine weiteren neuentdeckten Planeten gefolgt sind. Ohne die 4 kleinen Planeten 4Vesta, 15Eunomia, 1Ceres und 2Pallas beträgt die Zahl der Planeten neun, doch dreizehn wäre richtiger, denn jeder der vier kleinen Planeten ist von der Erde her und von einem gedachten Standpunkt auf der Sonne aus gesehen bedeutend heller als jener letztentdeckte Planet, der daher nicht neunter, sondern der 13. Planet ist.

Das lockere Gefüge eines Kometen nach dem Verdampfen seiner gefrorenen Gase in Sonnennähe wird durch die eigene Massenanziehung nicht zusammengehalten. Seine vorwiegend steinernen verbleibenden festen Bestandteile verteilen sich wegen ihrer nicht völlig gleichen Umlaufgeschwindigkeit um die Sonne auf der ursprünglichen Bahn - ja, schon vor der eigentlichen Auflösung kann ein Komet schon in einige große Teile zerfallen. Solch ein Zerfall eines Kometen - es war der Komet Biëla - in 2 Teile konnte genau genug beobachtet werden, um aus der wenn auch geringen Anziehungswirkung der beiden Teile aufeinander deren Masse zu errechnen. Wenn die Dichte - wie infolge der einigermaßen bekannten Zusammensetzung angenommen werden kann - bei etwa 1 oder 2 Gramm pro Kubikzentimeter lag, muß der ursprüngliche feste Komet etwa 100 bis 130 km Durchmesser besessen haben. Eine Vielzahl von Kometenbeobachtungen zeigt, daß dies schon ein besonders massereicher, großer Komet war. - Was von einem zerfallenen Kometen übrig bleibt, kreist als etwa ringförmiger Meteorschwarm um die Sonne, und mehreren solcher Schwärme begegnet unsere Erde jährlich auf ihrer Bahn. Am nächtlichen Himmel zeigen sich dann besonders viele Sternschnuppen - kurz hell aufleuchtende Streifen. Die

Sternschnuppen entstehen durch meist nur sandkorngroße Teilchen, die in der oberen Atmosphäre verglühen. Sie deuten auf das Material, aus dem die Planeten unseres Sonnensystems einmal entstanden sein müssen: Staub und Gase, im Staub auch reines Metall - Eisen mit Kobalt und Nickel, Endprodukte der Kernverschmelzungs- und Kernzerfallvorgänge der Atome, aus denen sich in einer Katastrophe zerplatzte Sterne einmal zusammengesetzt haben. Die Untersuchung von Meteoren, die infolge ausreichender Größe die Erdoberfläche erreichen konnten, zeigt uns, welche Art Materie im Dunkelbereich weit außerhalb des alleinigen Wirkungsfeldes unserer Sonne durch das All treibt.

Solange Kometen nicht in den Leucht- und Hitzebereich unserer Sonne kommen, sind sie unsichtbar und ihre Zahl schwer abzuschätzen. Wenn ihre Gesamtmasse groß ist, können sie für bisher noch mangelhaft erklärte leichte Störungen der Bahnen der äußeren Planeten verantwortlich sein. Es bleibt schwer zu sagen, ob wohl einige der fernen Kometen im Vergleich zum Umfeld groß genug sind, um die Bedeutung von Planeten zu besitzen. Noch wurde unter den in Sonnennähe beobachteten Kometen keiner gesehen, der auch nur den kleinen Planeten 15Eunomia an Masse und Größe übertroffen hätte. Sollte sich aber ein wirklich großer Planet - unserer Erde vergleichbar - im Dämmerlicht jenseits des Pluto bewegen, so kann er einer schon baldigen Entdeckung nicht entgehen. Die alte Sage vom Asen-Gott, der als Geisel zu den Wanen gehen mußte, deutet allerdings darauf hin, daß er in solch sonnenferner Finsternis wandelt, daß er schon nicht mehr zum beobachtbaren Teil unseres Sonnensystem gezählt werden kann.

II.2. Planeten, Gottheiten, Götter

Die Planeten tragen Namen von Gottheiten der sich auf griechisches Erbe stützenden römischen Kultur. Obwohl Götter und Göttinnen zunächst wohl das Wesen zauberfähiger, nie sicher beobachteter Menschen trugen, bestand bei aller Scheu doch ein Bedürfnis, sie, die höheren Wesen, die nicht wie gewöhnliche Menschen nur eine kurze Lebensspanne zwischen Geburt und Tod zu bestehen hatten, da sie unsterblich waren, wenigstens aus der Ferne sehen zu können, auch wenn sie unerreichbar blieben. So erhielten die gegen den Fixsternhimmel bewegten Himmelskörper göttliche Namen.

Sonne und Mond, mit denen sich eine alte, bodenzugewandte Kultur und Religionswelt verband, die im Mittelmeerraum und Teilen des Orients schon bestand, als die Giechenvölker und die Lateiner noch junge Einwanderer waren, wurden im alten Griechenland wie im frühen Römerreich nicht als eigentliche Gottheiten angesehen. Griechische Denker sahen in Mond und Sonne materielle Gebilde, deren räumliche Beziehung zur Erde sie messend zu ergründen suchten. Auch die Lateiner und späteren Römer und die ihnen nördlich benachbarten und sprachverwandten Germanenvölker mochten in einer deutlich erkennbaren, wenn auch unübertrefflich hell glänzenden Kreisscheibe keine Gottheit sehen, weil sie ihnen zu starr war, um das lebendige Wesen von Göttern und Göttinnen auszudrücken, und Gleiches galt für den matteren, mit Oberflächeneinzelheiten versehenen Mond. Die fünf echten Planeten hingegen bewegten sich, noch unerforschten kosmischen Gesetzen gehorchend, als Lichtpunkte wandelbarer Helligkeit auf verschlungenen Bahnen durch das Feld der feststehenden Sterne. Ihnen kamen deshalb die Namen bedeutender Gottheiten zu, und die nach dem Mittelalter langsam wieder aufblühende Astronomie schloß sich dem alten Brauch an, indem sie für die 5 alten Planeten die Namen, die aus Roms vorchristlicher Kultur überliefert waren, für die Fachwelt verbindlich einführte und allen neu hinzuentdeckten Planeten einschließlich vierer der später zu "Planetoïden" herabgewürdigten kleinen Planeten Namen höchster römischer Gottheiten gab.

Um nicht begrifflicher Verwirrung zu erliegen, müssen wir zwischen eigentlichen Göttern und Gottheiten unbestimmten Ranges unterscheiden. Als wirkliche Götter sollen uns jene Sternengötter gelten, die sich vor allem als wirkende Gestalten eines langzeitigen himmlischen Geschehens offenbaren - als Herren der zwölf je 2.144 Jahre währenden Zeitalter und Verkörperungen der dreizehn durch die Tierkreisgestalten beschriebenen menschlichen Charakterformen. Die Götterwelt der Griechen und Römer zeigt die Ordnung jener Himmelsherren aufgelockert und von fremden Einflüssen durchsetzt. Obwohl bei Griechen wie Römern Männer die Verantwortung nach außen in Familie und Staat trugen, war von ihren zwölf höchsten Gottheiten die Hälfte weiblichen Geschlechts. Die Große Mutter (Magna Mater, Kybele, Nerthus) beweist hier die Fortführung ihrer Herrschaft in einer Kultur neuer Götter.

In der klassischen Benennung gelten die in düsterer Sonnenferne langsam wandernden Planeten als alte Urväter der Götterwelt, die sonnennahen, schneller beweglichen als jüngere, freundlichere, weniger ernste und weniger gewalttätige Gottheiten. Den höchsten Rang nimmt der bei weitem massereichste unter den Planeten, Jupiter, ein. Den frühen Lateinern war ein Gott Zio der Herr des hellblauen himmlischen Leuchtens und vornehmster Himmelsgott, der sich mit der zunehmenden Verehrung der Tugend kriegerischen Mutes zu einem Kriegsgott wandelte. Aus Zio wurde im Lateinischen einerseits Deus, das allgemeine Wort für einen Gott, und andererseits Ziupater (Vater Zio) und daraus Juppiter und schließlich Júpiter. Auch den Griechen galt jener Zio, dort Zeus genannt, als Vater und Führer der auf dem hohen Berge Olymp beheimateten Götter. Am Planetenhimmel machte der ursprüngliche Gott Zio die Wandlung zum Kriegsgott nicht mit. Das Kriegerische übertrug sich auf den Planeten Mars, dessen Name von dem des griechischen Gottes Ares hergeleitet ist. Die Griechen kannten ihren Gott Zeus als Blitzeschleuderer, die Germanen einen Gott Thor oder Donar als Donnergott. Ein Gott Tiu (auch Ziu, Ty, Tyr, Tiwaz, Teiwas) war den Germanen Himmelsgott und Ansporn beim Kampfe. Tiu oder Mars und Thor (Donar) oder Jupiter erkennen wir in den Wochentagen Dienstag (engl. Tuesday (Aussprache: Tjusdäy), span. Martes) und Donnerstag (Thursday, Jueves) wieder. - In frühchristlicher Zeit entstanden aus "Jupiter" die Namen Jehova und Jahwe des neuen Alleingottes.

Wir finden am Planetenhimmel Jupiter (griechisch: Zeus) als Gott des Himmels, des Blitzes, des Lichtes und des Gastrechts und als größten unter den Planeten. Eunomia

("Gesetzlichkeit"), eine weibliche Gottheit des Zeitmaßes und der Jahreszeiten, gab dem kleinsten der dreizehn anerkennbaren Planeten seinen Namen. Nah am Rande des Sonnensystems wandert der Planet Neptún (griechisch: Poseidon, germanisch: Ägir) als Urkraft und Gottheit der Meereswogen und der Erdbeben. Noch jenseits des Neptun befindet sich Pluto, das ungern gesehene Wesen, das die Unterwelt, in der die Schatten leben, hüten soll und nicht zu den olympischen Göttern zählt. Der Sonne etwas näher als Neptun wandert, nur für das Auge des Wissenden findbar, Uranus, der älter als alle olympischen Gottheiten sein soll und sich dem Götterberg fernhält. Zwischen Uranus und Jupiter schleicht blaß und vorsichtig, nach alter Vorstellung einem nächtlichen Diebe gleichend, der Satúrn dahin, der Herr der Materie und des Werdens und Vergehens alles Stofflichen sein soll. Auch er ist nicht auf dem Olymp zuhause. Das sich in Entsagung übende Mittelalter nannte jene Kraft, die den Menschen von der Hinwendung zu seinem Gott abhielt, nach dem Saturn "Satan" (Satanas) oder (im islamischen Raum) Sheitan. Satan galt als der Verführer zum Bösen schlechthin. Er trug auch noch die auf verschiedenen Legenden beruhenden Namen Beelzebub, Teufel und Luzifer. Luzifer - sein Name bedeutet "Träger des Lichts" - galt als der vom neuen Ein-Gott vom Himmel in die unterirdische "Hölle" (Reich der "Hel", der Herrin der Unterwelt) verstoßene schönste und strahlendste unter den "Erzengeln", den ranghöchsten Himmelswesen nach jenem Gott. Zur Sonne hin folgen nach Jupiter Pallas (eigentlich lateinisch Minerva, griechisch Pallas Athene) und Ceres (griechisch: Deméter). Die Göttin Minerva schützt Wissenschft und Kunst, aber auch die kämpfenden Helden, Ceres behütet den Ackerbau (spanisch: "cereales" = Getreide). Zwischen Eunomia und dem Kriegsgott Mars (Ares), für aufmerksame Beobachter in günstiger Stellung sogar noch etwas besser sichtbar als der gleichmäßig, aber immer sehr schwach leuchtende Uranus, bewegt sich der kleine Planet Vesta (griechisch: Hestía) als Göttin des Herdes, des Herdfeuers und der jungfräulichen Keuschheit. In Nachbarschaft der Erde zur Sonne hin zeigt sich Venus als mütterliche Göttin der Liebe und Schönheit. Venus (griechisch: Aphrodíte) ist den Erdenmenschen abwechselnd als Morgenstern und als Abendstern sichtbar und von der Erde aus der bei weitem hellste Planet. Die Erde selbst (lateinisch Terra, griechisch Geos) war weder Griechen noch Römern in ihrer Eigenschaft als Planet bekannt und zählt daher nicht zu den olympischen Gottheiten, die entweder in wirklichen oder wenigstens in gedachten, unbeobachtbaren Planeten verkörpert sein mußten. Terra gilt als weiblich, und bei den Germanen gab es die Vorstellung, daß der Gott Odin sie in der Urzeit geehelicht habe. Der griechische Name Geos begegnet uns in Begriffen wie Geografie, Apogäum und Perigäum für Kunde der Erdoberfläche, Erdfernpunkt eines umlaufenden Himmelskörpers und Erdnahpunkt, während unser Planet selbst den lateinischen Namen (Terra) trägt. Das Verfahren wurde von der astronomischen Wissenschaft verallgemeinert: Die Planeten tragen lateinische Namen, was auch für Mond und Sonne gilt, während bei den Kleinplaneten wegen ihrer für den lateinischen Namensvorrat zu großen Zahl auch andere Namen verwendet werden müssen. An dem griechischen Zweitnamen eines Himmelskörpers werden die Teilwörter Ap- oder Apo- und Peri- sowie -grafie verwendet. Das Verfahren ist recht schwerfällig und hat uns bisher die Namen Selenografie (Mond lateinisch = Luna, griechisch = Selene) für Mondkunde, Aposelenium und Periselenium für Fern- und Nahpunkt eines ohne Antrieb den Mond umrundenden Raumschiffes sowie Heliografie, Aphel (sprich: Ap-hel) und Perihel (Sonne lateinisch = Sol, griechisch = Helios), Ariografie, Aparium und Periarium (von Ares) beschert. Die Namensgeber der internationalen Astronomie, die sich am Himmel ohnehin noch keine anerkennbaren Verdienste erworben haben, täten gut daran, wenn sie von diesem unglücklichen, weil zu unzähligen Namen führenden Verfahren recht bald abrücken würden. Die Untersuchung und Vermessung der gekrümmten echten Oberflächen aller Himmelskörper sollte stets von einem "Geos" ausgehen und nur noch zu dem Begriff Geografie führen, der allenfalls in Sonnen-Geografie, Mond-Geografie, Mars-Geografie ... aufzugliedern wäre. Zur Benennung der Fern- und Nahpunkte von Bahnen könnten als feste Bahnbezugsmassen alle Planetenmonde als "Selene", alle Planeten als "Geos", Sonnen als "Helios" oder "Astral" und alle Milchstraßensysteme (elliptische, gewunden-spiralförmige und Balken-Spiralnebel) als "Galaxis" gelten. Solange dieses sinnvollere Vorgehen sich aber noch nicht durchgesetzt hat, kommt man nicht umhin, sich neben den lateinischen auch noch die griechischen Namen der Planeten zu merken, um nicht gelegentlich bei Fremdwörtern ratlos dazustehen. - Als sonnennächster Planet zeigt sich an wenigen Tagen des Jahres, dann aber auch gut erkennbar, in der Abend- und Morgendämmerung horizontnah der schnellwandernde Merkúr (griechisch: Hermes), der die Eigenschaften der bei den Germanen bekannten Götter Odin und Hermodur neben regional-mittelländischen Wesenszügen in sich vereinigt. Er soll der Fruchtbarkeit, den Herden und Weiden, dem Handel und Verkehr, den Kaufleuten, aber auch den Dieben, wie den Aufspürern metallischer Bodenschätze über und unter der Erde förderlich sein, Gewandtheit der Körperbewegung und des Redens geben, die Nachrichten der übrigen Götter und Gottheiten durch die Welt tragen und die Toten zur Unterwelt geleiten.

Von den 12 alten olympischen Gottheiten - später wurden es dreizehn - haben vier nicht zur Benennung von Planeten beigetragen: Für Vulcanus (griechisch: Hephästos), den Gott des Feuers und der Schmiedekunst, wurde einige Zeit ein Planet vermutet, der sich noch näher als Merkur um die Sonne bewegen sollte. Inzwischen gilt als sicher, daß kein echter Planet der Sonne auch nur vorübergehend näher kommt als Merkur. Nur der sehr kleine Planetoïd Íkarus (nach einer als Mensch gedachten Sagengestalt, der infolge zu großer Annäherung an das Tagesgestirn die mit Wachs geklebten Flügel auseinanderfielen, benannt), gelegentlich auch einmal ein Komet kommt der Sonne für kurze Zeit noch näher als der innerste Planet. - Auch der Gott Apollo (griechisch: Apollon), der das Licht und den Frühling, die sittliche Reinheit und die Gesetzestreue und die Freude an Musik und Gesang, Dichtkunst und Weissagung verkörpert, fehlt unter den Planeten, ebenso wie seine Zwillingsschwester Diána (griechisch: Ártemis), die Göttin der Jagd und der freien Natur. Der Name der Jupiter-Gattin, Juno (griechisch: Hera), wurde voreilig an den drittentdeckten der kleinen Planeten vergeben, den wir nicht zu den eigentlichen Planeten zählen können, weil er an Größe und Helligkeit hinter Eunomia deutlich zurückbleibt.

Die geltende Namensgebung für die Planeten berücksichtigt die Regel, daß in finsterer Sonnenferne urtümliche alte Mächte zuhause sind, während zur Sonne hin zunehmend Jugend und Heiterkeit beheimatet sind. Dem größten Planeten wird die bedeutendste Stellung eingeräumt, der zumeist unscheinbare, aber gelegentlich zu hellem rötlichem Glanz aufleuchtende Mars wird treffend als Kriegsgott gesehen, die Venus als freundlich und mild, der Merkur als wanderfreudig, die vier kleinen Planeten zwischen Jupiter und Mars, deren Schwerkraft so gering ist, daß ein Besucher kaum den Boden unter den Füßen spüren würde, tragen die Namen zarter Göttinnen. Dem Saturn mit seinen schönen Ringen widerfährt allerdings als Verkörperung des Bösen, Satanischen wenig Gerechtigkeit, und das Fehlen so bedeutender Göttergestalten wie Apollo, Juno, Diana und Vulcanus schmerzt, wenn wir von der Erwartung beseelt sind, daß der Himmel allein Gottheiten zeigen soll, die des Olymps würdig sind, und die vollzählig, während statt dessen Namen finsterer Mächte die außerhalb des Jupiter kreisenden Planeten beleidigen.

Die Griechen kannten eine Götterspeise Ambrosia, die Inder den Göttertrunk Amrita, die Germanen ließen ihre Götter von Iduns goldenen Äpfeln zehren. Durch solche Nahrung erhielten sich die Götter oder Gottheiten eine lange, wenn schon nicht ewige Jugend und wurden für menschliche Zeitmaßstäbe unsterblich. Wenn wir in den Äpfeln der Göttin Idun nicht nur die weibliche Fähigkeit, leben zu geben, sehen, sondern in deren goldener Färbung greifbar gewordenes Licht, dann finden wir eine Erklärung dafür, daß Götter, die sich nah am Licht bewegen, von altem Ursprung und doch jung sein können - wie Odin, der jugendlich-wanderfreudige Göttervater, unter den Gottheiten römischer Benennung am ehesten im Merkur wiederzuerkennen. Die heute bekannte "spezielle Relativitätstheorie", welche besagt, daß ein schnell bewegter Körper langsamer altert als einer, der sich langsam bewegt, erlaubt uns den rechnerischen Schluß, daß die sonnennäheren Planeten in den etwa 4,6 Milliarden Jahren ihres Bestehens gegenüber den gleichzeitig mit ihnen entstandenen äußeren Planeten um bis zu 58,65 Jahre weniger gealtert sind. Gegenüber unserer Erde ist die Venus um 9 Jahre, der Merkur sogar um 36 Jahre weniger gealtert, während andererseits der Mars bereits 8 Jahre verloren hat, der Planet Vesta 13 Jahre, die Planeten Eunomia, Ceres und Pallas 14 bis 15 Jahre, Jupiter 18 Jahre, Saturn 20 Jahre, Uranus fast 22 Jahre, Neptun und Pluto 22 Jahre und ein beliebiger aus der

Schar der fernsten, jahrmillionenlang unsichtbaren Kometen rund 23 Jahre. Wenn wir diese Zeitspannen mit der gewöhnlichen Dauer menschlichen Lebens und menschlicher Zeugungskraft in Beziehung setzen, ergibt sich, daß ein Gott Merkur (mit anderem Namen: Odin), der ohne die ständige schnelle Bewegung um die Sonne, als Mensch gedacht, 90 Jahre alt wäre, durch den Abzug der 58,65 Jahre gewonnener Zeit erst im jungen Mannesalter von 31,35 Jahren steht und damit jünger als mancher seiner göttlichen Söhne ist.

Obwohl es bei tatsächlicher Einführung in die Namenswelt der amtlichen Astronomie zunächst eine heillose Verwirrung stiften müßte, wollen wir uns - ganz hypothetisch - einmal Gedanken machen, wie wohl die 13 uns bekannten Planeten heißen müßten, wenn auf sie die Namen der zwölf älteren olympischen Gottheiten und - in Ermangelung eines besseren - dazu der Name der erst später auf den Olymp geholten dreizehnten Gottheit verteilt würden:

1. Merkur (Hermes): Er bleibt in seiner Bedeutung als Persönlichkeit wie als Planet unverändert. In der germanischen Namensgebung, wie sie in der "Edda" überliefert ist, heißt er Odin.

2. Venus (Aphrodite): Dieser hellste unter den Planeten sollte besser nach dem Gott des Lichtes und des Frühlings, Apollo (Apollon), benannt sein. Bei den Germanen hieß der Gott dieser Bedeutung Baldur.

3. Terra (Geos): Hier, für "Mutter Erde", welche die Menschen beheimatet, ist der Name der mütterlichen und schönen Venus (Aphrodite) angebracht. Wegen des das Jahr in 12 Teile zerlegenden Erdenmondes ist aus germanischer Sicht, in der ohnehin ja keine weiblichen Gottheiten durch Planeten verkörpert sind, der das Maß und Recht und Gerechtigkeit setzende Fórseti der zutreffende Gott.

4. Mars (Ares): Der rötlich aufleuchtende Planet müßte der alten, einst allen Indogermanenvölkern gemeinsamen Bedeutung wegen in Jupiter (Zeus) umbenannt werden. Der germanische Name des Planeten ist Tiu.

5. Vesta (Hestia): An diese Stelle gehört der seiner Bedeutung nach im Merkur aufgegangene ursprüngliche Götterbote, Geleiter der Toten ins Schattenreich und Schützer der Treuen in Ehe, Familie und Freundschaft. Als Göttin der Ehe und Familie füllt Juno (Hera) die Lücke. Der zutreffende germanische Name ist Hermodur.

6. Eunomia: Diesem zumeist hinter helleren Kleinplaneten verborgenen kleinsten unter den anerkennbaren Planeten entspricht am ehesten Vesta (Hestia), die Göttin des Herdes und des Herdfeuers. Die germanische Überlieferung nennt den zurückgezogenen Gott Bragi.

7. Ceres (Demeter): Für diesen auf einer Zwillingsbahn wandernden Planeten gilt der Name der Zwillingsschwester Apollos, der bogentragenden Jagdgöttin Diana (Artemis). Ins Dunkel geflüchteter, durch Pfeil und Bogen ins Unglück geratener Zwillingsbruder des lichten Baldur ist Hödur.

8. Pallas (eigentlich lat. Minerva)(gr. Pallas): Dieser Planet besitzt den gleichen mittleren Sonnenabstand wie Nummer 7, bewegt sich aber auf einer eigenwillig elliptischen und gekippten Bahn. Der Name der Göttin der Klugheit und des Einfallsreichtums, lateinisch Minerva, griechisch Pallas oder Pallas Athene oder nur Athena, ist für diesen Planeten am zutreffendsten. Leider verwendet die amtliche Astronomie den Namen Minerva schon für einen unbedeutenden Kleinplaneten in der Schar kleiner Himmelskörper, welche die Bahnen der kleinen Planeten 5 bis 8 umgeben. Die Germanen sahen als Hödurs Helfer bei jenem Bogenschuß, dem Gott Baldur zum Opfer fiel, den einfallsreichen Gott Loki.

9. Jupiter (Zeus): Zwar hat der griechische Name Ares etwas mit der Farbe Rot zu tun, bei der man zunächst wohl an den vierten Planeten unseres Sonnensystems denkt, doch genaue Himmelsbeobachtung mit dem Sternenfernrohr zeigt uns auf dem neunten Planeten einen großen roten Fleck, der uns als Gedankenbrücke dienen mag, um den größten der Planeten mit dem Namen Mars (Ares) zu versehen und als kriegerischen Gott der Felder zu sehen. Der eindeutige germanische Name für den Planeten und Gott ist Thor.

10. Saturn (-): Sieht man im Fernrohr seine Ringe als Verwandte des Regenbogens, so liegt von den vorhandenen Namen am ehesten jener der Göttin des Acker- und Gartenbaus, Ceres (Demeter) nahe. Der germanische Gott und Wächter an der Regenbogenbrücke zwischen Himmel und Erde hieß Heimdall.

11. Uranus (-): Sein, soweit man nachlesen kann, blaß-grünliches Licht macht ihn dem Wasser verwandt, so daß der olympische Gott Neptun (Poseidon) als Gott der Gewässer der richtige Namensgeber ist. Der germanische Gott der Seefahrer ist Nerthur (Njörd).

12. Neptun (Poseidon): Seine streng kreisförmige, gegen die Zodiakalebene nicht geneigte und doch eigensinnige, weil in außergewöhnlichem Abstand von der Sonne verlaufende Bahn macht ihn zum Erfinder des Eisens, des neuen Metalles, das die Edelmetalle und die leicht schmelzbaren, weichen Metalle in Waffen- und Werkzeugtechnik ablöste, weshalb der Planet den Namen des schmiedenden Gottes Vulcanus (Hephästos) tragen müßte. Ihm entspricht der germanische Widar.

13. Pluto (-): Für diesen Planeten verbleibt keine der ursprünglichen olympischen Gottheiten, die für einige Zeit auch unter dem Begriff der "Zwölfgötter" zusammengefaßt waren. Sein jetziger, schrecklicher Name, der nicht an einen Gott, sondern an einen bissigen Wachhund denken läßt, ist durch den neu-olympischen Weingott Liber (Dionysos) leicht sinnvoll zu ersetzen. Der germanische Gott, der noch in Asgard beheimatet ist, aber der Sonne am fernsten lebt und wirkt, ist Jul (Ull).

Die Umbenennung der Planeten innerhalb der griechisch-lateinischen Namenswelt würde nicht nur zu Verwechslungen führen, sondern bliebe auch unbefriedigend, weil eine einstmals strenge Ordnung himmlischer Götter, die ein Gesetz vertraten, das für die Menschen über Jahrzehntausende verbindlich sein sollte, durch liebliche, aber weniger Außenverantwortung tragende weibliche Gottheiten durchbrochen ist. Niemandem unter den noch Hoffnung auf eine bessere zukünftige Welt hegenden Menschen kann es aber verwehrt werden, anstelle der zumeist ungeeigneten, von einer immer etwas fantasiearmen astronomischen Wissenschaft gegenwärtig benutzten Planetennamen die Namen der dreizehn in der germanischen "Edda" und vielen anderen indogermanischen Quellen beschriebenen und benannten Götter zu verwenden. Einer sich auf die neue Zahl von 13 Planeten einstellenden Sterndeutung und jedem Menschen, der zum Planeten seines Tierkreiszeichens eine Beziehung sucht, wäre mit den nur zufällig germanischen, aber von ihrer Bedeutung her keineswegs an nur ein Volk und seine regionale Kultur geketteten Namen von 13 gleichrangigen, gleichwertigen und doch in ausgewogener Weise verschiedenen himmlischen Herren sehr geholfen.

	amtlich	mytholog. besser	Planet = Gott
1.	Merkur (Hermes)	Merkur (Hermes)	Odin
2.	Venus (Aphrodite)	Apollo (Apollon)	Baldur
3.	Terra (Geos)	Venus (Aphrodite)	Forseti
4.	Mars (Ares)	Jupiter (Zeus)	Tiu
5.	4Vesta (Hestia)	Juno (Hera)	Hermodur
6.	15Eunomia (-)	Vesta (Hestia)	Bragi
7.	1Ceres (Demeter)	Diana (Artemis)	Hödur
8.	2Pallas (Pallas)	Minerva (Pallas)	Loki
9.	Jupiter (Zeus)	Mars (Ares)	Thor
10.	Saturn (-)	Ceres (Demeter)	Heimdall
11.	Uranus (-)	Neptun (Poseidon)	Nerthur
12.	Neptun (Poseidon)	Vulcanus (Hephästos)	Widar
13.	Pluto (-)	Liber (Dionysos)	Jul

II.3. Planeten in heliozentrischer Sterndeutung

Von der Erde her gesehen bewegen sich die Planeten nicht ganz gleichmäßig: Infolge perspektivischer Verzerrungen weichen sie zum Teil nicht unerheblich von der scheinbaren Sonnenbahn (Ekliptik) ab, beschreiben im Zusammenwirken mit der Erdbewegung um die Sonne Schleifen und gewundene Kurven, verblassen und leuchten auf. Die Planeten, deren Bahn näher zur Sonne liegt als die Erdbahn, pendeln stets in der Nähe der Sonne und ihres Taghimmels und stehen nie am Mitternachthimmel der Sonne im vollen Glanz gegenüber. Ganz anders ist das Bild von der Sonne her. Menschen werden diesen Beobachtungsort - eine sehr sonnennahe Kreisbahn in einer Raumstation - wegen des großen Energieaufwandes, der nötig ist, um dort hinzugelangen, und wegen der auf Dauer nicht abschirmbaren hohen Temperaturen sicherlich nie beziehen können, doch das hindert ihren denkenden Geist nicht, das Bild vom Planetenhimmel zu gewinnen, das sich dort bietet: Alle Planeten bewegen sich um den Betrachter herum auf genauen Großkreisen. Nur geringe Änderungen der Helligkeit und Verlangsamungen und Beschleunigungen der Bahnbewegung verraten, welche Planetenbahnen - für den Betrachter unmittelbar nicht sichtbar - betont exzentrisch sind, also nicht Kreise mit nur einem Mittelpunkt, sondern Ellipsen mit zwei Brennpunkten, in deren einem die Sonne steht, bilden. Zugleich wenden alle Planeten dem Betrachter stets die ganze von der Sonne beleuchtete Hälfte zu und zeigen nur im Fernrohr je nach Exzentrizität der Bahn leicht veränderliche Scheibendurchmesser.

Für den gedachten Betrachter in oder an der Sonne wandert jeder Planet mit jedem seiner Umläufe durch alle zwölf Tierkreis-Sternbilder - der Planet Pallas (Loki) allerdings nur näherungsweise, weil seine Bahn stark gegen die mittlere Ebene der Planetenbahnen geneigt ist: Pallas (Loki) umgeht südlich die Tierkreissternbilder (nach neuer Benennung!) Steinbock, Skorpion und Bogenschütze und begegnet auf diesem Wegabschnitt statt dessen dem Wal, den Füßen des Kriegers und dem Haupt des gefesselten Wolfes, und nördlich umgeht der Planet den Stier (er kreuzt gerade noch seine Schwanzspitze), die Zwillinge und den Krebs und kommt dem Haupt der Nördlichen Schlange näher als dem Adler, nachdem er durch die Sense und den Flugdrachen gestreift ist.

Die heliozentrische Betrachtungsweise macht alle Planeten gleichberechtigt und läßt aus scheinbaren Stellungen der Planeten in der Sternbildern, die von jedem Planeten aus gesehen verschieden sind, wahre Stellungen werden. Betrachtungen, die wir für unsere Erde (einschließlich ihres sie nah begleitenden Mondes) aufstellen, gelten in ganz entsprechender Weise für gedachte Bewohner anderer Planeten und ihrer Satelliten, auf denen sicher einmal - und sei es auch in noch so ferner Zukunft - Menschen das Licht der Welt erblicken werden.

Wir wissen, daß eine Jupiter-Saturn-Konjunktion (Begegnung der beiden Planeten am Sternenhimmel, genauer: Schneiden desselben ekliptikalen Längenkreises) zu Beginn der christlichen Zeit als Stern der Zeitenwende gedeutet worden ist, obwohl sich die Begegnung dieser beiden Planeten alle 20 Jahre wiederholt, in einem bestimmten Tierkreissternbild immer noch durchschnittlich alle 240 Jahre. Werten wir Konjunktionen als Begegnungen von Göttern, so mag ihnen eine gewisse astrologische Bedeutung zukommen. Die Begegnungen der sonnenahen Planeten sind häufig. Herausragende Ereignisse sind dagegen Konjunktionen zwischen den äußeren Planeten Uranus (Nerthur), Neptun (Widar) und Pluto (Jul) und zwischen den nahezu die gleiche Umlaufzeit besitzenden Planeten Ceres (Hödur) und Pallas (Loki), aber auch zwischen Pallas/Ceres (Loki/Hödur) und Eunomia (Bragi) und Vesta (Hermodur): Unsere Erde begegnet am seltensten dem äußeren Nachbarplaneten Mars (Tiu). Zwischen zwei Begegnungen vergehen mehr als 2 Jahre. Der Planet Jupiter (Thor) begegnet seinen beiden inneren Nachbarn Pallas (Loki) und Ceres (Hödur) in Zeitabständen von 7 1/2 Jahren. Die Begegnungen zwischen den beiden äußeren kleinen Planeten, Pallas/Ceres (Loki/Hödur) und dem innersten kleinen Planeten, Vesta (Hermodur), erfolgt nur alle 17 Jahre, ähnlich der Begegnung zwischen dem innersten und dem mittleren der kleinen Planeten, Vesta (Hermodur) und Eunomia (Bragi), die alle 22 Jahre stattfindet, und der in der Religionsgeschichte unangemessen zu Bedeutung gelangten Begegnung zwischen Jupiter (Thor) und

Saturn (Heimdall), die knapp alle 20 Jahre erfolgt. Die Jupiter-Saturn-Konjunktionen ergeben sich, da sie - wie alle Konjunktionen - selbstverständlich nicht genau nach einer glatten Zahl von Erdenjahren erfolgen, jedesmal um 8,094 Tierkreissternbilder voraus auf dem Tierkreis verschoben, so daß sich eine Konjunktion in einem bestimmten Sternbild des Tierkreises meistens schon nach bloßen 62 Jahren anstelle der mittleren 240 Jahre ergibt und dann zum Ausgleich ein paarmal übergangen wird. Der schnellere der beiden Planeten, Jupiter, braucht fast ein Erdenjahr, um durch ein Tierkreiszeichen zu wandern. Im günstigsten Konjunktionsfalle bewegen sich also Jupiter und Saturn oder auch Jupiter und jeder andere weiter außen liegende Planet - aus heliozentrischer Sicht - fast ein Jahr durch dasselbe Tierkreissternbild. - Saturn (Heimdall) und sein äußerer Nachbar, Uranus (Nerthur) begegnen sich nur noch alle 45 Jahre, die kleinen Planeten Eunomia (Bragi) und Pallas (Loki) alle 63 Jahre, Eunomia (Bragi) und Ceres (Hödur) alle 65 Jahre, Pluto (Jul) und Uranus (Nerthur) alle 127 Jahre, Neptun (Widar) und Uranus (Nerthur) alle 171 Jahre.

Selten und ungewöhnlich sind die Begegnungen zwischen Neptun (Widar) und Pluto (Jul), die sich durchschnittlich in Abständen von wohl 480 bis 490 Jahren abspielen. Die Neptun-Bahn ist kreisrund, die Pluto-Bahn exzentrisch und stark geneigt. Da die Umlaufzeiten der beiden Planeten anscheinend in einem Verhältnis 2:3 gekoppelt sind, begegnen sich die Planeten immer nach je 2 Pluto-Umläufen im gleichen Himmelsbereich, in welchem sie fast gleichen Sonnenabstand haben. Nur die Bahnneigung des Pluto hält sie auch hier weit getrennt. Aus der Sicht eines gedachten Beobachters auf Neptun erscheint der äußere Nachbarplanet irgendwo quer zur Sonnenrichtung als gut zugängliches Fernrohrobjekt.

Ein Zeitalter - der von der Rückwärts-Präzession der Erdachse bestimmte Großmonat - dauert 2.144 Jahre. In diesem Zeitmaßstab ist die Jupiter-Saturn-Konjunktion - selbst in einem bestimmten Tierkreissternbild - ein fast "alltägliches" Ereignis. Geben wir einem Großmonat 30 1/2 "Großtage", so finden jene Konjunktionen durchschnittlich alle 3 bis 4 "Tage" statt. - Kaum mehr als einmal in einem Zeitalter begegnen sich die Zwillingsplaneten Ceres (Hödur) und Pallas (Loki), und diese Begegnung dehnt sich über Jahrzehnte aus. Durchschnittlich einmal in 1.980 Jahren treffen sich jene beiden kleineren Planeten auf einem Längenkreis des ekliptikalen Koordinatensystems.

Auch eine Astrologie, die sich nicht künstlich mit Geheimnissen umhüllt, um vom Laien Ehrfurcht zu erheischen, enthält noch soviel Mathematik, daß als Grundlage für Aussagen noch einige Denkarbeit nötig ist: Das von den Konstellationen (Sternstellungen) in der Nacht nach der Geburt und dem Zenitstern der Geburtsstunde bestimmte Lebenshoroskop (allgemeiner Rat aus den am Himmel sichtbaren Bildern für den gesamten Lebensweg) und das von den Oppositions-, von Eigenoppositions- und unteren Konjunktionsstellungen eines von Winteranfang zu Winteranfang gezählten Jahres bestimmte Jahreshoroskop (eine Empfehlung für die Akzentsetzung in einem Jahr) müssen durch sinnvolle Deutung der vorgegebenen Bilder in einen harmonischen Zusammenhang gebracht werden. Planeten, Tierkreiszeichen, Häuser (Tierkreissternbilder) und außerhalb des Tierkreises liegende Sternbilder besitzen feste Bedeutungen, die man sich mit wenig Mühe merken kann, aber 156 mögliche Stellungen von 13 Planeten in 12 Häusern, oft noch durch "Zyklen" in Zusammenhang stehend, erfordern schon eine sehr genaue, umfassende Kenntnis jener Sinngebungen, wenn eine im wissenschaftlichen Sinne wiederholbare Deutung gelingen soll.

Die Häuser oder Götterburgen sind jene 12 Sternbilder, die den sichtbaren Tierkreis bilden. Die Tierkreiszeichengebiete sind dagegen jene Himmelsteile, die im Verlauf der 12 natürlichen Sonnenmonate im Jahreslauf nachts der Sonne gegenüberstehen. Tierkreiszeichegebiete und Tierkreissternbilder werden im Jahre 2104 - wenn der Polarstern seine himmelspolnächste Stellung erreicht haben wird - definitionsgemäß für Bewohner der Nordhalbkugel der Erde genau übereinstimmen. Gegenwärtig (etwa um das Jahr 1975) weichen sie um rund 2° voneinander ab.

Wir kennen die "Zyklen" als Stellungen eines Planeten A im Hause des Planeten B, von Planet B im Hause von C, ..., von Planet X im Hause von A. Für Lebenshoroskope gelten die gleichzeitigen Stellungen in der Nacht nach der Geburt, für Jahreshoroskope und für die Benennung der Jahre nach Planeten gelten die getrennten Zeitpunkte der Oppositions- (oder sinngemäß Eigenoppositions- oder unteren Konjunktions-)Stellungen des natürlichen Jahres. - Nichts haben wir aber bisher darüber gesagt, welcher Planet mit welchem Tierkreiszeichen und Tierkreissternbild zu verbinden ist - in den Begriffen der Mythologie: welche Götterburg welchem in einem Planeten verkörperten Gott gehört.

Um nicht gekünstelt eine unzutreffende Regel zu erzwingen, gehen wir davon aus, daß die Beziehung zwischen Planeten und zugehörigen Häusern (Tierkreissternbildern) möglicherweise völlig regellos sei. Wir suchen die Verbindungen allein aus dem Vergleich zwischen den Tiergestalten des Tierkreises und den zugehörigen Götterburgen mit den Planeten und ihren Eigenschaften und wollen gern überrascht sein, wenn sich auf diesem Wege dennoch eine Regel abzeichnet.:

Wir wissen, daß die heute gebräuchlichen Planetennamen eine sinnvolle Beziehung zwischen dem Planeten und seiner Gottheit in der Regel vermissen lassen. Eine Neuzuteilung von Namen aus der griechisch-lateinischen Götterwelt, die aus der Namensfolge (1)Merkur, (2)Venus, (3)Terra, (4)Mars, 4Vesta, 15Eunomia, 1Ceres, 2Pallas, (5)Jupiter, (6)Saturn, (7)Uranus, (8)Neptun und (9)Pluto die neue Namensfolge (I)Merkur, (II)Apollo, (III)Venus, (IV)Jupiter, (V)Juno, (VI)Vesta, (VII)Diana, (VIII)Minerva, (IX)Mars, (X)Ceres, (XI)Neptun, (XII)Vulcanus und (XIII)Liber macht, ist angesichts der Macht des Gewohnten wohl nicht durchsetzbar. Um aber Götterburgen und Planeten in Zusammenhang bringen zu können, benötigen wir zutreffende, möglichst zu ihren physischen Eigenschaften passende Benennungen der Planeten mit Namen aus einer geschlossenen Ordnung von 13 Göttern, womit wir als Folge der Spärlichkeit der Überlieferungen ganz auf die isländisch-nordische "Edda" angewiesen sind. Die Götter, deren Beziehungen zu den Tierkreissternbildern wir suchen, tragen daher - in der Reihenfolge ihrer Zuordnung zu den Planeten und wie üblich vom sonnennächsten Planeten ausgehend, die altgermanischen Namen (1)Odin, (2)Baldur, (3)Forseti, (4)Tiu, (5)Hermodur, (6)Bragi, (7)Hödur, (8)Loki, (9)Thor, (10)Heimdall, (11)Nerthur,

(12)Widar und (13)Jul.

Zu Jul gehört der pfeilschnell jagende Wanderfalke, das zum Tierkreissternbild Bogenschütze (Sagittarius) gehörende Tier, denn Jul ist wie der als Sternbild erscheinende Bogenschütze jener Gott, der in sonnenferne Verbannung gehen mußte, weil er wohl im Jahreslauf, nicht aber in den rückwärts zählenden Zeitaltern das ersehnte Licht bringen darf.

Zu Odin, dem sonnennahen Wanderer, der als erster Planet an der Sonne eine bevorzugte Stellung besitzt, gehört der mit einem höchste Macht verkörpernden Giftstachel versehene Skorpion, der unruhig jagende und in glühender Hitze und Trockenheit beheimatete Beherrscher des Tierkreises.

Zu Bragi, dem sich im Planetoidengewirr verbergenden Planeten, gehört der zurückgezogene und doch sehr lebendige Krebs oder in weniger konventioneller Bezeichnungswahl die ebenfalls lebhafte und dabei unauffällige Fledermaus.

Zu Thor, dem massereichen Planeten, der mit seinem gleichbleibend hellen Licht ein Wahrzeichen von Kraft und Zuverlässigkeit ist, gehört der schwere und unübertrefflich starke Stier.

Daß es zu den Zwillingen tatsächlich und ganz auffällig aus der Schar der bedeutend kleineren Kleinplaneten herausgehoben die beiden Planeten Hödur und Loki auf einer im Mittel gleich weit von der Sonne entfernten Bahn gibt, wirft die Frage auf, was die verschollenen Namensgeber von einst wohl zuerst gesehen haben mögen: Das Sternbild der Zwillinge oder jene für das fernrohrlose Auge knapp unter der Sichtbarkeitsgrenze liegenden Zwillingsplaneten.

Zu Baldur, dem bei weitem hellsten Planeten, sei es von der Sonne, sei es von der Erde her gesehen, gehört der nach weißschimmernden Gipfelhöhen strebende Steinbock.

Zu Heimdall, der von elf der Größe nach ernstzunehmenden Monden umgeben ist, gehört das Bild des Widders, der seine Schäfchen um sich schart.

Zu Forseti, unserem Ursprungsplaneten, dessen Mond das Jahr, den Tierkreis und das Großjahr in zwölf Teile teilt, gehört die das Scheiden vom Sommer versinnbildlichende Schwalbe, deren zugehöriges Sternbild das Richtschwert ist, das Zeitspannen und unterscheidbare Charaktere und Recht und Unrecht, Licht und Schatten mit scharfer Klinge trennt.

Zu Nerthur gehört der Delfin (Tümmler), das Tier zum Tierkreissternbild des Schiffes. Die Begründung für diese Zuordnung finden wir in zwei Eigenschaften des Planeten: Seine ausgeprägte elliptische Verformung läßt erkennen, daß er aus leichtem, weichem Material besteht, was an die weiche, sich den Strömungen des Wassers beim schnellen Gleiten anpassende Haut des fischähnlichen Meeressäugers erinnert; die Kippung der Drehachse des Planeten in die Bahnebene kann in dem Sinne gedeutet werden, daß dieser Planet nicht wie die anderen "steht", sondern sich "liegend" vorwärtsbewegt, also "schwimmt".

Zu Widar gehört der Bär, jener widerstandsfähige Durchstreifer der Wildnis, denn Widar ist schwerer und weniger abgeplattet (soweit man heute weiß) als sein etwa gleichgroßer Nachbar Nerthur, und die größere Härte seines Planetenkörpers wird noch durch die strenge Kreisform der Bahn unterstrichen.

Tiu, dem rötlichen, zumeist nur unscheinbaren, aber alle 2 1/8 Jahre heller als der lichtstarke Thor oder doch wenigstens vergleichbar hell aufleuchtenden Planeten, ordnen wir den Storch zu. Das Sternbild des Kriegers zeigt die armlose rechte Schulter als blutig-rötlichen Stern. Tiu war der Gott, der seinen rechten Arm opferte, um die Fesselung des die Götterwelt bedrohenden Fenriswolfes zu ermöglichen. Der Planet Tiu leuchtet rötlich und vermag den mächtigen Thor in manchen, seltenen Nächten zu überstrahlen. Der Storch des Sternenhimmels mit seinem roten Schnabel steht auf nur einem, ebenfalls roten Bein.

Als letzte Zuordnung verbleibt die des Planeten und Gottes Hermodur zum Tierkreissternbild des Adlers. Gelegentlich dem bloßen Auge des aufmerksam den Himmel abmusternden Beschauers als leuchtendes Pünktchen erscheinend, das langsamer und höher schwebend als Tiu, aber schneller als Thor vor den Fixsternen dahinzieht, gleicht dieser fern und doch glanzvoll wirkende Planet mehr als jeder andere dem stolzen Adler.

Eine sinnvolle Zuordnung der Planeten zu den Tierkreissternbildern und Tierkreiszeichen ist uns gelungen. Sehen wir nun hierin nach einer Ordnung, so stellt sich heraus, daß die natürliche, mit dem Wintersternbild des Bogenschützen beginnende Zählung durch den Tierkreis die zugehörigen Planeten in gleichmäßiger Folge vom äußersten zum innersten wiedergibt. Selbst die Zwillinge und das entsprechende Planetenpaar finden wir in genauer Übereinstimmung gerade an der sechsten Stelle. Zufall? Vielleicht "göttliche Fügung"? Wir sind nun schon fast gezwungen, anzuerkennen, daß ferne Ahnen der heutigen denkenden Menschheit dreizehn Planeten gekannt haben und durch lange, feinsinnige Gestaltung ihrer sternenbezogenen religiösen Welt zu so treffenden Übereinstimmungen gelangt sind. Dem Zweifelnden als Beleg führen wir Worte der nur scheinbar noch recht neuen, bloß in geschriebener Form noch keine tausend Jahre alten, vordergründig gesehen irdischen, menschlich-leutseligen "Edda" an, indem wir die im Grimnirlied genannten Götterburgen und ihre Herren aufzählen: EIDALIR, das Eibental, ist die Heimat des Jagdfalken und des Bogenschützen, der dort das Holz für seine Jagdwaffe findet. LANDWIDI liegt in der Landesweite großräumigen Landes, das der Bär durchstreift. NOATUN, die Schiffe-Stadt, erzeugt das Schiff, den Gefährten des Delfins. HIMINBJÖRG, die Himmelsburg an der Regenbogenbrücke, wacht über die Götterwelt wie der Widder über seine Herde. THRUDHEIM, die Stätte der Kraft, findet im Symboltier des Stieres angemessenen Ausdruck. WALASKIALF, die Schwelle der Entscheidungen, beherbergt die unentwegt entscheidenden und Veränderung bewirkenden Zwillinge. SÖKWABEK verbirgt sich als zu suchendes Traumschloß hinter sprühendem Wasserfall wie der Krebs im Sand und den Wellen des Strandes oder die schlafende Fledermaus in den Schatten des Sommertages. FENSAL ist der Ort der treuen Gefährten und Gefährtinnen und erinnert an den Adler, der leidendes Leben erlöst und in himmlische Fernen davonträgt. FOLKWANG ist die Burg des Wangenröters, als welcher der menschenverbundene Storch gesehen werden kann.

GLITNIR, der Ort des Glitzerns und Gleißens, weist auf die blanke Schneide des Schwertes der Gerechtigkeit. BREIDGLAST, die weithin leuchtende Burg, gibt weißleuchtenden Berggipfeln gleich dem zur Höhe strebenden Steinbock sein Ziel. GLADSHEIM, die Burg der Freude und der Schwerter, ist die Stätte der Erwählten, die der goldene Speer eines Gottes gleich dem Todesstachel des Skorpions plötzlich traf.

Herr von Eidalir ist JUL, Herr von Landwidi WIDAR, Herr von Noatun NERTHUR, Herr von Himinbjörg HEIMDALL, Herr von Thrudheim THOR, Herr von Walaskialf HÖDUR zusammen mit LOKI, Herr von Sökwabek BRAGI, Herr von Fensal HERMODUR, Herr von Folkwang TIU, Herr von Glitnir FORSETI, Herr von Breidglast BALDUR und Herr von Gladsheim ODIN. So sagt es die Überlieferung und so zeigen sich die nach den Eigenschaften dieser Götter benannten Planeten, die diese Eigenschaften ihrerseits zeigen, in ihren den Tierkreis durch gestirnte Bilder darstellenden Häusern.

II.4. Unser Sonnensystem im Fernrohr

Die Sonne ist so hell, daß ihr hellblaues Streulicht am Taghimmel alle Fixsterne und gewöhnlich auch alle Planeten verschwinden läßt. Nur der Mond bleibt als blasse, genau sonnengroße Scheibe sichtbar, auf seiner hellen Seite von der fernen Sonne, auf der dunklen von der lichtschwachen, aber näheren Erde beschienen, so daß wenigstens in der Morgen- oder Abenddämmerung alle seine Teile sichtbar werden. Nie sehen wir allerdings die uns abgewandte Rückseite des Mondes, und es gab für uns Erdenbewohner keine andere Möglichkeit, als hinzufliegen und nachzusehen, um zu erfahren, wie jene andere Mondseite aussieht.

Der Mond zeigt ein "Gesicht", das von dunklen Flächen auf hellerem Grund gezeichnet wird. Dem kurzen und selbst dann schon blendenden Blick zeigt sich die Sonne in makellosem

Glanz. Dabei verhält sich kein irdischer Gegenstand so "schwarz" wie unsere Sonne, die auftreffendes Licht vollständig verschluckt, weil sie als gasförmiger Körper keine scharf begrenzende Oberfläche (und seien es auch nur viele kleine Oberflächen von Staubkörnern und Nebeltröpfchen) besitzt, die das Licht zurückwerfen könnte. Die starke Eigenstrahlung täuscht einen Glanz nur vor.

Fünf Planeten sind durch auffallende Helligkeit und ruhiges Licht unschwer von den Fixsternen zu unterscheiden. Das Lichtbündel, das sie mit der Pupille des Auges verbindet, ist in hohen Atmosphärenschichten schon von so großem Durchmesser, daß die wechselnden örtlichen Dichteschwankungen der Luft sich ausgleichen und wirkungslos werden. Viel dünner ist das Lichtbündel auch der hellsten Fixsterne, die deshalb am Grunde einer turbulenten Luftschicht flackern.

Außer unserer Erde als sechstem immer sichtbarem Planeten sehen wir an günstigen Tagen und an günstigem Ort den Planeten Uranus und gelegentlich noch den Planeten 4Vesta, wenn er sich in erdnaher Stellung befindet und dann Uranus noch um einiges überstrahlt. Außer den acht dem bloßen Auge sichbaren Planeten, Sonne und Mond mag zufällig auch einmal ein in Erdnähe gelangender Kleinplanet für kurze Zeit sichtbar werden, der geheimnisvolle Schweif eines aus Weltallfernen stammenden Kometen aufleuchten, das schwache, in der Ebene der Planeten zu findende Zodiakallicht sichtbar werden oder eine Sternschnuppe aufblitzen oder auch hell und langsamer verglühen. Weitere Planeten werden nur mit optischen Hilfsmitteln sichtbar.

Seit undenklichen Zeiten sieht man in den Planeten, wenn sie in der Nacht nach der Geburt eines Kindes über den Himmel ziehen, Feen, die dem neu in die Welt blickenden Kind Gaben in der Gestalt von Charaktereigenschaften und schicksalhaften Neigungen bescheren. Ohne optische Hilfsmittel sieht das Auge nur acht der dreizehn möglichen Planeten, die Erde schon mitgezählt, die dem Erdbewohner als fest und wenig planetenhaft erscheint. Warum sagt die Überlieferung - lange Jahrhunderte bevor Pluto als dreizehnter Planet entdeckt wurde - daß es 13 Feen gebe? Kannte man in lange vergangener Zeit die volle Zahl der Planeten? Nahm man zudem seinen

Betrachtungspunkt nicht auf der Erde, sondern versetzte sich gedanklich auf die Sonne, so daß wirklich 13 Planeten - als volle Scheiben, also mit zugewandtem "Gesicht" - gleichberechtigt, aber in stets wechselnder und ungleichmäßiger Reihenfolge über einen rundum dunklen Himmel zogen?

Ein in heutiger Zeit jedermann zugängliches Fernglas (beidäugiges Prismenfernglas), kleines Fernrohr oder Spiegelteleskop von nur 5 cm Objektiv- oder Hohlspiegel-Durchmesser und 6facher Vergrößerung zeigt punktförmige Objekte bis herab zur Helligkeit $+10{,}0^{m}$. Die geringe Vergrößerung ist nicht geeignet, Planeten in ihrer Scheiben- oder auch Sichelform erkennbar zu machen, aber die starke Lichtkonzentration läßt sonst verborgene Himmelskörper aus dem Dunkel hervortreten. Wir sehen Thors (Jupiters) vier große Monde, den Hauptmond Heimdalls (des Saturn), die Planeten Hermodur (4Vesta), Nerthur (Uranus), Hödur (1Ceres), Widar (Neptun), Loki (2Pallas) und Bragi (15Eunomia) und mit etwas Glück den einen oder anderen der tausende vagabundierenden Kleinplaneten (Planetoiden). Nur der Planet Jul (Pluto) bleibt unsichtbar, auch wenn wir ihn genau im Bild haben, denn von ihm kommt so wenig Licht, daß erst ein Objektiv oder ein Hohlspiegel von 32 cm Durchmesser bei 40facher Vergrößerung diesen Planeten als kaum erkennbares Pünktchen zeigt.

Das Auge reiht die Bildeindrücke, die es in Zeitspannen von etwa zwanzigstel Sekunden sammelt, aneinander. Die Himmelsfotografie kann das Licht mehrere Sekunden, Minuten oder gar Stunden sammeln und dringt dadurch bei gleicher Optik bis zu 300mal tiefer in das Dunkel des Alls. Das Flimmern durch die wechselnde Lichtbrechung der Atmosphäre wird allerdings zu einem die Bildschärfe mindernden Lichtschleier zusammengefaßt, und deshalb sieht ein unmittelbarer Beobachter am Groß-Fernrohr von einem der näheren, flächigen Planeten mehr Einzelheiten, als der Sternfotograf. Erst die überatmosphärische Aufnahmetechnik und eine die Augenfunktion nachahmende Elektronik haben Aussicht, schließlich das menschliche Auge bei der Planetenbeobachtung zu übertreffen - sofern sie angesichts ihrer Aufwendigkeit je intensiv angewandt werden.

Die Fernrohrbeobachtung irgendeines zufälligen Abends ist nicht geeignet, zur Auffindung eines jener Planeten zu führen, die sich dem bloßen Auge verbergen. Heutigen Astronomen werden die Standorte der Planeten in mühelos zugänglichen Büchern vorausberechnet. Dadurch ist es nicht mehr nur dem Fachmann, sondern jedem Sternenfreund, der sich im Besitz eines Fernrohres befindet, möglich, im Verlaufe eines Jahres alle Planeten unseres Sonnensystems bis auf den einen, Sonnenfernsten, zu Gesicht zu bekommen. Selbst wer einen der lichtschwachen Planeten schon im Bild hat, wird ihn allerdings erst erkennen, wenn er sich vorher gut überlegt hat, welches Bild er erwarten kann: Eine blasse Scheibe, ein auffällig helles Pünktchen im Sternenmeer oder vielleicht auch nur eine schwache Andeutung eines punktförmigen Lichtfunkens an einem durch unbedeutende Nachbar-Fixsterne beschriebenen Ort.

Schwerer als heutige Planetenbeobachter hatten es Menschen ferner Jahrtausende, selbst wenn sie später von der Menschheitsgeschichte vergessene optische Hilfsmittel besessen haben sollten. Sie wußten in den ersten Jahrhunderten ihres Forschens nicht, wieviele Planeten es gab, und kannten weder deren Orte noch Eigenschaften. Bestand für sie überhaupt eine Wahrscheinlichkeit, das Planetensystem, das wir heute kennen, damals schon zu entdecken? Die Himmelsmechanik hilft hier auf überraschende Weise: Die Ekliptik - die scheinbare Sonnenbahn, oder von der Sonne her gesehen die Erdbahn - liegt über alle Jahrtausende und Zeitalter mit nur geringen Schwankungen von kaum mehr als 1° in die eine oder andere Richtung zwischen den Sternen fest. Jeder Planet schneidet diese Linie zweimal während eines Umlaufs. Sonnennahe Planeten überschreiten die Ekliptik zumindest mehrmals im Verlaufe eines Menschenlebens, die sonnennächsten sogar mehrmals in einem Jahr. Der sonnenferne Planet Pluto (Jul) braucht für einen Umlauf um die Sonne mehr als 247 Jahre, doch zum Ausgleich bewegt er sich auch so langsam, daß er nicht aus dem so selten erreichten Suchbereich wandert, falls bis zum Erreichen einer günstigen Beobachtungsstellung unseres Planeten Erde im ungünstigen Falle bis zu einem halben Jahr vergehen sollte. Die Zahl der Fixsterne, von denen ein Planet unterschieden werden muß, nimmt mit der Lichtschwäche des Planeten zu, aber selbst der nur $14{,}0^{m}$

helle Pluto ist in dem rund 2° breiten Suchstreifen in Abschnitten von je 2° von einer überschaubaren Zahl von einigen hundert Sternen bis herab zu seiner Helligkeit umgeben, die über Jahrtausende unverändert ihr Muster beibehalten, so daß eine Suche schwer, aber nicht unmöglich ist. Wenn also frühere Völker Weise besaßen, die jahrausjahrein allnächtlich den Bogen der Ekliptik absuchten, mußte es - sofern sie nur ausreichend lichtstarke Fernrohre besaßen - schließlich zur Entdeckung aller Planeten kommen.

Nehmen wir einmal an, daß Menschen einer fernen Zeit, als die Grundlagen der heutigen Weltsprachen und des in Sprache gefaßten abstrakten Denkens entstanden, am Himmel mehr gesehen haben, als das bloße Auge wahrzunehmen vermag. Was konnten sie etwa mit Spiegelteleskopen der Leistungsfähigkeit heutiger Amateurinstrumente an Feinheiten in der Planetenwelt wahrnehmen? Die Bildeindrücke, die sie gewannen, können wir durch eigene Beobachtung mit Fernrohren unserer Zeit erneut gewinnen, denn die Planeten, die Jahrmilliarden alt sind, haben sich in den verflossenen 2 oder 3 Jahrzehntausenden nicht verändert.

Die Beobachtung der Sonne durch ein Fernrohr ist nie ganz ungefährlich, weil die vergrößernde Optik die Licht- und Wärmestrahlung wie ein Brennglas sammelt, so daß ein sehr dunkler und nicht leichter Beschädigung ausgesetzter Filter die Strahlung mildern muß. Die Sonne zeigt sich dann als zu den Rändern hin ein wenig dunkler werdende, räumlich erscheinende Kugel, von vereinzelten dunklen, aber nicht völlig schwarzen Sonnenflecken in ihrer Ebenmäßigkeit beeinträchtigt. Mehrtägige Beobachtung jener Flecken zeigt, daß die Sonne eine langsame Drehung um sich selbst vollführt, die denselben Drehsinn wie die Erdrotation, die Wanderung des Mondes um die Erde und die Bewegung der Erde und der übrigen Planeten um die Sonne besitzt. Bei starker Vergrößerung verliert die Sonnenoberfläche an Glanz und zeigt eine unbeständige, etwas verschwommene körnige Struktur. Verschwindet bei einer Verfinsterung durch den Mond gerade der Sonnenrand, so zeigen sich bei hinreichender Vergrößerung rötliche, spitz züngelnde Flammen. Darüber erstreckt sich weit in den Raum hinaus die grünlich schimmernde Korona, der heiße Atem des Sonnenkörpers.

Gelegentliche leuchtende Auswürfe gasförmiger Materie weisen auf die Energiefülle dieses Gestirns, das seit Jahrmilliarden alle Planeten, Satelliten und Planetoiden wie auch den Zodiakalstaub (Staub in der Ebene des Tierkreises und der Planetenbahnen) beleuchtet und in seine Nähe tretende Kometen zum Selbstleuchten anregt. Wie andere selbstleuchtende Sterne ist die Sonne so hell, daß sie von benachbarten Fixsternen noch als punktförmiger Stern mittlerer Helligkeit zu sehen wäre. - In Bezug auf alles, was um sie kreist, ist die Sonne eine stillstehende, ruhende, wenn auch Licht und Wärme verströmende Masse. Sie entspricht nicht dem Bild einer wirkenden, wandernden Gottheit, wie es die Planeten vermitteln.

Ständig sonnennah bewegt sich der Planet Merkur (Odin). Das den Merkur darstellende Zeichen ist ein Kreis mit einem Kreuz auf der Unterseite und einem Halbkreis auf der Oberseite: ☿ . - Erst bei mindestens 9-facher Vergrößerung zeigt sich der Planet als flächiges Objekt. Wir sehen eine winzige, etwas gelblich bis orange gefärbte Halbscheibe (was aber nicht Eigenfärbung ist, sondern nur an der Horizontnähe liegt), die mehr oder weniger der Phase unseres Halbmondes entspricht. Die volle Merkurscheibe oder eine schmale Sichel bekommen wir nicht zu Gesicht, weil sich der Planet in diesen Stellungen zu nah an der Sonne befindet. Eine Überlegung über die Größe dieses Planeten führt zu dem Ergebnis, daß es sich um einen unserem Mond an Größe und äußerer Gestalt ähnlichen Himmelskörper handeln muß. Die Merkurbahn ist um $7{,}0^{\circ}$ gegen die Erdbahn geneigt, ihre Exzentrizität (Abweichung von einer Kreisbahn) beträgt fast 21 %, die Dauer eines Umlaufes um die Sonne nur 0,24 Jahre, und durchschnittlich alle 116 Tage begegnet die langsamere Erde dem Planeten. Diese Gegebenheiten führen dazu, daß der Planet ungleichmäßig und immer nur für wenige Tage im Dämmerlicht des abendlichen oder morgendlichen Horizontes gefunden werden kann. Mancher Sternenfreund hat ihn noch nie gesehen. Da die Bahn des Merkur zwischen Erde und Sonne verläuft, kann es vorkommen, daß der Planet für den irdischen Beobachter vor die Sonne tritt. Ein erst in Fernrohrvergrößerung erkennbares, kreisrundes Scheibchen wandert dann über die Sonnenscheibe und schult den Blick des Beobachters, der es von den sicherlich vorhandenen

Sonnenflecken gleicher Größe unterscheiden soll. Bei diesem Ereignis, das Merkurdurchgang genannt wird, verwandelt sich der am hellsten beschienene in den schwärzesten aller Himmelskörper. - Deuten wir das Bild, das der Planet Merkur uns bietet, so denken wir wohl an den schnell durch glühenden Wüstensand huschenden Skorpion, an das Dämmerlicht des letzten Herbstmonats, den wir für die Nordhalbkugel der Erde "Nebling" genannt haben, und an die wandelbare Gestalt des vielbewanderten Gottes Odin, der gleich dem Planeten dem Lichte des Erkennens und der langwährenden Jugend nah ist und in die Zukunft zu blicken vermag. Der Anblick des Planeten fördert weise Selbstbesinnung, die Erfahrungssammlung unter wechselnden Menschen und wechselnden Bedingungen und die Fähigkeit, andere zu führen. Ein wichtiges Symbol Odins ist der goldene Speer der Erwählung. Verbinden wir das Bild des Speers mit einem Kreis, der als Grundfigur jeden Planeten bezeichnen soll, so erhalten wir leicht das neue Zeichen zum neuen Planetennamen:  .

Mit seiner Bahn der Erde am nächsten benachbart ist der Planet Venus (Baldur). Das Zeichen der Venus ist ein Kreis mit einem Kreuz auf der Unterseite (wohl für den nach "Christen"-Meinung gestürzten Erzengel) und wird nicht nur in der heutigen Astronomie für den Planeten, sondern auch in der Medizin und Biologie für das weibliche Geschlecht verwendet: ♀ . - Schon bei bloß 2-facher Vergrößerung zeigt sich der Planet, sofern er sich in erdnaher Stellung befindet, in flächiger Gestalt. Wir sehen dann eine blendendgelblichweiße, schmale Sichel, deren längere Betrachtung zur Vermeidung einer Schädigung des Auges vermieden werden sollte. Der Planet wirft fast 2/3 des auftreffenden Lichtes zurück, was mehr als der Flächenhelligkeit von frisch gefallenem Schnee bei hochstehender, ungetrübter Sonne auf unserer Erde entspricht, denn der Planet erhält ja wegen seiner größeren Sonnenähe doppelt soviel Licht wie unser Heimatplanet. Auch wenn wir das blendende Bild filtern, sehen wir keine Oberflächeneinzelheiten. Der Grund ist der, daß wir auf eine sich niemals öffnende Wolkenschicht blicken, hinter der die feste Oberfläche verborgen bleibt. Die wirkliche Größe des Planeten Venus ist fast gleich der der Erde. Seine Entfernung zu uns kann so gering werden, daß wir uns davon schon ein überschaubares Modellbild machen können: Nehmen wir die Erde als Kügelchen von 1 mm Durchmesser, so finden wir 3 cm von ihr den Mond mit 1/4 mm Durchmesser und in einer Entfernung von 3 m wiederum als Kügelchen von 1 mm Durchmesser die Venus. Zwischen der Erde und anderen Planeten verlieren solche Modelle wegen der Größe der Entfernungen ihre Anschaulichkeit. Die Bahnneigung der Venus beträgt $3,4^{\circ}$, was zur Folge hat, daß der Planet in der Stellung zwischen Erde und Sonne bis zu 9° von der Sonnenmitte abweichen kann, was verglichen mit dem Winkeldurchmesser der Sonne von rund $1/2^{\circ}$ viel ist. Die Exzentrizität der Venusbahn ist mit nur 0,7 % so gering, daß wir von einer sehr gut angenäherten Kreisbahn sprechen können. Ein Umlauf der Venus um die Sonne dauert 0,62 Jahre, Begegnungen der Planeten Erde und Venus finden mit Schwankungen um wenige einzelne Tage alle 584 Tage statt, also alle 1,60 Jahre. Während der allzu sonnennahe Merkur (Odin) schwer zu beobachten ist, zeigt sich der Planet Venus (Baldur) gut ein halbes Jahr als Abendstern und wenige Monate später ebenso lange als Morgenstern, der so hell ist, daß er auch nach Sonnenaufgang noch als heller Glanzpunkt am Taghimmel verfolgt werden kann und für den unentwegt Beobachtenden bis kurz vor dem Untegang am Westhimmel mit bloßem Auge sichtbar bleibt; verliert man den Lichtpunkt allerdings einmal aus den Augen, so ist es fast unmöglich, ihn in der hellblauen Lichtfülle des Taghimmels wiederzufinden. Die Verminderung des sichtbaren Teils der Venus bei Annäherung an die Erde durch Bildung einer zunehmend schmaler werdenden Sichel und die geringere Größe der volleren Scheibe in Erdferne gleichen sich fast aus und lassen den Planeten, sofern er nicht in zu großer Sonnennähe unsichtbar wird, stets weitaus heller als jeden Fixstern und jeden anderen Planeten leuchten. Zu einem für das bloße Auge wahrnehmbaren schwarzen Pünktchen (im Fernrohr von einem dünnen hellen Ring infolge der Lichtbrechung in der Atmosphäre des Planeten umgeben) wird der Planet nur bei einem der seltenen Venusdurchgänge. - Deuten wir den Planeten, wie er sich dem bloßen Auge und im Fernrohr zeigt, so sehen wir uns wohl an die leuchtenden Schneegipfel, nach denen der Steinbock strebt, erinnert, beim Anblick eines Venusdurchgangs an die vergehende Pracht goldener Blätter des Monats der Herbstmitte, den wir für die Nordhalbkugel der Erde "Gilbing" nannten, und der heitere Glanz und sein scheinbares Verlöschen in der Sonne können uns an den lichten Gott Baldur denken lassen, so daß der Anblick des Planeten Hoffnung und Eifer dessen bestärkt, der das Große und Reine will, selbst wenn er dabei vergehen könnte. Symbol Baldurs ist die Pfeilwunde, die sein Leben am Götterhimmel im Zeitalter des Gottes Jul zum Erlöschen bringt. Mit diesem Symbol gewinnen wir das neue Zeichen zum neuen Planetennamen Baldur: ⊙. Daß dieses Zeichen im heutigen Gebrauch gelegentlich für die Sonne verwendet wird, muß nicht zu Schwierigkeiten führen, sofern wir nicht die Sonne nach mittelalterlicher Sitte als Planeten behandeln.

Die Erde (Forseti), lateinisch Terra genannt, ist der Planet, auf dem wir Menschen leben und immer unsere Urheimat wissen werden, die lebensfreundlicher ist, als alle Umgebungen, die wir auf anderen Himmelskörpern vorfinden können. Das Zeichen für unseren Planeten ist ein Kreis mit einem auf der Oberseite stehenden Kreuz, womit es an den Kreuzigungstod des Jesus von Nazareth erinnert und den spätmittelalterlichen Traum von einer Welt im Zeichen dieses Kreuzes darstellt: ♁. - Zum deutlichen Erkennen der Erde, auf der wir stehen, bedürfen wir keines Fernrohres, ja um den ganzen Planeten zu sehen, der uns stets nur einen einige Kilometer im Umkreis reichenden Ausschnitt zeigt, bedürfen wir sogar der Verkleinerung, die wir am besten durch eine Erhöhung unseres Standpunktes erreichen. Das Besteigen eines beispielsweise 3.000 Meter hohen Berges erweitert zwar unseren Horizont von 5 km auf rund 100 km, aber das ist gegen die 6.380 km des Erdhalbmessers immer noch wenig. Mit einem Gerät zur Messung des Luftdrucks können wir allerdings die Entdeckung machen, daß die Luft in jener Bergeshöhe schon ganz wesentlich dünner ist, als in der Höhe des Meeresspiegels, was uns zu der Schlußfolgerung berechtigt, daß in einigen Dutzend Kilometern Höhe die Atmosphäre nur noch von verschwindender Dichte ist. Fügen wir an diese Überlegung die Betrachtung an, daß die irdische Lufthülle sich vor schwarzem Hintergrund hellblau zeigt, und überlegen wir uns, in welcher Dichte und Gleichmäßigkeit der Verteilung die Wolken aus Wasserdunst vorkommen, so können wir uns eine zutreffende Vorstellung von dem Bild machen, das sich dem ferneren Betrachter aus beispielsweise 400.000 km Entfernung bietet: Eine von einem hellblauen Schleier überzogene und gebietsweise dicht mit weißen Streifen und Flecken bedeckte Kugel, die bei genauem Hinsehen einige vorwiegend rötlichbraune Landflächen zwischen schwarzblauen Meeresgebieten erkennen läßt. Reisen zum Mond haben inzwischen bewiesen, daß Beobachter auf diesem die Erde begleitenden Himmelskörper unseren Planeten wirklich so sehen. Der Planet Erde wird im nur Dreißigfachen seines Durchmessers von einem einzigen Mond umkreist, der zu den größten des Sonnensystems zählt und einen Durchmesser von immerhin 1/4 des Erddurchmessers besitzt. Der Mond ist nur mit großem technischem Aufwand zu erreichen, dann allerdings in der kurzen Zeit von nur 2 bis 3 Tagen. Das Fernglas des irdischen Beobachters zeigt eine starre, steinerne, mit ringförmigen Gebirgen überzogene Landschaft in einem von atmosphärischen Gasen freien Raum. Die gemäß der Sonneneinstrahlung zu erwartenden und anhand der Wärmestrahlung von der Erde her meßbaren Temperaturschwankungen und jahrmilliardenlanger Beschuß mit festem Material, wie wir es in der irdischen Lufthülle als Sternschnuppen verglühen sehen, lassen uns eine zermürbte Stein- und Staublandschaft vermuten, und Besuche haben erwiesen, daß dieses Bild stimmt. Der Mond umrundet die Erde im Drehsinn der Erddrehung und teilt mit dieser Umlaufbewegung das Jahr in 12 Teile, denn in einem Jahr zeigt sich der Mond durchschnittlich 12,4mal in gleicher Phase (beispielsweise Vollmond). Er ist als sonnennächster Planetenbegleiter der hellste Satellit unseres Sonnensystems. - Da der Erdmond in der langen Zeit der Unwissenheit des Mittelalters als Planet angesehen wurde, ist er in der griechisch-lateinischen Benennung mit den Namen einer - wenn auch nicht olympischen - Göttin versehen worden: Luna (Selene). Als Zeichen ist die als Anblick vertraute Mondsichel üblich: ☾. In älterer Überlieferung, die sich beispielsweise bei den Germanen und ihren sprachlichen Nachfahren vererbt hat, war der Mond ein wegen seiner gleichen scheinbaren Größe von 1/2 Winkelgrad der Sonne verwandtes, dienendes Wesen der himmlischen Götterwelt, Mani in der "Edda". Der Mond verbindet ja die Begriffe Manu = Vater der Menschen (altindische Sprache Sanskrit), Mensch (germanische Sprachen), Messen (Germanisch, Lateinisch), Maja = Scheinwelt des Meßbaren (Sanskrit) und "Mond". - Die Neigung der Erdbahn gegen sich selbst ist selbstverständlich null. Die

Exzentrizität der Erdbahn liegt bei bescheidenen 1,7 %, wodurch längster und kürzester der 12 Monate des Jahres um weniger als 3 Tage voneinander abweichen. Die Zeit zwischen zwei gleichen Stellungen der Erdachse gegenüber der Sonne (die genaue Definition ist wegen der Wirkung der Mondmasse auf die Erdmasse komplizierter) heißt tropisches Jahr. Im tropischen Jahr bleiben die Jahreszeiten über alle Jahrtausende an die gleichen Jahresmonate gebunden, so wie wir es in der kurzen Zeitspanne unseres Lebens gewohnt sind. Auf eine "Begegnung" mit dem Planeten Erde braucht der irdische Beobachter nicht zu warten. Höchstens kann er seine Beobachtungsbedingungen etwas verbessern, indem er auf den am längsten von der Sonne erleuchteten Tag - den Sonnenwendtag am Sommeranfang - wartet, oder auf den Tag, an dem der Planet als Ganzes geringfügig stärker beschienen wird als sonst - den Tag der größten Sonnennähe, der gegenwärtig (um 1975 oder 1980) je nach Kalenderjahr zwischen dem 2. und dem 4. Januar liegt. - Deuten wir unseren Planeten, wie er sich zusammen mit seinem Mond etwa in Mondentfernung dem Auge darbietet, so erinnert uns zunächst der das Jahr gleichmäßig aufteilende Mondlauf an das göttliche Schwert der Gerechtigkeit, welches das Licht vom Dunkel und das Gute vom Bösen trennt. Die schmale Mondsichel verbindet das Bild des Schwertes über die Sichel der ländlichen Erntearbeit mit der scheidenden Schwalbe des Herbstanfangs. Die Besinnung auf den Anblick der Erde und ihres Mondes mag wohl die Fähigkeit bestärken, die Dinge und Werte der Welt mit Sinn für das rechte Maß einzustufen. Forseti, der Gott des Monats "Scheiding", des ersten Herbstmonats auf der Nordhalbkugel der Erde, ist der sorgfältig das Recht vom Unrecht trennende Richter der Götterwelt, der dem Götterrat vorsitzt. Wir kennzeichnen ihn durch die Erhöhung im empfindlichen labilen Gleichgewicht mittels des Planetenkreises über der Mondsichel:  .

Von der Sonne her der äußere Nachbar der Erde ist der Planet Mars (Tiu). Sein Zeichen erinnert nach uralter Überlieferung an den Gott, der bei der Fesselung des die Götterwelt bedrohenden Wolfes seinen rechten Arm opferte. Der verbliebene linke Arm ist in eine Pfeilspitze abgewandelt dargestellt: ♂ . In Medizin und Biologie wird dieses Symbol für das männliche Geschlecht verwendet. - Bei günstiger

Stellung ist der Planet schon ab fünffacher Vergrößerung als flächiges Scheibchen zu erkennen. Er zeigt sich als ausgeprägt rötliche Fläche, über der der Hauch eines bläulichen Farbtons liegt, welchen die dünne, gut einsehbare Atmosphäre des Mars bildet. Bei starker Vergrößerung, wie sie ein astronomisches Fernrohr (Teleskop) bieten kann, sehen wir dunkle Oberflächenzonen, deren Gestalt weitgehend fest bleibt, und weiße Polarkappen, deren Ausdehnung mit der jahreszeitlichen Erwärmung wechselt. Obwohl die Marsatmosphäre von geringer Dichte ist, wirbelt sie oft in ausgedehnten Gebieten gelblichen bis rötlichen Staub auf und macht dort für eine Zeit in der Größenordnung von Tagen alle Oberflächeneinzelheiten unsichtbar. Schon ein kleines Fernrohr ermöglicht die Beobachtung, daß eine wesentliche Ähnlichkeit jenes Planeten mit unserer Erde darin besteht, daß seine Rotationsdauer nur geringfügig länger als die 24stündige unseres Planeten ist. Messungen ergeben, daß der Planet Mars mit seinem Durchmesser von 6.760 km doppelt so groß (an Durchmesser oder, wie man etwas mathematischer sagt, linear) wie der Erdmond und halb so groß wie der Planet Erde ist. Lichtstarke Amateurteleskope zeigen, daß der Planet trotz seiner geringen Größe und Masse zwei Satelliten in seinem Bann hält: Phobos (=Furcht) und Deimos (=Schrecken). Es handelt sich um Himmelskörper von wenigen zehnen Kilometern (22 km und 13 km) durchschnittlichem Durchmesser aus dunklem Gestein, deren Masse schon eine so geringe zusammenhaltende Wirkung besitzt, daß im Verlauf kommender Jahrmilliarden das Durchwandern des allgegenwärtigen, wenn auch dünn gestreuten interplanetarischen Materials sie zermahlen statt mit Masse bereichern wird. - Die Überlieferung, die vorgibt, nur von menschennahen Schicksalen zu berichten, spricht von einem Kriegsgott Odin und von Tiu als dem Gott der Schlachten und von den beiden schwarzgefiederten Raben Hugin ("Gedanke") und Munin ("Gedenke") als Boten vom Kampfgeschehen. - Die Bahnneigung von nur knapp $1{,}9^{\circ}$ läßt den Planeten immer nah an der Ekliptik entlangwandern. Die nicht geringe Exzentrizität von 9,3 % wirkt sich bei der verhältnismäßig geringen mittleren Erde-Mars-Entfernung in der Weise aus, daß der Abstand beider Planeten bei Annäherungen sehr verschieden sein. Zumeist reicht dieser Abstand aus, um den Mars nach der Venus (Baldur) für die Wochen größter Erdnähe zum hellsten Stern des Himmels werden zu lassen, zum rötlich glänzenden Beherrscher des Mitternachthimmels. Ein Jahr später hat sich der Planet der Sonne bis auf einen geringen Winkelabstand genähert, und sein vorher ehrfurchgebietender Glanz ist so weit verblaßt, daß es schwer wird, ihn am Horizont der Abenddämmerung ohne Fernrohr zu finden. Die Umlaufzeit des Mars um die Sonne beträgt 1,88 Jahre, Begegnungen zwischen den beiden Planeten Mars und Erde ereignen sich durchschnittlich alle 780 Tage oder alle 2 Jahre und 50 Tage. - Durch sein mit einem Abstand von mehr als 2 Jahren seltenes, dazu rötliches Aufleuchten zwischen blasseren, farbloseren Sternen wird der Planet Mars jedesmal zum auffälligsten Stern des Himmels und regt die Fantasie vor allem ängstlicher Gemüter an: Sein Erscheinen ließ an die Farbe des Blutes und an Krieg denken, Beobachter seiner Oberfläche rätselten, ob er vielleicht von (mutmaßlich feindlichen) nichtirdischen Menschen bewohnt sein könnte. Dabei ist der Planet eigentlich klein und gewöhnlich von bescheidener Leuchtkraft, und seine Oberfläche hat sich bei näherem Hinsehen mit interplanetarischen Sonden als weniger lebensfreundlich herausgestellt, als zunächst vermutet worden war. - Die Deutung führt uns zum Symboltier des durchaus sicher auf nur einem seiner roten Beine stehenden Storches, der im Flug die meisten Vögel an Größe weit übertrifft. Wir denken an den Monat "Ernting", der auf der Nordhalbkugel der Erde letzter Sommermonat ist und den Menschen die Früchte des Bodens, aber auch kahle Felder und die Trennung von den im Sommer herangewachsenen Storchenfamilien bringt, die nun nach Süden ziehen und ihre großen Nester auf den Häusern der Menschen leer zurücklassen. Der bescheidene, stets hinter Odin zurückstehende Gott Tiu bewies in entscheidender Stunde dem Menschengeschlecht zum Vorbild außergewöhnlichen Opfermut, indem er dem Fenriswolf seinen rechten Arm zum Pfand in den Rachen hielt. Die Betrachtung des Planeten Mars (Tiu) wird die Bereitschaft zu aufopferndem Einsatz und zu unvermeidlicher Auseinandersetzung fördern. Die bisherige Zeichengebung für Tiu (Planet Mars) sah gemäß ungebrochener Überlieferung den verbliebenen linken Arm, mit dem der kriegerische Gott kämpft, als kennzeichnendes Symbol, verfälschte dieses aber durch die Ausgestaltung als Pfeilspitze. Wir besinnen uns daher auf das ursprüngliche Bild und legen in die linke Hand des Gottes sein Schwert: ♂

Höher über uns als Tiu (Mars) schwebt Vesta (Hermodur), einer der vier kleineren Planeten zwischen Mars und dem riesenhaften Jupiter. Gemäß der Titius-Bodeschen Reihe bewegt sich Vesta in der Nähe einer Bahn, die vorhergesagt war, bevor dort nach längerer Suche Planeten und Planetenstaub gefunden wurden. Im Mittelalter (800 bis 1648 unserer Zeitrechnung) galt die große Lücke zwischen Mars und Jupiter als leer. Vesta bewegt sich im Planetoidengürtel, der aus tausenden steiniger Brocken von wenigen bis hundert und mehr Kilometern Durchmesser und meist unregelmäßiger, nicht mehr ganz kugelförmiger Gestalt besteht. Offenbar hat hier der große Nachbar Jupiter in der Urzeit der Planetenentstehung das Zustandekommen von Massenansammlungen von der Größenordnung unserer Erde durch sein Schwerefeld verhindert. Vesta und die anderen drei Planeten des Planetoidengürtels werden nur von einem Teil der Astronomen zögernd als echte Planeten anerkannt, was vor allem mit ihrer geringen Größe begründet wird, die sie zwischen dem anerkannten Planeten Merkur und den eigentlichen Planetoiden stehen läßt: Merkur (Odin) besitzt 4.840 km Durchmesser, die Größe der vier anerkennbaren Planeten im Planetoidengürtel liegt gemäß allerlei schwierigen Messungen bei 970 bis 1.050 km Durchmesser für Ceres, 560 bis 580 km für Pallas, 490 bis 560 km für Vesta und 260 bis 280 km für Eunomia. Könnte man alle dreizehn Planeten im gleichen Sonnenabstand und zugleich gleichen Abstand für den irdischen Beobachter nebeneinanderstellen, so wären 4Vesta, 1Ceres, 2Pallas und 15Eunomia heller als jeder der nicht als Planeten anerkannten Planetoiden oder Kleinplaneten. Heller vom irdischen oder Sonnen-Standpunkt her, als jene vier können gelegentlich einige der von uns nicht ausdrücklich benamten Kleinplaneten sein, und ebenfalls einige, die etwas dunkel und sonnenfern sind, größer: 10Hygiea, 704Interamnia, 511Davida, 65Kybele, 52Europa (welch mißlicher Name, da schon einer der großen Jupitermonde so benannt ist!), 451Patientia und 31Euphrosyne sind größer als 15Eunomia, aber kleiner als 4Vesta. Kometen, den Kleinplaneten in der Größenverteilung anscheinend verwandt, übertreffen wohl selten 100 km Durchmesser, sind jedoch wegen ihrer Zusammensetzung vorwiegend aus Wassereis (Schnee) und gefrorenen Gasen heller als die 4 kleinen Planeten und die Kleinplaneten, aber Planeten sind sie schon allein wegen ihrer extrem exzentrischen Bahnen nicht. - Schon im bescheidensten Feldstecher zeigt sich der Planet Vesta als weiß bis gelblichweiß leuchtendes Sternchen, das sich durch eine tageweise feststellbare Bewegung vor dem Fixsternhintergrund als Himmelskörper unseres Sonnensystems zu erkennen gibt. An Tagen größter Helligkeit in Erdnähe ist der Planet für den geübten Beobachter auch mit bloßem Auge zu sehen. Die geschulten Beobachter jener fernen Zeit bald nach dem vormaligen Auftreten eines unbewegten hellen Polarsterns werden den Planeten Vesta mit Sicherheit schon ohne Fernrohe entdeckt und beobachtet haben, wodurch die Vorstellung von dem geflügelten Gott, der als Überbringer wichtiger Botschaften durch die Götterwelt eilte, entstanden sein mag, die wir in den geflügelten Engeln des Mittelalters wiederfinden. Als Planet, der vielfach zu den Planetoiden, den nur "Planetenartigen" gezählt wird, besitzt Vesta kein allgemein anerkanntes Zeichen. - Um Vesta als flächiges Scheibchen zu sehen, bedürfen wir bereits eines guten Amateurteleskops, das eine echte Vergrößerung - nicht nur Verwischung - auf das 150-fache leistet. Der Durchmesser Vestas beträgt nach verschiedenen Meßverfahren erdgebundener Beobachter 490 bis 560 km, und erst die für einen gewöhnlichen Gesteinsplaneten zu helle Oberfläche macht den Planeten so leicht sichtbar. - Da im Planetoidengürtel Bahnstörungen durch sich stark einander nähernde Planetoiden und kleine Planeten, durch den nicht fernen Mars und vor allem durch die große Masse des Jupiter besonders ausgeprägt sein müssen, erwarten wir für den Planeten Vesta (als Kleinplanet 4Vesta) eine im Vergleich zu den Bahnverhältnissen bei Merkur (Odin), Venus (Baldur), Erde (Forseti) und Mars (Tiu) große Exzentrizität und Bahnneigung. Die Bahnneigung ist jedoch mit $7{,}1^{\circ}$ nur geringfügig größer als die des Merkur, und die Exzentrizität von nur 8,9 % ist viel geringer als die des Merkur und auch noch deutlich geringer als die des Planeten Mars. Wir finden daher in Vesta einen Planeten mit einer recht gleichmäßigen Bahnbewegung nahe der Ekliptik vor. Seine Umlaufzeit um die Sonne beträgt 3,63 Jahre, Begegnungen zwischen Vesta und der Erde finden durchschnittlich alle 504 Tage statt, also in Abständen von 1 Jahr und 139 Tagen. - In den Monaten guter Sichtbarkeit zeigt sich der Planet in fast gleichbleibender Helligkeit als von Tag zu Tag deutlich bewegtes, mildweißes Sternchen. Mit Hilfe großer Fernrohre erkennt man, daß seine Albedo (Oberflächenhelligkeit, Rückstrahlungsvermögen) weitaus größer ist als die etwa unseres Mondes oder selbst des Mars. - Bezeichnen wir jenen Bereich des Planetoidengürtels, in dem die Umlaufzeiten zwischen 1/4 und 1/3 der Umlaufzeit des Jupiter betragen, als Hermodurs Machtbereich, so fallen uns 7Iris und 6Hebe als vergleichsweise helle Kleinplaneten auf, die wir als Hermodurs Rosse Skinfaxi (Schimmermähne) und Hrimfaxi (Rauhreifmähne) mit Namen hervorheben. - Kein Planet erweckt so sehr wie Vesta (Hermodur) den Eindruck eines lichten, blondgelockten, aber in gemessener Entfernung dahinschwebenden Engels, wie ihn die mittelalterliche Fantasie geprägt hat. Unter den Tieren des (neuen) Tierkreises bietet sich fraglos der in größten Höhen schwebende und dort für das menschliche Auge zu einem Punkt verschwimmende Adler als wesensähnlich an, dem der Monat "Heuing" zugeordnet ist, auf der Nordhalbkugel der Erde der sonnendurchflutete, heiße mittlere Sommermonat, in dem gemähtes Gras leicht zu Heu trocknet. Unter den himmlischen Göttern heißt jener, der Todes- und Liebesbotschaften durch die Götterwelt trägt, Hermodur. Der Anblick des Planeten bestärkt die Treue der Liebenden und gibt dem Unauffälligen Glanz und Selbstsicherheit, so wie der Adler ein unbedeutender Punkt am hellen Taghimmel ist und doch herabsteigen kann, um ein von der Herde verlassenes Schäfchen vor einem qualvollen Hungertod zu bewahren und wie ein Todesengel in eine himmelwärts liegende Welt zu tragen. Symbol Hermodurs sind die Adlerschwingen, woraus sich das (neue) Zeichen des Planeten ergibt: .

Ein Planet, der das Auge des Beobachters zu meiden scheint, ist Eunomia oder 15Eunomia (Bragi). Er kann sich der Erde auf nur das Doppelte der Mars-Entfernung nähern, bei ungünstigen Begegnungen mit der Erde aber auch im vierfachen Mars-Abstand verborgen bleiben, wobei er gleichzeitig weiter von der Sonne entfernt ist und somit weniger Licht erhält. Je geringer seine Helligkeit, desto schwerer wird es für den Beobachter, ihn aus der immer dichter werdenden Schar gleichheller Sternchen herauszufinden. Ihn ohne Zuhilfenahme der Fotografie gefunden und seine Bewegung über einige

Wochen verfolgt zu haben, ist ein Triumph jedes Amateurastronomen. Beobachter einer unbekannten fernen Zeit müssen den Planeten dennoch gut gekannt haben: Einerseits haben sie lichtschwächere Objekte, wie die beiden Marsmonde, deutlich genug gesehen, um sie als Raben zu beschreiben - ein Hinweis nicht nur auf deren geringe Größe, sondern auch auf deren schwarzgraue Oberfläche, die allerdings auch das beste Fernrohr von der Erde aus nicht zeigt, die man aber zumindest begründet raten kann, wenn man sich überlegt, daß diese Objekte nicht beliebig klein sein können. Wenn wir im Auge behalten, daß das Fernrohr in der zunächst bescheidenen Qualität zweitklassiger Amateurinstrumente erst im ausgehenden Mittelalter, um das Jahr 1600 herum, wieder erfunden wurde, haben wir Grund, über den wissenschaftlichen Geist der längst Verschollenen zu staunen. - Bei naher Begegnung mit der Erde läßt sich der kleine Planet bei etwa 300-facher Vergrößerung gerade von einem Punkt zu einem winzigen orangegelben Scheibchen auflösen, dessen sorgfältige Messung unter Berücksichtigung der Entfernung einen Planetendurchmesser von 260 bis 280 km ergibt. Trotz dieser geringen Größe ist Eunomia linear noch zwölfmal so groß wie der größere der beiden Marsmonde und hat damit rund zweitausendmal soviel Rauminhalt. Der Planet Eunomia besitzt keine ganz so ausgeprägt helle Oberfläche wie Vesta (Hermodur), ist aber immer noch bedeutend heller als normale Gesteinshimmelskörper wie der Planet Merkur (Odin). Eunomias Helligkeit schwankt trotz der Größe dieses Himmelskörpers während der nur 6-stündigen Rotationsperiode um 0,4 und 0,5 Größenklassen. - Eunomias Bahn ist gegen die Erdbahn um

11,8° geneigt, wodurch der Planet zu einem jener Objekte wird, die ohne Zuhilfenahme von Planetenstandtabelle und besser noch der Fototechnik nur dann gefunden werden, wenn sie in einem der beiden Bahnknotenpunkte durch die Erdbahnebene treten. Eunomia wandert in 4,30 Jahren einmal um die Sonne und begegnet unserem Heimatplaneten Erde durchschnittlich alle 476 Tage oder 1 Jahr und 111 Tage. Eunomias Exzentrizität ist mit 18,70 % etwas geringer als die des Merkur (= Odin). Immerhin ändert sich von der Erde her gesehen die Helligkeit von Eunomia zwischen günstiger und ungünstiger Oppositionsstellung um mehr als zwei Größenklassen. Dieser Unterschied ist sogar noch etwas größer als jener der so auffällig verschiedenen Oppositionshelligkeiten des Mars. - Zwischen den Kleinplaneten mit einer Umlaufzeit von 1/3 derjeneigen des Jupiter und der Umlaufzeit des Planeten Ceres finden wir den Kleinplaneten 3Juno, der infolge exzentrischer Bahn Eunomia zeitweilig an Helligkeit erreicht. 3Juno wurde 1804 entdeckt, drei Jahre vor Nr. 4, Vesta (= Hermodur) und 41 Jahre vor 5Astraea, dem 15Eunomia erst im Jahre 1851 folgte. Diese Entdeckungsgeschichte hat für längere Zeit, bis in unsere Gegenwart (um 1975 bis 1985) dazu geführt, daß dem Kleinplaneten 3Juno mehr Aufmerksamkeit gewidmet wurde als dem bedeutenderen kleinen Planeten Eunomia. Neben 3Juno ist in diesem Bahnbereich noch 29Amphitrite wegen nennenswerter absoluter Helligkeit (also bei gleichem gedachtem Erd- und Sonnenabstand) erwähnenswert, in dem wir Gott Bragis weisen Naturheger Iwaldi sehen. Er gilt in der Sage ("Edda") als Vater Iduns, Bragis lieblicher, ewig junger Gemahlin, die sich im Kleinplaneten 3Juno zeigt. - Eunomia ist klein und oft verborgen und unter den starren Fixsternen als kleiner, ferner Planet nur durch seine Bewegtheit zu erkennen, eine Bewegtheit, die ihn nicht nur auf einer himmelsumspannenden Bahn durch das Sternenmeer ziehen läßt, sondern auch in stetem langsamem Wechsel von der Sonne weg und wieder zu ihr hin führt. Mit diesem Verhalten gleicht der Planet unter den Tieren des Tierkreises am ehesten dem Krebs, der am Meeresstrand bei Ebbe über den Sand eilt und sich beim Eintreffen der Flut dem Auge des Beobachters entzieht. Wie der Krebs gegenüber dem Meer, so verhält sich die sommerliche Fledermaus gegenüber dem Licht des Tages und Neugieriger, womit auch dieses mit dem Tierkreissternbild verbundene Wesen mit dem Planeten in einer sinnvollen Beziehung steht. Der Monat des Krebses heißt "Braching" und bringt die Umkehr der Sonne auf ihrem nördlichen Wendepunkt, womit auf der nördlichen Erdhalbkugel der Sommer beginnt. - Es gibt einen Gott von machtvoller Zauberkraft, dessen Heimstatt hinter einem Wasserfall verborgen liegen soll, wo er auf seiner wunderkräftigen goldenen Harfe für seine junge Gemahlin Lieder der Liebe spielt. Für jeden Gott des Himmels besitzt die Harfe einen Ton. Der Anblick des Planeten Eunomia (Bragi) gibt dem Liebenden Hoffnung, dem Geduldigen Zuversicht und dem Unternehmungslustigen und Mutigen das sichere Gespür für die richtige Tat zur rechten Zeit. Im Zeichen des Planeten Eunomia (Bragi) verwenden wir, wenn wir den neuen Namen meinen, die goldene Harfe: .

In einem Sonnenabstand von 2,8 Erde-Sonne-Entfernungen mußte gemäß der Titius-Bodeschen Reihe ein Planet verborgen sein, welcher den Beobachtern der Klassik und des Mittelalters entgangen war. Als er im Jahre 1801 schließlich als kleiner, lichtschwacher, für das bloße Auge schon nicht mehr sichtbarer Himmelskörper entdeckt wurde, waren manche Forscher enttäuscht und wollten ihn nicht recht als Planeten gelten lassen. Dabei hätten sie, wären sie nur nachdenklich genug gewesen, keinen helleren Himmelskörper erwarten dürfen, denn dieser wäre früherer Entdeckung wohl kaum entgangen, und sie hätten Grund gehabt, über die wohlgemessene, wenig exzentrische und wenig geneigte Bahn genau im Titius-Bodeschen Abstand zu staunen. Der Planet trägt im heutigen astronomischen Sprachgebrauch den Namen 1Ceres und wird eher zu den Planetoiden als zu den Planeten gezählt, weshalb er auch kein offizielles Zeichen besitzt, ganz wie alle seine noch kleineren Nachbarn. – In günstiger Stellung zeigt sich der Planet bei etwa 150-facher Vergrößerung als kleines, trübweißes Scheibchen. Messungen haben einen Durchmesser zwischen 970 und 1.050 km ergeben. Damit ist der Planet so groß, daß er schon wesentlich von seiner eigenen Schwerkraft zusammengehalten und in eine Kugelgestalt geformt wird. Ohne von der Erde aus auf ihm Einzelheiten sehen zu können, wissen wir doch aus der Untersuchung des von ihm zu uns gelangenden Lichtes, daß er eine dunkle Oberfläche aus kohlenstoffhaltigem Gestein besitzt. – Die Bahn von Ceres ist gegen die der Erde um 10,6° geneigt. Mit einer Exzentrizität von nur 7,6 % ist die Bahn des Planeten fast kreisförmig, so daß die Helligkeitsunterschiede bei Begegnungen des Planeten mit der Erde nur gering sind. Die Umlaufzeit von Ceres beträgt 4,60 Jahre, die Begegnungen mit der Erde erfolgen durchschnittlich alle 466,6 Tage oder 1 Jahr und 101,3 Tage. – Warum dem Planeten Ceres einer der Zwillinge des Tierkreises zuzuordnen ist, wird erst ersichtlich, wenn man von dem zweiten Planeten weiß, der in gleichem mittlerem Abstand um die Sonne wandert. Der Monat der Zwillinge wird durch den Namen "Weiding" gekennzeichnet. In ihm vollzieht sich auf der nördlichen Halbkugel des Ursprungsplaneten der Menschen der Übergang vom Frühling zum Sommer. – In dem schmalen Band des Planetoidengürtels zwischen der Bahn von Ceres und dem Bereich der Umlaufzeiten von 2/5 des Jupiter-Jahres hebt sich aus einer großen Schar recht lichtschwacher Kleinplaneten lediglich 532Herculina bescheiden heraus. Wir deuten 532Herculina als Gott Widars treue, aber wenig glanzvolle Gemahlin Gridr. - Die dunkle, zurückgezogene Erscheinung des Planeten Ceres und sein Wandern auf einer betont regelhaften Bahn erinnern an den ernsten Gott Hödur, den ungleichen Vierlingsbruder des lichten, der glanzvollen und fruchtbaren Nanna vermählten Gottes Baldur. Hödurs Aufgabe im Götterhimmel ist es, ohne Ansehen von Rang und Namen, mit einer schwarzen Binde vor den Augen (wie das bei heutigen Gerichten gebräuchliche Symbol der Justitia), den Hader aus unauflöslicher Verstrickung Streitender zu lösen, indem er diese vor eine Bewährungsprobe stellt und so einem Gottesurteil unterwirft. Für das Gefühl dessen, der in gutem Glauben handelte, haftet den Urteilen des Gottes Hödur etwas Bitteres an, und deshalb tröstet es, daß es den Gott Loki gibt, der als Hödurs weiterer Vierlingsbruder, Burggast und Begleiter dessen Entscheidungen abwandelt und mildert, gelegentlich allerdings auch durch Überbetonung zweifelhaft werden läßt, so daß neuer Streit aufkommt. Loki hielt Hödur den von Gott Jul, dem vierten der Vierlingsbrüder, gefertigten Bogen und legte ihm den leicht verkrümmten Pfeil auf die Sehne, der Baldur tödlich traf und für ein Zeitalter zur Hel bannte. Der Anblick des Planeten Ceres (Hödur) fördert den Mut zur schnellen und tapferen Entscheidung. Im Planetenzeichen zu dem neuen Namen Hödur verwenden wir die seine Augen verdeckende schwarze Binde: ⊖ .

Als wollte er sich über die Gesetze, die für Planeten gelten, hinwegsetzen, bewegt sich der Planet Pallas (eigentlich lateinisch: Minerva - aber der Name wurde für einen wenig bedeutenden Kleinplaneten verbraucht) auf einer weit ausschweifenden, über große Strecken außerhalb des Tierkreises liegenden Bahn.: Über Adler, Krebs und Zwillinge setzt er sich ebenso hinweg, wie er unter Bogenschütze, Skorpion und Steinbock hindurchwandert. Sein höchster Bahnpunkt - für den gedachten Beobachter von der Sonne her - liegt beim Stern Ras Alhague (Alpha Ophiuchi) im neuen Sternbild des Flugdrachen, sein tiefster Bahnpunkt beim Stern Kappa Orionis, zu Füßen des neuen Sternbildes des Kriegers (ehemals Jäger

Orion). Wie Vesta (Hermodur), Eunomia (Bragi) und Ceres (Hödur) besitzt Pallas als zu klein erachteter Planet kein eigenes Zeichen. Bei der inzwischen erfolgreich begonnenen Erforschung des Planetensystems mit Raumsonden wurden Ceres, Pallas, Vesta, Eunomia und die eigentlichen Kleinplaneten dieses Bereichs zunächst übergangen, obwohl es sich um Welten von sicherlich sehr unterschiedlichem Charakter handelt. Es fehlt noch das richtige Verständnis für die Gewichte in unserem Planetenraum. - In günstiger Stellung wird das bläulich wirkende Sternchen Pallas bei etwa 250-facher Vergrößerung zum Scheibchen, aus dessen Messung sich ein Planetendurchmesser von 560 bis 580 km ergibt und als Folgerung hieraus eine Albedo (ein Widerstrahlvermögen) kaum besser als jene von Ceres (Hödur), so daß auch Pallas als Planet aus grafithaltigem Gestein anzusehen ist. Im Gegesatz zu Ceres ist Pallas nicht rein kugelförmig, sondern merklich elliptisch. - Die Bahnneigung von Pallas macht mit $34{,}8^{o}$ mehr als 1/3 eines Kreisviertelbogens aus, und so taucht der Planet am Himmel an Orten weitab von der Ekliptik auf, wo ein Planet kaum vermutet wird. Zugleich schwankt mit einer Exzentrizität der Bahn von 23,4 %, die in dieser Größenordnung nur noch beim sonnennächsten Planeten (Merkur) und dem sonnenfernsten (Pluto) vorkommt, die Helligkeit für den irdischen Betrachter um mehr als 2 Größeneinheiten. Die Umlaufzeit von Pallas beträgt 4,61 Jahre (genauer: 4,6147 Jahre) und ist der von Ceres (4,60395 Jahre) somit auf ein Viertelprozent gleich. Die Begegnungen zwischen Pallas und der Erde erfolgen mit erheblichen Schwankungen durchschnittlich alle 466,3 Tage oder 1 Jahr und 101,0 Tage (gegen 1 Jahr und 101,3 Tage bei Ceres). Pallas und Ceres begegnen sich nur einmal in fast zwei Jahrtausenden, dann allerdings über mehrere Jahre und Umläufe hinweg. Beim gegenwärtigen Stand der Planetenbahnen muß sich solch eine Begegnung als weit ausschweifendes Pendeln des Planeten Pallas um den Planeten Ceres zeigen. Da jedoch auch die Bahnen von Ceres und Pallas - so wie die Erdbahn - langfristig eine Rückwärts-Präzessionsdrehung vollführen, kann irgendwann einmal der Tag eintreten, an dem die beiden Planeten sich so nah geraten, daß sie sich nicht nur scheinbar - bei riesigem Abstand voneinander in der Blickrichtung des Beobachters -, sondern unter dem wechselseitigen Einfluß ihrer wenn auch geringen Massenanziehung tatsächlich um einen gemeinsamen

Schwerpunkt bewegen. Der Eindruck eines Zwillinge-Planeten wird dann noch unmittelbarer ersichtlich. - Nennen wir den Planetoidengürtel im Bereich zwischen 2/5 Jupiter-Jahren und einem halben Jupiter-Jahr Umlaufzeit Lokis Herrschaftsraum, dann zeigt sich, daß zu Loki (Planet Pallas) einige große (Durchmesser knapp 340 km und über 330 km), aber sehr lichtschwache Kleinplaneten gehören, 704Interamnia und 511Davida, ferner aber auch, absolut kaum weniger hell als Eunomia (Bragi), 10Hygiea mit sogar gut 440 km Durchmesser, in welchem wir Gott Lokis vielgeprüfte Gemahlin Sigyn sehen. Ihre Söhne erkennen wir in den in genau 5 Erdenjahren die Sonne umrundenden Zwillingsplaneten 16Psyche und 349Dembowska, die die richtigen Namen Narri und Alberi (Vernarrer und Veralberer) erhalten müssen. - Pallas ist der zweite Planet des Tierkreiszeichens Zwillinge, das mit dem Monat "Weiding" verbunden ist, dem 6. Monat des Jahreslaufes. Im Zeichen der Zwillinge steht neben dem strengen, finsteren, schnellentscheidenden Gott Hödur der eher regellose, freundlichere, einfallsreiche Gott Loki. Der Anblick von Pallas (Loki) mag die nicht vorhersehbaren, nicht vorausplanbaren plötzlichen Einfälle hervorzaubern, die den Ausweg aus verfahrenen Lebenslagen bringen. - Der Sage nach mußte Gott Loki Gott Odins Gemahlin Freia das sternenfunkelnde Halsband Brinsingamen rauben, auf das seine Gemahlin Sigyn Anspruch erworben hatte - eine ungewöhnliche Tat für einen Gott. Wir wollen das Halsband im neuen Planetenzeichen verwenden: ● .

Jenseits des Planetoidengürtels und der Zwillingsplaneten wandert der mächtige Planet Jupiter (Thor) um die Sonne. Sein gegenwärtig in der Astronomie gebräuchliches Zeichen merkt man sich am besten, indem man an die Ziffer 4 (vier) denkt: ♃. - Das bloße Auge reicht nicht aus, um den Planeten als Scheibchen zu sehen, aber sein ausgesprochen ruhiges, helles und doch nicht blendendes Licht deutet schon darauf hin, daß seine flächige Erscheinung nur wenig unterhalb der Auflösungsgrenze des bloßen Auges liegt. Schon bei nur dreifacher Vergrößerung zeigt sich der Planet als Scheibe. Steigern wir die Vergrößerung, so stoßen wir zunächst nicht gleich auf Oberflächeneinzelheiten, sondern auf 4 Sternchen etwa 5. Größe, die sich in ständig wechselnden Stellungen in der Nähe des Planeten aufhalten. Es sind die vier großen Satelliten des Planeten, welche im ausgehenden Mittelalter, als die mächtige Kirche (die Welteinrichtung der "christlich" genannten Lehre des Jesus von Nazareth und seines geistigen Erben Petrus) noch am Weltmodell der um den Erdball gewölbten Kristallsphären klebte, ein Astronom, der seine Wissenschaft ernst nahm, mit Hilfe des gerade erst (wieder-)entdeckten Fernrohres als den Planeten umkreisende Himmelskörper erkannte. An Größe reichen diese von ungefähr dem Durchmesser des Erdmondes bis zum Durchmesser des Planeten Merkur (Odin). Sie sind in der heutigen Astronomie nach ihren Abständen vom Planeten weg als Jupiter 1, 2, 3 und 4 benannt und tragen außerdem seit langem die Eigennamen Io (auch Jo geschrieben), Europa, Ganymed und Kallisto, Namen, die aus den altgriechischen Sagen um Zeus stammen. Da allerdings Zeus (gr.) und Jupiter (lat.) ursprünglich den Gott Tiu meinten, der sich im Planeten Mars und nicht im Planeten Jupiter zeigt, sind diese Namen unwichtig wie so viele andere, die unsere heutige Fachgelehrtenschaft mit sich herumschleppt. Da spätere, sehr viel kleinere Monde des Planeten Nummern in der Reihenfolge ihrer Entdeckung erhielten, wurde die Anschauung, die vor allem auf den Abständen vom Planeten beruhte, verwirrt, so daß schließlich in neuester Zeit für alle noch so kleinen, aber immerhin noch ohne Zuhilfenahme von Raumsonden entdeckten Satelliten Namen vergeben wurden, wobei man sogar daran dachte, den fernsten Satelliten, die gegenläufig wandern, zur Kennzeichnung Namen zu geben, die auf "e" enden, wie es für den gleichgearteten äußersten Saturnmond seit längerem schon ebenfalls galt. Der Abstand der vier Großsatelliten von der Oberfläche des Planeten reicht vom Erde-Mond-Abstand bis zu knapp dem Fünffachen desselben. Alle vier Monde bewegen sich kreisförmig in der Äquatorebene des Planeten. Die Lage in der gemeinsamen Ebene ist so genau, daß es tatsächlich regelmäßig zweimal im Verlauf eines Jupiterjahres (11,867 Erdjahre) vorkommt, daß die Monde sich untereinander mit ihren Schatten verdunkeln. Die sehr kurzen Umlaufzeiten der Satelliten von 1,77 bis 16,69 Tagen lassen beim Vergleich mit der Umlaufzeit unseres Erdenmondes (27,32 Tage - auf Sternkoordinaten bezogen) schon ohne genauere Rechnung erkennen, wie gewaltig die Massenanziehung des Planeten Jupiter sein muß. Die heutige Astronomie weiß, daß Jupiter so massereich ist, daß der gemeinsame Schwerpunkt, um den er und die Sonne in Umläufen von 11,867 Jahren wandern, schon nicht mehr im Inneren der Sonne liegt. Ein gedachter Beobachter im lichtjahrefernen Bereich der nächsten Fixsterne könnte die Planeten nicht sehen, weil sie von der Sonne überstrahlt werden, aber aus der Bewegung der Sonne um einen außerhalb ihrer liegenden Punkt im Raum würde er auf das Vorhandensein des Planeten Jupiter schließen können. Die vier großen Satelliten des Jupiter haben die Durchmesser 3.650, 3.100, 5.270 und 5.050 Kilometer. Trotz seiner Größe ist der vierte, Kallisto, rund zweieinhalbmal so dunkel wie sein Nachbar und immer noch wesentlich dunkler als die beiden inneren Satelliten. Man ahnt erhebliche Unterschiede der Oberflächenbeschaffenheit. Um vier weitere Ausgaben unseres irdischen Mondes handelt es sich offensichtlich nicht. Überlegen wir uns nun zum Gott Thor in sinnvoller Beziehung stehende Namen, so nennt uns die Sage seine noch jungen, lichten Söhne, Magni und Modi. Als Himmelskörper erscheint uns im lichtstarken Fernrohr Magni goldleuchtend, Modi silberleuchtend. Gott Thor hatte zwei Menschenkinder - Sohn und Tochter des Gottessohnes Frey und seiner sterblichen neuen Gemahlin Gerda - in den Himmel der Unsterblichen erhoben, die seinen ziegenbockbespannten Wagen lenkten, wenn er als Donnergott durch die Wolken fuhr. Sie hießen Thialfi und Röskwa und sind die beiden äußeren, größeren und etwas dunkleren Monde. - Die Satelliten jenseits von Röskwa (Kallisto) besitzen zur Äquatorebene des Planeten wie auch zur Ekliptik um etwa 20 bis 30° geneigte und mit 30 und auch mehr Prozent exzentrische Bahnen, und sie sind zum Teil so klein - weniger als 100 Kilometer Durchmesser - und dabei vom Planeten so fern, daß sie selbst vom Planeten aus unsichtbar wären. Fernrohre, die bei günstiger Stellung des Planeten Mars (Tiu) dessen nah benachbarte und lichtschwache Monde oder als astronomischen Augenprüfer den fernen Planeten Pluto (Jul) gerade schon zeigen, lassen von den weniger als 100, ja wohl sogar weniger als 70 km messenden äußeren Jupitermonden noch nichts ahnen. Nur Jupiter-6, mit Eigennamen Himalia, mag einen Durchmesser von vielleicht 160 km haben und ist von der Erde aus als schwacher Lichtfunke wie Pluto und vom Planeten aus gut mit bloßem Auge zu sehen, wie man errechnen kann. Wir geben diesem kleinen Mond den Namen von Thors Gemahlin, Sief. Wenn auch nahezu unsichtbar, mit einer Helligkeit von bestenfalls $16{,}2^m$, wandert nicht weit jenseits der Bahn ihrer Mutter, diese sogar überschneidend, Thrud mit ihrer in der Sage stets mitgenannten, aber gänzlich unbeobachtbaren Schwester Hild. Weit hinter diesen Bahnen folgen jene der gegenläufigen Kleinsatelliten, unter denen einer immerhin noch die Helligkeit und Größe von Thrud zu erreichen scheint. Dieser ferne Satellit, der schon deutlich in den Bereich der Jupiternahen Kleinplaneten (Einherier) überleitet, mit denen möglicherweise in langen Zeiträumen ein Austausch besteht, mag den Namen Draupnir tragen, jenes kleinen goldenen Ringes, von dem der Sage nach durch Zauberkraft neue Ringe tropfen können. In der amtlichen Schreibweise tragen die Satelliten jenseits von Kallisto (Röskwa) die Namen Jupiter 13, 6, 10, 7, 12, 11, 8 und 9 oder Leda, Himalia, Lysithea, Elara, Ananke, Karme, Pasiphae und Sinope. Himalia (Jupiter-6) ist Sief, Lysithea (Jupiter-10) ist Hild, Elara (Jupiter-7) ist Thrud und Pasiphae (Jupiter-8) ist Draupnir. Draupnir reicht infolge seiner Exzentrizität am weitesten in das planetenferne All - über 31 Millionen Kilometer. - Auch der Raum innerhalb der Bahn von Magni (Io) ist nicht leer. Eingerahmt von Bahnen zweier winziger Himmelskörper, welche erst die Raumfahrt entdeckt hat, bewegt sich als rötlicher, ausgeprägt elliptisch-länglicher und demnach sehr fester, starrer Satellit mit nur einem halben irdischen Tag Umlaufzeit Amalthea (Jupiter 5). Seine Längsachse wurde durch Nahaufnahmen mit 270 km, seine mittlere Querachse mit nur etwa 160 km gemessen. Von der Erde aus ist der Satellit mit einer Helligkeit von 13^m für einen sorgfältigen Beobachter, der ein genügend lichtstarkes Instrument verwendet, durchaus sichtbar - leichter sogar als die zwar etwas helleren, aber noch planetennäheren Marsmonde. Wie uns die Überlieferung schon die Marsmonde unverkennbar in Gestalt der beiden Raben Hugin und Munin vermittelt, wird uns auch von Thors innerem Satelliten erzählt: Es ist Malmung oder Mjölnir, der Zermalmende, Thors nach jedem Wurf in die Hand zurückkehrender Hammer. Schon Magni und Modi, Thialfi und Röskwa sieht das bloße Auge wegen ihrer Überstrahlung durch den hellen Planeten nicht, noch weniger die feinen Unterschiede unter ihnen. Wurden sie gesehen, und neben ihnen die Ringgebirge des Mondes, die Sichelform der Venus, die Vorübergänge des Merkur vor der Sonne und die vier kleinen Planeten zwischen Mars und Jupiter unter richtiger Einschätzung ihrer absoluten Helligkeit im Vergleich zu einigen lichtstarken

Kleinplaneten (Einheriern in der Sage), dann gab es Fernrohre, und es wäre dann Willkür, deren Reichweite im Planetenraum nicht auf Himmelskörper, die Tius Raben oder Thors Hammer darstellen, auszudehnen. Sicherlich wurde sogar Sief (Jupiter-6 oder Himalia) im Umfeld des großen Planeten gesehen, vielleicht auch, an der Grenze des Möglichen, Thrud oder Draupnir. Setzen wir diese Grenze, die schon Hohlspiegel von über 4o cm Durchmesser erfordert, so können wir über die den Planeten Jupiter (Thor) 60° voraus und 60° hinterher auf seiner Bahn geleitenden Kleinplaneten, die Tojaner (für uns Einherier, die Gott Thor geleiten), sagen, daß sie wohl kaum gesehen wurden, auf ihr mögliches Vorhandensein aber aus der Kraft, mit der Thor (Planet Jupiter) Himmelskörper auch in großem Abstand noch band, geschlossen werden konnte. - Obwohl durchschnittlich bei Erdnähe rund 4,2 AE = 630.000.000 km von uns entfernt, zeigt sich der Planet Jupiter (Thor) schon im kleinsten Fernglas als Scheibe, die leicht von den punktförmig bleibenden Fixsternen zu unterscheiden ist. Die vier hellen Satelliten zeigen uns die Äquatorebene des Planeten, aber um diese zu finden, wären wir auf sie garnicht angewiesen: Die Drehachse des Jupiter ist gegen seine Bahnebene und ebenso gegen die Erdbahnebene so wenig geneigt (3,1° Achsenneigung +-1,3° Bahnneigung), daß wir den Planeten immer von der Seite - also mit Blick auf seinen Äquator - sehen, und dabei zeigt sich selbst bei geringer Vergrößerung, daß das Planetenscheibchen, das wir sehen, nicht genau kreisrund, sondern etwas elliptisch ist. Zu den Polen hin ist Jupiter deutlich abgeflacht. Der Poldurchmesser ist um 3 % kleiner als der mittlere Durchmesser, der Äquatordurchmesser um 3 % größer, und für solche Abweichungen von der Kreisform ist das menschliche Auge durchaus hinreichend empfindlich. Aus dieser Abplattung des Planeten können wir schließen, daß er entweder sehr weich und verformbar ist oder im Vergleich zur Erde schnell rotiert. Die Beobachtung mit stark vergrößernden Instrumenten erlaubt uns zu erkennen, daß beides zutrifft. Die leichte Verformbarkeit ist vor allem eine Folge der für irdische Maßstäbe außerordentlichen Größe des Planeten: Sein Äquatordurchmesser von 143.650 km (Poldurchmesser 134.880 km) ist mehr als elfmal so groß wie der der Erde. Wenn eine so ausgedehnte Masse auch noch in rund 10 Stunden einmal um sich selbst geschleudert wird, muß eine Massenverlagerung der beobachteten Größenordnung zum Äquator des Planeten hin stattfinden, selbst wenn das Material fest wie Stein ist. Aus der Messung der Umlaufzeiten seiner Satelliten ergibt sich, daß die Masse des Jupiter zwar groß ist, aber im Verhältnis zur Erde nicht im gleichen Maße wie die Ausdehnung: Dem 1.350-fachen Rauminhalt steht eine nur 318-fache Masse gegenüber. Das ergibt für den Planeten Jupiter - trotz des gepreßten Planeteninneren - eine Dichte von nur 1,3 Gramm pro cm^3, so daß sein Material also, auf unsere Erde getragen, kaum schwerer als Wasser wäre - viel zu leicht für einen Planeten aus Stein oder gar mit einem eisenhaltigen Kern, wie wir ihn uns bei der Erde denken. Vergleichen wir: Wasser 1,0 g/cm^3, Gestein der Erdoberfläche etwa 3,5 g/cm^3, Erde im Durchschnitt 5,5 g/cm^3, Eisen (unter Normalbedingungen) 7,86 g/cm^3, Nickel 8,90 g/cm^3, Jupiter durchschnittlich 1,3 g/cm^3. Ob ein Gesteinsplanet von der Größe des Jupiter überhaupt möglich wäre, ist ohnehin zweifelhaft, denn jedes Gestein in unserem Sonnensystem enthält einen wenn auch geringen Anteil an radioaktiven und spaltbaren Elementen wie insbesondere Uran und Thorium, die sich in einer solch großen planetarischen Massenansammlung wie in einem Kernreaktor der heutigen irdischen Atomtechnik verhalten würden: Der Planet würde auf hohe Temperaturen aufgeheizt und würde sich möglicherweise als heiße Gaswolke im Sonnensystem verlieren, einen Kernplaneten irdischen Ausmaßes zurücklassend. - Jupiter (Thor) besteht also durch und durch, von einem kaum mehr als erdgroßen Kern abgesehen, aus Stoffen, die auf der Erde als gasförmig bekannt sind: Wasserstoff, Helium und an Wasserstoff gebunden Kohlenstoff, Stickstoff und Sauerstoff, während andere Elemente nur in Spuren vertreten sind. Die Betrachtung der Oberfläche des Planeten schon mit einem mittelstarken Fernrohr bestätigt jene Vorstellung: In langen, parallel zum Äquator rund um den Planeten verlaufenden Bändern etwas unterschiedlicher Helligkeit und Färbung überziehen nebel- oder rauchähnliche Schwaden die obere Planetenschicht. Ein fester Planetengrund ist nicht bestimmbar, aber es können übereinanderliegende Schichten dieser Gas-, Rauch- und Nebelatmosphäre beobachtet werden, die sich über- und untereinander hinwegbewegen. Innerhalb dieser bewegten Schicht der tieferen Jupiteratmosphäre treibt wie eine Eisscholle im Meer ein merkwürdiges Gebilde: Der Große

Rote Fleck. Er ist kein fester Körper, denn obwohl er sich wie ein atmosphärischer Wirbel um sich selbst dreht, bleibt die längere Achse seiner elliptischen Gestalt immer parallel zum Äquator ausgerichtet, was nur geht, wenn sein Material durcheinanderströmt. Der Vergleich mit der Eisscholle der irdischen Meere ist aber trotz dieses Unterschiedes naheliegend: Verglichen mit einer gleichbleibenden Rotation des Planeten schwankt der Fleck, hochliegende Wolken ziehen gelegentlich über ihn hinweg, gleichhohe lösen sich in seinen Rändern, niedrigere sollen schon unter seinen Rändern hindurchgezogen sein, was ja nicht ausschließt, daß jenes Gebilde dennoch eine lose Verbindung zu den noch tieferen, der Beobachtung verborgenen Zonen des Planeten besitzt. Der Große Rote Fleck besitzt eine Ausdehnung von etwa 40.000 km parallel zum Planetenäquator und etwa 16.000 km senkrecht dazu, so daß unser Heimatplanet Erde (Forseti) mit seinen weniger als 13.000 km Durchmesser bequem dort hineinpaßte. Trotzdem ist diese Erscheinung nur ein Fleck, eine Oberflächeneinzelheit der großen Planetenscheibe. Der Große Rote Fleck wechselt im Laufe von teils Jahren, teils Jahrzehnten merklich seine Farbe: Zeitweilig war er leuchtend-rot, dann wieder ist er zu reinem Weiß verblaßt, aber schon seit mindestens hundert Jahren hat er seine Größe und geschlossene Form und seinen Abstand vom Äquator nicht geändert, so daß er wohl noch wesentlich älter als nur Jahrhunderte sein dürfte. - Der Winkel zwischen den Bahnebenen von Jupiter (Thor) und der Erde (Forseti) ist mit 1,30° einer der geringsten im Sonnensystem. Die Jupiterbahn ist nicht ganz zo rund wie die Erdbahn, ihre Exzentrizität beträgt 4,8 %. Die Umlaufzeit beträgt 11,87 Jahre. Wegen dieser schon recht großen Zeitdauer sehen wir den Planeten von der Erde aus jährlich nur um etwa ein Tierkreissternbild verschoben: Die Begegnungen erfolgen durchschnittlich alle 399 Tage oder 1 Jahr und knapp 34 Tage (also rund 1 Jahr und 1 Monat). - Der Planet Jupiter zeigt ein mild-weißes, helles, im irdischen Jahreslauf und mit den eigenen Umläufen kaum veränderliches Licht: Ein Stern der Ruhe, Kraft und Geborgenheit. Vier massige Begleiter umkreisen ihn in schneller Runde. Kleinere Satelliten und die Trojaner auf seiner Bahn stehen rotz riesiger Abstände im Bann dieses Planeten. - Dem größten Planeten entspricht das größte Tier des Tierkreises, der Stier. Monat des Stieres ist auf der nördlichen

Erdhalbkugel der zweite Frühlingsmonat, der den Namen "Wandling" trägt, weil sich in ihm mit Urgewalt unter dem Wechsel von Sonnenschein und warmem Regen, unter Blitzen und Donnergrollen die Wandlung der bereits aufgetauten Winterlandschaft in die Sommerlandschaft vollzieht. Der machtvolle Gott Thor schützte einst Götter und Menschen vor den Angriffen der Riesen, jener gewaltigen Ewigen, denen das Streben nach göttlichem Gesetz nichts gilt. Thors Wurfhammer Malmung zerschmetterte Feind und Hindernis und kehrte nach dem Wurf in die Hand des Werfers zurück. Magni und Modi übten sich in der Waffe des Vaters, Thialfi und Röskwa führten das Gefährt, mit dem der Gott gewittergleich durch den Himmel brauste. Eine bleibende Wunde hat der Gott bei seinen Kämpfen davongetragen: Als er den Hammer Malmung gegen die steinerne Keule eines Riesen warf, barst diese, aber ein Splitter sprang ihm in die Stirn und konnte nie entfernt werden. Die Narbe, unter welcher der Splitter steckt, rötet sich furchterregend, wenn Thor zürnt. Wer denkt bei diesem aus der "Edda" überlieferten Bild nicht an den Großen Roten Fleck! Daß uns der Fleck in der Stirn des Gottes geschildert wird, sagt uns, daß die Beobachter der alten Zeit ihn im umkehrenden Fernrohr - ohne Einfügung einer das Bild aufrichtenden Linse - gesehen haben, da sich der Große Rote Fleck auf der Südhalbkugel des Planenten befindet, also eigentlich "unten". - Der Anblick des Planeten fördert Stärke und Belastbarkeit und gibt Ruhe, Festigkeit und Beständigkeit zur Führung eines großen Hauses und zur sicheren Versorgung einer großen Familie. - Im Zeichen des Planeten Jupiter verwenden wir, wenn wir den besseren Namen Thor für Gott und Planet wählen, den Hammer:  .

Schön sind für das Auge des Kundigen alle Planeten, aber den fesselndsten Anblick bietet zweifellos der Planet Saturn (Heimdall). Sein Zeichen mag als "Kreuzstab mit Anhang" beschrieben werden: ♄ . - Ein bescheidenes Amateurfernrohr zeigt uns den Planeten schon ab 6-facher Vergrößerung als nicht mehr punktförmiges, sondern in verschiedene Flächen gegliedertes Gebilde. Wir sehen ein Wunderwerk der Planetenwelt: Eine scharf begrenzte, mit der Helligkeit des eigentlichen Planeten leuchtende Fläche, die sich nach gelegentlichen Betrachtungen über mehrere Jahre hin auch für den nur mit einem kleinen Fernrohr ausgerüsteten Beobachter als völlig flache Ringscheibe erweist. Am verwunderlichsten an dieser Erscheinung ist, daß sie in unserem Sonnensystem mit seinen zahlreichen Planeten und Satelliten unterschiedlicher Größe gänzlich einmalig auftritt, was auch allerneueste Beobachtungen am Uranus und am Jupiter nicht entkräften. Bei starker Vergrößerung zeigt sich der Planet mit einem schwachen, zum Äquator parallelen Streifenmuster, das auf eine gasförmige, von gelbem Rauch und weißlichen Nebeln durchsetzte Außenschicht ähnlich der des Jupiter (Thor) schließen läßt. Die immer besonders dunklen Polkappen verstärken den Eindruck einer starken Abplattung, die nahe bei 10 Prozent liegt (Äquator +5 %, Pol -5 %). Die Ringscheibe erweckt bei günstigem Beobachtungswinkel - wenn sie möglichst viel Fläche dem irdischen Beobachter zuwendet - und in starker Vergrößerung zusehends den Eindruck des auf der Erde vertrauten Regenbogens: Die Ringfläche zeigt sich als in Zonen verschiedener Helligkeit und Färbung gegliedert. - Überlieferungen von einst erzählen von der Brücke Beberast (auch Bifröst genannt), die gleich dem Regenbogen Himmel und Erde verbindet. Beberast blieb wie der Regenbogen für den Suchenden stets gleich fern, so sehr dieser auch auf sie zueilte. Wie der Regenbogen, dessen Außenbogen der rote Teil des Farbspektrums bildet, besteht das Beberast der Sage auf seiner Oberseite aus einem Flammenmeer, durch welches nur die Asen (Götter), die dem Licht und dem Feuer verwandt sind, in windschnellem Ritt zwischen Boden und Himmel hin- und herwechseln können. Rückt der Berührpunkt des Regenbogens von uns ab, wenn wir uns ihm zu nähern trachten, so entzieht sich auch der Ringbogen des Saturn auf seine Weise unserem Zugriff: Zeitweilig erscheint die Ringscheibe durch den Schatten des Planeten unterbrochen, doch die Enden des so entstehenden Bogens enden in der Schwärze des Nichts, ohne von einem Unten zu einem Oben zu führen, und sind, ehe wir noch die gedachte Reise dorthin vollendet haben, wieder zusammengerückt, so daß wir vor einem geschlossenen Bogen ohne Anfang und Ende stehen. Wollten wir auf der Ringscheibe wandern, so würden wir bald bemerken, daß die Schwerkraft waagerecht verliefe, so daß wir auf einer endlosen senkrechten Wand ständen. - Betrachten wir den Saturn mit einem Fernrohr an mehreren aufeinanderfolgenden Abenden, so finden wir bald in seiner Nähe einen auffälligen, orangegelben kleinen Stern, der sich in rund 16 Tagen um den Planeten herumbewegt: Es ist der Saturnmond Titan, mit 5.150 Kilometern Durchmesser einer der gößten Satelliten unseres Sonnensystems. Die von Weitem wie Gold wirkende Färbung wird durch Wolken einer dichten Atmosphäre verursacht. Die Überlieferung spricht nicht nur vom Gott Heimdall, der an der Regenbogenbrücke Beberast den Götterhimmel bewacht, sondern auch von seinem windschnellen, goldmähnigen Roß Guldmöhni, mit dem er durch die Weiten um Beberast eilt. Durch die Deutlichkeit der Überlieferung fast schon gezwungen, nennen wir den Mond Titan (Saturn 6) mit Zweitnamen Guldmöhni. Die bildliche Übereinstimmung zwischen rotgoldener Atmosphäre und wehender goldener Mähne ist vollkommen. - Wendet uns der Ring des Saturn seine Schmalseite zu, so kann er für kurze Zeit ganz unsichtbar werden. In solchen Augenblicken ist es denkbar, mit guten Instrumenten einen seiner sonst im Licht der Ringscheibe verschwindenden innersten Satelliten zu entdecken: Saturn-0, den man vorübergehend von der Erde her als "Janus" entdeckt zu haben glaubte. Die Sondenforschung hat gezeigt, daß es sich um zwei Satelliten auf so gut wie gleicher Bahn handelt. Der größere der Satelliten ist 220 mal 200 mal 160 km groß, der kleinere 140 mal 120 mal 100 km. Beide wären, störte nicht das Licht von Planet und Ringen, von der Erde aus mit handgefertigten Instrumenten gerade noch wahrnehmbar. Vom Planeten aus sind sie beachtliche Erscheinungen. In Erinnerung an die leichten, lichten Wesen der Sage, die Elfen, nennen wir den kleineren dieser Satelliten Elfrun, den etwas größeren Gudrun. Auch innerhalb ihrer Bahnen gibt es noch drei neuerdings bekannte, sehr kleine Satelliten, doch sie zeigen sich in keinem erdgebundenen Fernrohr. Nach den flüchtigen Kleinmonden Elfrun und Gudrun (in Gebrauch befindliche Namen: Smaller Co-Orbital, Larger Co-Orbital) werden die Monde mit wachsendem Planetenabstand zugleich größer und leichter beobachtbar: Mimas (Saturn 1), Enceladus (Saturn 2), Tethys (Saturn 3), Dione (Saturn 4) und Rhea (Saturn 5). In einer leicht merkbaren Namensfolge sehen wir hier die weiteren Töchter Heimdalls: Nach Elfrun und Gudrun weiter Siegrun, Sieglind, Sieghild, Brünnhild und Kriemhild. Danach folgt Guldmöhni (Titan), und auch jenseits seiner schon mehr als eine Million Kilometer weiten Bahn gibt es noch Satelliten des Saturn: Hyperion (Saturn 7), Japetus (Saturn 8) und Phoebe (Saturn 9), der mehr als dreimal so weit wie Japetus gegenläufig und nahe der Ebene der Ekliptik und nicht der Äquatorebene des Planeten in 10,8 bis 15 Millionen Kilometern Ferne seine Bahn zieht. Hyperion sei Westara, die Abendröte - Gemahlin des jungen Gottes Hermodur, des Zwillingsbruders Heimdalls. Ihre Schwester ist Ostara, die Morgenröte, Heimdalls Gemahlin, die weibliche Gottheit des Osterfestes, das den Frühling einleitet. Westara (Hyperion) ist kleiner als Ostara (Japetus), so wie der Gott-Gemahl infolge größerer Nähe zur Sonne weniger gealtert ist. Von Ostara sagt uns die Überlieferung, daß sie mit Fenrir, dem Wölfischen, Garm, den treuen, aber finsteren Hund der Götterwelt gezeugt hat. Eine Seite des Satelliten ist hell wie leicht angegrauter Schnee, die andere jedoch nicht nur etwas dunkler, sondern schwarz wie schwarzgrauer Grafit. Wieder eine Beziehung, welche die Sage nicht nur zufällig wiedergibt? Phoebe (Saturn 9) ist rötlich und dabei klein und lichtschwach, von der Erde aus etwa $16{,}5^m$ hell, vom Planeten aus günstigstenfalls gerade noch 6^m. Hier sehen wir Gullinkambi, den Hahn mit dem rotgoldenen Kamm, der am Morgen der Zeitenwende zum Endkampf ruft. In anderen Bildern ist er Heimdalls Gellerhorn, in das der Gott und Wächter an jenem Morgen bläst, in Indien heißt das Gellerhorn Pantschadschanja und wird in der "Bhagavadgita" genannt. Ist es nicht erstaunlich, wie wieder einmal die Gestalt eines schwer zu beobachtenden Himmelskörpers so treffend ihren Platz in der religiösen Sage besitzt? Ist ein Hahn nicht im Vergleich zu einem Reitpferd (Guldmöhni) klein und sein Hahnenkamm durch die rötliche Färbung des kleinen äußeren Saturnmondes treffend angezeigt? - Der Planet Saturn umrundet die Sonne in 29,46 Jahren und begegnet der Erde mit nur geringen Schwankungen durchschnittlich alle 378 Tage oder 1 Jahr und 13 Tage. Nach je einem viertel Umlauf zeigt uns der Planet ein grundverschiedenes Bild: Die Äquatorebene des Saturn, in der auch seine Ringscheibe liegt, ist um fast

27° gegen die Bahnebene des Planeten geneigt, so daß wir bei günstiger Stellung des Planeten etwa (nicht genau, weil ja die Saturnbahn gegen die Erdbahn auch ein wenig geneigt ist) in einem Winkel von 27° auf die Ringfläche blicken; rund 7,4 Jahre später ist die Ringscheibe zu einem fast unsichtbaren Strich geschrumpft, und der bloße Planet zeigt sich in seiner Gesamthelligkeit erheblich gemindert; weitere 7,4 Jahre später blicken wir wieder auf den durch seine

Ringscheibe in seiner Helligkeit gesteigerten Planeten, 7,4 Jahre danach ist wieder der Planetenkörper allein zu sehen. - Der Saturn ist noch mehr als der Jupiter ein reiner Gasplanet, denn seine durchschnittliche Dichte läßt sich aus Größe, Entfernung sowie Abständen und Umlaufzeiten der Satelliten mit nur 0,68 Gramm pro Kubikzentimeter berechnen, was also noch wesentlich weniger als die Dichte des Wassers (1,0 g/cm^3) ist. Trotz dieser geringen Dichte ist der Planet Saturn mit über 95 Erdenmassen noch massereich genug, um die Gesamtmasse aller übrigen Planeten des Sonnensystems mit Ausnahme des noch massenreicheren Jupiter fast dreifach aufzuwiegen. - Als Gas-, Nebel- und Rauchplanet besitzt der Saturn zwar ein starkes Widerstrahlvermögen (Albedo), aber seine große Entfernung von rund 9,5 AE (Erde-Sonne-Abständen) erlaubt ihm nur noch einen fahlen, glanzlosen Schein. Der fernrohrlose Beobachter des Mittelalters sah den Saturn gleich einem lichtscheuen Dieb schwachleuchtend und mit sehr langsamer Umlaufzeit am Rande der Planetenwelt dahinschleichen. Ihm wurden deshalb die Urkräfte des Geistfeindlichen, des Materiezugewandten, des "Satanischen" und Bösen zugedichtet. Heute wissen wir, daß weitaus fernere Planeten unsere Sonne umkreisen, und daß der Saturn mit seinen Satelliten schon allein groß und schön ist und mit seinem ihn weit umspannenden Ring von verblüffend geringer Dicke ein großzügig angelegtes und doch zerbrechlich anmutendes Schmuckstück des Planetenhimmels bildet. - Dem Gotte Heimdall und seinen licht- und wolkenverwandten Walküren ähnelt im Tierkreis der Widder mit seiner Herde weißer Schäfchen. Monat des Widders ist auf der Nordhalbkugel der Erde der erste Frühlingsmonat, nach den mildwarmen, wenn auch böigen Winden seiner Jahreszeit "Lenzing" genannt. In diesem Monat begegnen wir den neugeborenen Lämmern auf der Weide und dem Regenbogen, die uns beide an den Planeten Saturn und den Gott Heimdall erinnern. Die Betrachtung des Planeten Saturn (Heimdall) mit seiner wechselnden Helligkeit, seinen ihn zahlreich umkreisenden Satelliten und seinem regenbogenähnähnlichen Ring mag in uns die Kraft und den langen Atem zu rührigem Handeln, den Blick für das Schöne und die Bereitschaft, Verantwortung zu tragen, wecken. Der sehr sorgfältige Betrachter sieht allerdings in der starken Abplattung, also plastischen Verformung des Planeten seinen von den anderen Eigenschaften überdeckten weichen Kern. -

Wir kennzeichnen den Planeten Saturn unter seinem zweiten Namen Heimdall mit dem Bilde des Regenbogens:  .

Für das bloße Auge gerade noch wahrnehmbar wandert der Planet Uranus (Nerthur) langsam um die Sonne. Ein Zeugnis der Engstirnigkeit und Verblendung des Mittelalters ist es, daß dieser Planet ebenso wie Vesta (Hermodur) übersehen wurde, obwohl damals noch der Himmel dunkler und klarer war, als in der heutigen Zeit der industriebedingten Luftverstaubung und der den Himmel erhellenden und die Augen blendenden künstlichen Beleuchtung. Andererseits beweist es einen Rest von Ehrfurcht vor den himmlischen Planeten, wenn man mit solchem Eifer und unter Verschließung der Augen vor Tatsachen die Zahl Sieben der vermeintlichen Planeten "Mond", Merkur, Venus, "Sonne", Mars, Jupiter und Saturn zu erhalten trachtete. Das klassische Zeichen für Uranus ist ein Kreis mit einem Punkt darin und einer Art Speer- oder Pfeilspitze darüber: ⛢ . - Die 30-fache Vergrößerung, um Uranus gerade schon als trübblasses, gelbliches Scheibchen zu sehen, ist schon mit kleinen, jedermann zugänglichen Amateurfernrohren zu erreichen. Unterhalb der Auflösungsgrenze erscheint der Planet im Fernrohr oder Feldstecher als verhältnismäßig helles Sternchen mit auffällig ruhigem Licht, das sich im Laufe mehrerer aufeinanderfolgender Beobchtungstage nur sehr wenig gegen den Fixsternhintergrund verschiebt. Langperiodische Helligkeitsänderungen, die nicht mit den wechselnden Abständen zu unserem Heimatplaneten Erde erklärt werden können, führen auf den Gedanken, daß der Planet stark abgeplattet und mit seiner Rotationsachse weit auf seine Bahnebene hin geneigt sei, so daß wir ihn in regelmäßigem Wechsel einmal fast kreisrund mit Blick auf einen der Pole sehen, und dann wieder von der Seite, wo er sich zu den Polen hin elliptisch verkürzt zeigt. Nicht nur genaue Messungen mit großen Himmelsfernrohren, sondern auch die Bahnstellungen seiner Satelliten beweisen die Richtigkeit dieser Annahme. Der Äquatordurchmesser des Planeten beträgt nach neueren Messungen 47.100 km, der Polardurchmesser rund 6 % weniger. Fünf ziemlich kleine Satelliten umkreisen den Planeten Uranus (Nerthur) genau in der Äquatorebene. Wegen der großen Entfernung von der Erde sind ihre Durchmesser nur schwer zu messen, insbesondere der des innersten Satelliten, der um die 200 km liegen dürfte. Die Durchmesser der übrigen

Uranusmonde sind 600 km, etwa 400 km, 1.000 km und 800 km. Die Abstände vom Planetenmittelpunkt liegen zwischen 130.100 km und 586.600 km. Die Satelliten führen gegenwärtig die Namen Miranda (Uranus 5), Ariel (Uranus 1), Umbriel (Uranus 2), Titania (Uranus 3) und Oberon (Uranus 4). Genau wie beim Planeten Jupiter wurde der innerste Satellit sehr viel später als die vier helleren entdeckt, so daß er die nächsthöhere Nummer (Uranus "5") erhielt, während die übrigen Satellitennummern zugleich die Reihenfolge der Bahnen von innen nach außen wiedergeben. - Wenn wir den Planeten Uranus und seine Satelliten im Zusammenhang mit der himmlischen Götterwelt deuten, müssen wir einerseits auf das zurückgreifen, was möglicherweise bis in die heutige Zeit überliefert ist, und andererseits die Grenzen der Beobachtungsmöglichkeiten der alten Zeit berücksichtigen, die wir in der noch sicheren Bekanntheit der Marsmonde Phobos und Deimos (Tius und Odins Raben Hugin und Munin) und des inneren Jupitermondes Amalthea (Thors Hammer Malmung), der Thor-Gattin Sief (Jupiter-Mond Himalia) und des äußeren Saturnmondes Phoebe (Gullinkambi), aber der schon unsicheren Beschreibung der vier gegenläufigen, fernen Jupitermonde - unter ihnen Pasiphae als Ring Draupnir -, der Töchter Thors, Hild und Thrud (Lysithea, Elara), und der elfengleichen, kleinen Heimdall-Töchter Elfrun und Gudrun (Saturn-O-alpha und Saturn-O-beta oder "Co-Orbitals") erkennen. Die Grenzhelligkeit scheint für günstige Beobachtungsbedingungen (keine Überstrahlung durch den Planeten, aber auch kein zu ausgedehnter Suchbereich) bei $16{,}5^m$ oder knapp 17^m gelegen zu haben. - Daß der Planet Uranus (Nerthur) auch den Weisen vor zwei oder drei Jahrzehntausenden bekannt war, ist angesichts seiner Beobachtbarkeit mit bloßem Auge wohl selbstverständlich. Auch einige seiner nur im Fernrohr deutlich werdenden Eigenschaften kannte man: Die aus der starken Abplattung abzuleitende Weichheit, die Neigung der Pole um

98° auf die Bahnebene hin, das Fehlen jeglicher Oberflächenmerkmale. Der Planet wurde in vermenschlichter Darstellung als ein Gott, der die Wogen des Meeres glättete, der lieber (waagerecht!) im Wasser schwamm als (aufrecht) stand und der den Kräften der Erde, dem Wasser und der faßbaren Materie eher zugeneigt war als dem fernen Sternenlicht, beschrieben. Er galt als Vater von Frey, der sein Schwert seinem Brautwerber Skirnir überlassen hatte und es dereinst im Endkampf der Götter missen würde, und Freias, der klugen Gemahlin des Gottes Odin. Uranus 3 und 4 besitzen die Helligkeiten $13{,}7^m$ und $14{,}2^m$ und sind leichter als die immer durch die Helligkeit ihres nahen Planeten etwas überstrahlten Marsmonde zu beobachten. Wir erkennen in ihnen Frey und Freia wieder. - Die inneren Uranumonde 5, 1 und 2 erreichen für den irdischen Beobachter nur noch die Helligkeiten 17^m, $14{,}8^m$ und $15{,}7^m$. Von den Nornen, welche die Fäden der Vergangenheit, der Gegenwart und der Zukunft spinnen, ist nicht sicher überliefert, daß sie je gesehen worden seien, und doch wird ihr Vorhandensein als unbezweifelbar angenommen. Wir geben den drei inneren Uranusmonden ihre Namen: Urd, Werdandi und Skuld. - So wie die Planetenbahnen offenbar nach einem Gesetz geordnet sind, das sie trotz gegenseitiger Massenanziehung und Bahnstörung jahrmilliardenlang auf etwa kreisförmigen Bahnen um die Sonne wandern läßt, so sind auch die Bahnen der sich untereinander beeinflussenden Planetenmonde stabil. Eine exakte Formel zum Beweis dieser Stabilität kann - wie auch im Falle der Planeten - nicht gefunden werden, aber so wie in der Planetenwelt weitgehend das Titius-Bodesche Abstandsgesetz gilt, finden wir auch wenigstens bei zwei Satellitengruppen eine gemeinsame Regel: Die Gemeinsamkeit besteht zwischen den Satelliten des Jupiter und des Uranus. Beide Planeten besitzen die gleiche Abplattung von rund 6 %, durch welche die 5 planetennächsten Satelliten in der Äquatorebene nahe Bahnen gezwungen werden. Jeweils ist der innere Satellit sehr klein, während die nachfolgenden Satelliten der Regel "mäßig groß, kleiner, sehr groß, groß" gehorchen. Eine Begründung für diese Regel gibt es nicht. - Uranus besitzt mit nur $0{,}8^0$ die geringste Bahnneigung gegen die Erdbahn. Die Exzentrizität der Uranusbahn von 4,7 % ist der des Jupiter (4,8 %) und des Saturn (5,6 %) sehr ähnlich. Wegen seiner großen Entfernung von der Sonne braucht der Planet Uranus für einen Umlauf 84,01 Jahre, also ein reichliches Menschenalter. Rund alle 370 Tage oder 1 Jahr und 4 bis 5 Tage steht Uranus für den irdischen Betrachter in Opposition zur Sonne. Der bei den sonnenäheren Planeten verwendete Begriff der "Begegnungen" verliert bei einem Sonnenabstand von 19,2 Erde-Sonne-Abständen schon fast seinen Sinn, da für einen so fernen Planeten Erde und Sonne beinahe zusammenfallen. - Uranus erscheint im großen Fernrohr als makellos einfarbiges, blaß-gelbliches Scheibchen, das etwa senkrecht zur Bahn im eiligen Lauf weniger Tage von den fünf recht nah und lichtschwach erscheinenden Satelliten umwandert wird. Aus den Satellitenumläufen ergibt sich eine leichte Zusammensetzung des Planeten von 1,7 g/cm^3 . Die Albedo (das Widerstrahlvermögen) liegt um 60 % und weist auf eine sichtbare Oberfläche aus hellen, leichtflüchtigen Stoffen in Rauch- und Nebelform. - Die waagerechte Stellung der Planetenachse, die wir als ein "Schwimmen" auf der Bahn gedeutet haben, die Weichheit, als welche wir die nicht unerhebliche Abplattung auslegen, und die makellose Einfarbigkeit der Oberfläche, die das Bild einer glatten Haut vermittelt, legen die Wahl des weichhäutigen, glatten und trotz seiner Eigenschaft, ein Säugetier zu sein, nie das Meer verlassenden Delfins als Symboltier nahe. Monat dieses Wesens der Fluten und der Schiffe ist in den nördlichen Jahreszeiten der letzte Wintermonat, "Hornung" genannt, in dem das Eis schmilzt. Der Gott, der jene Merkmale vereinigt, ist der friedensliebende und doch mächtige Nerthur (auch Njörd genannt), von dem eine Sage scheinbar sinnlos erzählt, er habe bei einem Vergleich der Götter, bei welchem keiner durch sein Gesicht erkannt werden sollte, die schönsten Füße gehabt - Füße, die das Leben am Meer gepflegt hat. - Der Anblick des Uranus (Nerthur) mag Milde und Mitgefühl und Neigungen zu genialer geistiger Fruchtbarkeit wecken. Nerthur brachte aus der fremden Welt der Wanen - der erdnahen Naturgottheiten - die Erfindung des seetüchtigen Schiffes, das wir in seinem Planetenzeichen durch den zu einem Drachen- oder Schlangenkopf gestalteten Bug der Schiffe der Wikingerzeit darstellen:  .

Das ganze Jahr hindurch und ohne Unterschiede über die Jahrzehnte zeigt der Planet Neptun die gleiche Helligkeit von 7,7^m , die jedem besseren Feldstecher zugänglich ist. Das klassische Zeichen für Neptun (Widar) ist der Dreizack (Trident) des Fischfangs: Ψ . - Der Planet zeigt sich erst bei 50-facher Vergrößerung gerade schon nicht mehr punktförmig. Im Amateurinstrument sehen wir einen farblosblassen, etwas verschwommenen, winzigen Fleck, der - wie es Planeten eigen ist - nicht flackert. Die Durchmesserbestimmung des fernen Planeten muß schwierig gewesen sein, denn in älterer Literatur wird Neptun als etwas kleiner als sein Nachbar Uranus angegeben, nach neueren Angaben ist er mit etwa 49.200 km Durchmesser etwas größer. Seine Abplattung ist mit nur 2 % deutlich kleiner als die der drei nächsten Nachbarn zur Sonne hin, der Planet ist also entweder härter und kompakter, oder er rotiert langsamer, und die weitere Erforschung hat ergeben, daß letzteres gilt, denn nicht nur an Durchmesser, sondern auch an Dichte (1,7 g/cm³) gleicht er dem Planeten Uranus (Nerthur) völlig, und auch seine Albedo (Widerstrahlvermögen) ist sehr ähnlich - vielleicht etwas geringer. Der Planet Neptun besitzt einen Mond, der mit vermutlich 4.000 km Durchmesser sogar etwas größer als der Erdenmond ist, wegen der großen Entfernung aber nur noch als Sternchen der Helligkeit $13,6^m$ erscheint. Dieser Mond, obwohl ein planetennaher Hauptmond, besitzt die merkwürdige Eigenschaft, daß er den Planeten falschherum umkreist, das heißt im umgekehrten Drehsinn wie der Planet in seiner Rotation und seiner Sonnenumwanderung. Diese Eigenschaft eines Satelliten konnten wir sonst nur bei den kleinen, sicherlich aus dem Planetoidengürtel eingefangenen und mit ihrem Planeten nur lose verbundenen äußersten Jupiter- und Saturn-Satelliten feststellen. Da dieser Mond dem Planeten näher ist als unser Erdenmond, und dabei größer, würde er für einen Beobachter von Neptun aus größer als unser Mond erscheinen - allerdings auch sehr viel dunkler, denn er erhält wegen der großen Sonnenferne nur 1/900 des Lichtes, das unser Mond erhält. Die Umlaufzeit dieses Mondes beträgt nur 5,88 Tage, und da der Umlauf der Rotation des Planeten entgegengerichtet ist, geht dieser Mond durchschnittlich alle 14 Stunden und 6 Minuten im Osten auf, während die Sonne alle 15 Stunden 40 Minuten am Osthorizont erscheint. Wir gewinnen den Eindruck eines drohend-großen, finsteren und sich eigenwillig und schnell bewegenden Planetenbegleiters. Dieser Satellit Neptun 1 trägt gegenwärtig den Eigennamen Triton. Die Sage sieht ihn als den Wachhund im Vorland zum Graben, hinter dem "Nebelheim", das Reich der zu Schatten gewordenen Toten liegt. Als drohendes Wesen streift er durch das "weite Land" (Landwidi), in dem Widar seine Götterburg errichtet hat, und geleitet diesen Gott wie ein Jagdhund kreisend auf seinen Ausritten und Wanderungen. Der Hund trägt den überlieferten Namen Garm (das heißt "Gram"), den wir als zweiten Namen für Triton verwenden wollen. - Der

Planet Neptun selbst läßt keine Oberflächenmerkmale erkennen und dürfte wohl ähnlich wie Uranus mit hellen, leichtflüchtigen, teils gefroren niedergeschlagenen und teils als Rauch und Nebel schwebenden Stoffen umhüllt sein. Die Beobachtungsmittel der Neuzeit haben zur Entdeckung eines weiteren Neptunsatelliten geführt, des nur $19{,}5^m$ hellen Neptun 2 oder Nereïde, der die ungewöhnliche Exzentrizität von 76 % besitzt und daher im Abstand zwischen 9.800.000 km und 1.300.000 km schwankt, wobei er im planetenfernen Bereich seiner Bahn, wo er sich langsamer bewegt, sehr lange und für den gedachten Beobachter auf dem Neptun wie im Schwebezustand verweilt, um nach mehreren (irdischen) Monaten im schnellen Fluge in den Nahbereich des Planeten herabzustürzen. Die Weisen von einst haben diesen Satelliten sicher nie gesehen, aber wir können ihm aus dem Schatz der überlieferten Namen den des Habichts "Habrok" zuordnen. - Die Neptunbahn ist nur um $1{,}8^o$ gegen die Erdbahn geneigt, und gegen die Bahn des durch seine große Masse einflußreichsten Planeten, Jupiter, nur um rund $1/2^o$. Zugleich ist die Bahn mit einer Exzentrizität von nur knapp 0,9 % fast so kreisrund wie die des Planeten Venus (Baldur). Vielleicht trägt die Überlieferung diesem Umstand damit Rechnung, daß sie Widar (Planet Neptun) nach dem Pfeiltod des Göttererben Baldur zum zunächst neuen Erben und einstigen Erretter vor dem entfesselten Fenriswolf werden läßt. - In mancherlei Hinsicht ist Widar (Planet Neptun) das genaue Gegenteil des Maßgebers Forseti (Planet Erde): Der Erdmond ist der hellste Satellit des Sonnensystems - sowohl für den gedachten Beobachter aus den Fernen des Weltalls, für den alle Planeten die gleiche Entfernung besitzen, als auch für den Betrachter auf dem Planeten. Im Gegensatz dazu ist Garm (Neptunmond Triton) geradezu ein "schwarzer" Trabant. Er ist so dunkel wie für den irdischen Beobachter die von der Sonne nicht beleuchtete Seite des Neumondes, welche am frühen Abendhimmel bei genauem Hinsehen zu erkennen ist und den Widerschein der Erde auf dem Mond zeigt. Der Erdmond läuft linksherum um seinen Planeten (beim Blick von Norden her), der Neptunmond rechtsherum. Der Planet Erde gehorcht wie alle Planeten bis hinaus zum Uranus - die 4 Planeten zwischen Mars und Jupiter als Planetengruppe - dem Titius-Bodeschen Gesetz der sich verdoppelnden Abstände (+0,4 AE) von 0,3 AE, 0,6 AE, 1,2 AE, 2,4 AE und so fort. Der Planet

Neptun ist dagegen etwa in der Mitte zwischen zweien der nach der Titius-Bodeschen Regel erlaubten Bahnen angesiedelt und wegen dieser Regelwidrigkeit das Gegenteil eines Maßgebers, wie ihn das Jahr und Monate einteilende Erde-Mond-System bildet. - Eine Kopplung des Planeten Neptun an das übrige Planetensystem sehen wir nicht nur in seiner flachen und ausgeprägt kreisförmigen Bahn, sondern auch in seiner Umlaufzeit, die mit 164,78 irdischen Jahren ziemlich genau doppelt so lang wie die des inneren Nachbarn Uranus und noch genauer zweidrittel so lang wie die seines äußeren Nachbarn ist. Er fügt sich also trotz seiner "Eigenwilligkeiten" gut in die um die Sonne gescharte Planetenfamilie. - In Opposition zur Sonne sehen wir den Planeten Neptun alle 367 1/2 Tage oder 1 Jahr und 2 Tage. - Der Neptun macht auf den irdischen Betrachter den Eindruck, mitsamt seinen beiden ungleichen Satelliten ein beharrlich und sehr diszipliniert durch die eisige Kälte des sonnenfernen Randes unseres Planetensystems ziehender und unverdient wenig beachteter Held zu sein. - Wir ordnen dem Planeten Neptun den gegen Frost, Schnee und Eis stets gut gerüsteten Bären aus dem Tierkreis zu, dessen Monat auf der nördlichen Erdhalbkugel der zweite Wintermonat ist, welcher den Namen "Harting" trägt. Der Gott, den wir im Planeten Neptun sehen, ist Widar, der mit seinem in der Einsamkeit geschaffenen eisernen Schuh gegen Ende der Zeiten den Fenriswolf besiegt. Der Anblick des Planeten Widar (Neptun) bestärkt eine Haltung der Eigenständigkeit und Ausdauer. Als Zeichen Widars verwenden wir den eisernen Schuh:  .

Dort, wo sich der Planet Pluto (Jul) zeigen müßte, sieht auch der mit einem guten Amateurteleskop ausgerüstete Beobachter nur schwarzen Himmel. Plutos Helligkeit liegt auch in günstigen Jahren nur um $13{,}7^m$. Da seine nach Jahrtausenden wieder erfolgte Entdeckung erst (jetzt, im Jahre 1980) 50 Jahre zurückliegt, besteht über sein Zeichen noch keine Einigkeit: Die Verwendung des aus den Buchstaben PL gebildeten Zeichens ♇ erscheint selbst manchen in der Facharbeit ausgetrockneten Astronomen (solchen etwa, die Sternbilder wie "chemischer Ofen", "Mikroskop" oder "Tafelberg" erfanden) zu fantasielos, und daher wird neuerdings zunehmend der Zweizack oder Spieß des "Teufels" verwendet: ⯓. Pluto gilt als Herr der Unterwelt (in anderen

Überlieferungen bloß als ihr Wächter oder Wachhund - man denke etwa an Widars Begleiter Garm!), die Entsprechung im heute verbreiteten, sich "christlich" nennenden Glauben sind der "Teufel" und die "Hölle". - Um als flächiges Objekt erkennbar zu werden, bedarf dieser Planet schon in erdnaher Stellung mehr als 1000-facher Vergrößerung, und auch dann zeigt er sich nicht als helles, ruhiges Scheibchen wie andere Planeten, sondern als etwas verschwommener, grauer Fleck, der sich kaum gegen den dunkleren Himmelshintergrund abhebt. Eben deshalb gehen die Meinungen über seine Größe auch etwas auseinander. Der Planet wurde durch den kleinen, aber rechnerisch erfaßbaren Einfluß seiner Masse auf die Planeten Neptun und Uranus in neuerer Zeit wiederentdeckt, wobei man sich nicht des unmittelbar suchenden Auges bediente, sondern der fotografischen Methoden. Wir müssen uns klarmachen, welche ungeheure Leistung es für die über wenig Technik verfügenden Menschen vor Jahrzehntausenden gewesen sein muß, hundert oder mehr Jahre am Himmel die Zone der Ekliptik (der scheinbaren Sonnenbahn) mit sorgfältigst geschliffenen Gold- oder Silber-Hohlspiegeln von etwas über 30 cm Durchmesser und einer kleinen Lupe aus Quarz oder einem anderen gut durchsichtigen Edelstein abzusuchen, nur um den Glauben an das Vorhandensein des äußersten Planeten bestätigt zu finden. Die Messungen, die zu seiner Wiederentdeckung in der Neuzeit geführt haben, führten zunächst auf eine Masse, die 0,18 Erdmassen gleichkäme. Wenn diese Annahme stimmte, dann könnte sein Durchmesser kaum geringer als 6.500 km sein, denn sonst würde seine Dichte die des Eisens überschreiten, und selbst ein reiner Eisenplanet in dieser Größe ist schon recht unwahrscheinlich, wenn es auch Nickeleisen-Planetoiden gibt, jedoch in kleinerem Maßstab. Andererseits kann der Planet auch nicht sehr viel größer als 6.500 km sein, denn dann wäre seine Albedo (Widerstrahlvermögen) für einen solchen Planeten, der durchaus leichtflüchtige, helle Stoffe an seine Oberfläche binden könnte, schnell zu gering. Bei 6.500 km Durchmesser läge die Albedo etwa bei 11 %, ähnlich jener der Planeten Mars (Tiu) und Pallas (Loki), und die Dichte läge mit 7,5 g/cm^3 wenig unterhalb der des Eisens. Es muß angenommen werden, daß die Masse des Planeten wesentlich geringer ist, als der Bahneinfluß auf den Neptun (Widar) einmal anzudeuten schien. Dann wäre ein noch kleinerer Durchmesser und die normale

Dichte eines Gesteins- oder Eisplaneten möglich. Die untere Grenze für den Durchmesser läge jedoch bei etwa 2.200 km, weil sonst ein Widerstrahlvermögen (Albedo) von 90 % überschritten würde. - Die Exzentrizität der Pluto-Bahn beträgt 25,3 %, wodurch der Planet der Sonne um 0,1 bis 0,6 AE (Erde-Sonne-Abstände) näherkommen kann als Neptun. Wegen der Lage der um 17.1^{o} gegen die Erdbahn geneigten Plutobahn kommen sich jedoch Pluto und Neptun nie näher als immer noch mehrere AE. Die Umlaufzeit um die Sonne lag nach bis vor kurzem noch maßgeblichen Messungen und Berechnungen bei 260,62 Jahren. Neuere Ergebnisse der astronomischen Forschung führen auf einen etwas geringeren Sonnenabstand und eine kürzere Umlaufzeit von 247,7 Jahren, was genau 1,50 (also genau eineinhalb) Umläufen des Neptun gleichkommt. Durchschnittlich alle 366,7 Tage oder alle 1 Jahr und 1 1/2 Tage steht Pluto für den irdischen Beobachter in Opposition zur Sonne (das heißt, Sonne, Erde und Pluto befinden sich in einer Ebene, die senkrecht zur Erdbahnebene steht - denn "Opposition" kann bei der starken Bahnneigung des Pluto nicht einfach so gesehen werden, als befänden sich die drei Himmelskörper auf einer Geraden, mit der Erde zwischen Sonne und Pluto). Wenn wir uns vorstellen, wir besäßen ein sehr großes Teleskop an einem atmosphärelosen Ort - etwa auf dem Mond oder in einer Erdumlaufbahn - und könnten den Planeten Pluto in starker Vergrößerung und doch scharf gezeichnet sehen, so zeigt sich uns wiederum das Bild, das wir schon vom Neptunmond Triton (Garm) hatten: Eine kaum beleuchtete Scheibe etwa von der Helligkeit der dunklen Seite des Erdmondes, wie sie sich in den Tagen um Neumond dem Erdbewohner in der Morgen- oder Abenddämmerung zeigt. Pluto (Jul) ist bei weitem der dunkelste Planet. - Wegen seiner großen, aber wechselhaften Höhe über uns setzen wir den Planeten mit einem in der Luft jagenden Vogel, dem Falken, in Verbindung. Die zugehörige Gestalt in den Sternbildern des Tierkreiszeichens ist der in dunkler Winterzeit jagende Bogenschütze, der uns im ersten Wintermonat, dem "Albing", die Hoffnung auf die Wiederkehr des Lichts gibt. Weltweit, auch auf der südlichen Erdhalbkugel, werden mit dem Weihnachtsfest sinngemäß der Jahreswechsel, die Wiederkehr des Lichts im Jahr der Menschen und die Erlösung der Götter durch den neugeborenen Lichtgott Wali (= der Erwählte = Christus) im Wechsel der 25.728-jährigen Großjahre gefeiert. Der bogentragende Gott heißt Jul, nach ihm benennen wir den Planeten Pluto. Der Anblick des Planeten mag uns Sicherheit bei der wechselhaften Jagd nach Glück und Besitz geben: Wie der Jagd- und Wintergott mit Schlittschuhen und reicher Beute dem kalten Winter Freuden abgewinnt, mögen auch wir in der Unbill und Mühsal des Alltags durch Unverzagtheit die Hoffnung behalten. Das Symbol zum neuen Planetennamen Jul seien Pfeil und Bogen: .

Jenseits des Ap-hels (Sonnenfernpunktes) der Pluto-Bahn wurde noch kein Planet beobachtet. Gemäß der Titius-Bodeschen Reihe könnte der nächste Planet in rund doppelter Pluto-Entfernung - in 77,2 AE Abstand von der Sonne - erwartet werden. Es gibt Astronomen, die aus noch nicht anders erklärten Bahnstörungen der äußeren Planeten Uranus, Neptun und Pluto auf einen Planeten "Transpluto" schließen, für den der Name "Poseidon" vorgeschlagen wurde. Er soll in durchschnittlich 60 bis 64 AE in 464 bis 512 Jahren einmal um die Sonne wandern und die Bahn des Kometen Halley stark beeinflussen. Halley reicht allerdings in seinem sonnenfernsten Punkt mit 35,3 AE nur in Pluto-Entfernung. Im näheren Bereich des vermuteten Planeten liegt dagegen der Ap-hel des Kometen Herschel, der 57,2 AE von der Sonne entfernt ist. Die Exzentrizität des Planeten wird mit bescheidenen 7 % angenommen, aber gegen alles in unserem Planetensystem bisher Bekannte soll seine Bahnneigung verstoßen: Sie soll 120° betragen - die Bahn also um 60° gegen die Erdbahn geneigt und der Planet im umgekehrten Drehsinn wie alle übrigen Planeten um die Sonne wandernd. - Unwahrscheinlich ist schon der außerhalb der Titius-Bodeschen Reihe liegende Sonnenabstand des Planeten, aber es mag noch sein, daß seine Entfernung so bemessen ist, daß seine Umlaufzeit genau 3 Uranus-Umläufen entspricht - ähnlich dem Umlaufzeit-Verhältnis Pluto-Neptun von 3:2. Der mittlere Sonnenabstand läge dann bei 62,5 AE. Die ziemlich kreisförmige Bahn würde auf einen Himmelskörper weisen, der nicht zufällig bei der Wanderung unserer Sonne durch den Raum unserer Milchstraße eingefangen wurde, denn die Bahnen solcher Himmelskörper sind ohne Ausnahme extrem elliptisch - wie die Bahnen der bekannten Kometen, mit einem Sonnenfernpunkt weit außerhalb der Planetenbahnen oder wenigstens nicht näher als Jupiter, und einem Sonnennahpunkt innerhalb der Erdbahn oder sogar innerhalb der Merkurbahn. Ein seit der Entstehungszeit des Sonnensystems zur Planetenfamilie gehörender Himmelskörper kann sich aber andererseits nur im Bereich einer etwas abgeflachten Kugel im normalen Umlaufsinn um die Sonne bewegen. Zwischen der sehr kreisähnlichen Bahn und der Über-Bahnneigung von 120° besteht also ein Widerspruch, der die Existenz des Planeten "Poseidon" stark in Frage stellt. - Um die starken Störungen der äußeren Planeten und einiger langperiodischer Kometen zu erklären, wird für den Transpluto-Planeten die gewaltige Masse von 300 bis 700 Erdmassen angenommen. Der Planet wäre also so schwer wie der Planet Jupiter (Thor), vielleicht sogar doppelt so schwer! Wie wir schon beim Jupiter überlegt haben, kann ein solcher Planet nicht aus schweren Elementen aufgebaut sein, weil dann durch eine Reaktion der Atomkerne der größte Teil des Planeten in alle Richtungen des Alls verfliegen würde. Der Planet "Poseidon" müßte also ganz wie Jupiter oder Saturn fast ausschließlich aus den leichten und auch bei tiefsten Temperaturen noch gasförmigen Elementen Wasserstoff und Helium bestehen, die erst in den tieferen Schichten der Atmosphäre des Planeten durch den hohen Druck flüssig oder fest werden. Mit der Masse hätte jener angenommende ferne Planet also auch die Größe und das Widerstrahlvermögen (Albedo) des Jupiter. Unter Berücksichtigung seiner Entfernung von der Erde und vom Glanz der Sonne wäre "Poseidon" dann ein Stern, der mindestens $9,5^m$ hell wäre - heller als die meisten Planetoiden, von denen schon tausende entdeckt sind! Bei Himmelsdurchmusterungen zur Herstellung von Sternkarten wäre er längst als im Vergleich zu den Fixsternen schnellbewegter Stern entdeckt worden. - Allzuviel spricht dafür, daß der vermeintliche Planet "Poseidon" auf einen zu gewagten rechnerischen Ansatz einiger Astronomen zurückgeht. Die Bahnstörungen der äußeren Planeten unseres Sonnensystems können auch mit zufälligen Massenanhäufungen im Bereich der vielen für immer unsichtbaren Kometen jenseits der Planetenbahnen erklärt werden. - Sollte es den Transpluto - wahrscheinlich dann kleiner als unsere Erde und auf einer regulären, vielleicht um 20° gegen die Ekliptik geneigten Bahn - überraschenderweise doch geben, so ist auch für ihn in der Überlieferung vorgesorgt: Der erste der himmlischen Götter, Odin, der auch Wotan genannt wurde, soll zwei Brüder namens Wili und We gehabt haben, die auch Hönir und Lodur genannt wurden. Als Wili und We sind sie in Vergessenheit geraten, die Erinnerung an Lodur ist in den Bildern von Loki und Tiu untergegangen, aber von Hönir wird berichtet, er sei nach einem Kampf zwischen den Asen (den Himmelsgöttern, denen Pferd, Rad und Planeten bekannt waren) und den Wanen (den Erdgöttern, die das Schiff und die Zusammensetzung des Stofflichen kannten) beim Friedensschluß gegen Nerthur und dessen Kinder Frey und Freia ausgetauscht worden. Hönir lebt also fernab der in Asgard (der Götterwelt) verbliebenen Götter und ist möglicherweise nicht unsterblich, weil dem Licht, das die Götter erhellt, fern. - Hönir soll ein schneller Denker und ein schneller Läufer gewesen sein. Für den Fall, daß es den Trans-Pluto ("Poseidon") geben sollte, können wir ihn ohne Bruch mit der Überlieferung Hönir nennen und ihm in Anlehnung an seine einst gerühmte Schnelligkeit die Beine als Zeichen geben: .

Wir haben dreizehn Planeten als materialisierte Götter gedeutet. Die im Ruhepunkt des Planetensystems schwebende Sonne, in der jahrmilliardenlang Materie zu Licht wird, finden wir in der Überlieferung als Garten der goldenen Äpfel wieder, deren Genuß den Göttern das ewige Leben beschert. Je näher ein Gott dem Licht der Sonne wandelt, desto langsamer altert er. Die Planetoiden, die sich vorwiegend zwischen den Bahnen von Jupiter (Thor) und Mars (Tiu) bewegen, zum kleineren Teil aber auch den Planeten Jupiter auf seiner Bahn begleiten, haben wir als die große Schar der Einherier bezeichnet, die nach ihrem irdischen Lebensende nicht zu Schatten und Nebeln verschwommenen Helden, die einst in einem Endkampf an der Erlösung der Götter von aufgelaufener Schuld teilhaben sollen. In den gelegentlich am Himmel erscheinenden Kometen wollen wir Boten aus der Welt der Elfen und Alfen sehen, der lichten, luftigen Wesen, die länger bestehen, wenn sie ihre Bahn in Sonnenferne ziehen, während sie in der Sonnenglut ihren Vorrat an leuchtenden Schleiern erschöpfen und zu losen Gesteinsbrocken zerfallen, die vereinzelt am Himmel der Erde als Grußbotschaften des Himmels verglühen und dann Sternschnuppen genannt werden.

Wir haben den Monaten in Anlehnung an die Jahreszeiten der nördlichen Erdhalbkugel Namen aus dem germanischen Sprachtum gegeben: Albing, Harting, Horning, Lenzing, Wandling, Weiding, Braching, Heuing, Ernting, Scheiding, Gilbing, Nebling. Um auch lateinisch-römischer Tradition gerecht zu werden, gaben wir den Monaten daneben Zählnamen - wie sie sie teilweise auch heute, aber sinnentfremdet, tragen: Unember, Duember, Triember, Quattember, Quinkember, Sexember, September, Oktober, November, Dekember, Undekimber, Duodekimber. - Nachdem wir nun den Planetenraum von der Sonne bis zum Planeten Pluto (Jul) und noch darüber hinaus in Gedanken mit dem Fernrohr durchforscht haben, können wir völlig sicher sein, daß sich in dem Bereich zwischen den von uns festgestellten 13 Planeten keine weiteren befinden. Wie den Monaten, haben wir auch den Planeten neue, germanische, aber großenteils auf einen älteren indogermanischen Ursprung zurückgehende Namen gegeben, die zugleich die Namen der dreizehn himmlischen Götter sind: ODIN, BALDUR, FORSETI, TIU, HERMODUR, BRAGI, HÖDUR und LOKI, THOR, HEIMDALL, NERTHUR, WIDAR, JUL. Auch die Planeten können wir nun, da wir im Gegensatz zu den Menschen des Mittelalters und der zurückliegenden Neuzeit ihre lückenlose Kette kennen, nach ihrem Abstand von der Sonne mit lateinischen Zählnamen versehen: Primus, Sekundus, Tertius, Quartus, Quintus, Sextus, Septimus, Oktavus, Nonus, Dekimus, Undekimus, Duodekimus, Tredekimus; es fällt allerdings schwer, an solch nüchterne Namen die Vorstellungen zu knüpfen, die wir von den Planeten und Göttern haben.

Bahn	heutiger lateinischer Name	lateinischer (und griechischer) Name, wie er nach den Eigenschaften des Planeten lauten müßte	Göttername germanisch-indogermanischen Ursprungs	lateinischer Bahnname	zugehöriger Monat gemäß natürlichem Jahreslauf
1.	Merkur	Merkur (Hermes)	ODIN	Primus	Nebling (Duodekimber)

2.	Venus	Apollo (Apollon)	BALDUR	Sekundus	Gilbing (Undekimber)
3.	Terra	Venus (Aphrodite)	FORSETI	Tertius	Scheiding (Dekember)
4.	Mars	Jupiter (Zeus)	TIU	Quartus	Ernting (November)
5.	Vesta	Juno (Hera)	HERMODUR	Quintus	Heuing (Oktober)
6.	Eunomia	Vesta (Hestia)	BRAGI	Sextus	Braching (September)
7.	Ceres	Diana (Artemis)	HÖDUR	Septimus	Weiding (Sexember)
8.	Pallas	Minerva (Pallas Athene)	LOKI	Oktavus	
9.	Jupiter	Mars (Ares)	THOR	Nonus	Wandling (Quinkember)
10.	Saturn	Ceres (Demeter)	HEIMDALL	Dekimus	Lenzing (Quattember)
11.	Uranus	Neptun (Poseidon)	NERTHUR	Undekimus	Horning (Triember)
12.	Neptun	Vulcanus (Hephästos)	WIDAR	Duodekimus	Harting (Duember)
13.	Pluto	Liber (Dionysos)	JUL	Tredekimus	Albing (Unember)

II.5. Was der Planetenreisende sieht

Das Raumfahrtzeitalter ist, wenn auch zaghaft, schon angebrochen. Hätten die Regierungen und Volksvertreter der reicheren Länder der Erde nur den Willen dazu, könnten Menschen zu allen Planeten unseres Sonnensystems gelangen und durch eigenes Erleben kosmische Erfahrung erwerben und vermitteln. Eines gar nicht mehr so fernen Tages werden wichtige mineralische Rohstoffe auf unserem Heimatplaneten Erde so schwer gewinnbar werden, daß trotz des großen notwendigen technischen Aufwandes eine Besiedlung des eisbedeckten Erdteils Antarktis, des atmosphärelosen und wasserlosen Mondes und schließlich der Planeten und ihrer größeren Satelliten lohnend werden wird.

Staaten, Völker und Einzelmenschen haben selten Bestand, wenn sie ihre Existenz nicht in einem Rahmen, der einen wesentlichen Teil der anderen Staaten, Völker und Einzelmenschen einschließt, begründen können. Die ersten kleinen Gruppen von Mondbesuchern standen der religiösen Konsequenz ihres Betretens eines fremden Himmelskörpers in kindlicher Hilflosigkeit gegenüber. Ihr "Gott im Himmel" hatte im Planetenraum keinen realen Platz mehr. Die götterverwandten Namen ihrer Planetenwelt entstammten einer erloschenen Kultur. Erste Ahnungen über das Bestehen eines Zusammenhanges zwischen Mond, Monaten, Tierkreissymbolen, Sternbildern, Planeten, Götternamen und einem Stern der Zeitenwende und Erlösung kamen auf. Stimmen, die nach fast zwei Jahrtausenden erstmalig wieder dem Herrn Jesus von Nazareth die Gotteseigenschaft absprachen, begannen, sich Gehör zu verschaffen. Gab es nur einen Gott? In welchem "Himmel" war er beheimatet? Hatte er einen Erlöser zu den Menschen herabgeschickt? Hatte ein "Stern von Bethlehem" kundigen Weisen vor rund 2.000 Jahren richtig die Zeitenwende angezeigt, oder war sie wie der angezweifelte "Christus" ein gewaltiger Irrtum? Solche Fragen bedürfen vor der Besiedlung des Planetenraumes der Beantwortung, oder die Beteiligten werden über kurz oder lang als Folge geistiger und seelischer Konflikte das Projekt zum Stillstand bringen. Mit auch noch so wichtigen Rohstoffen ist Menschen, die am Sinn ihres

Seins zweifeln, nur für allerkürzeste Zeit zu helfen. Wie Völker und Staaten, hat auch ein interplanetarisch erweiterter Lebensraum nur Bestand, wenn die neuen Welten wie die Erde als Heimat gesehen werden können und das Leben auf ihnen gleichen Organisationsformen und entsprechenden kosmischen Rückhalten gehorcht wie dort. Tageslänge, Jahreslänge, das Erscheinen der Monde und benachbarter Planeten und der Verlauf der scheinbaren Sonnenbahn in den Sternbildern sind für alle Planeten verschieden. Nur die Sternbilder selbst zeigen sich überall gleich. Beides muß eine Ordnung, welche die Planeten-Kalender, die Zeitalter des Großjahres und die Grundlagen einer die Menschen leitenden Astrologie umfaßt, berücksichtigen.

Im chinesischen Kulturraum werden die Jahre in sich wiederholender Reihenfolge einem von zwölf Tieren zugeordnet: Ratte, Büffel, Tiger, Katze, Drache, Schlange, Pferd, Ziege, Affe, Kampfhahn, Hund, Schwein. Über die Bildung von Gegensatzpaaren gelingt es uns, diese Tiere in jene unseres Tierkreises zu übersetzen: Aus Ratte wird Fledermaus oder Krebs, aus Büffel wird Stier, aus Tiger wird Steinbock, aus Katze wird Schwalbe, aus Drache wird Widder, aus Schlange wird Delfin, aus Pferd wird Bär, aus Ziege wird Adler, aus Affe werden Zwillinge, aus Kampfhahn wird Skorpion, aus Hund wird Falke, aus Schwein wir Storch. Die Gegensätze sind dann entsprechend den Gegensatzpaaren des Tierkreises die größtmöglichen: Hund zu Tiger wie Falke zu Steinbock, Pferd zu Katze wie Bär zur Schwalbe, Schlange zu Schwein wie Delfin zu Storch, Drache zu Ziege wie Widder zu Adler, Büffel zu Ratte wie Stier zu Fledermaus (oder Krebs), Affe zu Affe wie Zwilling zu Zwilling, Kampfhahn zu Kampfhahn wie Skorpion zu Skorpion. Ebenso geartete Gegensatzpaare finden wir – und zwar unter Beibehaltung der Bindung an die Monate und Tierkreissymbole, wie wir sie schon kennen – im Bereich der Planeten wieder: Jul (Pluto) dunkel, Baldur (Venus) hell; Widar (Neptun) mit schwarzem, rückläufigem Mond, Forseti (Erde) mit weißem, vorwärtsläufigem Mond; Nerthur (Uranus) gleichbleibend blaß, Tiu (Mars) farbig (rötlich) hell aufleuchtend; Heimdall (Saturn) massereich, aus leichtem Stoff, von veränderlicher Helligkeit (infolge der Ringstellungen), Hermodur (Vesta) massearm, aus schwerem Gestein, gleichbleibend leuchtend; Thor (Jupiter) groß, Bragi (Eunomia) klein; Loki (Pallas) mit exzentrischer und geneigter Bahn, Hödur (Ceres) mit kreisähnlicher und flacher Bahn; Odin (Merkur) als wandelbare Erscheinung, als Morgensternchen und Abendsternchen sonnennah aufleuchtend, doch vor der Sonne wandernd lichtlos schwarz. - Die klassische Astrologie kennt nur die dem bloßen Auge leicht zugänglichen Planeten und zählt diesen Sonne und Mond hinzu, während sie die Erde ausklammert. So kommt sie auf die sieben "Planeten" Saturn, Jupiter, Mars, Sonne, Venus, Merkur und Mond und benennt nach ihnen ganz ähnlich den Chinesen mit ihren Tieren in sich wiederholender Reihenfolge die Jahre. 1984 ist für den chinesischen Kulturkreis ein "Jahr der Ratte", für die westlichen klassischen Astrologen ein "Merkur-Jahr". - Wenn wir unter Verwendung unserer neu gewonnenen Erkenntnisse ebenfalls zwischen Jahren, Planeten und Tiersymbolen eine Beziehung herstellen wollen, müssen wir uns von der Sonderrolle der Erde lösen und sie als nur einen Planeten unter 13 sehen:

Die von Fixsternen gebildeten Sternbilder sehen zwar von allen Planeten her gleich aus, ihre Verteilung auf 7 Großzonen der Himmelkugel haben wir jedoch mit den Augen des Erdbewohners festgelegt: Nebelheim, Großer Graben, Süd-Utgard, Asgard, Midgard (die Milchstraße), Nord-Utgard, Großer Wall und Albenheim. Der Tierkreis, in dem für den Erdbewohner die scheinbare Bahn der Sonne verläuft, und der annähernde Kreis, auf dem sich in etwa 25.728 Jahren je einmal der nördliche Himmelspol herumbewegt und dabei genau einmal den hellen Polarstern unserer Zeit streift, sind durch die Erdbahn und die Erdachse bestimmt. Die Zwölfteilung des Tierkreises wie auch des irdischen Jahres wird durch den die Erde umkreisenden Mond nahegelegt, der in einem Jahr rund zwölfmal zum Vollmond wird. Daß Gegebenheiten des Planeten Erde den Fixsternhimmel für alle übrigen Planeten des Sonnensystems gliedern, ist nicht damit begründet, daß die Erde - etwa als Urheimat der Menschen-Arten - eine Sonderstellung einnehmen sollte, sondern gründet sich auf der Sinngebung, die diesem Planeten in seiner Deutung als Gott Forseti zukommt - als Gott, der das Maß gibt. - Von der Sonne her gesehen sind alle Planetenbahnen Kreise auf der Himmelskugel, wodurch sie ganz und gar gleichberechtigt werden, aber auch von der Sonne her ist zu sehen, wie der

Mond die Erdbahn näherungsweise in 12 gleiche Winkelabschnitte von je 30 Winkelgrad (^{o}) teilt. - Jeder Planet besitzt eine Bahnebene und eine Eigendrehung (Rotation) und damit auch Nord- und Südpol der Bahn und langfristig zeitlich veränderlichen nördlichen und südlichen Himmelspol. Für den Planeten Erde liegt der nördliche Pol der Bahn in Albenheim, nahe dem Stern, den wir nach dem Erlöser der Götter Wali nennen, und der südliche Bahnpol liegt in Nebelheim, bei dem Stern Hel, der nach dem beherrschenden Wesen der Nebel- und Schattenwelt benannt ist. Der nördliche Himmelspol kommt einmal in rund 25.728 Jahren (das sind 12 mal 2.144 Jahre) dem Polarstern sehr nahe, der dann für den irdischen Beobachter am Himmel stillsteht. Der Polarstern ist jenes Auge, das der Gott Odin als Pfand für Zukunftssicht und Weisheit hinterlegt hat, und wirklich überbrückt ja dieser Stern als Meßpunkt der Großjahre übermenschliche Zeiträume. - Für andere Planeten als die Erde behalten die Himmelszonen und Sternbilder ihre Bedeutung, wenngleich sich ihre Himmelspole vielleicht weit außerhalb Albenheims und Nebelheims und ihrer Randgebiete Großer Wall und Großer Graben bewegen. Der Kreis, den die Bahnebene eines solchen anderen Planeten auf der Himmelskugel bildet, wird von den Längenkreisen, welche den Tierkreis in 12 gleiche Abschnitte teilen, in 12 Abschnitte unterschiedlicher Winkelöffnung geteilt, die nur noch in der Summe 360° ausmachen, aber einzeln teils über und teils unter 30° liegen. Monate eines Planeten sind durch die Zeiten bestimmt, die er braucht, um vom einen zum nächsten jener Längenkreise der Himmelskugel zu wandern, welche die Erdbahn zwölfteilen. Eigene Großjahre gelten für die Planeten nicht. - Ein beträchtliches Maß an Vorstellungskraft verlangt die Betrachtung der Oppositions- und Konjunktionsstellungen zwischen Planeten: Für die Astronomen und Astrologen der Antike und des Mittelalters war das noch recht einfach: Wenn zwei Planeten aus irdischer Sicht nah aneinandergerieten oder einander gegenüberstanden, so galt das als Konjunktion oder Opposition, wobei solche Stellungen mit Bezug auf den vermeintlichen Planeten Sonne besondere Beachtung fanden. Wir als Heliozentriker müssen uns in Gedanken entweder auf die Sonne oder auf jeden einzelnen Planeten begeben, um alle Oppositions- und Konjunktionsstellungen der Planeten untereinander zu erfassen, wobei wir uns jedoch nur um die

Stellungen kümmern, die jeweils genau zwei Planeten und die Sonne und nicht drei (oder mehr) Planeten allein betreffen. Eine Opposition ist dann auf natürliche Weise folgendes: Die Stellung, bei welcher der in einem Planeten gemessene Winkel zu einem anderen Planeten und der Sonne möglichst groß, also näherungsweise 180° ist. Der zweite Planet steht dann in Opposition zur Sonne, andererseits aber für den Beobachter auf der Sonne in Konjunktion mit dem ersten Planeten, denn Konjunktion soll geringster möglicher Winkel heißen, also näherungsweise 0° . Dieser natürlichsten Betrachtungsweise können wir eine solche gegenüberstellen, welche die Bahnebenen der Planeten berücksichtigt: Für den Planeten, von dem aus betrachtet wird, müssen dann der Bezugsplanet und die Sonne sowie der Planet des Beobachters in einer Ebene liegen, die senkrecht auf der Bahnebene des Planeten des Beobachters liegt. Wegen der zueinander geneigten Bahnen ist dann nicht mehr wie bei der einfachen, vorher geschilderten Betrachtungsweise die Oppositionsstellung des einen Planeten zugleich Konjunktionsstellung des anderen, sondern es liegt zwischen beiden Stellungen ein zeitlicher Unterschied. - Die Bindung der Begriffe "Oppositin" und "Konjunktion" an die Bahnebenen der Planeten macht es uns möglich, "Eigenoppositionen" und "Eigenkonjunktionen" zu definieren: Meinen wir mit Oppositionen und Konjunktionen die Stellungen der anderen Planeten mit Bezug auf Sonne und Planet und Bahnebene des Betrachters, so meinen wir mir Eigenopposition und -konjunktion die Stellungen des Betrachterplaneten mit Bezug auf die Sonne und die anderen Planeten mit ihren Bahnebenen. Da allerdings die meisten Planetenbahnen nur wenig gegeneinander geneigt sind, fallen die so bestimmten Eigenstellungen mit den Oppositions- und Konjunktionsstellungen zeitlich nah zusammen. Deshalb geben wir ergänzend jenen beiden Stellungen auf der räumlich gesehen elliptischen Planetenbahn, bei welchen sich der Planet der Sonne am nächsten beziehungsweise am weitesten von ihr befindet, einen Eigenoppositions- beziehungsweise Eigenkonjunktionscharakter.

Die Benennung der Jahre in einem Zwölfjahres- (chinesische Astrologie) oder einem Siebenjahresrythmus (griechische, "klassische" Astrologie) ist von den Stellungen der Planeten völlig unabhängig und bedarf weder des wirklichen Sternenhimmels, noch der Planeten, sondern verwendet aus ihnen nur Namen. In Wahrheit ist jeder Zeitpunkt im ewigen Zeitablauf einmalig und findet in den ständig wechselnden Konstellationen zwischen Planeten und Fixsternhimmel eine bildliche Entsprechung. Dem tragen wir Rechnung, wenn wir die Jahre nach den wirklichen himmlischen Gegebenheiten benennen: Jeder Planet hat einen eigenen Jahreslauf. Wir benennen das Jahr auf einem Planeten nach den Oppositions-, Eigenoppositions- und unteren Konjunktionsstellungen mit Bezug auf seine Planetenebene, bei denen die in solche Stellungen geratenden Planeten von der Sonne her gesehen im eigenen "Haus" oder in den "Häusern" anderer Planeten in zyklischer Folge stehen. Steht also beispielsweise für einen Betrachter auf dem Merkur der Planet Erde in Opposition zur Sonne und steht von dort her gesehen im (neuen) Sternbild "Schwert", so haben wir auf dem Merkur ein Forseti-Jahr (Forseti = Göttername für den Planeten Erde). Stehen für den gleichen Betrachter im Laufe eines Merkur-Jahres etwa Venus (Baldur), Eunomia (Bragi) und Neptun (Widar) in Opposition zur Sonne, wobei die Venus in Bragis Sternbild "Krebs", Eunomia in Widars Sternbild "Bär" und Neptun in Baldurs Sternbild "Steinbock" steht, wenn man sie von der Sonne her betrachtet, so durchläuft der Planet Merkur (Odin) ein Baldur-Bragi-Widar-Jahr.

Nachdem wir uns nun einer im ganzen Sonnensystem geltenden Ordnung des Sternenhimmels versichert haben, können wir in Gedanken zu den Planeten reisen, ohne daß wir einen Zustand der Bezugslosigkeit gewärtigen müssen, den Menschen so schwer ertragen: Die Geschichte der Menschenvölker bis in die Gegenwart zeigt, daß in der Regel sowohl zu große, durch strukturbedingte Eigengesetzlichkeit die Menschen bedrückende Imperien, als auch zu kleine und in den eigenen Möglichkeiten zu beschränkte Zwergstaaten ausgewogenen Ordnungen aus mittleren Staaten weichen mußten, in denen der Mensch am ehesten die Möglichkeit hatte, sich zugleich als Einzelpersönlichkeit wie auch als Gemeinschaftsmitglied zu empfinden und zu entfalten. Weder als Boten eines irdischen Imperiums noch als nur sich selbst verantwortliche Raum-Reisende würden Menschen für mehr als nur sehr kurze Zeit das Leben in der Weite des Planetenraumes ertragen. Um dort zu überleben, müssen Menschen das Bewußtsein erlangen können, sich in Welten zu befinden, die Heimat sein können - dem alten Heimatplaneten Erde gleichrangig - Welten mit benannten Sternbildern, Göttern, Kalendern und deutbaren Himmelsereignissen.

Nur kurze Zeit überdauert ein wie auch immer geartetes Raumschiff die unmittelbare Nähe der Sonne. Jede chemische Verbindung zerfällt in der gleißenden Sonnenglut in ihre Bestandteile, und kein chemisches Element bleibt im festen Zustand erhalten, sondern wird zu feurigem Gas oder zumindest weißglühend-flüssig. Eine Sonnenumrundung dauert einen halben Erdentag, und es mag wohl möglich sein, ein Raumschiff zu bauen, dessen sonnenabgewandter Teil für einige wenige Runden vorgegebene Temperaturen aufrechterhält, die von Antriebssystem, Instrumenten und lebenden Beobachtern ohne Schaden überstanden werden. - Dem Sonnenumrunder böte sich jener Anblick, den wir mit viel weniger Aufwand und Gafahr rechnerisch ermitteln können: Ein Sternenhimmel, auf dem 13 Planeten und zahlreiche Planetoiden und Kometen auf Großkreisen ihre Bahnen ziehen. Hellster Planet wäre mit $-5{,}8^m$ die Venus (Baldur). Wie alle Planeten erschiene auch dieser in jedem Abschnitt seiner Bahn als volle Kreisscheibe, als Planet mit "zugewandtem Gesicht". Der Merkur (Odin) und Terra (Forseti) wären beide mit $-3{,}8^m$ etwa so hell wie für den irdischen Beobachter die Venus (Baldur). Mit $+0{,}3^m$ ebenfalls gleich hell und dem bloßen Auge gut zugänglich wären der Mond (Erdmond, Luna oder Mensator) und der Planet Mars (Tiu), der von der Sonne her eine bedeutend gleichmäßigere Erscheinung ist als von der Erde her gesehen, zu der ja seine Entferung stark schwankt, ohne daß wie bei der Venus (Baldur) der Phasenwechsel einen Helligkeitsausgleich schafft. Die Planeten Vesta (Hermodur), Eunomia (Bragi), Ceres (Hödur) und Pallas (Loki) verlieren im Vergleich zu einer günstigen Stellung zur Erde etwas an Helligkeit, und zwar um rund eine Größenklasse, so daß sie bei jeweils mittlerem Sonnenabstand ungefähr die Helligkeiten $+7^m$, $+10^m$, $+8^m$ und $+9^m$ zeigen und damit noch mühelos zu beobachtende Fernrohrobjekte sind, wenn man sie aus der sonnennahen Kreisbahn betrachtet. Mit $-2{,}0^m$ zeigt sich der Planet Jupiter (Thor) fast so hell wie von der Erde her, und auch die Helligkeiten und die Winkelabstände seiner Satelliten sind nur unwesentlich gemindert. Der Planet

Saturn (Heimdall) erscheint schon fast wie von der Erde aus. Wenn der Ring seine Schmalseite zeigt, liegt die Helligkeit des Planeten bei $+1,0^m$ und die seines größten Satelliten bei $+8^m$. Die sonnenfernen Planeten Uranus (Nerthur), Neptun (Widar) und Pluto (Jul) besäßen wie von Terra (Forseti) aus die Helligkeiten $+5,9^m$, $+7,8^m$ und (durchschnittlich) $+15^m$. Kometen böten kaum eine auffälligere Erscheinung als Planetoiden, da ja ihre auffälligen Schweife immer von der Sonne weggerichtet und somit von dort her gesehen nahezu unsichtbar sind. Eine Landung auf der Sonne müßte man sich als ein Versinken in ihren von Energien durchwühlten Gasen vorstellen. Kein Raumschiff hätte die Antriebskraft, um nach dem Fall durch die Sonnenoberfläche dem Schwerefeld jenes massereichen Himmelskörpers zu entrinnen.

Schon in einem schwachen Fernrohr sind die meisten Planeten nicht mehr bloße Lichtpunkte verschiedener Helligkeit und Farbe, sondern kleine Scheiben. Mehr sieht auch der Raumfahrer bis wenige Stunden vor der Ankunft bei einem Planeten nicht. Monatelang kann er außer der stechend hellen Sonne nur einen schwarzen Himmel und ferne Sterne sehen, die wegen des Fehlens atmosphärischer Turbulenzen nicht mehr flackern und so die Planeten noch unauffälliger werden lassen, als sie dem irdischen Beobachter erscheinen. Möglicherweise wird dieses Erlebnis der Leere dazu beitragen, daß interplanetarische Reisende die im Vergleich zu unserer Erde wenig lebensfreundlichen übrigen Planeten aufatmend als Heimat begrüßen.

Der Planet mit der stärksten Sonneneinstrahlung ist Merkur (Odin). Der Anblick seiner an den Mond erinnernden, aber zahlreicheren Ringgebirge läßt uns ein anscheinend im ganzen Sonnensystem geltendes Gesetz ahnen: Die Ausmaße und Formen der Gebirge sind für kleine Himmelskörper wie Phobos (Hugin) wie für Planeten bis hin zur Größe des Planeten Mars (Tiu) gleich. Berge wie Täler weichen selten mehr als 10 km von einer mittleren Höhe ab, die meisten Höhenschwankungen liegen um 3 km, die Durchmesser der Ringgebirge der Hauptstruktur liegen um 10 bis 100 km. Von dieser Überlegung ausgehend erkennen wir bei unserer Annäherung an den Merkur auf einen Blick, daß der Planet dem Mond der Erde ähnlich, aber merkbar größer ist. Auf der Oberfläche des Planeten wiegen wir rund 1/3 dessen, was wir auf der Erde wiegen. Auf- und Untergang der in drohender Größe im Himmel hängenden Sonne erfolgen langsam und ungleichmäßig und sind an den Jahreslauf gebunden: In den Wochen der Sonnennähe steht die Sonne am Himmel still, in sonnenferner Stellung des Planeten zieht sie schleppend über den Himmel. Stand die Sonne zu Beginn der Beobachtung in Mittagsstellung, so ist ein Merkurjahr später Mitternacht. Für den Merkurbewohner vergeht also in einem Jahr nur ein halber Tag. Physikalisch ist dies mit einer gebundenen Rotation zu erklären, die den Planeten in Sonnennähe, wenn seine Umlaufgeschwindigkeit groß ist, zwingt, der Sonne stets die gleiche Seite zuzuwenden. Da die Eigendrehung gleichmäßig verläuft, ist sie im sonnenfernen, langsameren Teil der Bahn schneller, als es der Bahnkrümmung entspricht. Nach einem Umlauf hat sich der Planet 1 1/2 mal gedreht. Sonnenlicht und Sonnenwärme treffen auf die Planetenoberfläche, ohne durch eine Atmosphäre abgeschwächt zu werden. Wasser wird in einer Kuppelstadt mit irdischem Luftdruck zu Dampf, Zinn schmilzt, Blei glüht, organische Substanzen verkohlen, aber die Fülle an Sonnenenergie ist auch geeignet, wirksame technische Kühlanlagen zu betreiben, so daß der Planet für Menschen auf die Dauer keineswegs unbewohnbar wäre.

Der Planet Venus (Baldur) bleibt auch bei großer Annäherung gleichmäßig grell gelblich-weiß. Eine hoch über einer dichten Atmosphäre liegende Wolkenschicht verwehrt den Blick zur Oberfläche. Trockene, heiße Winde wehen dort über eine Sand- und Felsenlandschaft. Die Sonne ist durch die Wolken nicht zu sehen, aber es ist dennoch hell, weil Streulicht durch die Wolken dringt. Auch auf dem Planeten Venus ist in Kuppelstädten, die etwa irdischen Atmosphärendruck bieten und technisch gekühlt werden, ein Leben gut denkbar. Aus der Venusatmosphäre können Kohlenstoff, Sauerstoff und Wasserstoff für eine lebensunterstützende organische Chemie gewonnen werden. Der zur Erhaltung lebender Organismen unentbehrliche Stickstoff scheint auf jenem Planeten allerdings selten zu sein, was eine Lebensentfaltung erschwert. Der Planet ist an Ausmaßen und Masse der Erde sehr ähnlich, ein Raumfahrer wiegt dort nur unbedeutend weniger als auf Terra. Da keine Berggipfel über die

Wolkenschicht der Venusatmosphäre hinausragen, müssen Sternsucher an mit Leichtgas gefüllten Behältern aus der stark gepreßten Gashülle des Planeten auftauchen. Die Rotation und die Oberflächengestaltung des Planeten Venus (Baldur) sind mit Hilfe von Radarechos von der Erde her mühsam festgestellt worden. Der Planet ist trotz der wohl schon seit Jahrmilliarden unaufhörlich wehenden Winde nicht durch das Mahlen windgetragener Sandkörner eingeebnet, sondern gebirgig. Die Rotationsachse des Planeten besitzt die Eigentümlichkeit, daß ihr Nordende nur um 6° gegen den Südpol der Planetenbahn geneigt ist. Der Planet steht also, anschaulich gesehen, kopf. Ein Venusumlauf dauert 224 Erdtage und 16 1/2 Erdstunden. Eine Venusdrehung dauert 242 Erdtage und 23 Erdstunden. Daraus ergibt sich eine Venustageslänge von etwas mehr als einem halben Venusjahr, genauer 116 3/4 Erdentagen. Nur der Merkurtag mit seinen 175 3/4 Erdtagen ist noch länger. - Obwohl wir annehmen wollen, daß die weisen Menschen ferner Zeitalter weder Raumfahrt noch Radarmessung gekannt haben, ist von ihnen doch die 174-Grad-Neigung des Planeten Venus (Baldur) in derselben Verschlüsselung wie andere astronomische Gegebenheiten überliefert, indem berichtet wird, daß der Aufenthaltsort des Gottes Baldur nach seinem Tod durch den Pfeil das Reich der Hel - Nebelheim - gewesen sei. Nebelheim ist in den Sternen das Gebiet um den Südpol der Ekliptik, und in diese Richtung ist der Nordpol des Planeten Venus (Baldur) geneigt. Reißt vielleicht einmal in Jahrtausenden die Wolkendecke des Planeten auf, und wurde dieses seltene und sicherlich kurzwährende Ereignis beobachtet? Könnte die Zeit für eine genaue Messung der langsamen Rotationen gereicht haben?

Der Planet Erde oder (lateinisch) Terra ist im Laufe der letzten 500 Jahre allmählich auf allen Seiten erforscht worden. Es hat sich herausgestellt, daß alles Festland für Menschen notfalls auch ohne maschinengefertigte Hilfsmittel dauerhaft bewohnbar ist. Die Hauptlandmassen sind durch Landbrücken oder leicht zu überwindende Meeresengen miteinander verbunden, und Schiffe alter Art, die mit Windkraft über alle Meere zu segeln vermögen, erlauben es dem Menschen, ohne auf industrielle Technik angewiesen zu sein, nahezu jeden Punkt des Planeten zu erreichen. Unbewohnbar und kaum dauerhaft in Besitz zu nehmen sind nur die Eiswüsten: Der Erdteil Antarktis und die goße Insel Grönland, deren felsige Landmassen tausende Meter tief unter Eis begraben sind. Diese Eislandschaften und mit ihnen die eisbedeckten höchsten Berggipfel, die mehr als 6.000 Meter über die Höhe des Meeresspiegels ragen und oberhalb des wetterbewegten Teils der irdischen Lufthülle liegen, zeigen die sonst so nahe und vertraute Erde als den von der Stille und Kälte des Weltalls umgebenen Planeten Terra (Forseti), der sie auch ist. - Terra (Forseti) bietet Sternbeobachtern den ausgewogensten Planetenhimmel: Der sonnennahe Merkur (Odin) ist in günstigen Stellungen noch gut zu sehen, der hellste Planet des Terra-Himmels, die Venus (Baldur), stellt mit seiner Helligkeit von bis zu $-4{,}4^m$ noch nicht alle übrigen Sterne und Planeten des Himmels in den Schatten, und die lichtschwachen Planeten zwischen Mars (Tiu) und Jupiter (Thor) sind schon so hell, daß das bloße Auge wenigstens einen von ihnen gelegentlich zu beobachten vermag. Planetenhimmel und Sternbilder, wie sie von Terra her erscheinen, sind Stoff uralter Überlieferungen geworden: Die zwölf Tierkreissternbilder, die Himmlischen Reiche, die Planeten mit den Eigenschaften wirkender Götter. Terra (Forseti) besitzt den von dorther wie von der Sonne her gesehen hellsten Mond. Sein Umlauf teilt das Jahr des Planeten in rund 12 Teile. Seine scheinbare Größe reicht im erdnäheren Teil seiner etwas elliptischen Bahn gerade aus, um die Sonne zu verdecken, wodurch das hellblaue Leuchten des Taghimmels verschwindet und den Sternenhimmel in unmittelbarer Umgebung der Sonne sichtbar werden läßt. Der Erdmond (lateinisch auch Luna oder Mensator) erreicht als Vollmond die Helligkeit

$-12{,}7^m$. Dieser Mond ist gegen seinen Planeten so groß, daß seine Bahn nicht an die Äquatorebene des Planeten gekoppelt ist, sondern sich eher in der Bahnebene des Planeten bewegt: Für den Beobachter irgendwo auf einer benachbarten Planetenbahn entstände der Eindruck zweier etwas ungleicher, aber auf gemeinsamer Bahn um die Sonne wandernder Planeten. Wie erdgebunden der Mond jedoch trotz seiner eigenständigen Bewegung ist, zeigt der Umstand, daß er eine streng gebundene Rotation besitzt, indem er der Erde immer dieselbe Seite zukehrt.

Hinsichtlich Größe und Eigenschaften liegt der Planet Mars

(Tiu) zwischen Erde und Mond: Der Planet besitzt etwa den halben Erddurchmesser, der Mond einen viertel Erddurchmesser. Die Erde zeigt kaum Spuren von durch den Aufprall schwerer Himmelskörper verursachten Ringgebirgen, besitzt jedoch viele Vulkankrater, durch welche glutflüssiges Erdinneres an die Oberfläche dringt; der Mond zeigt unzählige Ringgebirge und Ringberge aller Größen, dagegen keinen Vulkanismus; auf dem Mars verwehen Sand- oder Staubstürme die Ringformationen, und mindestens ein großer Vulkan ist bekannt. Der Planet Mars (Tiu) besitzt eine wegen ihrer geringen Dichte und ihrer sauerstoffarmen Zusammensetzung für Menschen nicht atembare Atmosphäre, und Menschenleben ist auf diesem Planeten folglich nur mit Druckausgleich und künstlicher Beatmung möglich. Die Temperaturen bewegen sich jedoch im für Menschen und andere hochentwickelte Lebewesen erträglichen Bereich, wenn auch nur am Tage und in Äquatornähe. Der Planet ist kühl, die Sonne zeigt sich nur noch mit 2/3 des Durchmessers, den sie am Erdhimmel aufweist. Achsenneigung und Rotationszeit des Planeten sind fast wie die der Erde: $24{,}0^{o}$ Neigung statt rund $23\ 1/2^{o}$, $24^{h}\ 37^{m}\ 23^{s}$ Sterntaglänge statt $23^{h}\ 56^{m}\ 04^{s}$. Der Marstag dauert im Mittel rund $24^{h}\ 39\ 1/2^{m}$ (^{h} = Stunden, ^{m} = Minuten, ^{s} = Sekunden), gegen die bekannten 24 Stunden des Erdtages. Infolge der nicht unerheblichen Exzentrizität von 9,3 % (Erde 1,7 %) und des gegen die irdischen Verhältnisse längeren Marsjahres bei fast gleichlanger Mars-Tageslänge weicht die wirkliche Sonne zu einigen Jahreszeiten mehr als zwei Stunden von der mittleren Sonne ab - Sonnenuhren gehen also auf dem Mars recht ungenau. - Am Sternenhimmel des Mars geben nur die benachbarten Planeten ein verändertes Bild: Der Merkur (Odin) steht noch sonnennäher und um eine Lichtstärkeklasse schwächer am Marshimmel, Venus (Baldur) und Terra (Forseti) wechseln sich am Morgen- und Abendhimmel als hellste Sterne ab. Vesta (Hermodur) erscheint noch etwas heller als von der Erde her, auch Ceres und Pallas (Hödur und Loki) werden in Marsnähe dem bloßen Auge zugänglich, und selbst der meistens zurückgezogene Planet Eunomia (Bragi) taucht gelegentlich etwas aus dem Dunkel und überschreitet die Helligkeit des fernen Planeten Neptun (Widar). Jupiter (Thor) und alle noch weiter außen wandernden Planeten zeigen sich gegenüber dem Bild, das sich von der Erde her bietet, kaum verändert. - Der Planet Mars (Tiu) wird von den beiden unscheinbaren Satelliten Phobos und Deimos (Hugin und Munin) umkreist, die von der Erde her nur Helligkeiten von $11{,}5^m$ und $12{,}5^m$ erreichen und mit 22 und gar 13 Kilometern Durchmesser nur von der Größe der sechs äußeren Jupitermonde und der Hauptmenge der Planetoiden sind, die wir als namenlose Schar, Einherier oder den Einheriern verwandt, bezeichnet haben. Vom Planeten Mars (Tiu) her her gesehen sind jene beiden Monde beachtliche Himmelskörper. Besonders der nähere der beiden Monde, Phobos (Hugin), der wie ein aus der Landschaft gerissener Berg zweimal an einem Marstag im Westen aufgehend und im Osten untergehend über den Himmel eilt (Westen als Gebiet des Sonnenuntergangs oder noch genauer des Sternenuntergangs, Osten als Gebiet des Aufgangs - in der bisherigen Astronomie wurden Ost und West der Planeten genau umgekehrt nach der irdischen Himmelsteilung bestimmt: Westen als dem irdischen Untergangshorizont häher, Osten zur Aufgangsseite des irdischen Horizonts hin liegend; seit Sonden zu den Planeten reisen, ist diese Art der Festlegung nicht mehr brauchbar, und man geht dazu über, sich nach Auf- und Untergangsseiten für Sterne auf den Planeten zu richten; alte Planetenabbildungen zeigen aber noch die alte Seitenvertauschung). Phobos ist etwas elliptisch geformt, zeigt etwa 1/3 des scheinbaren Durchmessers, den für uns unser Erdmond besitzt, besitzt eine sehr geringe Oberflächenhelligkeit und vermag die dem Planeten Mars (Tiu) scheinende Sonne nicht ganz zu verdecken, so daß es dort keine totalen Sonnenfinsternisse gibt. Phobos (Hugin) scheint im günstigen Falle mit der Helligkeit $-9{,}1^m$ oder noch geringfügig besser auf den Mars. Deimos (Munin), der andere Marsmond, leuchtet mit einer Helligkeit von etwa bis zu $-5{,}4^m$ auf den Planeten und ist erst in einem kleinen Fernglas als flächiges und ebenfalls recht dunkles Gebilde zu erkennen. Deimos (Munin) vollbringt im Laufe von etwas mehr als 6 1/8 Marstagen 5 Umläufe, ein Monat von gleicher Phase zu gleicher Phase dieses Mondes (nur im Fernrohr zu beobachten) dauert zwar nur 1,226 Marstage, aber erst jeder 5. Vollmond scheint einem ortsfesten Beobachter auch gegen Mitternacht, während er sich sonst (dort unsichtbar) zu den verschiedensten Tageszeiten ereignet. Für den Beobachter auf dem Mars scheint der Mond Deimos in 6 1/8 Tagen in Ost-West-Richtung um den scheinbar stillstehenden Planeten zu wandern. Obwohl Phobos (Hugin) und Deimos (Munin) vom Standpunkt ihres Planeten her zu den hellen Monden unseres Sonnensystems zählen und jeden Fixstern und jeden Planeten überstrahlen, sind sie andererseits so klein, daß es wegen des Mangels an Schwerkraft nicht möglich ist, sich dauerhaft auf ihnen aufzuhalten. Mit jedem noch so vorsichtigen Schritt springt ein Raumfahrer dort einige hundert Meter hoch und kann, wenn er es beabsichtigt, mehr als einen Kilometer hoch springen. Trotz der hohen Sprünge kommt er stets auf den Boden zurück - wenn auch nicht immer mit den Füßen voran - und springt niemals etwa in eine Umlaufbahn. So ein Satellit wird niemandem Heimat, weil Menschen für ein Dauerleben ein Mindestmaß an Schwerkraft, an festem Boden unter den Füßen, benötigen.

Ein Planet ohne Satelliten ist Vesta (Hermodur). Sein Durchmesser wurde - in Anbetracht der Berge und Täler wohl etwas übergenau - bei einer Sternbedeckung mit vermeintlich 386 km gemessen. Messungen nach neuartigen Verfahren ergaben 490 bis 560 km. Aus einer Beeinflussung eines Planetoiden namens Arete bei einem nahen Vorbeigang wurde eine Masse errechnet, aus der sich eine Planetendichte ergibt, die bei 385 km Durchmesser eine Zusammensetzung aus 80 % Eisen und rund 20 % Nickel, sowie Spuren von Kobalt erwarten ließe, bei 500 km Durchmesser hingegen Gestein von 3,5 g/cm^3 Dichte. Die Rotation des Planeten wurde auf die Sekunde mit 5 Stunden, 20 Minuten und 32 Sekunden gemessen, während die Rotationsachse mit einiger Unsicherheit als um 47° gegen den Pol der Bahn geneigt angenommen wird. Schon die Bestimmung der Rotationszeiten kleiner oder sehr ferner, auch in Fernrohren kaum mehr als punktförmig erscheinender Planeten ist schwierig: Wenn man Glück hat, zeigt der Planet bei seiner Eigendrehung regelmäßige Helligkeitsschwankungen, weil er dem Beobachter wechselnd helle oder - bei unregelmäßiger Planetengestalt - auch wechselnd große Teile seiner Oberfläche zuwendet. Ferner kann aus der Verschiebung der Sprektrallinien des von den entgegengesetzt bewegten Rändern des Planeten ausgesandten Lichts (Doppler-Effekt) auf die Rotationsgeschwindigkeit geschlossen werden, wobei ein nahezu punktförmig erscheinender Planet nur noch eine Verbreiterung der Linien zeigt. Entsprechende Messungen können mit Radarechos vorgenommen werden. Am leichtesten hat es ein Beobachter, der auf einem gut flächenhaften Planetenbild regelmäßige Oberflächeneinzelheiten vorüberziehen sieht. Die Messung der Rotationsachsen führt bei den kleinen Planeten und erst recht bei den noch kleineren Planetoiden auf die Schwierigkeit, daß bei kleinen Himmelskörpern gebirgige Unregelmäßigkeiten der Oberfläche eine wesentliche Abweichung des Gesamtkörpers von der Kugelform bedeuten. Zugleich ist bei den kleinen Himmelskörpern die das Planetenmaterial zusammenhaltende chemische Kraft bedeutend stärker als die Fliehkraft, die große Planeten immer etwas abplattet, wodurch bei diesen die durch die abgeflachten Pole verlaufende Drehachse die des größten Trägheitsmoments und dadurch besonders stabil ist. Die Rotationsachsen kleiner Himmelskörper stehen in ihrer Richtung im Raum nicht völlig fest und unterliegen auch nicht nur einer im Jahrzehntausende-Maßstab wirkenden Präzession, sondern diese Achsen taumeln in einem kuzzeitigen Rhythmus nach mehr oder weniger verschlungenem Muster. - Rund 30mal so leicht wie auf Terra ist ein Mensch auf dem Planeten Vesta (Hermodur), rund 5mal so leicht wie auf dem Erdmond, auf dem sich Menschen durchaus noch nicht zu leicht vorkommen und sich gut bewegen können. Von der Landschaft, die sich dem Beschauer auf Vesta (Hermodur) bietet, kann nur gesagt werden, daß sie sehr helle, genauer sehr gut das auftreffende Licht zurückwerfende Flächen besitzt, die aus hellem Gestein - etwa Basalt - bestehen könnten. Sicher ist, daß auch Vesta (Hermodur) Ringgebirge mit Höhenunterschieden so um +-5 Kilometern bedecken. Von Vesta (Hermodur) her ist der Mars (Tiu) auch bei einer Begegnung nur noch ein unscheinbares Sternchen und wie auch Terra (Forseti), Venus (Baldur) und Merkur (Odin) in günstiger Beobachtungsstellung immer nur teilweise im Licht der Sonne sichtbar, statt eine volle Planetenscheibe zu zeigen. Die Nachbarplaneten Eunomia (Bragi), Ceres (Hödur) und Pallas (Loki) zeigen sich regelmäßig dem bloßen Auge, bleiben jedoch zumeist recht schwache Sternchen. Jupiter (Thor) scheint etwas heller (um weniger als eine Grössenklasse) als von Terra (Forseti) her, der Saturn (Heimdall) und noch fernere Planeten bleiben unverändert.

Der Planet Eunomia (Bragi) bleibt bis kurz vor der Ankunft für den Beobachter in einem Raumschiff eine punktförmige

Lichtquelle. Etwa in Erde-Mond-Entfernung entwickelt sich der Lichtpunkt zu einem trüben Scheibchen, bei einer Annäherung auf nur noch 30.000 Kilometer, also kaum mehr als das Doppelte des Erddurchmessers, ist der kleine Planet so groß zu sehen, wie von der Erde her der Mond erscheint. Seine Landschaft zeigt sich vermutlich als rauhes Gewirr weißer und grauer, vorwiegend ringförmiger Berghöhen und tiefschwarzer, lichtloser Talkessel und Hangschatten. Durch die Bewegtheit seiner Landschaft erscheint der Planet Eunomia (Bragi) weniger tot, als er tatsächlich ist. Die Fortbewegung auf dem Planeten erfordert wegen seiner geringen Schwerkraft einiges Geschick, aber ein Oben und Unten ist durchaus noch wahrnehmbar. Wegen der geringen Größe des Planeten liegt der mittlere Horizont für einen stehenden Menschen nur etwa 900 Meter entfernt, aber bei einer solchen Horizontentfernung sieht man eine Oberfläche schon eben, denn bei einer entsprechenden Betrachtung unseres Heimatplaneten Terra von einem hohen Turm aus sehen wir auch noch nichts von der Erdkrümmung. - Eunomia dreht sich in 6 Stunden und etwa 5 Minuten einmal um die nicht ganz feste eigene Achse. Wie auch immer die Planetenachse gelagert sein mag, so gibt es bei jenem Planeten doch keine mit dem Sonnenlauf in Einklang zu bringende gleichlaufende Uhr, denn die Umlaufzeit von rund 4 1/3 Erdjahren und die erhebliche Abweichung von einer Kreisbahn lassen die Sonne im Laufe des Eunomia-Jahres zu den unterschiedlichsten Uhrzeiten am Himmel stehen. Trotzdem würde ein Kalender, dem ja nur der durchschnittliche Tag zugrundeliegt, einwandfrei funktionieren. Wegen der Exzentrizität von fast 19 % und der Bahnneigung von fast 12° wären die nach der Himmelsteilung der Erde bestimmten Monate von recht unterschiedlicher Dauer.

Ceres (Hödur) ist beinahe viermal so dick wie Eunomia (Bragi) und zeigt sich aus etwa 110.000 km Entfernung als dem Monde Terras ähnliche, etwas deutlicher von Gebirgen überzogene Kugel. Ceres bewegt sich auf wenig exzentrischer, aber um immerhin 10 1/2° gegen die Erdbahnebene geneigter Bahn mitten im Hauptschwarm der Planetoiden, die zwar nicht so nahe an den Planeten herantreten, daß sie ihn aus seiner Bahn werfen oder ihn gar treffen, aber für den Beobachter auf Ceres gelegentlich mit bloßem Auge sichtbar werden. Die

Rotationsperiode von Ceres (Hödur) liegt bei $9^h\ 05^m$. Wir nannten die Planetoiden und die frei auf der Jupiterbahn wandernden Trojaner Einherier. Sie haben geschätzte Durchmesser bis zu 440 Kilometer. Auch wenn es einige planetengroße Einherier gibt, müssen wir diese nicht nachträglich in den Rang von Planeten und namentlichen Satelliten erheben, denn für den Betrachter von der Sonne oder von Terra her, wo die Maßstäbe gesetzt werden, taucht jeder von ihnen im Heer der Einherier unter und erreicht nie den Glanz von Vesta (Hermodur), Ceres (Hödur) und Pallas (Loki) und selten den von Eunomia (Bragi). Der Planet Ceres (Hödur) besitzt soviel Oberfläche wie größere Landflächen der Erde von der Größenordnung der Arabischen Halbinsel, Indiens oder Grönlands. Die beleuchtete Oberfläche des Planeten wird von einer fernen, schwachen Sonne beschienen, und keine Glut wärmt aus dem Planeteninneren. Trotz seiner Kälte wird jener Planet einem Raumreisenden nach langer Fahrt als verlockendes Land erscheinen.

Wie ein Zwillingsbruder bewegt sich der blaugraue Planet Pallas (Loki) im Mittel auf derselben Bahn wie Ceres (Hödur). Mit fast 35° Neigung und 23 1/2 Prozent Exzentrizität weicht Pallas jedoch mehr als jeder andere Planet von einer in der Nähe der Erdbahnebene liegenden Kreisbahn ab. Loki ist der Entfremdete unter den Göttern, der nach eigenen Gesetzen lebt. Wegen der schrägen Bahnlage und des exzentrischen Bahnverlaufs besitzen die Monate auf Pallas sehr unterschiedliche Längen, und die Sternbilder, die im Laufe eines Pallas-Jahres der Sonne gegenüberstehen, sind nicht immer die des Tierkreises, sondern gehören teilweise benachbarten Himmelszonen an: Flugdrachen (neu), Krieger (neu), Wal (neu). Die Rotationsperiode des Planeten scheint besonders schwer bestimmbar gewesen zu sein und liegt bei 9 Stunden 50 Minuten. Die Rotationsachse scheint flach auf der Bahn zu liegen, um 75° gegen die Senkrechte geneigt. Pallas (Loki) kommt dem benachbarten Planeten Jupiter (Thor) in günstiger Stellung soviel näher als Terra (Forseti), daß es wohl möglich wäre, von Pallas aus die vier helleren Satelliten des Jupiter ohne Fernrohr zu erkennen.

Ein gewaltiges Kraftfeld geht vom Planeten Jupiter (Thor) aus. Seine vier fernsten Satelliten, Jupiter 12, 11, 8 und 9 (darunter Thor-9 oder Draupnir) umwandern den Planeten so fern, daß sie, wären sie Satelliten Terras, sich auf halbem Wege zur Venus befänden. Weder Terra (Forseti) noch Venus (Baldur) könnten so ferne Satelliten halten, und diese würden vielmehr als eigenständige Planetoiden an die Sonne verlorengehen. Wäre der Planet Jupiter nicht von so gewaltiger Größe und Masse, so könnte man ihn als Fünffach-Planeten bezeichnen, denn seine 4 großen Hauptsatelliten sind von derselben Größenordnung wie der Planet Merkur (Odin) und der Mond Terras, der ja mit seiner erheblichen Bahnneigung gegenüber der Äquatorebene seines Hauptplaneten eine gewisse Eigenständigkeit beweist. Schon im Bereich der vier großen Satelliten wird die Strahlungszone Jupiters wirksam: Die Magnetpolachse ist gegen die Drehachse des Planeten geneigt - wie wir das ja auch von unserer heimischen Erde kennen, deren Magnetpole sich in langsam veränderlicher Lage in einigem Abstand von den geografischen Polen befinden. Um die Magnetpolachse des Jupiter befindet sich eine ausgedehnte, flache Scheibe aus energiereichen Ionen und Elektronen, die zur Magnetpolachse festbleibt und folglich mit der Rotation des Planeten als schiefe Ebene um die Rotationsachse des Planeten kreist. Astronomen wollen beobachtet haben, daß der innerste der vier großen Satelliten Jupiters jedesmal, wenn die Strahlungszone über ihn hinwegstreicht, zusätzliches Licht aussendet - vielleicht dem Polarlicht der Erde entsprechend. Keiner der 4 großen Jupiter-Satelliten besitzt eine Atmosphäre, die vor den regelmäßigen Teilchenschauern der Strahlungsscheibe schützt. Es wurde lediglich in der Umgebung und auf der gesamten Bahn von Io (Magni) in äußerster Verdünnung gelb leuchtender Natrium-(Sodium-)Metalldampf festgestlellt, was auf Aktivität einer wasserlosen Oberfläche hinweist. Auf die großen Jupitermonde wirken - in abnehmendem Maße von innen nach außen - starke verformende, übertrieben gesagt knetende Kräfte des Schwerefeldes, die noch vorhandene leichte Mineralien zur Oberfläche drängen können. Ein Leben auf jenen planetengroßen Satelliten wäre trotz günstiger Schwerkraftbedingungen ohne einen aufwendigen Strahlungsschutz auf die Dauer nicht möglich. Über die 4 großen Jupiter-Satelliten war bis zum Eintreffen irdischer Raumsonden wenig bekannt (1975), aber von einer Eigenart wußte man schon: Ihre Helligkeit nimmt vom Planeten weg auffällig ab, obwohl die äußeren dieser Satelliten auch die größeren sind und eigentlich helle, flüchtige Stoffe infolge ihrer größeren Schwerkraft besser festhalten müßten als die kleineren inneren Satelliten. - Der Planet Jupiter besitzt keine fest begrenzte Oberfläche: Stark gepreßte Gase, Nebel, Rauch (schwebende Festkörperkristalle) und eine vorwiegend flüssige und schließlich eine vorwiegend feste Schicht gehen ineinander über. In dem großen Planetenkörper ist eine erhebliche Wärmemenge gespeichert, die beim Vordringen an die Oberfläche in der Atmosphäre Turbulenzen erzeugt. Eine Folge der Energiezufuhr aus dem Planeteninneren ist die differentielle Rotation - ein schnelleres Rotieren der sichtbaren Planetenoberschicht im Äquatorbereich und zunehmend längere Rotationsperioden zu den Polen hin. Diese Erscheinung ist auch von der Sonne her bekannt. Die unterschiedlichen Rotationsgeschwindigkeiten von streifenförmigen, zum Äquator parallelen Zonen ergeben Windgeschwindigkeiten bis etwa 200 km/h. Das berühmte rötliche, elliptisch geformte Gebilde in der Jupiteratmosphäre, das Großer Roter Fleck heißt, bewegt sich durchschnittlich 10 km/h schneller um den Planeten als seine nördliche wie südliche Umgebung. Die Dauer einer Eigendrehung des sichtbaren Teils des Planeten beträgt am Äquator $9^h\ 1/2^m$, im Gebiet um den Großen Roten Fleck $9^h\ 55\ 3/4^m$. Eine Landung auf dem Planeten Jupiter (Thor) könnte immer nur ein Eindringen in seine Atmosphäre bis zu einer ausgewählten, noch nicht zu gefährlichen Tiefe sein. Mit leichten Vakuumbehältern verbunden würde sich eine Beobachtungsstation, von gleichbleibender atmosphärischer Dichte umgeben, über den Planeten treiben lassen. Die Reise wäre insofern ungemütlich, als die Planetenanziehung 2,6-fache Erdenschwere verleiht, die nicht dauerhaft ertragen werden kann. - Der Blick vom Jupiter weg führt zu bewohnbaren Welten: Der Satellit Jupiter 5 (Malmung), den wir von der Erde her als Thors Hammer ansahen, erreicht nahezu die scheinbare Größe der schon sehr fernen und kleinen Sonne und leuchtet mit der Helligkeit

$-5{,}9^m$. Malmung (Jupiter 5) besitzt aus Planetensicht (die längste Achse ist vom Planeten weggerichtet) etwa 160 km Durchmesser, also etwas weniger als der Planet Eunomia (Bragi) mit seinen 260 km. Etwas größer als der Erdmond, aber nicht ganz so hell, nämlich mit einer Helligkeit von etwa $-11{,}0^m$, zeigt sich Io (Magni). Etwas mehr als halb so groß wie der Erdmond und beide gleich groß, aber etwa $-9{,}4^m$

und $-9{,}1^m$ hell zeigen sich die nächsten Jupitermonde, Europa (Modi) und Ganymed (Thialfi). Mit knapp 1/3 des Erdmond-Durchmessers und der Helligkeit $-6{,}6^m$ zeigt sich der auffallend dunkle Jupitermond Kallisto (Röskwa). Nur noch punktförmig und mit $+4{,}6^m$ bis $+6{,}3^m$ nur so hell wie ein schwacher Stern zeigt sich der ferne Thor-Satellit Sief (Jupiter 6 oder Himalia), ein Himmelskörper von etwa 160 km Durchmesser. Die noch weiter nach außen zu suchenden Satelliten Hild und Thrud und die fernen Gegenläufigen sind mit ihren Höchsthelligkeiten von $+8{,}9^m$, $+7{,}0^m$, $+10{,}2^m$, $+9{,}7^m$, $+8{,}0^m$ und $+9{,}9^m$ für das bloße Auge unsichtbar und wegen ihrer geringen Größe von zumeist weniger als 40 km Durchmesser zur Daueransiedlung ungeeignet. Die dem Planeten Jupiter (Thor) um 60° voraus und hinterherwandernden Einherier, die als Trojaner bezeichnet werden, sind vom Jupiter aus mehr noch als von der Erde her nur Fernrohrobjekte. - Heller als auf der Erde scheint der Planet Saturn (Heimdall), während die übrigen äußeren Planeten nur noch als schwache Leuchtpunkte erscheinen und die inneren Planeten im Glanz der Sonne kaum auffindbar sind.

Vom Planeten Saturn (Heimdall) her gesehen ist selbst der mächtige Jupiter (Thor) nur noch ein ferner, unscheinbarer Planet. Die Planeten innerhalb der Jupiterbahn tauchen im blendenden Schein der fast schon punktförmigen, aber alles überstrahlenden Sonne unter und sind dem bloßen Auge nur noch dann zugänglich, wenn eine Sonnenfinsternis die Sonne ausblendet. Sechs scheinbar gleich große Satelliten sorgen bei Frühlings- und Herbststellung des Planeten für eine schnelle Folge zum Teil sogar mehrfacher Sonnenfinsternisse. Die wahren Größen der Saturnmonde nehmen bis zum sechsten Satelliten, der wie der Mond Terras und die vier großen Jupitermonde Planetengröße besitzt, gleichmäßig zu. Dadurch entsteht vom Saturn her der Eindruck gleich heller Monde von etwa einem drittel bis zum halben Durchmesser des Erdmondes. Am Rande der Ringscheibe, irdischer Beobachtung für immer verborgen, aber vom Planeten her gut sichtbar, bewegen sich nahezu punktförmig, aber hell wie (aus irdischer Sicht) die Venus der Kleinsatellit "Saturn -3" ("A-Ring Guardian") und mit 1/10 des irdischen scheinbaren Monddurchmessers und

$-5{,}0^m$ hell "Saturn -2" und "Saturn -1" ("Inner F-Ring Shepherd" und "Outer F-Ring Shepherd"). Ähnlich zeigt sich

Saturn-O-alpha ("Smaller Co-Orbital"), den wir Elfrun genannt haben, und mit sogar 1/5 Monddurchmesser und mehr und $-5,8^m$ hell Saturn O-beta ("Larger Co-Orbital"), in dem wir Gott Heimdalls junge Tochter Gudrun sehen. Es folgen Mimas (Siegrun) mit 0,35 Monddurchmessern und einer Helligkeit um $-7,9^m$, Enceladus (Sieglind) mit 0,31 Monddurchmessern und der Helligkeit $-7,6^m$, Tethys (Sieghild) mit 0,49 Monddurchmessern und der Helligkeit $-8,4^m$, Dione (Brünnhild) mit 0,39 Monddurchmessern und der Helligkeit

$-7,6^m$, Rhea (Kriemhild) mit 0,36 Monddurchmessern und der Helligkeit $-7,5^m$, schließlich Titan (Guldmöhni) mit 0,50 Monddurchmessern und der Helligkeit $-7,0^m$. Aus einer genauen Betrachtung dieser scheinbaren Größen und der zugehörigen Helligkeiten geht hervor, daß die atmosphärelosen kleineren Saturnmonde in der Mehrzahl eine hellere Oberfläche besitzen als der in eine neblige goldfarbene Atmosphäre gehüllte Titan (Guldmöhni). Als Grund hierfür ist eine Zusammensetzung aus Eis und gefrorenen leichtflüchtigen Gasen anzunehmen, was Sonden herausfinden werden. Jenseits des Titan bewegen sich noch 3 weitere Satelliten um den Saturn: Hyperion (Westara) zeigt sich als punktförmiger rötlicher Stern der Helligkeit $-0,8^m$, Japetus als nahezu punktförmig (1/20 Monddurchmesser) und insgesamt etwa $-2,1^m$ hell, aber mit einer nahezu schwarzen (Albedo 5 % und die nur geringe Sonneneinstrahlung am Saturn!) und einer blaß-weißen Seite, und auch der ferne Wächter Phoebe (Gullinkambi), der für einen Umlauf um den Planeten 550 irdische Tage braucht, ist mit einer Helligkeit von günstigenfalls $+6,1^m$ gerade noch als orange-getöntes Pünktchen am Sternenhimmel des Saturn sichtbar. Heller als dieser ferne Saturnmond von etwa 200 bis 240 km Durchmesser zeigen sich drei von der Erde aus mit nur 19^m Helligkeit unsichbare Kleinstmonde, die sich gegenüber massereicheren Monden des Saturn wie die Trojaner zum Planeten Jupiter verhalten: Tethys-B und Tethys-C, punktförmig und jeweils

$+0,3^m$ hell, ferner Dione-B, ebenfalls punktförmig und noch $+1,0^m$ hell. - Deutlich heller als von der Erde her ist in Oppositionsstellung mit $+4,5^m$ der benachbarte Planet Uranus (Nerthur) zu sehen. Der nächstfernere äußere Planet, Neptun (Widar), bleibt mit $+7,0^m$ auch vom Saturn her für das bloße Auge unsichtbar. - Die prächtigste Himmelsscheinung im Bereich des Planeten Saturn (Heimdall) - von den inneren Monden aus allerdings nur sehr schmal zu sehen, weil sie sich sehr nah an der Äquatorebene des Planeten bewegen - ist die ihn umgebende, viele zehntausende Kilometer ausgedehnte, aber weniger als 1 km dicke Ringscheibe. Die Zonen unterschiedlicher Helligkeit dieses Ringes werden den mit seinem Raumschiff in der Atmosphäre des Planeten treibenden Raumfahrer an den in Farbstreifen gegliederten irdischen Regenbogen erinnern. So schön dieser Anblick bei einem Besuch des Planeten ist, so ist doch eine dauerhafte Ansiedlung auf dem Planeten wie beim Jupiter deshalb nicht möglich, weil eine betretbare feste Oberfläche fehlt. Hingegen können alle 9 echten Saturnmonde, selbst der planetenferne Gullinkambi (Phoebe), Heimat werden. - Schwebende Städte in der Atmosphäre des Planeten selbst wären zwar wegen der angenehmen, erdähnlichen Schwerkraft von 1,15 irdischen Schwerkrafteinheiten ("Gravos" in volkstümlicher Zukunftsliteratur) denkbar, allerdings ist wegen der schnellen Planetenrotation mit einer Periode von 10^h 14^m und einer Wärmezufuhr aus dem Planeteninneren und wegen der Achsenneigung von 27° , die jahreszeitliche Klimaschwankungen bewirkt, die Atmosphäre ähnlich wie beim sonnennäheren Nachbarplaneten heftig bewegt und würde die Stadt unter Beben und Schaukeln durch die Lüfte werfen. Zum Sammelpunkt eines Siedlervolkes wäre im Machtbereich des Planeten Saturn (Heimdall) der große Satellit Titan (Guldmöhni) sehr wohl eine geeignete und nicht zu kleine Welt.

Doppelt so fern wie der Saturn (Heimdall) wandert Uranus (Nerthur) um die Sonne. Alle sonnennäheren Planeten rücken aus seiner Sicht nah an die Sonne heran, die nurmehr ein punktförmiger Stern, aber dennoch sehr hell ist. Bizarr muß einem dortigen Fernrohrbetrachter der Saturn erscheinen: Eine Sichel, die ein an den Enden unterbrochener Ring umgibt. Der nächste äußere Nachbar, der Planet Neptun (Widar) ist mit der Helligkeit $6{,}6^m$ nur fast dem bloßen Auge zugänglich, dessen Empfindlichkeitsschwelle ja mit etwa $6{,}0^m$ angenommen wird. Für das bloße Auge ist der Nachthimmel von Planeten frei, der Saturn ist lichtschwacher Morgen- oder Abendstern, der Jupiter scheint ähnlich wie uns Erdenmenschen der Merkur. 5 nahezu gleichhelle Satelliten überstrahlen auch die hellsten Fixsterne und sind durch ihre Helligkeit, die nicht geringer als die des irdischen Morgen-

und Abendsterns Venus ist, sowie ihre flächige Gestalt leicht als Monde des Planeten zu erkennen. Miranda (Urd) zeigt sich mit etwa 0,20 Monddurchmessern und einer Helligkeit von $-5,0^m$, Ariel (Werdandi) mißt 0,39 Monddurchmesser und ist $-6,2^m$ hell. Umbriel (Skuld) mißt 0,18 Durchmesser des irdischen Vollmondes und leuchtet mit $-4,5^m$, Titania (Frey) mißt 0,26 Monddurchmesser und scheint mit der Helligkeit $-5,4^m$, Oberon (Freia) mißt 0,15 Monddurchmesser und ist $-4,2^m$ hell. Die von der Erde her nur mit ziemlich leistungsfähigen Beobachtungsinstrumenten feststellbaren Uranusmonde erscheinen dort also als beachtliche Himmelskörper, die blendende Helligkeit unseres irdischen Vollmondes erreichen sie allerdings bei Weitem nicht. Die kürzlich von der Erde her bei einer Sternbedeckung (Vorüberzug vor einem Fixstern) des Uranus entdeckten, nur schmalen Ringe sind dunkel und bedeutungslos. - Während, soweit wir es wissen, die Nordpole nahezu aller Planeten, wie sie der Drehsinn ihrer Rotation bestimmt, zu den Nordpolen der Bahnen der Planeten gerichtet sind, wovon nur der Planet Venus (Baldur) auffällig abweicht, bildet die Achsenstellung des Uranus eine Grenzlage. Der Nordpol des Planeten Uranus (Nerthur) weist mit nur 8° südlicher Abweichung in die Ausdehnungsrichtung der Bahnebene des Planeten - sind Norden das Oben und Süden das Unten des Himmelskörpers, so "schwimmt" er in seiner Bahnebene. Der Wechsel der Jahreszeiten ist demzufolge trotz der geringen Strahlungsenergie der Sonne in jenen Fernen recht ausgeprägt, indem er außer auf einem schmalen Äquatorband jahrzehntelange Nacht auf jahrzehntelangen Tag folgen läßt - die Umlaufzeit des Uranus beträgt immerhin 84 Jahre irdischen Maßstabs. Nur bei Herbst- und Frühlingsstellung des Planeten wechseln Tag und Nacht gemäß der 10^h 49^m dauernden Rotationsperiode. - Die Uranusmonde sind mit ihren Durchmessern von ungefähr 200 bis rund 1.000 km klein, aber wohl betretbar, da ihre in der Äquatorebene des Planeten liegenden Bahnen und deren geringe Abweichungen von Kreisbahnen annehmen lassen, daß es sich nicht um eingefangene Kometen handelt. Der Planet selbst zeigt auch in Großaufnahmen keinerlei Oberflächeneinzelheiten. Vielleicht ist er gleichmäßig von tiefgefrorenen, nur bei irdischer Temperatur gasförmigen Stoffen bedeckt und entwickelt unter der Oberfläche so wenig Eigenwärme, daß bewegte atmosphärische Wolkenströmungen nicht zustandekommen.

Wie bei Jupiter (Thor) und Saturn (Heimdall) gehen aber Atmosphäre und Oberfläche des Planeten fließend ineinander über, und somit ist auch er nicht betretbar und nur in schwebenden Städten besiedelbar. Die Schwerkraft auf seiner Oberfläche übertrifft jene, die auf der Erde herrscht, um kaum mehr als 10 %.

Nah dem durch den fernsten Planeten bestimmten Rand unseres Sonnensystems streift auf kreisförmiger, gegen Terras (Forsetis), Jupiters (Thors) und Saturns (Heimdalls) Bahnebenen wenig geneigter Bahn der Planet Neptun (Widar) durch den Raum. Auf die Sonne zu ebenso wie nach außen dehnen sich planetenleere Abgründe. In günstiger Stellung ist der Planet Uranus (Nerthur) gerade noch mit einem Fernglas als Morgen- oder Abendstern zu sehen. Der Saturn (Heimdall) und noch weiter in Sonnennähe kreisende Planeten erscheinen nur noch als nahe Begleiter der Sonne, bis auf den Saturn und gerade noch Jupiter (Thor) ohnehin für das fernrohrlose Auge unsichtbar wie auch der äußere Nachbar Pluto (Jul), der auch bei größter Annäherung mit mehr als $+9{,}0^m$ ein reines Fernrohrobjekt bleibt. Fixsterne bestimmen das Bild des Himmels dieses einsamen Planeten. Selbst seine beiden ungleichen Satelliten ändern nichts an diesem Himmelsbild. Ein dunkler, aber furchteinflößend großer Satellit, so grau und schwachleuchtend, wie uns die nur vom Erdlicht beschienene Seite des Erdenmondes bei Neumond erscheint, umkreist in weniger als 6 Tagen den Planeten in rückläufiger Richtung, von Ost (wo aus der Sicht des Planeten die Fixsterne aufgehen) nach West, die Fixsterne auf ihrer scheinbaren Wanderung von Aufgang nach Untergang überholend. Der Satellit zeigt sich mit 1,32 irdischen Monddurchmessern (sofern sein Durchmesser bei 4.000 km liegt - sonst entsprechend etwas kleiner oder noch größer), und auf der Fläche dieser großen Scheibe verteilt sich die Helligkeit von nur $-6{,}6^m$ oder bestenfalls $-7{,}0^m$. Gegen die $-12{,}5^m$ des irdischen Mondes ist jener Mond schwarz. Wir zählen auch diesen Satelliten zu den planetenartigen Großmonden wie Terras Mond, die vier großen Monde des Jupiter und den großen Saturmond. Der große Neptun-Satellit, der Triton genannt wird, aber zutreffender "Garm" hieße (wie der Höllenhund alter Überlieferung), bewegt sich selbständig wie der Mond der Erde auf einer gegen die Äquatorebene des

Planeten um gegenwärtig 20° geneigten Bahn, wobei die Drehachse des Planeten um 29° von einer senkrechten Stellung zur Bahnebene abweicht. - Der andere Neptunmond ist sehr klein, von vielleicht 300 km Durchmesser, und bewegt sich auf einer so außerordentlich exzentrischen Bahn, daß seine Helligkeit vom Planeten her gesehen zwischen der guten Sichtbarkeit bei $+1,4^m$ und Entschwinden aus dem Sichtbereich bei $+6,3^m$ schwankt und im Mittel bei etwa $+6,0^m$ liegt. Wegen seiner geringen wirklichen Größe bleibt der Satellit auch bei größter Nähe zum Planeten punktförmig. Der Satellit heißt Neptun 2 oder Nereïde. Wir nennen ihn Widar 2 oder Habrok, den in großer Höhe im Fluge stillstehenden und zum Sturzflug ansetzenden Habicht. Mit großer Wahrscheinlichkeit handelt es sich um einen vom Planeten Neptun (Widar) eingefangenen Kometen. - Zwar ist es auf dem Planeten Neptun (Widar) kalt und dunkel, aber seine Atmosphäre dürfte ähnlich der seines Nachbarn Uranus (Nerthur) beschaffen sein, so daß bei der dort herrschenden Schwerebeschleunigung von knapp 1,2 "Gravos" wiederum gute Grundvoraussetzungen für menschliche "Schwebesiedlungen" gegeben sind, doch noch einladender ist wohl der große und feste Mond Triton.

Bis in eine Entfernung von 49,4 AE oder 7,4 Milliarden km von der Sonne begibt sich der Planet Pluto (Jul). Ein Funksignal von ihm zur Erde reist dann fast 7 Stunden, eine durch Funk gestellte Frage kann erst nach beinahe 14 Stunden beantwortet werden. Die Steuerung eines Raumschiffes oder einer Sonde in Pluto-Nähe von der Erde her wäre also außerordentlich schwerfällig. Der Planet ist so fern und so schwach beleuchtet, daß eine Bestimmung seiner Größe und seiner Rotationsachse lange Zeit nicht zuverlässig gelang. Die Helligkeit des Planeten schwankt für den sonnennäheren Beobachter ein wenig in einem regelmäßigen Wechsel von 6 Tagen und 9 Stunden, woraus zu schließen ist, daß die Oberfläche des Planeten in fleckige Zonen verschiedener Helligkeit gegliedert ist. Solange nicht bekannt war, ob der Planet von einem Satelliten umwandert wurde, was bei seiner geringen Größe auch kaum zu erwarten war, mußte seine Masse einerseits aus dem sehr geringen Schwerkrafteinfluß auf die Nachbarplaneten sowie andererseits aus Grenzbetrachtungen über Albedo (Widerstrahlvermögen), Durchmesser und Dichte bestimmt werden, was zu widersprüchlichen Ergebnissen führte. Gemäß den ersten Rechnungen bestände der Planet aus schwerem Gestein oder gar überwiegend aus Eisen und Nickel; ein Durchmesser von höchstens 6.500 km und eine (erheblich zu hoch geschätzte) Masse von 0,18 Erdmassen führte auf 7,48 g/cm^3. Seine Oberfläche soll etwas gelblich sein und schien möglicherweise von etwas geringerem Widerstrahlvermögen als die des Planeten Mars (Tiu) zu sein. Es wäre reizvoll, der Frage nachzugehen, ob jener sonnenferne Planet ebenso von Einschlagkratern zerfurcht ist wie der Mars (Tiu) oder unser Mond. - Jul ist wohl die einsamste Welt unseres Sonnensystems. Nur Fixsterne überziehen den Himmel, kein Satellit durchkreuzt ihre starren Bilder, Planeten zeigt nur das Fernrohr, sofern nicht einmal in 500 Jahren der Nachbarplanet Neptun (Widar) als lichtschwache Sichel oder Halbscheibe (für das bloße Auge natürlich punktförmig!) auftaucht. Allerneueste Beobachtungen sagen aus, daß das Bild vom einsamen Himmel Plutos nur für den halben Planeten gilt: Der Standpunkt von den 0,18 Erdenmassen wurde endgültig aufgegeben, der Planet zeigt sich als leichte, nur etwa 2.400 km durchmessende Eis- und Methaneis-Welt, die von einem kleineren, mehr als 900 km dicken Himmelskörper ähnlicher Zusammensetzung umrundet zu werden scheint. Der Abstand zum Planeten soll nur 1/20 des Erde-Mond-Abstandes betragen, und Rotationsdauer des Planeten und Umlaufzeit des Satelliten sollen gleich sein, so daß dieser - trübgrau und mehr als fünfmal so groß wie unser Vollmond - immer über derselben Stelle des Planeten steht. Der Satellit hat von den heutigen Astronomen den Namen Charon erhalten. Wir nennen ihn nach Juls Gemahlin Skadi.

Jenseits der Bahn des Pluto (Jul) wurden noch keine Planeten beobachtet, auch wenn ein transplutonischer Planet "Poseidon" (welch unglückliche Namenswahl wieder einmal, denn Poseidon ist nur der griechische Name für Neptun!) gelegentlich ins Gespräch kommt. Wir haben diesen Planeten sehr zweifelhafter Existenz mit dem Namen "Hönir" versehen.

Weit über die Bahn des Pluto (Jul) hinaus dehnt sich das Reich der Kometen, Zusammenhäufungen aus lockerem Gestein und gefrorenen leichten Stoffen wie Eis, Methan und Ammoniak von jeweils einigen zehn bis hundert oder wenig mehr

Kilometern Durchmesser. Erst in 15-facher mittlerer Sonne-Pluto-Entfernung ist das Licht der schon in Uranus-Entfernung nurmehr punktförmigen Sonne so schwach, wie auf der Erde der Schein des Vollmondes. Bei weiterer Entfernung schrumpft unsere Sonne allmählich zu einem gewöhnlichen Fixstern zusammen.

Lichtjahreweite Reisen von Fixstern zu Fixstern wären auch mit sehr ergiebigen Antriebsverfahren äußerst langwierig. Lichtschnelle Fortbewegung ist aus Gründen der Naturgesetze nur unter Zuhilfenahme äußerer Energiequellen möglich: Galaktisches Magnetfeld, intergalaktische Strahlungsenergie. Falls es einmal Raumfahrern gelingt, unsere Galaxis mit ihren über 100 Milliarden Sternen zu verlassen, wird sich diesen ein sehr einsamer Himmel darbieten: Ringsum nur schwarzer Raum, kaum wahrnehmbar in großer Ferne der Andromeda-Nebel als verschwommener Fleck, unsere eigene Milchstraße bei noch nicht zu großem Abstand als matt schimmernde Wolke von spiraliger Struktur, sonst nichts - nichts!

II.6. Planeten und Satelliten in Modellgröße

Wirklich anschaulich ist uns götterfernen Menschen nur das, was wir in greifbarer Nähe vorfinden. Wollen wir einen im Modell verkleinerten Planeten gerade noch mit ausgestrecktem Arm erreichen können und dabei das Modell der Erde oder der Venus noch vollständig im Blickfeld behalten, dann ergibt sich ein Maßstab von 1 : 50.000.000. Wie verschieden Planeten untereinander sind, wird uns bei dieser Modellbetrachtung deutlicher als durch die schönsten Sondenaufnahmen, die keinen Maßstab erkennen lassen, und sogar verständlicher als dem Raumfahrer, für den der Wandel eines Himmelskörpers vom fernen Sternchen zur horizontweiten Welt, auf der er stehen und ein Oben und Unten fühlen kann, immer sehr schwer begreifbar sein wird.

Merkur (ODIN) sehen wir als Kugel von 9,7 cm Durchmesser, dunkelgrau mit schwacher Farbtönung zu gelblichen bis rotbräunlichen Tönungen. Der Planet ist von Ringkratern überzogen, die durchschnittlich etwa so groß sind, wie beim irdischen Mond, so daß sofort erkennbar wird, daß der Planet größer als der Erdenmond ist.

Venus (BALDUR) zeigt sich mit einer Äquatordicke von 24 cm und leuchtet im Licht der nahen Sonne blendend hell und ohne irgendwelche erkennbaren Oberflächenmerkmale. Wir blicken auf eine neblige Planetenatmosphäre von 2 oder 3 mm Dicke. Unter ihr verbirgt sich eine heiße, steinige Oberfläche. Helligkeitsschattierungen der Dunst- und Wolkenschicht sind nur in eng gefiltertem Licht zu beobachten. Lichtbilder, die großräumige Atmosphärenströmungen darstellen, sind im für das menschliche Auge unsichtbaren UV-Licht aufgenommen und täuschen dem Betrachter etwas vor, was er in Wirklichkeit nie sehen könnte.

Terra (FORSETI) wird in dem gewählten Maßstab zu einer Kugel von 26 cm Durchmesser. Der Gesamteindruck ist ein leuchtendes Hellblau, das auf dem Streulicht der Atmosphäre beruht, die nur etwa 0,3 mm dick erscheint. Die höchsten Berge im bräunlich-rötlichen, stellenweise auch graugrünen Land erheben sich nicht einmal 0,2 mm über den schwarzblauen Meeresspiegel, so rund und glatt wird der Planet im Modell. Auffallend am Planeten sind die weißen Polgebiete, und weiß sind auch die über den Planeten verteilten Wolkenformationen.

In 7 bis 8 m Entfernung wird Terra, die Erde, von Luna, dem Mond (MANI) umrundet. Er ist 7 cm groß und trübgrau mit leicht bräunlichem Einschlag und besitzt auf der erdzugewandten Seite einige wenige große, halbwegs runde, dunkle Flächen, die auf der Rückseite fehlen.

Mars (TIU), der rote Planet, erscheint aus der Nähe nicht mehr einheitlich rötlich, sondern mit recht verschiedenen Landschaften. Die Kugel ist 14 cm groß und besitzt weiße Polkappen und über der teils rötlichen, teils dunkelgrauen Oberfläche eine gut durchsichtige, aber doch schwach bläulich leuchtende Atmosphäre von rund 1 mm Dicke. Der Planet zeigt uns in hellerer Landschaft einige einzeln stehende, dunkle Vulkane, die bis zu 0,6 mm über die umliegende Ebene herausragen.

In der Äquatorebene des Mars kreisen zwei winzige, grauschwarze Monde, der eine nur 12 cm über der Planetenoberfläche, der andere 40 cm. Der innere Mond ist Phobos (HUGIN) und 0,5 mm mal 0,4 mm mal 0,4 mm groß, also wie ein etwas längliches Sandkorn. Der äußere Mond ist Deimos (MUNIN) und mit 0,3 mm mal 0,2 mm mal 0,2 mm ebenso geformt, aber noch kleiner.

Der Planet Vesta (HERMODUR) wird zu einer 1,1 cm durchmessenden, trübweißen, kaum gelblich getönten Kugel, die aber ebenso frei auf eigener Bahn um die Sonne zieht, wie die größeren Planeten - eine kleine Welt in der gähnenden schwarzen Leere des interplanetaren Raumes.

Kleiner als Vesta und dunkler in der Färbung sind die auf ähnlicher Bahn um die Sonne wandernden Kleinplaneten 7Iris (SKINFAXI) und 6Hebe (HRIMFAXI), die sich als Kügelchen von 0,44 und 0,41 cm Durchmesser zeigen.

Eunomia (BRAGI), in Kleinplaneten-Katalogen als Nr. 15 geführt, ist der kleinste der 13 anerkennbaren richtigen Planeten. Durch seine ausgeprägt länglich-ellipsoidische, am Pol abgeflachte Gestalt ist der Planet, wenn er sich von der Breitseite her und etwas mehr vom Pol zeigt, vom Bezugspunkt Sonne her gesehen nach Vesta, Ceres und 2Minerva (Pallas) heller als jeder der kleinen Planeten, die zwischen Mars und Jupiter wandern. Wir sehen ihn als rötlich-graues, in die Länge gezogenes Kügelchen von 0,7 cm mal 0,5 cm mal 0,4 cm Durchmesser, also etwa so groß wie einen Kirschkern. Das ist nicht viel, aber wenn wir uns daneben die nur sandkorngroßen und dabei noch fast schwarzen Marsmonde vorstellen, läßt sich der kleinste der 13 Planeten doch als eine Welt würdigen.

Nennenswerte Himmelskörper nahe der Bahn Eunomias sind 3Juno (IDUN) mit der Größe 0,6 cm mal 0,5 cm mal 0,5 cm sowie 29Amphitrite (IWALDI) mit 0,4 cm Durchmesser und 13Egeria (SKIRNIR) mit 0,5 cm Durchmesser.

Ceres (HÖDUR) erscheint in der weitverstreuten Schar der tausende Kleinplaneten groß, rund und dunkel, 2,0 oder 2,1 cm durchmessend. Sicherlich zeigt seine Oberfläche, die kaum Farbunterschiede aufweist, Aufschlagkrater kleiner Himmelskörper.

Im gleichen mittleren Sonnenabstand wie Ceres bewegt sich, mit 0,4 cm Durchmesser bedeutend kleiner, 532Herculina (GRIDR).

Auch Pallas = 2Minerva (LOKI) bewegt sich im gleichen mittleren Sonnenabstand wie Ceres, jedoch auf so stark geneigter Bahn, daß nahe Begegnungen immer nur ein Vorbeieilen mit hoher Geschwindigkeit wären. Offenbar ist Pallas in ferner Vergangenheit, vor hunderten Millionen oder gar Milliarden Jahren, bei der Wanderung unserer Sonne durch das All in einem Schwarm fremder Himmelskörper durch Aufschläge aus seiner ursprünglichen Bahn gestoßen worden, was für einen großen Anteil der Kleinplaneten und für alle schwach gebundenen, planetenfernen Satelliten gilt. Pallas-Minerva ist so schwarzgrau und ohne Farbtönungen wie Ceres und zeigt sich uns als leicht elliptisch verformte Kugel mit den Durchmessern 1,3 cm mal 1,1 cm mal 1,0 cm.

Etwas sonnenferner bewegen sich als äußere Nachbarn von Pallas 16Psyche (NARRI) und 349Dembowska (ALBERI), die eine genau gleiche Umlaufzeit besitzen und mittlere Durchmesser von 0,5 cm und 0,3 cm aufweisen. Noch etwas ferner bewegt sich der mit 0,89 cm Durchmesser recht große, dabei aber pechschwarze Kleinplanet 10Hygiea (SIGYN), dessen Größe bisher allerdings nur mittelbar, aus Vergleichen von Wellenlängenmustern dunkler Gesteine erschlossen wurde. Entfernen wir uns im Modell um einige Meter von 10Hygiea und stellen uns das Kügelchen in tiefschwarzer Nacht aus der Ferne angeleuchtet vor, so sehen wir nur noch einen etwas verschwommenen Leuchtpunkt, wie ihn jeder andere, nur halb so große Kleinplanet auch zeigt.

Jupiter (THOR) ist der größte Planet. Rufen wir uns nur die bisher betrachteten Planetendurchmesser zurück: 9,7 cm, 24 cm, 26 cm, 14 cm, 1,1 cm, 0,5 cm, 2,0 cm und knapp 1,1 cm. Der Planet Jupiter mißt in der Äquatorebene 2,87 Meter, von

Pol zu Pol etwas weniger. Stellen wir uns vor, der Himmelskörper bestände aus herkömmlichem irdischem Material und wäre fest und sehr leicht: Wir könnten ihn trotzdem nicht mit ausgestreckten Armen anheben, weil er zu sperrig wäre. In einem bürgerlichen Wohnzimmer würde er fast bis zur Decke reichen, und auch ein sehr großer Mensch könnte nicht auf seinen Nordpol blicken. Die Oberfläche zeigt die bekannten bandförmigen, an den Bandrändern verwirbelten Wolkenformationen. In südlichen Breiten sehen wir mehr als 20 cm mal 30 cm groß den Großen Roten Fleck, das Jupiter-Wunder, in feinster Auflösung mit seinen Wirbel- und Wölkchen-Strukturen und der Schicht durchsichtigen Gases mit ihrer oberen Begrenzung durch weißlich-trüben Dunst.

Eine sehr ausgedehnte Satellitenwelt umgibt den Planeten. Nur 1 m von der Oberfläche umeilt ihn ein winziges Stäubchen von 0,7 mm Durchmesser: Der "Innere Steinsplitter". Der "Äußere Steinsplitter" mißt 1,5 mm und ist 2 m weiter außen. Zwischen den Bahnen der Steinsplitter bewegt sich der erste eigentliche Jupitermond, Amalthea (MALMUNG), ein aus sehr festem Material bestehender Himmelskörper, der die Maße 0,5 cm mal 0,3 cm mal 0,3 cm zeigt und eine auffallend rötliche Färbung mit einigen kleinen weißen Flecken besitzt.

7 m bis 36 m von der Planetenoberfläche wandern die 4 großen Jupitermonde. Jo oder Io (MAGNI) zeigt sich 7,3 cm dick und gelblich mit Orange- und Ockertönen bei einigen reinweiß überdeckten Flächen und erscheint aus einiger Entfernung wie ein Goldkügelchen, während die nähere Betrachtung auch zahlreiche schwarze Flecken zeigt, die sich als aktive Vulkane herausgestellt haben. Europa (MODI) durchmißt 6,2 cm und sieht im Unterschied zum inneren Nachbarn nicht wie Gold, sondern wie Silber aus: Weiß und von einem Netzwerk feiner, sehr langer, hellbräunlicher Linien überzogen. Ganymed (THIALFI) ist beachtliche 10,5 cm groß, besitzt einige große graubraune bis blaugraue Flächen und ist von einem merkwürdigen Gemenge oder Flechtwerk paralleler weißer Streifen überzogen. Kallisto (RÖSKWA) durchmißt 10,1 cm und ist dunkel-graubraun mit vielen, aber niemals sehr großen, schneeweißen Aufschlagkratern. Ein den halben Himmelskörper bedeckendes Gebiet konzentrischer, weißgeränderter Ringe zeigt, daß es nicht nur Aufschlag-, sondern auch Einschlag-

Krater gibt, bei denen sich die Oberfläche über dem tief eindringenden Fremdkörper aus dem All wieder geschlossen hat und nur ein erstarrtes Wellenmuster auf der Oberfläche an den Vorgang erinnert.

Nach Amalthea und den vier großen Monden umgibt den Planeten Jupiter zunächst eine große Leere einer wechselnden Ausdehnung von 170 bis 230 m. Drei vergleichsweise winzige Satelliten bewegen sich dort 184 bis 282 m fern auf sich durchdringenden, elliptisch verformten Bahnen und bis zu 120 m über oder unter der Äquatorebene des Planeten. Himalia (SIEF oder MAJA) durchmißt 0,3 cm und ist mittelgrau mit geringfügig gelblicher Tönung. Lysithea (HILD) ist mit nur 0,5 mm Durchmesser ein verschwindendes Sandkörnchen, Elara (THRUD) mit 1,2 bis 1,6 Millimetern ein gut erkennbares Sandkorn von leicht rötlicher bis gelblicher Anfärbung.

Nach einer weiteren Lücke umgibt den Planeten Jupiter noch ein drittes Satellitenreich, das sich rückläufig, also entgegen dem Drehsinn des Planeten, bewegt. Der größte der dortigen Himmelskörper, von denen 4 bekannt sind, Pasiphae (DRAUPNIR), zeigt zugleich die größten Entfernungsschwankungen und bewegt sich zwischen 288 und 618 m Entfernung von der Oberfläche des knapp 3 m großen Planeten, wobei er sich auch noch extreme 35° oberhalb oder unterhalb der Äquatorebene des Planeten aufhalten kann, so daß der Suchraum für den nur 1,3 mm kleinen, schlichtgrauen Himmelskörper unvorstellbar groß ist.

Der Planet Saturn (HEIMDALL) schwebt vor uns als abgeplattete Kugel von 2,41 Metern Äquatordurchmesser. Die Oberfläche ist gelblich bis hin zu bräunlichen und Orange-Tönungen mit unauffällig kontrastierenden Zonalstreifen, also äquatorparallelen Bändern. Zu den Rändern der Kugel hin sehen wir den blauen Schimmer einer kalten Hochatmosphäre. Ein Wunderwerk, welches das Auge lange gefangenhalten kann, ist das Gebiet der Ringscheiben. Mögen auch andere große Planeten von reifenförmigen Gebieten dünn verteilten, aber sich dennoch vom umgebenden Beinahe-Vakuum absetzenden Staubes umgeben sein, so verblaßt dergleichen doch völlig vor der Ringewelt des Saturn. In unserem Modell sehen wir eine genau in der Äquatorebene liegende, ganz und gar flache

Scheibe von nicht mehr meßbarer Dicke, die sich etwas mehr als 1,5 m von der Oberfläche wegdehnt. Die Scheibe ist auf den ersten 40 cm von der Oberfläche so durchsichtig, daß man sie als nicht vorhanden werten kann. Dann folgt nach außen der halbdurchsichtige Florring oder C-Ring, der in den breiten, in unzählige Einzelringe unterschiedlicher Färbung zwischen gelblich, orange, braun, grau und bläulichweiß gegliederten B-Ring übergeht. Nach der auffälligen Cassini-Lücke folgt der gleichmäßig grau-bräunliche A-Ring, der kurz vor seinem äußeren Rand durch die nur schmale Encke-Lücke unterbrochen wird. Nach einer abermaligen, nur 2 cm breiten Lücke folgt der unscheinbare F-Ring, der von Innenrand bis Außenrand nur 7 mm mißt. Der D-, E- und G-Ring sind so gut wie unsichtbar und haben daher für unser Modell keine Bedeutung. Der Gesamteindruck der sichtbaren Ringe ist der einer Ähnlichkeit mit dem auf der Erde als Wettererscheinung vorkommenden Regenbogen.

Drei winzige Saturn-Satelliten können bei geduldiger Suche in der Nähe des F-Ringes beobachtet werden: Am äußeren Rand des A-Ringes der 1,6mm mal 1,2 mm mal 0,8 mm kleine A-Ring-Wächter (A-Ring Guardian), am inneren Rand des F-Ringes mit 2,8 mm mal 2,0 mm mal 1,6 mm der Innere Schafshirt (Inner Shepherd) (der die Teile des F-Ringes zusammenzuhalten hilft) und am äußeren Rand des F-Ringes der Äußere Schafshirt (Outer Shepherd) mit 2,2 mm mal 1,8 mm mal 1,4 mm Durchmesser.

11 cm vom äußeren Rand des F-Ringes beginnt das Reich der eigentlichen Saturnmonde, die sich auf Bahnen mit den Nummern 0 bis 9 bewegen. Auf Bahn 0 wandern zwei Monde mit im Durchschnitt genau gleicher Geschwindigkeit, die sich abwechselnd gegenseitig langsam überholen. Ihre Bahnen sind so gleich, daß sie eigentlich bei jedem Einholen zusammenstoßen müßten, aber ihre wenn auch geringe Eigenschwere verhindert dies und sorgt statt dessen bei der Begegnung für den Wechsel zwischen dem etwas schnelleren und dem etwas langsameren Himmelskörper, wobei sie sich aneinander vorbeiwinden. Zusammen tragen sie den Namen Koorbitalen (Co-Orbitals). Der kleinere Mond heißt Smaller Co-Orbital (ELFRUN) und mißt im Modell 0,28 cm mal 0,24 cm mal 0,20 cm, der größere, Larger Co-Orbital (GUDRUN), ist 0,44cm mal 0,40

cm mal 0,32 cm groß. Knapp 70 cm weiter oder 250 cm von der Planetenoberfläche wandert auf Bahn 1 Mimas (SIEGRUN) als hell-bräunlichgraue, von einem riesigen und vielen mittelgroßen, sich überdeckenden Einschlagkratern überzogene Kugel mit einem Durchmesser von 0,78 cm. Wie ein kleiner weißer Schneeball von genau 1 cm Durchmesser erscheint Enceladus (SIEGLIND) auf Bahn 2. die Aufschlagkrater der Oberfläche sind großenteils durch ausgedehntes Eisfließen eingeebnet. Auf Bahn 3 sehen wir 2,1 cm dick Tethys (SIEGHILD), einen Satelliten, der wie von etwas bräunlichem Staub verunreinigter Schnee erscheint und insgesamt im Verhältnis 3:4 in Bewegungsrichtung dunkler als auf seiner Gegenseite ist. Wir übersehen drei Himmelsstäubchen von 0,5 mm bis 0,7 mm Durchmesser, von denen sich zwei auf Bahn 3 und einer auf Bahn 4 auf stabilen Librationspunkten bewegen und finden auf Bahn 4 Dione (BRÜNNHILD) mit 2,2 cm Durchmesser, insgesamt dutlich dunkler als Tethys und auf der in Bewegungsrichtung liegenden Seite durch einige breite, wie hingestreut wirkende Streifen aufgehellt, deren Ausläufer bis um den halben Himmelskörper herum reichen. Rhea (KRIEMHILD) auf Bahn 5 ist eine 3,1 cm durchmessende Kugel, deren recht helle Oberfläche von sehr dicht gestreuten, durchschnittlich ziemlich kleinen Aufschlagkratern bedeckt ist. Auch über die Oberfläche Rheas ziehen sich wie weiträumig hingestreut wirkende, spitz zulaufende streifenförmige Felder.

Auf Satellitenbahn 6 des Planeten Saturn bewegt sich ein Himmelskörper mit einer dichten Atmosphäre: Titan (GULDMÖHNI). Die Atmosphäre ist von orangefarbenem Dunst erfüllt, der einen Blick zur Oberfläche verwehrt. Der Atmosphärendruck auf der Oberfläche ist größer als jener der Erde. Unser Modell zeigt den Himmelskörper als Kugel von 10,3 cm Durchmesser.

Satellitenbahn 5 befindet sich 9 m von der Planetenoberfläche. Nach einem Sprung von 14 m folgt als Nummer 6 die Titan-Bahn und dann 3 bis 7,5 m weiter die etwas elliptische Bahn 7 mit dem kleinen, aus rötlich bis orange gefärbtem Gestein bestehenden Satelliten Hyperion (WESTARA), der 0,72 cm mal 0,42 cm mal 0,42 cm mißt. Nach einer großen Lücke von über 40 m sehen wir auf Bahn 8 den rätselhaften Mond Japetus

(OSTARA), der in seiner Bewegungsrichtung aus einem scharf abgegrenzten schwarzen Gebiet besteht, das nur 5 % des Sonnenlichts zurückstrahlt, dagegen auf der Gegenseite aus grau-weißem Gebiet, das mehr als 50 % Widerstrahlvermögen besitzt. Auf der 2,9 cm durchmessenden Modell-Satellitenkugel sehen wir, daß Kraterstrukturen die Oberfläche gleichmäßig überziehen, während die Schwärze, besonders an ihren Grenzen zum weißen Gebiet, in dieser Landschaft wie ausgeschüttete schwarze Tinte wirkt.

Sehr fern, 215 bis 300 m von der Oberfläche des Planeten Saturn, finden wir auf der um 30° geneigten Bahn 9 den rückläufig wandernden, etwas rötlich bis blaß-orange getönten Satelliten Phoebe (GULLINKAMBI) als Kügelchen von 0,4 oder 0,5 cm Durchmesser.

Der Planet Uranus (NERTHUR) erscheint uns als etwas abgeflachte, schwach beleuchtete, trüb-gelbliche Kugel von 94 cm Durchmesser. Zumindest wenn ein Pol näherungsweise in Richtung Sonne zeigt, ist auf der sichtbaren Oberfläche des Planeten nichts von jenen zonalen Bänderstrukturen zu sehen, die Jupiter und Saturn kennzeichnen. Einige reifenförmige Zonen aus schwebendem dunklem Staub umziehen den Planeten, werden aber von jedem der Satelliten weit in den Schatten gestellt.

2 m von der Planetenoberfläche sehen wir Miranda (URD) mit 1 cm Durchmesser und ziemlich heller Oberfläche. 1,2 m weiter folgt Ariel (WERDANDI) mit 2,8 cm und etwas trüber leuchtend. Wiederum 1,5 m weiter außen finden wir als 2,3 cm durchmessende Kugel Umbriel (SKULD). Nach einem Sprung von 3,4 m taucht der etwa 3,4 cm durchmessende Satellit Titania (FREY) auf, noch einmal 3 m weiter und damit gut 11 m von der Oberfläche des Planeten zieht schließlich der Mond Oberon (FREIA) als Kugel von vielleicht 3,3 cm Durchmesser seine Bahn.

Als etwas abgeplattete, 98 cm durchmessende Kugel ohne auffällige Färbung, trüb-graues bis trüb-bläulichgraues Dämmerlicht widerstrahlend, sehen wir den Planeten Neptun (WIDAR). Möglicherweise finden wir dort wieder schwache Zonalbänder ähnlich denen des Saturn, da der Planet eine normale Achsenneigung besitzt und wie Jupiter und Saturn mehr Eigenwärme aus dem Inneren zur Atmosphäre befördert, als er an einstrahlender Sonnenwärme aufnimmt.

Zwei sehr ungleiche Neptun-Satelliten sind bekannt: 6,6 m von der Planetenoberfläche wandert rückläufig, also entgegen dem Drehsinn des Planeten, der mindestens 8 cm große Mond Triton (GARM), der eine dunkle, rotbräunlich getönte Oberfläche besitzt. Auf einer um $27{,}5^{\circ}$ geneigten Bahn, die so ausgeprägt elliptisch in die Länge gezogen ist, daß sie Planetenabstände zwischen 26 m und 196 m erlaubt, umwandert im normalen Umlaufsinn als Kügelchen von vielleicht 0,6 cm Durchmesser Nereïde (HABROK) den Planeten.

Am Ende unseres Planetenreiches, im Modell zwischen 90 km und 150 km von der in diesem Abstand trotz 28 Metern Durchmesser praktisch punktförmig erscheinenden Sonne entfernt, zieht der Planet Pluto (JUL) seine lichtarme Bahn. Der Planet besitzt eigentlich eine helle, gelblichweiße Oberfläche, die nur wegen der geringen Beleuchtung trübgrau wirkt. Die Planetenkugel durchmißt 4,8 cm.

Enger Begleiter Plutos, nur 38 cm von der Oberfläche, ist der 1,8 cm durchmessende Mond Charon (SKADI).

II.7. Harmonien der Klangwelt

Das Mittelalter sah den von Jesus von Nazareth und vom Propheten Mohammed gepriesenen Gott als Weltenschöpfer, der sein Werk bewachte und in den himmlischen Weiten Bewegung zeugend unaufhörliches Wirken bewies. Seine Himmelswesen, die geflügelten, sonst menschengleichen Engel, ließen mächtige kristallene Hohlkugeln - die himmlischen Sphären - in kreisender Bewegung schwingen. Die an die Sphären gehefteten Planeten erhielten so ihre Wandereigenschaft.

Nehmen wir ein Weinglas, füllen es zum Teil mit Wasser (oder Wein) und fahren mit einem feuchten Finger kreisend über seinen Rand, so erklingt alsbald ein gleichbleibender, hoher Ton. Mit mehreren, verschieden tief gefüllten Gläsern läßt sich so eine Vielzahl Töne und Akkorde erzeugen. Hier sehen wir das gedankliche Bindeglied zu den Sphärenklängen der Planetenwelt, die durch Reibung der himmlischen Sphären aneinander entstehen sollten.

Wir wissen heute, daß der Raum zwischen den Planeten schwarz, leer und lautlos ist. Schall ist immer nur Ausbreitung elastischer Schwingungen in Materie. Sphärenklänge sind anders als spätmittelalterliche Sternforscher sie dachten. Weise grauester Vorzeit müssen es gewußt haben, denn ihnen verdanken wir eine Musik, deren Töne eng mit dem Planetenraum verbunden sind: Sphärenklänge sind nicht hörbar, sondern sichtbar! Die 13 heute (wieder) bekannten Planeten auf ihren 12 Bahnen weisen auf die 13 Töne der durch Multiplikation einfacher Bruchzahlen gebildeten 7 Tonleitern, aus denen jene Musik hervorgeht, die als einzige unser Gemüt unmittelbar mitschwingen lassen kann.

II.8. Tonleitern, Tonarten, Klangarten

Ein Ton A ist so definiert, daß er aus 440 Schwingungen in der Sekunde besteht, wofür man auch kürzer 440 s^{-1} schreibt. Ein Ton mit 220, 110 oder 55 s^{-1} ist ebenfalls ein Ton A, jedoch zunehmend tiefer. Ebenso heißen Töne mit 880, 1.760, 3.520 s^{-1} A. Bei Halbierung oder Verdoppelung der Frequenzen (Schwingungszahlen pro Zeiteinheit) bleiben sich die Töne so ähnlich, daß sie gegenüber der Unähnlichkeit, die sie zu allen anderen Tönen besitzen, als gleich empfunden werden. Die Spanne zwischen einem Ton und einem weiteren Ton doppelter oder halber Frequenz heißt Tonleiter und ist mehr oder weniger gleichmäßig in Tonschritte gegliedert. Das Verhältnis der Frequenzen zweier benachbarter Töne muß zumindest näherungsweise immer gleich sein, damit wir die Tonleiter als gleichmäßig gegliedert auffassen können.

In Luft von etwa einer Atmosphäre Druck breitet sich Schall mit einer Geschwindigkeit von rund 330 Metern in der Sekunde aus. Wenn man das weiß, kann man die Länge eines Schwingungsabschnitts - also etwa von einem Punkt verdichteter Luft bis zum übernächsten Punkt verdichteter Luft - messen. Für den Bestimmungston A errechnen wir: 330m/s durch 440 s^{-1} = 3 m / 4 = 0,75 m. Diese Strecke nennen wir Wellenlänge des Tones A. Sie hat die praktische Bedeutung, daß wir von einer schwingenden Luftsäule in einem Rohr von 1/4 dieser Länge wissen, daß sie den Ton A ertönen läßt, und Entsprechendes gilt natürlich für jeden anderen Ton. Während wir die Frequenzen nur mit erheblichem technischem Aufwand messen können, sind die Wellenlängen unmittelbar beobachtbar.

Die Neger Afrikas, die negriden oder negroiden Einwohner Neuguineas und Melanesiens, einige urtümliche Restvölker der Tropen und Subtropen, ferner die Eskimos des hohen Nordens sowie die Indianervölker von Nordamerika bis ins nördliche und östliche Südamerika kannten, als sie noch ihre eigenen Kulturen lebten, keine vieltönige Musik. Alte Musik Ostasiens verwendet tonleiterfreie Töne, kennt aber auch die tonleitergebundenen Töne. Die übrige Welt verwendet seit Urzeiten die Mehrzahl der Töne aus nur 7 in der Klangfarbe verschiedenen Tonleitern aus einem Grundton, 6 weiteren Tönen und der oberen Entsprechung des Grundtons, mit welcher die Tonleiter erneut beginnt. Weil oberer und unterer Grundton und die 6 Zwischentöne zusammen 8 Töne ausmachen, heißt die Spanne zwischen den beiden Grundtönen - diese eingeschlossen - Oktave (lateinisch: octo = acht). Die 7 in der Klangfarbe verschiedenen Tonleitern wollen wir Klangarten nennen. Im Gegensatz zu den Klangarten sind Tonarten Tonleitern gleicher Klangfarbe, jedoch mit unterschiedlichen Grundtönen. Einen reinen Tonartwechsel innerhalb einer Klangart nennen wir Transposition, was soviel wie Änderung der Tonlage heißt. Einen reinen Klangartwechsel unter Beibehaltung des Grundtons nennen wir Modulation. Bewegte und dennoch eindringliche Musik ändert bei Transpositionen wie bei Modulationen möglichst wenige Töne, damit die Orientierung nach Grundton und Klangfarbe nicht verlorengeht.

Zu den 7 Klangarten und den 13 in ihnen vorkommenden Tönen (auf gleichen Grundton bezogen) gelangen wir durch Aufteilung einer Grundwellenlänge mit Hilfe möglichst einfacher Zahlenverhältnisse. Zunächst gelangen wir so zu 8 Tönen, die wir nach der Größe der Bruchzahlen ordnen. Die Untersuchung der so gewonnenen 7 Teiltonleitern zeigt uns, daß sich benachbarte Töne nur um den Faktor 8/9 (großer Ganztonsprung), 9/10 (kleiner Ganztonsprung) und 15/16 (Halbtonsprung) unterscheiden und innerhalb der Tonleiter nie gleiche Tonsprünge einander folgen. Indem wir diese Regeln auf die restlichen zu findenden Töne anwenden, finden wir auch diese.

Als Grundton verwenden wir den durch die Frequenz $352 s^{-1}$ oder die Wellenlänge von (ca.) 0,9375 m gekennzeichneten Ton F, der für die Wellenlänge als Grundton den Bruch 1/1 (gemeint ist 1/1 von 0,9375 m) und als Obergrundton (F´) den halbierten Umkehrbruch 1/2 (1/2 von 0,9375 m = 0,46875 m) erhält. Mit kleinsten Zahlen in Zähler und Nenner anfangend erhalten wir dann mit 2/3 den Ton C, als Umkehrung mit 3/4 den Ton B, weiter mit 3/5 und 4/5 die Töne D und A, als Umkehrungen mit 5/6 und 5/8 die Töne As und Des. Großer Ganztonschritt von F nach G aufwärts und Halbtonschritt von As nach G abwärts ergeben den Ton G mit 8/9 und als Umkehrung den Ton Es mit 9/16. Der Halbtonschritt von F nach Ges ergibt für Ges 15/16 und als Umkehrung für E 8/15. Der Halbtonschritt von H nach C und der große Ganztonschritt von A nach H ergeben für H 32/45, als Umkehrung für Ces 45/64. Die Töne H und Ces unterscheiden sich näherungsweise um denselben nahe bei 1 liegenden Faktor 81/80, der einen großen Ganztonschritt in einen kleinen Ganztonschritt abändert: H : Ces = 1,0114, 81/80 = 1,0125. Die 13 Töne, die wir erhalten haben, heißen in aufsteigender Folge: F, Ges, G, As, A, B, H und Ces, C, Des, D, Es, E, als 14. Ton F´. Wegen der Ähnlichkeit von H und Ces und zwischen großem und kleinem Ganztonschritt wurde aus dieser Tonfolge vereinfachend die chromatische zwölftönige Tonleiter entwickelt, bei welcher der Tonschritt zum nächsthöheren Nachbarton ein Halbtonsprung um den Faktor "zwölfte Wurzel aus 1/2" ist. Statt einer Brüche-Folge 1/1, 15/16, 8/9, 5/6, 4/5, 3/4, 32/45 und 45/64, 2/3, 5/8, 3/5, 9/16, 8/15, 1/2 erhalten wir eine Folge aus zwölften Wurzeln: $(1/2)^{0/12}$, $(1/2)^{1/12}$, $(1/2)^{2/12}$, $(1/2)^{3/12}$, $(1/2)^{4/12}$, $(1/2)^{5/12}$, $(1/2)^{6/12}$, $(1/2)^{7/12}$, $(1/2)^{8/12}$, $(1/2)^{9/12}$, $(1/2)^{10/12}$, $(1/2)^{11/12}$ und $(1/2)^{12/12}$. Das liest sich entweder so: Ein halb hoch ein zwölftel, ein halb hoch zwei zwölftel, ... oder: Zwölfte Wurzel aus 1/2, zwölfte Wurzel aus 1/2 im Quadrat, zwölfte Wurzel aus 1/2 hoch drei usw.. Da der Mensch Tonunterschiede um den Faktor 80/81 oder 81/80 hört, sofern er nur einigermaßen musikalisch ist, klingt Musik aus jenen zwölf Tönen immer etwas unsauber und flach. Die Vereinfachung der Tonordnung zu nur 12 Tönen hat die Instrumententechnik und das Komponieren vereinfacht, aber sie hat auch - und das nur konsequenterweise - zu Kompositionen in tonartfreier Zwölfton-Musik geführt, in der sich Harmonien und Melodien in sinnlos dahinflüchtende Tonfolgen verlieren.

Ganze Zahlen und Brüche nennen sich rationale Zahlen. Keine rationalen Zahlen sind alle nicht auflösbaren Wurzeln - wie jene der Töne der Zwölftonmusik mit Ausnahme des Grundtons: $(1/2)^{0/12} = (1/2)^0 = 1$, $(1/2)^{12/12} = (1/2)^1 = 1/2$. Wir nennen unsere aus Brüchen gebildeten 7 Tonleitern deshalb auch rationale Tonleitern.

Die helladischen Völker Alt-Griechenlands, Nachfahren der Äoler, Ioner und Dorer, betrieben vielerlei Forschung mit Geometrie und rationalen Zahlen, mieden jedoch den Umgang mit den irrationalen Zahlen wie Wurzeln oder der bei Rechnungen mit dem Kreis vorkommenden Zahl π(pi). Sie dürften mit Gewißheit die sieben Klangarten, die wir jetzt erneut entwickeln mußten, gekannt haben. Aus dem Mittelalter (800 bis 1648 heutiger Zeitrechnung) sind jene Klangarten als "Kirchentonarten" bekannt und mit Namen für jede der Klangarten überliefert.

Wir haben die Klangarten alle auf demselben Ton, nämlich F, aufgebaut:

F´(1/2)	F´(1/2)	F´(1/2)	F´(1/2)	F´(1/2)	F´(1/2)
E(8/15)	E(8/15)	Es(9/16)	Es(9/16)	Es(9/16)	Es(9/16)
D(3/5)	D(3/5)	D(3/5)	D(3/5)	Des(5/8)	Des(5/8)
C(2/3)	C(2/3)	C(2/3)	C(2/3)	C(2/3)	C(2/3)
H(32/45)	B(3/4)	B(3/4)	B(3/4)	B(3/4)	B(3/4)
A(4/5)	A(4/5)	A(4/5)	As(5/6)	As(5/6)	As(5/6)
G(8/9)	G(8/9)	G(8/9)	G(8/9)	G(8/9)	Ges(15/16)
F(1/1)	F(1/1)	F(1/1)	F(1/1)	F(1/1)	F(1/1)

und

F´(1/2)
Es(9/16)
Des(5/8)
Ces(45/64)
B(3/4)
As(5/6)
Ges(15/16)
F(1/1)

Wenn wir die 7 Klangarten in der Gestalt erhalten wollen, in der sie alle dieselben 7 verschiedenen Töne verwenden, müssen wir an diesen Tönen Korrekturen durch den Faktor 80/81(↑) oder 81/80(↓) vornehmen, der seit alter Zeit "pythagoräisches Komma" heißt. Wir finden sofort die jedem Klavierspieler geläufigen Tonarten C-Dur und A-Moll, die auf dem Klavier nur weiße Tasten verwenden und auf dem Notenblatt ohne Kreuze (#) und b's (♭) erscheinen:

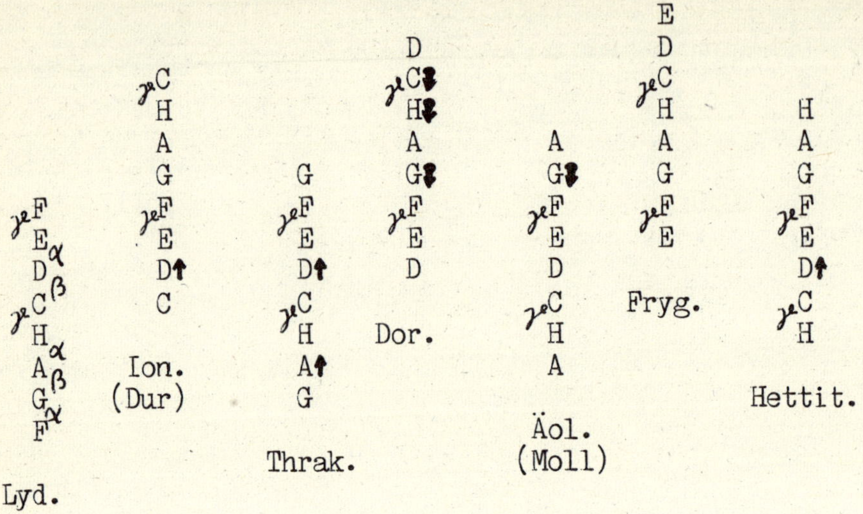

Die Namen lehnen sich an die überlieferte Namensgebung an, wenn auch nicht streng. Es sind die Namen alter Völker des griechisch-anatolischen geografischen Raumes, und einige der Anfangsbuchstaben dieser Namen können als Merkbuchstaben für den Grundton ihrer Tonarten dienen: Dorisch - D, Äolisch - A, Hettitisch - H. - Die thrakische Klangart ist unter dem nichtssagenden Namen "Mixolydisch" überliefert, die hettitische Klangart blieb zumeist namenlos und wurde gelegentlich als Beistimme mit dem Namen "Hypophrygisch" versehen. "Phrygisch" haben wir gemäß neuerer Schreibweise in Frygisch umgeschrieben, ebenso das sich aus dem überlieferten Völkernamen ergebende "Hetithesch" (das wiederum auf das ältere Wort "Hatti" zurückgeht) in Hettitisch.

In beiden Darstellungen der 7 Klangarten haben wir die Halbtonschritte mit dem Zeichen Gamma (γ) gekennzeichnet. Den großen Ganztonschritt würden wir mit Alpha (α), den kleinen Ganztonschritt mit Beta (β) kennzeichnen, und sie haben, wenn wir die Halbtonschritte übergehen, immer die Reihenfolge α, β, α, β, α. Wesentlich für die Identifizierung einer Klangart ist die Stellung der Halbtonschritte. Wir haben die Reihenfolge der Klangarten in beiden Fällen von der "härtesten" über zunehmend mildere zur "weichsten" gewählt. Schon die aus dem Italienischen hergeleiteten Bezeichnungen Dur und Moll heißen nichts weiter als "hart" und "weich". Härte und Weichheit einer Klangart sind keine unpräzisierbare Empfindungsfrage, sondern an der Stellung der Halbtonschritte abzulesen: Jede Klangart, bei der - vom Grundton aus aufwärts zählend - ein Halbtonschritt früher folgt als bei der vorhergehenden Klangart, ist weicher als jene, weil sie gegenüber der vorhergehenden Klangart einen verminderten Ton besitzt, dessen Erzeugung weniger Energie erfordert als der höhere Ton, zu dem statt eines Halbtonschritts ein Ganztonschritt führt.

In unseren beiden Darstellungen ist jede Klangart an genau einem Ton erkennbar. In der Darstellung mit gleichbleibendem Grundton F sind es die vermindert werdenden Töne: Aus H (32/45) wird B (3/4), aus Lydisch wird Ionisch (= Dur). Die Verminderung von E (8/15) zu Es (9/16) macht aus Ionisch Thrakisch. Wenn aus A (4/5) As (5/6) wird, wird aus Thrakisch Dorisch. Die Verminderung von D (3/5) zu Des (5/8) macht aus Dorisch Äolisch (=natürliches Moll). Wenn aus G (8/9) Ges (15/16) wird, wird aus Äolisch Frygisch. Die Verminderung von C (2/3) zu Ces (45/64) läßt aus Frygisch Hettitisch werden. Es ist also bei gleichem Grundton F Lydisch durch das Fehlen eines verminderten Tons gekennzeichnet (oder: Nach Verminderung aller anderen 6 Töne würde die Verminderung des Grundtons F wieder zu einer Tonleiter lydischer Klangart führen). Zu Ionisch gehört dann B, zu Thrakisch Es, zu Dorisch As, zu Äolisch Des, zu Frygisch Ges, zu Hettitisch Ces. - In der Darstellung ohne verminderte Töne sind die Grundtöne die bestimmenden Töne: F für Lydisch, C für Ionisch (Dur), G für Thrakisch, D für Dorisch, A für Äolisch (Natürlich-Moll), E für Frygisch, H für Hettitisch. - Die beiden in den zwei Darstellungen für eine Klangart kennzeichnenden Töne hängen zusammen: Sie sind die Umkehrung voneinander. F ist Umkehrung von F, B von C, Es von G, As von D, Des von A, Ges von E und Ces von H. Jeweils zwei gegensätzliche Töne sind also mit einer Klangart verbunden. Die 7 Klangarten erweisen sich zumindest formal als gleichberechtigt.

Bereits im Tierkreis hatten wir Gegensatzpaare gebildet: Skorpion gegen Skorpion, Steinbock gegen Falke (Bogenschütze), Schwalbe (Schwert) gegen Bär, Storch gegen Delfin (Schiff), Adler gegen Widder, Fledermaus/Krebs gegen Stier, entscheidungsfreudiger Zwilling gegen ideenreichen Zwilling. Ebenso fanden wir Gegensätze zwischen den Planeten: Odin (Merkur) sonnennah-hell und vor der Sonne schwarz. Baldur (Venus) glanzvoll, Jul (Pluto) düster. Forseti (Terra) mit hellstem Mond linksherum kreisend, Widar (Neptun) mit dunkelstem Mond rechtsherum kreisend. Tiu (Mars) hell aufleuchtend, Nerthur (Uranus) gleichmäßig trüb. Hermodur (Vesta) felsenhart und von gleichbleibender Helligkeit in der Sichtbarkeitsperiode, Heimdall (Saturn) weich und infolge der Ringstellungen wechselnd hell. Bragi (Eumonia) klein und zurückgezogen, Thor (Jupiter) groß und unübersehbar. Hödur (Ceres) auf kreisähnlicher, flacher Bahn, Loki (Pallas = Minerva) auf elliptischer, geneigter Bahn, beide aber in fast gleichem mittlerem Sonnenabstand. - In der Ordnung der Planeten verbergen sich nicht nur die Eigenschaften der Tierkreisgestalten, sondern bis in Feinheiten die Ausgangstöne des rationalen Tonsystems. Zählen wir die 13 Töne unserer ersten Darstellung vom Grundton aufwärts, so erhalten wir den gespaltenen Ton H/Ces an derselben Stelle wie den Doppelplaneten Hödur/Loki (Ceres/Pallas), sofern wir die Planeten von der Sonne weg zählen. Aber nicht nur das: Bestimmendes Element eingängiger Melodien ist der Dreiklang über dem Grundton - F-A-C oder F-As-C -, der zusammen gespielt einen wohlklingenden (= konsonanten) Akkord ergibt, F-A-C als Dur-Akkord, F-As-C als Moll-Akkord. Die Umkehrung, der vom oberen Grundton abwärts gebildete Dreiklang, wirkt für das Gehör weniger als Träger einer Klangart, ergibt aber auch die Moll- und Dur-Färbung. In 6 Klangarten ist nun die Bildung eines wohlklingenden Dreiklangs über dem Grundton möglich, dagegen ist die Dreiklangbildung F-As-Ces ein Mißklang, während der Gegenton zu Ces, der Ton H, zu diesen Dreiklangbildungen nicht beiträgt. Verbirgt sich hier nicht im Ton Ces das unorthodoxe Bahnverhalten des Planeten Loki (Pallas)?

Über all den nüchternen Zahlen sollten wir nicht vergessen, daß kaum etwas anderes die menschliche Seele unmittelbarer und zugleich dauerhafter zu bewegen vermag, als die Musik, und zwar gerade diejenige Musik, die wir beschrieben haben und welche mit der Ordnung am Planetenhimmel so eng verknüpft ist. Wenn Komponisten vergangener Jahrhunderte (in etwa von 1400 bis 1900 gegenwärtiger Zeitrechnung) voll Inbrunst Melodien gerade in jenen Klangarten geschaffen haben, die heute ungebräuchlich geworden sind und deshalb als "Kirchentonarten" gegen "normale" Dur-Moll-Kompositionen abgegrenzt werden, waren sie unbewußt den himmlischen Sphärenklängen, nach denen sie zu Lob und Ehre ihres Gottes strebten, näher, als sie wissen konnten.

Man könnte gegen eine Wiederbesinnung auf die rationale Musik einwenden, daß die richtige Berücksichtigung des pythagoräischen Kommas zu schwierig sei, daß durch die notwendige Verwendung des 80/81- oder 81/80-Faktors zu viele Töne für ein Gesamtsystem aus 13 Tonarten in jeweils 7 Klangarten notwendig seien, und schließlich, daß manche Klangarten sich zu mehrstimmigen Kompositionen nicht eigneten.

Sänger und Geiger neigen dazu, rationale Töne zu erzeugen, und gewinnen reine Klänge nur dadurch, daß sie das pythagoräische Komma meistens richtig verwenden. Noten werden gewöhnlich so geschrieben, daß die Tonart und Klangart bestimmenden be's oder Kreuze an den Anfang der aus 5 Linien bestehenden Notenzeilen gesetzt werden. Es macht keine Schwierigkeit, zusätzlich noch ein paar nach oben oder unten weisende Pfeile dort hinzusetzen. Schwierig wird nur die Anwendung bei Instrumenten mit festen Tönen. Mit den Möglichkeiten der heutigen Technik ist aber auch dies Problem zu lösen.

13 Tonarten in 7 Klangarten moduliert bedeutet 13 mal 7 mal 7 Töne; das wären 637 Töne, sofern sie alle verschieden wären. Tatsächlich stellt sich aber heraus, daß zur Bildung aller 91 Tonarten 34 Töne genügen. Die heute gebräuchliche Musik braucht immerhin für ihre nur 84 Tonarten (7mal12 statt 7mal13) auch schon 12 Töne.

Hat man erst einmal eine Tabelle aller Tonarten in allen Klangarten mit allen dazugehörigen Tönen, so fällt es nicht schwer, sich in diesen Tonarten zurechtzufinden. Etwas schwieriger ist es, die Regeln zu erkennen, welche hinsichtlich des Faktors 80/81 oder 81/80 eindeutige Grundtöne ermöglichen. Es genügen 3 Regeln: Die Urtöne F, Ges, G, As, A, B, H, Ces, C, Des, D, Es, E bleiben in allen Ton- und Klangarten als Grundtöne ohne Veränderung durch ↓ oder ↑. ↑↑ und ↓↓ sind ebenso wie #↓ und b↑ verboten, und kein Ton darf irgendwo mit ↑ erscheinen und anderswo mit ↓. Für die Grundtöne Fis und E-is, die trotz dieser Regeln noch zweideutig bleiben, gilt die dritte Regel, nämlich daß, sofern dem gemäß den ersten beiden Regeln nichts entgegensteht, der Grundton der 6-fach gekreuzten Tonart sich zum Grundton der in der gleichen Klangart liegenden 6-fach ge-b-ten Tonart wie H zu Ces verhalten soll. Das ergibt dann F#↑ und nicht F# und E#↑ und nicht E#.

Die 13 Tonarten der lydischen Klangart haben die Grundtöne: F, C, G, D, A, E, H, Ces, Ges, Des, As, Es, B.

Die 13 Tonarten der ionischen Klangart haben die Grundtöne: F, C, G, D, A, E, H, F#↑, Ges, Des, As, Es, B.

Die 13 Tonarten der thrakischen Klangart haben die Grundtöne: F, C, G, D, A, E, H, F#↑, C#, Des, As, Es, B.

Die 13 Tonarten der dorischen Klangart haben die Grundtöne: F, C, G, D, A, E, H, F#↑, C#, G#, As, Es, B.

Die 13 Tonarten der äolischen Klangart haben die Grundtöne: F, C, G, D, A, E, H, F#↑, C#, G#, D#↑, Es, B.

Die 13 Tonarten der frygischen Klangart haben die Grundtöne: F, C, G, D, A, E, H, F#↑, C#, G#, D#↑, A#↑, B.

Die 13 Tonarten der hettitischen Klangart haben die Grundtöne: F, C, G, D, A, E, H, F#↑, C#, G#, D#↑, A#↑, E#↑.

Ohne daß wir es als Regel betont haben, bleibt ein Grundton natürlich beim reinen Klangartwechsel entweder gleich oder wird durch den "ähnlichen" Grundton vertreten: F#↑ bleibt F#↑ oder wird zu Ges, C# bleibt C# oder wird zu Des, G# bleibt G# oder wird zu As, D#↑ bleibt D#↑ oder wird zu Es, A#↑ bleibt A#↑ oder wird zu B, E#↑ bleibt E#↑ oder wird zu F. Im Lydischen führt der Übergang von den gekreuzten zu den ge-b-ten- Tonarten über den Wechsel von H (6 Kreuze) nach Ces (6 be's).

Die Notenschreibweise geht von den 7 Tönen F, G, A, H, C, D, E aus und bestimmt andere Töne durch Multiplikation mit 25/24 = ♭ oder 24/25 = #. Von den 34 zulässigen Tönen kommen außer E, F und Ges alle auch mit ↑ (80/81) oder ↓ (81/80) multipliziert vor. Von den 13 Urtönen zum Aufbau der Klangarten über dem Ton F müssen wir bei der Verwendung im Notenblatt sechs umschreiben: Ges = G♭↓, As = A♭, B = H♭↓, Ces = C♭↓, Des = D♭, Es = E♭↓. Vom tiefsten zum höchsten heißen alle 34 Töne: F = 1/1, F# = 24/25, F#↑ = 128/135, Ges = 15/16, G↓ = 9/10, G = 8/9, G# = 64/75, As↓ = 27/32, G#↑ = 1.024/1.215, As = 5/6, A = 4/5, A↑ = 64/81, A# = 96/125, A#↑ = 512/675, B = 3/4, B↑ = 20/27, H↓ = 18/25, H = 32/45, Ces = 45/64, Ces↑ = 25/36, C↓ = 27/40, C = 2/3, C# = 16/25, Des↓ = 81/128, C#↑ = 256/405, Des = 5/8, D = 3/5, D↑ = 16/27, D#↑ = 128/225, Es = 9/16, Es↑ = 5/9, E = 8/15, E# = 64/125, E#↑ = 1.024/2.025. Das sind zum Teil sehr große Zahlen in den Zählern und Nennern der Brüche, weil der Bezugston der Ton F ist; auf die richtigen Grundtöne bezogen erhalten wir wieder die einfachen Brüche der 13 Urtöne.

Ein Tonartwechsel ebenso wie ein Klangartwechsel kann schon durch ein einziges hinzugefügtes oder entferntes Zeichen # oder ♭ erreicht werden, wobei es nur darauf ankommt, den neuen Grundton zu erkennen und zur Erhaltung der Klangreinheit ↑ oder ↓ richtig zu setzen. Wir geraten dabei nie in Fehltonarten, die andere Nachbar-Tonabstände als um den Faktor 8/9, 9/10 oder 15/16 aufweisen.

Jedem halbwegs Musikkundigen ist die Dur-Tonleiter geläufig. Einen Eindruck von den Klangarten gewinnt man durch fortlaufende Änderung je eines, eines weiteren, ..., schließlich von 6 Tönen und Auf- und Ab-Singen oder -Spielen der so gewonnenen Tonleitern. Selbstverständlich müssen es die richtigen Töne sein, die verändert werden. - Eindrucksvoller ist es, eine Melodie, in der alle 7 Tonstufen einer Klangart vorkommen, in allen Klangarten von der härtesten bis zur weichsten zu spielen. Die Melodie bleibt bis zuletzt erkennbar, aber die Klangfarbe verändert sich auffallend.

Andere Klangarten als Dur (Ionisch) und Moll (Aolisch) und gelegentlich noch Frygisch sind in der heutigen Musik (um 1975 bisheriger Zeitrechnung) stark in den Hintergrund getreten, weil es mit ihnen schwierig ist, unter Wahrung des reinen Klanges - der auch in der 12-Ton-Musik noch Bedeutung besitzt, weil sie von Streichinstrumenten, Sängern und einigen Blasinstrumenten in rationale Musik umgesetzt wird - mehrstimmig zu komponieren. - Im Kanon laufen gleiche Melodien zeitlich versetzt nebeneinander her. Die Töne sind alle aus derselben Klangart, und selbst bei Dreistimmigkeit sind alle 7 verschiedenen Töne untereinander verträglich. Mehr als 3 Stimmen schaffen keine weiteren Probleme, weil bei wohlklingenden Zusammenklängen von mehr als 3 Tönen höchstens 3 Töne echt verschieden sein können, während sich die übrigen lediglich um Oktaven unterscheiden dürfen. - Im Kanon kann also jede Klangart problemlos verwendet werden, aber der Kanon schränkt die mehrstimmige Komposition stark ein, so daß bedeutend mehr Kompositionen bekannt sind, in denen eine Hauptstimme oder Melodie von Unter- und Oberstimmen begleitet sind, die sich zum Teil sehr frei bewegen, an vielen Punkten der Melodie aber mit dieser konsonante Dur- oder Moll-Akkorde bilden. Es ist für einen sangesgewohnten Menschen nicht schwer, zu einer einfachen Dur-Melodie die zugehörige Unterstimme in Moll (2 Tonschritte tiefer) und die zugehörige Oberstimme in frygischer Klangart (2 Tonschritte höher) zu bilden. Die genauere Untersuchung zeigt uns, daß zu einer Dur-Melodie mit den Tönen F, G, A, B, C, D, E, eine äolische Unterstimme mit den Tönen D, E, F, G↓, A, B, C↓ und eine frygische Oberstimme mit den Tönen A, B, C, D, E, F, G↓ gehört. Die mit dem Zeichen ↓ versehenen Töne sind wegen der hörbaren Abweichung von den gleichnamigen Tönen ohne dieses Zeichen mit diesen nicht verträglich. In der Unterstimme müssen also die Töne G↓ und C↓ und in der Oberstimme der Ton G↓ vermieden werden, und die Melodie muß zumindest den Ton G meiden. Immerhin haben die drei Stimmen 5 Töne gemeinsam, und zwischen Melodie und Oberstimme sind sogar 6 Töne gleich. Hier deuten sich die Grenzen an, die den aus rationalen Tönen aufgebauten Klangarten in der Mehrstimmigkeit gesetzt sind. Eine Moll-Melodie hat mit der lydischen Unterstimme 6 Töne gemeinsam, mit der ionischen Oberstimme 5, mit beiden Nebenstimmen 5. Die thrakische Melodie hat mit ihrer frygischen Unterstimme 5, mit ihrer hettitischen Oberstimme 6, mit beiden 5 Töne gemeinsam. Die frygische Melodie hat mit ihrer ionischen Unterstimme 6, mit ihrer thrakischen

Oberstimme 5, mit beiden 5 Töne gemeinsam. Soweit sind die Klangarten auch bei Mehrstimmigkeit gleichberechtigt, und das Zurückstehen der thrakischen Klangart ist nicht recht einzusehen. Die übrigen 3 Klangarten, in denen Unterstimme, Melodie oder Oberstimme dorisch ist, verhalten sich in der Mehrstimmigkeit ungünstiger: Die lydische Melodie hat mit der dorischen Unterstimme 4, mit der äolischen Oberstimme 6, mit beiden 4 Töne gemeinsam. Die hettitische Melodie hat mit der thrakischen Unterstimme 6, mit der dorischen Oberstimme 4, mit beiden 4 Töne gemeinsam. Eine dorische Melodie hat mit der Unter- wie mit der Oberstimme nur je 4 Töne gemeinsam, und zwar bis auf einen nur verschiedene, so daß die drei Stimmen zusammen nur einen übereinstimmenden Ton haben. Mit einer dorischen Melodie ist also mehrstimmiges Musizieren bis auf den Sonderfall des Kanons unmöglich, und deshalb treffen wir diese Klangart - und mit ihr das Lydische und das Hettitische - kaum woanders als in alten, einstimmigen Kirchengesängen wieder, und der Name "Kirchentonarten" hat für diese Klangarten seine Berechtigung.

Bei Mehrstimmigkeit in nur einer Instrumentenart - unter Einschluß des mehrstimmigen Gesangs - müssen die Unverträglichkeiten zwischen Tönen verschiedener Klangarten streng beachtet werden, bei Orchestern mit sehr verschiedenen Instrumenten, wie Streich-, Blas- und Zupfinstrumenten, kann die Melodie so hervorgehoben werden, daß es bei der Verfolgung des Musikablaufs nicht verwirrt, wenn die Nebenstimmen mit Tönen arbeiten, die in der Hauptstimme unerlaubt sind, sofern nur auch gemeinsame Töne vorkommen. Dem Komponisten einer Symphonie bleibt also auch in der rationalen Tonwelt ausreichende Gestaltungsfreiheit. Nur das klassische Kircheninstrument, die Orgel, wird wie in alter Zeit strengeren Regeln als das Großorchester gehorchen, wenn ihre Klänge mit den Reichen des Himmels verbinden sollen.

Da jedem der 13 Urtöne genau einer der 13 Planeten entspricht und wiederum jedem der 13 Planeten einer von 13 Göttern, die ihrerseits wieder mit 12 Himmelsburgen oder Tierkreissternbildern und 12 an die irdischen Monate gelehnten Tierkreiszeichen verbunden sind, kann auch jedem der 13 Götter genau ein Ton zugeordnet werden. Ordnung der Urtöne und Ordnung der Planeten unserer Sonne entsprechen einander vollkommen, und es ist schwer zu sagen, welche der beiden Ordnungen Weise von einst eher erkannt haben mögen.

Ton	Gott (Planet)	Himmelsburg/Neu-Sternbild	Neues Tierkreiszeichen
F	ODIN (Merkur)	Gladsheim/Skorpion	Skorpion
Ges	BALDUR (Venus)	Breidglast/Steinbock	Steinbock
G	FORSETI (Terra)	Glitnir/Schwert	Schwalbe (Schwert)
As	TIU (Mars)	Folkwang/Storch	Storch
A	HERMODUR (Vesta)	Fensal/Adler	Adler
B	BRAGI (Eunomia)	Sökwabek/Krebs	Fledermaus (Krebs)
H	HÖDUR (Ceres)	Walaskialf/Zwillinge	Zwillinge
Ces	LOKI (Pallas)	Walaskialf/Zwillinge	Zwillinge
C	THOR (Jupiter)	Thrudheim/Stier	Stier
Des	HEIMDALL (Saturn)	Himinbjörg/Widder	Widder
D	NERTHUR (Uranus)	Noatun/Schiff	Delfin (Schiff)
Es	WIDAR (Neptun)	Landwidi/Bär	Bär
E	JUL (Pluto)	Eidalir/Bogenschütze	Falke(Bogenschütze)

Da jede der 7 Klangarten von zwei Tönen bestimmt wird, sind je zwei Tierkreiszeichen, und zwar immer die gegensätzlichen, mit einer Klangart verbunden: Bogenschütze (Falke) und Steinbock mit der frygischen Klangart, Bär und Schwalbe (Schwert) mit der thrakischen Klangart, Delfin (Schiff) und Storch mit der dorischen Klangart, Widder und Adler mit der äolischen Klangart, Stier und Krebs mit der ionischen Klangart, die zwei Arten Zwillinge mit der hettitischen Klangart und der Skorpion als Gegenteil seiner selbst mit der lydischen Klangart.

In der Gebrauchsmathematik hat längst die Zahl 10 (zehn) die Zahlen 12 (zwölf) oder gar 60 als Anzahl der Ziffern-Zeichen abgelöst. Elektronengehirne arbeiten auf der Grundlage von 16 Ziffern. - Wenn wir die irrational-logarithmische 12-Ton-Musik losgelöst von der rationalen Tonordnung, aus der sie hergeleitet ist, betrachten, so ist es nur ein kleiner

Gedankenschritt, die logarithmische Skala statt in 12 in 16 Teile zu teilen. Das wäre dann 16-Ton-Musik, und diese wäre eine ehrlichere Abkehr von der rationalen, 13-tönigen Musik als die heute gebräuchliche 12-Ton-Musik, die häufig in rationale Töne verfällt, weil das menschliche Ohr eben nur diese erwartet. 16-Ton-Musik klänge gewiß etwas "schräg" aber sie wäre ein Experiment wohl wert. Im Planetenhimmel ist 16-Ton-Musik nur dürftig begründet: Werten wir die vier kleinen Planeten zwischen Mars und Jupiter zu Planetoiden ab und zählen statt ihrer alle Satelliten von der Größenordnung des Erdenmondes zu den Planeten, so gelangen wir zu gerade 16 Himmelskörpern: Merkur (Odin), Venus (Baldur), Terra (Forseti), Mond, Mars (Tiu), Jupiter (Thor), Io (Magni), Europa (Modi), Ganymed (Thialfi) Kallisto (Röskwa), Saturn (Heimdall), Titan (Guldmöhni), Uranus (Nerthur), Neptun (Widar), Triton (Garm) und Pluto (Jul). Die Erhebung abhängig kreisender Satelliten in den Rang der frei um die Sonne wandernden Planeten stellt sich der Anerkennung der vier kleinen Himmelskörper zwischen Mars und Jupiter als Planeten gegenüber. Wenn Götter immer gemeinsam auftreten, verschmelzen sie dann nicht bald zu einem einzigen Gott? Mit 16 großen Himmelskörpern verbindet sich dann doch nur die Vorstellung von 9 Göttern, und die Aufmerksamkeit wird wieder auf die zu große Lücke zwischen den Bahnen des Jupiter und des Mars gelenkt - bis schließlich die Rückkehr zu 13 Planeten, 13 Göttern und 13 rationalen Urtönen wieder vollzogen ist.

II.9. Farben des Regenbogens

Der Regenbogen mit seinen Farben verbindet den Feinbau des Stofflichen mit dem Licht, das von den Sternen kommt, denn Licht bestimmter Farben entsteht beim Übergang der um die Atomkerne gescharten Elektronen von energiereicheren zu energieärmeren Zuständen. Erst in diesem Gesichtsfeld gewinnt das Bild vom Regenbogen als Brücke zwischen den

Sternengöttern und den der festen Erde verhafteten Menschen die ihm gemäße tiefe Bedeutung. Lange vergessene Weise sind vor rund 26.000 Jahren weit in die Geheimnisse der Sternenwelt eingedrungen und haben deren Beziehungen zu menschlichen Charakteren und den Schwingungen der Klangwelt aufgedeckt. Es dürfte ihnen kaum schwergefallen sein, das weiße Licht der Sonne mit Hilfe geeignet geschliffener Quarzkristalle in seine Farben zu zerlegen, und ihre einfachste Überlegung wird dann darin bestanden haben, wie sie die Farben benennen und wo ihre Grenzen setzen sollten.

Bei den Tönen der Tonleiter benötigten wir Verhältniszahlen, wobei es gleichgültig war, ob wir zur Bestimmung der Töne von Frequenzverhältnissen oder Wellenlängenverhältnissen ausgingen. Die Frequenzen waren die von Luftdruck und Luftfeuchtigkeit unabhängigen Angaben, die Wellenlängen hingegen anschaulicher. - Die Lichtgeschwindigkeit von knapp 300.000 km/s wird vom Vorhandensein der Luft nur sehr unwesentlich beeinflußt, und deshalb spricht man beim Umgang mit farbigem Licht durchweg nur von den Wellenlängen, für die man als Kurzbezeichnung den kleinen griechischen Buchstaben λ (lambda, für "Länge" oder lateinisch "longitudo") verwendet. Für die Frequenzen, falls man sie doch einmal benötigt, verwendet man den griechischen Buchstaben ν (ny oder nü - nicht mit dem lateinischen Buchstaben v zu verwechseln, mit dem man gewöhnlich Geschwindigkeitn bezeichnet!). Für die Lichtgeschwindigkeit ist ein lateinisches kleines c üblich. Es gelten die Umrechnungen $c/\lambda = \nu$ und $c/\nu = \lambda$. Die Frequenzen geben den Energiegehalt einer bestimmten Lichtfarbe an: Je mehr Schwingungen in einer Zeiteinheit, desto größer die Energie, die an ein Elektron zur Anhebung auf ein höheres Energieniveau abgegeben werden kann. Anders als bei den Tonschwingungen kommt es beim Licht bei der Suche nach einer gleichmäßigen Farbenskala nicht auf Verhältniszahlen, sondern auf gleiche Energieabstände an. Daher ist es nicht gleichgültig, ob man eine gleichmäßig teilende Skala auf die Wellenlängen oder auf die Frequenzen anwendet: Die üblichen Angaben aus Messungen und Literatur in der Maßeinheit $m\mu$ (millimü oder Millimikron = millionstel Millimeter) für Wellenlängen müssen in Reziprokwerte umgerechnet werden ($1/\lambda$), dann muß eine Skala gefunden werden, deren Grenzen so liegen, daß bekannte Farben wie blau, gelb oder orange jeweils möglichst gut zwischen zwei Skalenstrichen liegen, wodurch dann die übrigen Farben ihre Festlegung erhalten. Die Skalenwerte werden dann in Wellenlängen zurückgerechnet.

Die Farbenskala, die den bekannten Farben des Lichtspektrums am besten gerecht wird, zeigt zehn Farben in folgenden Grenzen (in mμ): Rot vom Beginn des sichtbaren Spektrums (bei etwa 780) bis 621, orange von 621 bis 588, gelb von 588 bis 558, gelbgrün von 558 bis 531, grün von 531 bis 506, bläulichgrün von 506 bis 483, grünlichblau von 483 bis 462, blau von 462 bis 443, blauviolett von 443 bis 426, violett von 426 bis zum Ende des sichtbaren Spektrums (bei ungefähr 360). Diese Farbenskala läßt sich mit den beiden Mischfarben aus mehr violett und weniger rot - rotviolett - und weniger violett und mehr rot - lilarot - zu einem zwölfteiligen Farbenkreis ergänzen, bei dem je zwei einander gegenüberliegende Farben vor schwarzem Hintergrund näherungsweise Weiß und vor weißem Hintergrund näherungsweise Schwarz ergeben. Da das menschliche Auge neben drei sich überschneidenden Farbempfindungsarten zusätzlich ein farbloses Helligkeitsempfinden besitzt, können wir insoweit auch Schwarz und Weiß zu den Farben zählen. Gerade in ihrer Beziehung zu Schwarz und Weiß werden die eigentlichen Farben erst richtig deutlich.

Das moderne Farbfernsehen arbeitet mit den drei Grundfarben rot, grün und blauviolett, aus denen unser Auge alle übrigen Farben zusammensetzt. Diese natürliche Farbenteilung stimmt mit unserem zwölfteiligen Farbenkreis völlig überein, denn alle drei Farben kommen in ihm in gleichen Abständen vor: 4. Farbe nach Rot ist Grün, 4. Farbe nach Grün Blauviolett, 4. Farbe nach Blauviolett (über Violett, Rotviolett, Lilarot) wieder Rot.

Die Überlieferung nennt für den Regenbogen 7 Farben: Rot, Orange, Gelb, Grün, Eisblau, Indigo, Violett. Diese Gliederung teilt das Spektrum jedoch ungleichmäßig auf, und für diese Schwäche muß wohl die Beliebtheit der Zahl 7 verantwortlich gemacht werden. Der Volksmund spricht ja sogar von den "sieben Farben des Regenbogens" und konnte doch ursprünglich weit weniger nennen: Rot, Gelb, Grün, Blau. Orange und Violett (Orange als Farbe der aus Ostasien stammenden Orange oder Apfelsine, Violett als Farbe des "veilchenblauen" Veilchens) beginnen sich in den indogermanischen Sprachen erst in neuester Zeit durchzusetzen, und alle übrigen Farben gelten vorerst immer noch als Mischfarben. Erwähnt sei, daß Braun in allen seinen Variationen immer eine zusammengesetzte Farbe ist, die Grün oder nah benachbarte Farben und Rot oder nah benachbarte Farben enthält.

Der Volksmund hat auch versucht, die Farben zu deuten, wobei wieder einmal die Kulturen Ostasiens und die indogermanischen Kulturen in ihrer Auffassung sehr weit voneinander abweichen. Nach den Vorstellungen des indogermanischen Kulturkreises gelten: Rot als Farbe der Liebe, aber auch des Krieges. Gelb als Farbe der Freude, aber auch der Falschheit und des Neides. Grün als Farbe der Hoffnung und Lebenskraft. Blau als Farbe der Treue. Schwarz als Farbe der Trauer, aber auch des Hasses und des Bösen. Weiß als Farbe der Unschuld und Reinheit. Gelegentlich spricht man von Lila (=Violett) als Farbe der "Verrückten", die etwas neben der Wirklichkeit leben. Rot (als rotes "Scharlachrot" und als lilarotes "Purpur") wird als Farbe der Macht und Herrscherwürde gedeutet. In Ostasien gilt Weiß für Trauer, aber auch für Falschheit, und Rot für Aufrichtigkeit. - Im Zusammenhang mit den Jahresmonaten mag eine Deutung aller 12 neuerer Erkenntnis entsprechenden Farben nebst Schwarz und Weiß versucht werden: Gelb (hellste Spektralfarbe) als Farbe der Hoffnung auf das wiederkehrende Licht. Orange als Farbe der Unrast und des Lebenswillens im kalten zweiten Monat des Jahreslaufs. Gelbgrün als Farbe des wiedererwachenden Lebens am Ende des starren Winters. Rot als Farbe blutvoller Lebenskraft am Frühlingsanfang - und auch Farbe des als feuerverwandt gedeuteten oberen Randes des Regenbogens, auf welchem die Götter reiten, ohne zu verbrennen. Grün als Farbe der mächtigen Laubbäume, wie vielleicht Eichen und Eschen (uralte Überlieferung mißt einem Weltenbaum oder der Weltesche größte Bedeutung bei), die erst in der Frühlingsmitte Blätter treiben und entfalten. Lilarot als Farbe der schweifenden Gedanken und Bläulichgrün als Farbe der kühlen, lebensnahen Entscheidungen, beide dem Blütenreichtum und den ausgereiften Blattfarben des Spätfrühlings entlehnt. Rotviolett als Farbe der verborgen glühenden Liebe am Sommeranfang. Grünlichblau (auch "Eisblau" genannt) als Farbe der Sehnsucht nach Erlösung von dörrender Hitze, der Farbe des Gletschereises, aber auch des flirrenden Sommerhimmels am verwandtesten. Violett als Farbe der Selbsteinkehr, des Fleißes, der Bescheidenheit und des stillen Stolzes im Erntemonat, in dem die Natur verblüht. Blau als Farbe der Maßstäbe und der in die Ferne gerichteten Gedanken, von der leuchtenden Weite des Herbsthimmels über kahlem Land bestimmt. Blauviolett als Farbe der Trauer um das scheidende Licht. Schwarz als Farbe der Finsternis und der Folgenschwere aller vom Leben erzwungenen Entscheidungen und Weiß als Farbe des reinen, schuldfreien Glaubens an den Sieg von Licht und Recht - Farben der Adventszeit am Ende des Jahreslaufs, wie er sich in mittleren und polaren Breiten der nördlichen Erdhalbkugel mit dem den natürlichen Gegebenheiten angepaßten Kalender deckt.

Wir haben bei der zusammenhängenden Deutung von 14 Farben eine Reihenfolge gewählt, die keineswegs willkürlich ist, auch wenn sie nicht einfach den Farbenkreis durchläuft: Wir sind von Gelb ausgehend alternierend auf der roten und der grünen Seite des Farbkreises von den hellen zu den dunklen Farben gewandert und haben nach Indigo (Blauviolett) in der schwarz-weißen Doppelfarbe den Endpunkt gesetzt. In Umkehrung jener Reihenfolge, also schwarz-weiß, blauviolett, blau, violett, grünlichblau, rotviolett, bläulichgrün, lilarot, grün, rot, gelbgrün, orange, gelb, können wir nun versuchsweise unsere Farben auf die 13 Urtöne aus den 7 über einem Grundton F gebildeten Klangarten übertragen und sehen, welches Bild die sieben Klangarten dann angeben: Das Ergebnis übertrifft jede Erwartung. In der Reihenfolge von den harten oder kalten zu den wärmeren oder weicheren Klangarten geben die Farben genau die richtige Klang"farbe" (und dieser Ausdruck kann also wörtlich genommen werden!) wieder. Wir müssen lediglich davon ausgehen, daß Rot und die ihm benachbarten Farben als warm, Eisblau (Grünlichblau) und die ihm benachbarten Farben als kalt zu gelten haben. Die Erfahrung lehrt uns, daß Rotglut (infolge der dem Rot des Spektrums benachbarten Infrarot-Hitzestrahlung) mit Hitze verbunden ist; Grünlichblau ist die Gegenfarbe zu Rot und wird entsprechend empfunden. - Wir erhalten also F = schwarz (oder weiß), Ges = blauviolett, G = blau, As = violett, A =

grünlichblau, B = rotviolett, H = bläulichgrün, Ces = lilarot, C = grün, Des = rot, D = gelbgrün, Es = orange, E = gelb, F´ = schwarz (oder weiß). Die Reihenfolge der Klangarten von den harten zu den weichen zeigt mit jedem hinzutretenden verminderten Ton eine weitere dem Roten näherstehende Farbe, die eine kältere Farbe ersetzt:

Lydisch:	F, G, A, H, C, D, E, F = schwarz, blau, grünlichblau, bläulichgrün, grün, gelbgrün, gelb, schwarz.
Ionisch:	F, G, A, B, C, D, E, F = schwarz, blau, grünlichblau, rotviolett, grün, gelbgrün, gelb, schwarz.
Thrakisch:	F, G, A, B, C, D, Es, F = schwarz, blau, grünlichblau, rotviolett, grün, gelbgrün, orange, schwarz.
Dorisch:	F, G, As, B, C, D, Es, F = schwarz, blau, violett, rotviolett, grün, gelbgrün, orange, schwarz.
Äolisch:	F, G, As, B, C, Des, Es, F = schwarz, blau, violett, rotviolett, grün, rot, orange, schwarz.
Frygisch:	F, Ges, As, B, C, Des, Es, F = schwarz, blauviolett, violett, rotviolett, grün, rot, orange, schwarz.
Hettitisch:	F, Ges, As, B, Ces, Des, Es, F = schwarz, blauviolett, violett, rotviolett, lilarot, rot orange, schwarz.

Unsere Zuordnung der Farben zu den Tönen erfüllt selbstverständlich die Bedingung, daß den Gegensatzpaaren der Töne Paare solcher Farben entsprechen, die sich zu Weiß beziehungsweise Schwarz ergänzen (man nennt in solch einem Falle die eine Farbe gegenüber der anderen "Komplementärfarbe", das heißt "Ergänzungsfarbe").

Man mag sich fragen, ob es wie die himmelverbundene Musik auch eine himmelsbezogene Malerei unter Verwendung der gefundenen reinen Farben geben mag, die irgendwie einleuchtend sinnvoll erschiene. Einer von sicherlich zahllosen gangbaren

Wegen mag jener der 4-Farben-Malerei (unter weiterer Hinzuziehung von Schwarz und Weiß nach gewissen Regeln) sein: Bei Lilarot und Bläulichgrün, jeweils in der Mitte der Farbe, wird der Farbenkreis geteilt. Es entsteht eine helle Hälfte mit Gelb in der Mitte und eine dunkle Hälfte mit Blauviolett in der Mitte. Unter Überspringung genau je einer Farbe werden drei auf diese Weise benachbarte Farben und die der mittleren dieser Farben gegenüberliegende Komplementärfarbe verwendet. Ist das Verhältnis der Farben des hellen Teils zu den Farben des dunklen Teils 2:2, dann müssen Weiß und Schwarz verwendet werden. Stehen Hell zu Dunkel 3:1, darf nur Weiß und nicht Schwarz verwendet werden, bei Hell zu Dunkel 1:3 umgekehrt. Kommen unter den Farben Lilarot oder Bläulichgrün vor und wird folglich das Verhältnis von Hell zu Dunkel 2 1/2:1 1/2, so muß Weiß und darf, aber muß nicht Schwarz verwendet werden, beim Verhältnis 1 1/2:2 1/2 umgekehrt. Die Farben werden mit einigermaßen eingänglichen äußeren Bedeutungen versehen: Grüntöne nur Pflanzen, Violettöne für Menschen und Tiere, Schwarz für Schatten, Weiß für Lichtquellen wie Sonne oder Mond, andere Farben in entsprechender Sinngebung. Dem Umstand Rechnung tragend, daß exakte Flächenmalerei auch die Tiefenschärfen berücksichtigen müßte und bestenfalls die Welt des Einäugigen wiedergeben kann, weil der Zweiäugige räumlich sieht, wird auf die fließenden Farbübergänge und Helligkeits- wie Farbintensitätsunterschiede wie auch auf die unterschiedlichen Bildschärfen für Vordergrund und Hintergrund gänzlich verzichtet. Unter weitgehendem Verzicht auf räumliche Wirkung, aber dennoch unter Berücksichtigung der Regeln für die Perspektive, soweit sie sich nicht als Schärfeunterschiede auswirken, wird unter strikter Verwendung der vorgegebenen Farben scharfrandig und betont flächig gemalt. Diese Malerei ist weder ganz abstrakt noch ganz gegenständlich, vermag viel Symbolik aufzunehmen und leuchtet anziehend in den Farben.

Hinsichtlich der inneren Farbdeutung gehen wir systematisch vor: Rot als Farbe des Tatendranges, Grün als Farbe der Wirklichkeitsnähe, Indigo (Blauviolett) als Farbe der Verinnerlichung (Versenkung, Meditation, Reflektion). Die Sinngehalte der übrigen Farben ergeben sich dann durch Zwischenwert- und Gegenteilbildung.

Wir haben die Farben auf jahreszeitliche Monate und Töne, die ihrerseits ja mit der Ordnung der Planeten zusammenhängen, bezogen, noch nicht aber unmittelbar auf die Planeten. Da Planeten bei näherem Hinsehen keineswegs nur Lichtpunkte, sondern Welten sind, kann zwischen ihnen und einfarbigen Abschnitten eines Farbenkreises nur eine lockere Beziehung bestehen. Der Planet Merkur (Odin) ist vor der Sonne schwarz, andererseits als dem Sonnenlicht nächster Planet dem hellen Weiß verwandt. Der Planet Venus (Baldur) zeigt die Fülle des Lichts, die im zweiten Herbstmonat und in der Überlieferung vom Tode des lichten Gottes Baldur verlorengeht, so daß diesem Planeten Blauviolett, die dunkelste Farbe, zugeordnet werden kann. Terra (Forseti) ist aus dem interplanetaren Raum gesehen so blau wie die diesem Planeten zukommende Farbe. Der Planet Mars (Tiu) leuchtet rötlich, aber häufig bildet sich in hochgelegenen Schichten seiner Atmosphäre ein bläulicher Schleier, wodurch eine dem Violetten ähnelnde Mischfarbe entsteht. Zwischen dem hoch über Tiu (Planet Mars) schwebenden Planeten Vesta (Hermodur) und der Farbe Grünlichblau mag die Beziehung indirekt in den einander verwandten Bildern vom erlösenden Adler und der befreienden Kühle gesehen werden. Der Planet Eunomia (Bragi) verbirgt sich dem Auge des suchenden Betrachters wie die durch die Farbe Rotviolett charakterisierte unausgesprochene Liebe. Die schlicht kreisförmige und ebene und recht streng dem von der Titius-Bodeschen Reihe gebotenen Abstandsgesetz gehorchende Bahn des Planeten Ceres (Hödur) entspricht der nüchternen Farbe Bläulichgrün wie die Gegenfarbe Lilarot dem exzentrisch und extrem geneigt wandernden Planeten Pallas (Loki). Dem ruhigen Licht des Planeten Jupiter (Thor) entspricht die Kraft und Ruhe vermittelnde Farbe Grün der Mensch und Tier erhaltenden Pflanzenwelt. Die starke Farbe Rot mag beim mildleuchtenden Planeten Saturn (Heimdall) durch die Gleichsetzung seines Ringsystems mit dem Regenbogen gefunden werden, dessen obere und als "Weg der Götter" entscheidende Farbe das Rote ist. Das blasse Gelbgrün gibt den Farbeindruck wieder, den man beim Anblick des Planeten Uranus (Nerthur) im Fernrohr gewinnt. Die Farbe Orange, mit der sich Vorstellungen von Unrast und Willensstärke verbinden, kann als dem Planeten Neptun (Widar) mit seiner eigenwilligen, zwar streng kreisförmigen und kaum geneigten, aber nicht in der Titius-Bodeschen Reihe liegenden Bahn verwandt gelten. Die Farbe Gelb verkörpert die Lichtsehnsucht des finsteren, sonnenfernen Planeten Pluto (Jul), von dem Astronomen sagen, daß er tatsächlich auffällig gelbgefärbt sei.

II.10. Elemente, Planeten, Menschengemeinschaften

Schmerzempfinden, Kälte- und Hitzesinn, Tastsinn, Geschmack und Geruch sind Sinne, mit denen wir einen nahen Umkreis unserer selbst wahrzunehmen vermögen. Viel weiter reicht schon der Schall, der uns einen räumlichen Eindruck unserer Umgebung zu vermitteln vermag. Das Hören wurde zur Voraussetzung einerseits der Musik, andererseits der Sprache, welche die Menschen heutiger Arten von vormenschlichen Ahnen trennte. Einmal erkannte Sphärenmusik mag zur Weiterentwicklung des Bereichs der seelischen Empfindungen beigetragen haben. Die Sprache war bis vor wenigen tausend Jahren das bewährte Mittel denkender Menschen, Erkenntnisse wohl jahrzehntausendelang von Generation zu Generation weiterzugeben, und man belächle dies nicht in einer Zeit des geschriebenen Wortes: Mündlich Überliefertes zwang zu kritischer Überwachung der Inhalte, zu bewußtem Nachvollzug und anschaulicher Vergegenwärtigung, während Geschriebenes in einer Welt wechselnden Begreifens nach Jahrtausenden, Jahrhunderten oder noch schneller erstarrt. Daß sich die Schrift dennoch durchgesetzt hat, liegt in der Natur unseres weitreichendsten Sinnes begründet, des Sehens: Scharfgezeichnet und vielfarbig zeigt sich den Augen die Welt vom nächsten Umkreis bis hin zu fernen Sternen, angesichts derer die Maßstäbe unseres Planeten verschwinden. Während es einerseits gelang, Laute in Silben und schließlich eine überschaubare Zahl von Schriftzeichen umzusetzen, wurde andererseits mit Ziffern und Zahlensystemen ein Rechnen mit großen Zahlen möglich, welches den Naturwissenschaften jene Ganauigkeit verlieh, die sie schließlich zur Grundlage aller

Wissenschaft schlechthin werden ließ.

Während Menschen grauer Vorzeit in klaren Nächten einen sternenübersähten Himmel sahen, der das Auge anzog und dem Wissenden den Weg wies, machen heute Fernsehen in der Wohnung und grelle Beleuchtung im Haus und an den das Land überziehenden und zerschneidenden Straßen die Nacht zum Tage, wenn auch der Müden und Ruhenden. Wenn es auch mancherlei vordergründige Rechtfertigungen für soviel Licht gibt, so sieht es doch fast so aus, als stürze sich eine in hektischer Entwicklung befindliche Menschheit in einen Lichtrausch, um dem Anblick der Dunkelheit, der Sterne und der Tiefe des Alls wie allem tiefdringenden Sinnen zu entfliehen. Vielleicht wird es den Menschen helfen, wenn ihre bodennahe Vorstellungswelt, wo es möglich ist, nach den Regeln der Sphärenmusik geordnet wird, um die eng gewordene Welt der Menschen wieder den Göttern näherzubringen. Um sich höherzuentwickeln, bedarf der Mensch wieder beständiger Ziele und einer bei den Göttern begründeten Moral. Der Gott des monotheistischen Glaubens wird nicht mehr zu den Menschen sprechen, und die wiederentdeckte Philosophie altgriechischer Denker ist voll Weisheit, aber doch unverbindlich, weil von menschlicher Begrenztheit.

Weder die Sternenkundigen alter Zeit noch die Denker der letzten 3.000 Jahre bis in die Nähe der Gegenwart drangen mit ihrem Verstand in die Natur des Stofflichen, obwohl sie zeitweilig an der Schwelle der Erkenntnis gestanden haben mögen. Seit dem Altertum überliefert die klassische Astrologie schematisch je dreimal "die vier Elemente": Feuer, Erde, Luft, Wasser. Im Nichts sollte sich als fünftes Element der "Äther" verbergen, der die Lichtwellen in gleicher oder ähnlicher Weise weitertragen sollte wie die Luft die Schallwellen. Versuche mit dem Licht haben ergeben, daß es einen solchen Äther nicht gibt. Die Neuzeit entdeckte zunächst 90 Elemente bis hin zum Element Uran mit der Ordnungsnummer 92. Schnell zerfallende radioaktive Elemente wie Polonium, Astatium, Radon (= Radiumemanation), Francium, und Actinium, die in Spuren beim sehr langsamen Zerfall von Uran vorkommen, bekamen ihren Platz in jener Reihe natürlicher, in Gestein, Luft oder Wasser unseres Planeten findbarer Elemente. Element 43 - Technetium - und Element 61 -

Promethium - wurden später künstlich geschaffen, und bei der künstlichen Elementengewinnung wurden verhältnismäßig beständige Elemente bis zur Ordnungsnummer 98 - Californium -, weitere Elemente bis zur Nummer 106 und in verschwindenden Mengen die Elemente 108, 110, 112 und 114 (das für die Atomkern-Forschung hochinteressante Eka-Blei) hergestellt. - Kennzeichnend für die Beständigkeit radioaktiver Elemente ist die Halbwertzeit, das heißt die Zeit, in der die Hälfte des Ausgangsstoffes in andere Elemente zerfallen ist. Die chemischen Elemente bestehen aus Elektronenhüllen, in denen Energieänderungen mit Spektrallinien - engen Bereichen des Lichtspektrums - verbunden sind, und den an Durchmesser 10.000 bis 100.000 mal kleineren Atomkernen, in denen sich rund 99,95 % der Massen der Atome konzentrieren, und wo Energieänderungen mit äußerst kurzwelliger, durchdringender Gammastrahlung verbunden sind. Die Atomkerne bestehen aus den elektrisch positiv geladenen Protonen (= "Kernbausteinen") und den elektrisch neutralen Neutronen. Die Protonen bestimmen die Ordnungszahl eines Elements und sorgen in der Atomhülle für eine ihnen gleiche Zahl Elektronen - fast massenlose, elektrisch negativ geladene, in komplizierten räumlichen Wellenstrukturen schwingende Teilchen. Die Neutronen bestimmen mit den so gut wie gleichschweren Protonen die Massenzahl eines Atoms, und wegen der verschiedenen möglichen Neutronenzahlen gibt es zu den meisten Elementen stabile Atome verschiedener Massenzahl, die man Isotope des jeweiligen Elements nennt. Nach diesen Erläuterungen können wir radioaktive (= "strahlende", d.h. Gammastrahlen aussendende und/oder ihre Protonenzahl ändernde) Elemente und die Halbwertzeiten ihrer langlebigsten Isotope in einer übersichtlichen Kurzsprache darstellen: Technetium der Massenzahl 98 hat eine Halbwertzeit von rund einer Million Jahren - kürzer: Tc 98: $t_{1/2}$ = ca. 10^6 a (Tc = Technetium, t = tempus = Zeit, a = annum = Jahr). Pm 145: $t_{1/2}$ = 18 a (Pm = Promethium). Po 209: $t_{1/2}$ = 103 a. At 210: $t_{1/2}$ = 8,3 h (h = hora = Stunde). Rn 222: $t_{1/2}$ = 3,8 d (d = dies = Tag). Fr 223: $t_{1/2}$ = 22 min. Ra 226: $t_{1/2}$ = ca. 10^3 a (Ra = Radium). Ac 227: $t_{1/2}$ = 22 a. - Dem bekannten Teil des Weltalls gibt die Wissenschaft heute ein Alter von rund zehn Milliarden Jahren (10^{10} a), wobei es auf eine Milliarde Jahre mehr oder weniger nicht ankommt, da im Nullpunkt dieser Zeitrechnung nicht wirklich "die Entstehung der

Welt", sondern nur ein gegenüber dem heute Bekannten deutlich abweichender Zustand herrschte, in dem wahrscheinlich Sterne heutiger Größenordnung sehr selten waren und sich Masse und Energie in vorwiegend anderer Gestalt im gleichen, Milliarden Lichtjahre durchmessenden Raum verteilen. Das Element Thorium, das eine durchaus meßbare Strahlung (aus Helium-4-Kernen) aufweist, ist dennoch so beständig wie das zeitlich zu überschauende Weltall. Th 232: $t_{1/2}$ = ca. 10^{10} a. Bei den in aufsteigender Ordnungszahl nachfolgenden Elementen sind die jeweils größten gemessenen Halbwertzeiten die folgenden: ca. 10^4 a, ca. 10^9 a, ca. 10^6 a, ca. 10^8 a, ca. 10^4 a, ca. 10^7 a, ca. 10^3 a, ca. 10^3 a, ca. 1 a, 80 d, 54 d, 3 min, 35 sec, ca. 1 min, ca. 1 sec, (kurz), —,

4mal10^8 a (Element 108 mit der Massenzahl 292), —, ca. 10^8 a (Element 110 mit der Massenzahl 294), —, ca. 500a (Element 112 mit der vermutlichen Massenzahl 296), —, ca. 10 a (Element 114 mit der Massenzahl 298). Wenn die noch namenlosen Elemente 108 und 110 trotz ihrer großen Lebensdauer, auf die ja aus der Halbwertzeit von 10^8 a und mehr geschlossen werden müßte, auch nicht in geringen Spuren in irdischer oder aus dem Raum zur Erde gelangter Materie festgestellt werden konnten, während das viel kurzlebigere Technetium in Sternatmosphären deutlich nachgewiesen wurde, liegt das an der Art des Zerfalls: Die Kerne dieser überschweren Elemente zerfallen im "Spontan-Zerfall" in zwei (oder mehr) Kerne mittlerer Massenzahlen und in mehrere freie Neutronen, und diese Neutronen spalten dann weitere Kerne, woran kein neutronenschluckendes Medium (wie im Kernreaktor etwa Berryllium-Atome) sie hindert.

Wir sahen, daß zwischen der Lebensdauer von Elementen und Aufbau und Alter des bekannten Alls Beziehungen bestehen. Viel einfacher, als diese Beziehungen zu erforschen, ist es, unter Besinnung auf die Zusammenhänge zwischen Farben und Elektronenhüllen und Farben und Planetenbahnen die im Periodensystem nach ihren chemischen Eigenschaften und Elektronenkonfigurationenen geordneten Elemente gruppenweise mit Planeten in Beziehung zu setzen. Auch die Benenner radioaktiver Elemente haben in einem kleinen Abschnitt des Periodensystems diesen Gedanken angewendet: Uran(ium), Neptunium und Plutonium sind unmittelbar nach den 3 fernsten Planeten benannt. Thorium erinnert an den Namen Thor für den

Planeten Jupiter, das zwischen Thorium und Uranium liegende Protaktinium wäre dann dem Planeten Saturn zuzuordnen. Eine konsequente Fortsetzung dieser Reihe nach beiden Seiten im Periodensystem der Elemente führt allerdings zu Schwierigkeiten, und daher ist eine Gliederung unter stärkerer Betonung der chemischen Unterschiede vorteilhafter:

Die Elemente Skandium, Yttrium, Lanthan und Actinium* (alle chemisch 3-wertig positiv) ordnen wir dem Planeten Pallas (Loki) zu. Im gebräuchlichen Periodensystem sind das die Elemente der Nebengruppe 3. - Mit * versehen wir alle Elemente, die wegen einer kurzen Halbwertszeit von weniger als 500 Jahren und damit verbundener Eigenwärme (infolge der Umsetzung radioaktiver Strahlung) chemisch und anschaulich-mechanisch schlecht zu handhaben sind.

Die "Seltene-Erden-Elemente" (in Klammern außer Wertigkeit 3 vorkommende Wertigkeiten) Ce (4), Pr, Nd, Pm*, Sm, Eu (2), Gd, Tb, Dy, Ho, Er, Tm, Yb (2), Lu und Th (Thorium, 4), Pa (5), U (6), Np (6), Pu (4), Am (2), Cm, Bk, Cf, Es*, Fm*, Md*, No* (2), Lr*, die in einer Zwischen-Nebengruppe 3 bis 4 liegen, verbinden wir mit den Einheriern, also den Planetoiden und den gegenläufigen Jupitermonden. Die Elemente Thorium, Protaktium (Saturnium), Uran(ium), Neptunium und Plutonium können andererseits auch als Fortsetzung in die Nebengruppen 4, 5, 6, 7 und 8a aufgefaßt werden, womit die Elementenamen, wenn auch zufällig, genau den heute noch geltenden Namen für die äußeren Planeten entsprächen.

Die Elemente der Nebengruppe 4, Titan, Zirkon, Hafnium und Kurtschakowium*, beziehen wir auf den Planeten Jupiter (Thor), mit Vorbehalten außerdem das Element Thorium.

Die Elemente der Nebengruppe 5, Vanadium, Niob, Tantal und Hahnium*, ordnen wir dem Planeten Saturn (Heimdall) zu, mit Vorbehalten auch noch das Element Protaktinium (Saturnium).

Die Elemente der Nebengruppe 6, Chrom, Molybdän, Wolfram (Tungsten) und "Element 106"*, beziehen wir auf den Planeten Uranus (Nerthur), mit Vorbehalten auch noch das Element Uran(ium).

Die Elemente der Nebengruppe 7, Mangan, Technetium und Rhenium, ordnen wir dem Planeten Neptun (Widar) zu, unter Vorbehalt wegen der Elektronenkonfiguration auch noch das Element Neptunium.

Die Elemente der Nebengruppe 8a (oder 8), Eisen, Ruthenium, Osmium und "Element 108", beziehen wir auf den Planeten Pluto (Jul), unter Vorbehalt wegen der Elektronenkonfiguration auch noch das Element Plutonium.

Die Elemente der Nebengruppe 8b (oder 9 oder -9), Kobalt Rhodium und Iridium, ordnen wir dem Planeten Merkur zu.

Die Elemente der Nebengruppe 8c (oder 10 oder -8), Nickel, Palladium, Platin und "Element 110", beziehen wir auf den Planeten Venus (Baldur).

Die Elemente der Nebengruppe 1 (oder 11 oder -7), Kupfer, Silber und Gold, ordnen wir dem Planeten Terra (Forseti) zu.

Die Elemente der Nebengruppe 2 (oder 12 oder -6), Zink, Kadmium, Quecksilber und "Element 112", beziehen wir auf den Planeten Mars (Tiu).

Die Elemente der Hauptgruppe 3 (3 oder -5), Bor, Aluminium, Gallium, Indium und Thallium, ordnen wir dem Planeten Vesta (Hermodur) zu.

Die Elemente der Hauptgruppe 4 (4 oder -4), Kohlenstoff, Silizium, Germanium, Zinn, Blei und "Element 114"*, beziehen wir auf den Planeten Eunomia (Bragi).

Die Elemente der Hauptgruppe 5 (5 oder -3), Stickstoff, Phosphor (Fosfor), Arsen, Antimon und Wismut, ordnen wir dem Planeten Ceres (Hödur) zu.

Die Elemente der Hauptgruppen 1 und 7 (7 oder -1) sind über das Element Wasserstoff, das beiden Gruppen angehört, verbunden. In der Hauptgruppe 1 überwiegt die Neigung, ein Elektron abzugeben, in der Hauptgruppe 7 (oder -1) wird vorzugsweise ein Elektron aufgenommen, in beiden Gruppen kommt jedoch in schwächerer Ausprägung auch das Umgekehrte vor.

Zur Hauptgruppe 1 gehören die Elemente Wasserstoff, Lithium, Natrium (Sodium), Kalium (Potassium), Rubidium, Cäsium und Francium*, zur Hauptgruppe 7 (oder -1) die Elemente Wasserstoff, Fluor, Chlor (= Klor), Brom, Jod und Astatium*. Wir verbinden alle mit dem weltumspannenden Band der Milchstraße (Midgard).

Die Elemente der Hauptgruppe 2, Beryllium, Magnesium, Kalzium, Strontium, Barium und Radium, beziehen wir auf den Fixstern Zeta Draconis (Wali).

Die Elemente der Hauptgruppe 6 (6 oder -2), Sauerstoff, Schwefel, Selen, Tellur und Polonium*, ordnen wir dem Fixstern Alpha Pictoris (Hel) zu.

In der Hauptgruppe 8 befinden sich die chemisch reaktionsunfähigen bis reaktionsschwachen Edelgase, die Elemente Helium, Neon, Argon, Krypton, Xenon und Radiumemanation*. Wir verbinden mit ihnen das Bild des gefesselten, also nicht reagieren könnenden Wolfes des Götterhimmels, den wir im Sternbild Canis Maior (neu: Lupus) und insbesondere in dessen Augenstern Sirius sehen (Fenrir).

Die Zuordnung von Tierkreiszeichen zu den vier vermeintlichen Elementen Feuer, Erde, Luft und Wasser, wie sie im Altertum vorgenommen wurde, setzte ungleiche Charaktere gleich und schuf falsche Gegensatzpaare. Die Zuordnung zwischen den wahren Elementen und den Planeten und den mit ihnen verbundenen Tierkreiszeichen fügt sich hingegen in unsere schon durch Farben, Töne, jahreszeitliche Monate, Planeten und Tierkreisgestalten dargestellte Ordnung: Falke (ehemals Steinbock) und Planet Pluto (Jul) und Nebengruppenelemente der Maximalwertigkeit +8; dagegen Steinbock (ehemals Skorpion) und Planet Venus (Baldur) und Nebengruppenelemente der rechnerischen Minimalwertigkeit -8. Bär (ehemals Wassermann) und Planet Neptun (Widar) und Nebengruppenelemente der Maximalwertigkeit +7; dagegen Schwalbe (ehemals Waage) und Planet Terra (Forseti) und Nebengruppenelemente der rechnerischen Minimalwertigkeit -7 (was sich als hauptsächlich vorkommende Wertigkeit +1 äußert). Delfin (ehemals Fische) und Planet Uranus (Nerthur) und Nebengruppenelemente der Maximalwertigkeit +6; dagegen

Storch (ehemals Jungfrau) und Planet Mars (Tiu) und Nebengruppenelemente der rechnerischen Minimalwertigkeit -6 (was sich als fast ausschließlich vorkommende Wertigkeit +2 äußert). Widder und Planet Saturn (Heimdall) und Nebengruppenelemente der Maximalwertigkeit +5; dagegen Adler (ehemals Löwe) und Planet Vesta (Hermodur) und Hauptgruppenelemente der rechnerischen Minimalwertigkeit -5 (was sich als fast ausschließlich vorkommende Wertigkeit +3 äußert). Stier und Planet Jupiter (Thor) und Nebengruppenelemente der Maximalwertigkeit +4; dagegen Krebs und Planet Eunomia (Bragi) und Hauptgruppenelemente der Minimalwertigkeit -4. Dem Stier benachbarter Zwilling und Planet Pallas (Loki) und Nebengruppenelemente der Wertigkeit +3; dagegen dem Krebs benachbarter Zwilling und Planet Ceres (Hödur) und Hauptgruppenelemente der Minimalwertigkeit -3. Skorpiom (ehemals Schütze) und Planet Merkur mit den Elementen der Nebengruppe 8b oder 9, die mit ihren rechnerischen Minimal- und Maximalwertigkeiten von -9 und +9 chemisch den Gegensatz ihrer selbst bilden. - Wir haben also chemische Gegensatzpaare gebildet.

Inwieweit jene Elemente-Zuordnungen aus sich heraus die Götter deutlicher zeichnen, mag dahinstehen. Wertet man ODIN als ranghöchsten Gott, so ist er mit dem selbst in Königswasser unlöslichen Edelmetall Iridium sicher gut getroffen, so wie auch seinen Sohn BALDUR, den Beliebtesten unter den Göttern, das Edelmetall Platin, das vielfach als Inbegriff der Kostbarkeit gilt, etwas veranschaulicht. Der noch ein zwölfjähriger Knabe seiende, rechtsprechende Gott FORSETI, der in Glastheim, dem glitzernden, gleißenden Saale der Burg Glitnir thront, ist durch Silber und Gold sicher treffend gekennzeichnet. Nicht recht faßbar sind die dem Fenriswolf zugesellten Edelgase. Farbige Molekülgase bilden bei leichter Erwärmung die der Midgardschlange zugeordneten Elemente (Alkalien, Halogene), vielleicht eine Gedankenbrücke zur nebelartigen Milchstraße. Durch Elektronenabgabe schnell vergänglich ist der schöne Metallglanz der Elemente des nur in der kurzen Zeitenwende wirkenden Erlösers Wali (Erdalkalien wie Barium), glanzlos und durch Elektronenaufnahme zu entschwindenden Ionen werdend sind die Elemente der Hel (Selen, Tellur), der Mutter des Vergessens und der vergehenden Schatten. LOKIs Elemente (Yttrium, Lanthan) glänzen, aber sind nicht sehr beständig, ähnlich dem unruhigen, Überraschungen bereitenden Gott. Das HODUR vor allem kennzeichnende Element ist das graue, spröde, aber seinen schwachen Glanz bewahrende Antimon. Der Vielzahl der Planetoiden entspricht die Vielzahl chemisch ähnlicher Elemente des Seltene-Erden-Bereiches. Die Elemente für THOR, HEIMDALL, NERTHUR und WIDAR sind schwere, dunkle, ihren Glanz nie verlierende Metalle wie Hafnium, Tantal, Wolfram (Tungsten) und Rhenium. Dem in dunkler Ferne wandernden JUL entsprechen die sehr dunklen Edelmetalle Ruthenium und Osmium. Offen muß wohl bleiben, wie Kadmium und Quecksilber den opfermutigen, kämpferischen TIU, das sehr weiche und hellglänzende Indium und das ähnliche Thallium HERMODUR, den Totengeleiter und Ehebeschützer, und Zinn oder Blei BRAGI, den verborgenen Gott der Liebe und des die Seele erweckenden Liedes, erkennen lassen, doch mag langes Denken zu Übereinstimmungen führen.

Bei allem Bemühen um eine sinnvolle Einbeziehung der Elemente in unsere mit den Göttern verbundene Ordnung sollten wir nicht vergessen, daß die Heimat unserer Götter in den Sternen und im Geistigen und nicht im Staub des Materiellen liegt. Vom Ziele wegführend wäre es daher, aus den zugeordneten Elementen menschenähnliche Bildnisse der Sternengötter zu schaffen. Zu schnell beruhigen solche Figuren und lassen ein Bemühen um Welt und Werte der Höheren erschlaffen. Richtiger ist es, zu den in menschlichen Zeitbereichen unveränderlichen Sternen zu blicken und das Wissen um die Zuordnungen von Klängen, reinen Farben, Jahreszeit-Abschnitten, Charakteren und auch chemischen Elementen nur als Hilfen beim gedanklichen Eindringen in das All aufzufassen.

Wie wir die Materie, ohne sie aus ihrer chemischen Ordnung zu nehmen, an die Bahnen des Planetenhimmels gebunden haben, können wir auch für das dem Menschen Nächstliegende, seine Staaten, aus Gegebenem und einem geeigneten Vielfachen der Zahl 13 eine ausgewogenere irdische Welt schaffen, als es sie bisher je gab. Unsere Ordnung soll Volksgemeinschafts- und Sprachgemeinschaftsgebieten Rechnung tragen, soweit nicht das territoriale Prinzip überlieferter oder von der Natur vorgezeichneter Grenzen den Vorrang haben muß.

Wer in diesen gedachten Staaten seine Heimat nicht wiederfindet, muß sich nur eine viel gleichmäßiger aufgeteilte Erde vorstellen, als wir sie heute besitzen, und wird dann erkennen, wohin er in einer Welt, die in zu erhoffender Zukunft einmal Wirklichkeit sein wird, gehören würde. Heute muß solch Fernes noch unpolitisch gesehen werden, als rein schematische Zuordnung von chemischen Elementen, Planeten und Namensabkürzungen zu Landstrichen. Wir beginnen den Länderstreifzug, der uns von "Staat" zu "Staat" führt, in der Inselwelt des Nordpols, durchwandern einen Erdteil nach dem anderen und gelangen schließlich wieder im Norden an. Kein Land wird zweimal berührt. Länder gleicher Planetenzuordnung grenzen nicht aneinander.

Nordamerika: CAN (Co, ⛢), AME (Ni, ⊙), MEX (Cp(Cu), ♀).

Südamerika: COL (Zk(Zn), ♂), PER (Ga, ♉), BRA (Ge, ☊),
ARG (As, ⊖).

Antarktis: ANT (Sc, ⊖).

Afrika: SAF (Ti, ⛢); ZAM (Vd(V), ⓐ); CON (Cr, ♄),
AFO (Mn, ♀), NAF (Fe, ♂);
EGI (Ro(Rh), ⛢); EAF (Pl(Pd), ⊙);
ETI (Sv(Ag), ♀); MAD (Cd, ♂).

Australien: AUS (In, ♉), POL (Zn(Sn), ☊),
MEL (An(Sb), ⊖).

Asien: JAP (Yt(Y), ⊖); SIB (Zr, ⛢); CHI (Nb, ⓐ),
MAL (Mo, ♄), SIA (Tc, ♀); IND (Ru, ♂);
IRA (Ir, ⛢), ARA (Pt, ⊙), SUM (Gl(Au), ♀).

Europa: HEL (Qs(Hg), ♂), ILL (Tl, ♉), ITA (Pb, ☊);
IBE (Wi(Bi), ⊖); KEL (La, ⊖); ENG (Hf, ⛢);
GER (Tt(Ta), ⓐ), SKA (Tg(Wo(W)), ♄), RUS (Re, ♀),
ARK (Os, ♂).

Es gibt noch viele weitere Möglichkeiten, die Zahl 13 der Planeten, Töne und Farben im irdisch-menschlichen Bereich einzusetzen. Ungeeignet sind Blumen, die einerseits wohl zu unterschiedlichen Jahreszeiten blühen, aber regional verschieden, und andererseits durch Farben, aber oft nicht weniger wesentlich durch ihren Durft gekennzeichnet sind. - Da es in der klassischen Astrologie seit Jahrhunderten üblich ist, mag man gewisse Edelsteine mit den Tierkreiszeichen verbinden. Wir beschränken uns auf die Nennung harter, durchsichtiger Steine und leiten die Beziehung zu den Tierkreiszeichen und Planeten allein aus der Farbe her:

Falke/Bogenschütze: **Goldtopas**, ferner: Diamant, Zitrin, Phenakit, gelber Zirkon, Goldberyll.

Bär: **Spessartit**.

Delfin/Schiff: **Chrysoberyll**, ferner: Diamant, Chrysolith, Euklas, Topas, Beryll.

Widder: **Pyrop (roter Granat)**, ferner: Rubin.

Stier: **Peridot**, ferner: Diamant, Demantoid, Zirkon, Beryll, Turmalin.

Zwillinge: **Rubin**, ferner: Diamant, Spinell, Topas.
Smaragd, ferner: Diamant, Demantoid, Euklas.

Krebs: **Spinell**, ferner: Diamant, Rubin.

Adler: **Aquamarin**, ferner: Zirkon.

Storch: **Amethyst**, ferner: Morganit.

Schwalbe/Schwert: **Cordierit**, ferner: Diamant, Saphir, Cyanit.

Steinbock: **Saphir**, ferner: Diamant, Cordierit.

Skorpion: **Diamant** (weiß und **schwarz**), Korund, Bergkristall, Zirkon, **Obsidian**.

II.11. Harmonien zwischen Charakteren

Bei der Gegenüberstellung der Tiere des Tierkreises fanden wir unterschiedliche Verträglichkeiten und übersetzten diese in die unterschiedlichen Lebensauffassungen von Menschen. Unsere Vergleichssubstanz waren anschauliche Vorstellungen von den Tierkreistieren als Lebewesen, von Gegensatzpaaren ausgehend, sowie die Monate des natürlichen Jahreslaufs mittlerer bis nördlich-mittlerer Breiten der nördlichen Erdhalbkugel. Die Tierkreisgestalten hatten wir unmittelbar aus den Bildern entnommen, welche die Sterne im Bereich der Ekliptik formen, wobei uns die überlieferten Tierkreiszeichen der klassischen Astrologie nur als Anregungen dienten. Die Beziehung zwischen Menschencharakteren und natürlichen Monaten (22.12.-19.01., 20.01.-18.02., 19.02.-20./19.03., 21./20.03.-19.04., 20.04.-20.05., 21.05.-20.06., 21.06.-22.07., 23.07.-22.08., 23.08.-22.09., 23.09.-22.10., 23.10.-21.11., 22.11.-21.12.) begründeten wir damit, daß wir noch das Erbe des stark in die Natur eingebundenen, jahreszeitabhängigen Menschen in uns tragen. Wir fanden, daß beide Grundlagen - Tierkreisgestalten und Monatsmerkmale - zu sich gut ergänzenden Vorstellungen über menschliche Charakterbilder führten. Durch die Planeten, vor allem so, wie sie sich von unserem Planeten Terra her zeigen, wurden unsere Vorstellungen noch bestätigt.

Deutlicher als Tierkreissternbilder, Monate und Planeten, weil mathematisch unmittelbar faßbar und ohne gedankliche oder technische Umsetzungen unseren Hauptsinnen Auge und Ohr zur Beurteilung zugänglich, zeigen uns die Beziehungen unter den 13 Urtönen wie auch unter den mit ihnen verbundenen Farben Harmonien oder Disharmonien, die sich auf das Verhältnis von Menschen zueinander übertragen lassen. Was sich ergibt, ist allerdings doch nur ein Schema, das Beziehungen behauptet, die jeder Einzelne in lebenslangem Umgang mit seinen Mitmenschen sämtlich, überwiegend oder nur zum Teil bestätigt finden mag.

Zunächst charakterisieren wir die 12 Tierkreiszeichen durch die mit ihnen verbundenen Klangarten unter Nennung des bestimmenden Tones und seiner Funktion:

Bogenschütze/Falke (1. Wintermonat): E als Grundton der sehr weichen Klangart Frygisch-E (Klangart-Farben: Schwarz, blauviolett, violett, rotviolett, grün, orange, schwarz). Farbe des Tones E ist Gelb.

Bär (2. Wintermonat): Es als bestimmender Ton der harten Klangart Thrakisch-F (Klangart-Farben: Schwarz, blau, grünlichblau, rotviolett, grün, gelbgrün, orange, schwarz). Farbe des Tones Es ist Orange.

Schiff/Delfin (3. Wintermonat): D als Grundton der in der Mitte zwischen Weichheit und Härte liegenden Klangart Dorisch-D (Klangart-Farben: Schwarz, blau, violett, rotviolett, grün, gelbgrün, orange, schwarz). Farbe des Tones D ist Gelbgrün.

Widder (1. Frühlingsmonat): Des als bestimmender Ton der weichen Klangart Äolisch-F (Klangart-Farben: Schwarz, blau, violett, rotviolett, grün, rot, orange, schwarz). Farbe des Tones Des ist Rot.

Stier (2. Frühlingsmonat): C als Grundton der sehr harten Klangart Ionisch-C (Klangart-Farben: Schwarz, blau, grünlichblau, rotviolett, grün, gelbgrün, gelb, schwarz). Farbe des Tones C ist Grün.

Zwillinge (3. Frühlingsmonat): Ces als bestimmender Ton der äußerst weichen Klangart Hettitisch-F und H als Grundton der gleichermaßen weichen Klangart Hettitisch-H (Farben der hettitischen Tonarten: Schwarz, blauviolett, violett, rotviolett, lilarot, rot, orange, schwarz). Farbe des Tones Ces ist Lilarot, Farbe des Tones H ist Bläulichgrün.

Krebs/Fledermaus (1. Sommermonat): B als bestimmender Ton der sehr harten Klangart Ionisch-F (Klangart-Farben: Schwarz, blau, grünlichblau, rotviolett, grün, gelbgrün, gelb, schwarz). Farbe des Tones B ist Rotviolett.

Adler (2. Sommermonat): A als Grundton der weichen Klangart Äolisch-A (Klangart-Farben: Schwarz, blau, violett, rotviolett, grün, rot, orange, schwarz). Farbe des Tones A ist Grünlichblau.

Storch (3. Sommermonat): As als bestimmender Ton der in der Mitte zwischen Härte und Weichheit liegenden Klangart Dorisch-F (Klangart-Farben: Schwarz, blau, violett, rotviolett, grün, gelbgrün, orange, schwarz). Farbe des Tones As ist Violett.

Schwert/Schwalbe: (1. Herbstmonat): G als Grundton der harten Klangart Thrakisch-G (Klangart-Farben: Schwarz, blau, grünlichblau, rotviolett, grün, gelbgrün, orange, schwarz). Farbe des Tones G ist Blau.

Steinbock (2. Herbstmonat): Ges als bestimmender Ton der sehr weichen Klangart Frygisch-F (Klangart-Farben: Schwarz, blauviolett, violett, rotviolett, grün, rot, orange, schwarz). Farbe des Tones Ges ist Blauviolett.

Skorpion (3. Herbstmonat): F als Grundton und bestimmender Ton der äußerst harten Klangart Lydisch-F (Klangart-Farben: Schwarz, blau, grünlichblau, bläulichgrün, grün, gelbgrün, gelb, schwarz). Farbe des Tones F ist Schwarz (und mit durch die Götterkunde zu begründender Einschränkung Weiß - Schwarz für Gott ODIN, Weiß für den Erlöser Wali).

Gerade die gegensätzlichsten Töne sind über eine gemeinsame Klangart verwandt. Klangarten können wir am einfachsten in Tonleitern und im Wandel der Klangarten einer Tonleiter durch Änderung eines Tones erkennen. - Zur Bestimmung der Verträglichkeiten von Einzeltönen miteinander setzen wir deren Wellenlängen (oder Frequenzen) zueinander ins Verhältnis und suchen nach der Zugehörigkeit der sich ergebenden, wieder als Töne darstellbaren Zahlenverhältnisse zu einer von vier Harmonieklassen:

1. Gefälliger Wohlklang:
   1/2 (F´);
   3/4 (B), 4/5 (A), 5/6 (As);
   2/3 (C), 5/8 (Des), 3/5 (D).

2. Gefälliger Mißklang:

32/45 (H), 8/9 (G), 15/16 (Ges);
45/64 (Ces), 9/16 (Es), 8/15 (E).

3. Ungefälliger Wohlklang:
   E♯↑ dem Tone F´ (1/2) ähnlich;
   A♯↑ und B↑ dem Tone B (3/4) ähnlich,
   A↑, B♭↓ und Bb dem Tone A (4/5) ähnlich,
   G♯ und As↓ dem Tone As (5/6) ähnlich;
   C↓ und Des♭↓ dem Tone C (2/3) ähnlich,
   C♯, C♯↑ und Des↓ dem Tone Des (5/8) ähnlich,
   D↑ und Es♭ dem Tone D (3/5) ähnlich.

4. Ungefälliger Mißklang:
   G↓ und As♭↓ dem Tone G (8/9) ähnlich,
   F♯ und F♯↑ dem Tone Ges (15/16) ähnlich;
   H↓ und Ces↑ den Tönen H (32/45) und
   Ces (45/64) ähnlich;
   D♯↑ und Es↑ dem Tone Es (9/16) ähnlich,
   F♭↓ und F♭ dem Tone E (8/15) ähnlich;
   Ges♭↓ dem Tone F (1/1) ähnlich.

Ein Schwingungsverhältnis 1:1 ist nur ein verstärkter Einzelton, der bei Mehrstimmigkeit stört und daher als "gefälliger Mißklang" zu werten ist. - Daß bei den "ungefälligen" oder auch unsauber zu nennenden Zusammenklängen doppelt ge-b-te Töne (z.B. B♭ = H♭↓♭) vorkommen, darf uns nicht erschüttern, da es sich ja nur um Verhältniszahlen von je zweien der 13 Urtöne handelt, die nur zufällig in vielen Fällen den erlaubten Tönen unseres Systems der Tonarten und Klangarten gleichen.

Die Anwendung der nach Harmonieklassen geordneten Tonverhältnisse auf den Tierkreis ergibt sich wie von selbst: Da jedem Ton eine Tierkreisgestalt entspricht, ergeben sich die Beziehungen zwischen den dort vertretenen Charakteren aus dem Verhältnis der Töne, dessen Grad der Verträglichkeit wir in den Harmonieklassen wiederfinden. Für die Harmonieklassen setzen wir Verträglichkeitsgrade:

1. Gefällige Wohlklänge: Man mag sich und versteht sich.
2. Gefällige Mißklänge: Man versteht sich, aber mag sich nicht.

3. Ungefällige Wohlklänge: Man mag sich, aber versteht sich nicht.
4. Ungefällige Mißklänge: Man mag sich nicht und versteht sich nicht.

Menschen gleichen Tierkreiszeichens verstehen sich demnach, doch bleibt offen, ob sie sich mögen (Tonverhältnis wahlweise 1:2 und 1:1).

Wer einen Menschen entgegen der Aussage des Verträglichkeitsschemas liebt und versteht, braucht nicht in Zweifel zu verfallen: Bemühen kann alle Menschen einander näherführen, sofern nur die Zeit, sich miteinander zu beschäftigen, ausreicht. Auch die dreizehn Götter, die hinter all unseren Ordnungen stehen, wirken als Wesen der Sage wie auch in ihrer Gestalt als Planeten vielfältig und ununterbrochen aufeinander ein und bleiben doch als Unsterbliche auf ihrer Bahn.

JUNG-SIEGFRIED

Jung-Siegfried war ein stolzer Knab,
Ging von des Vaters Burg herab,
Ging von des Vaters Burg herab.

Lydisch-Fes mit dem verbotenen Ton Fb↓ (=Fes) stellt den Tod des letzten verbliebenen Gottes der tonarttragenden Seite ([illegible]) dar.
Lydisch-E erlöst die sieben bei den Modulationen ersetzten Töne.

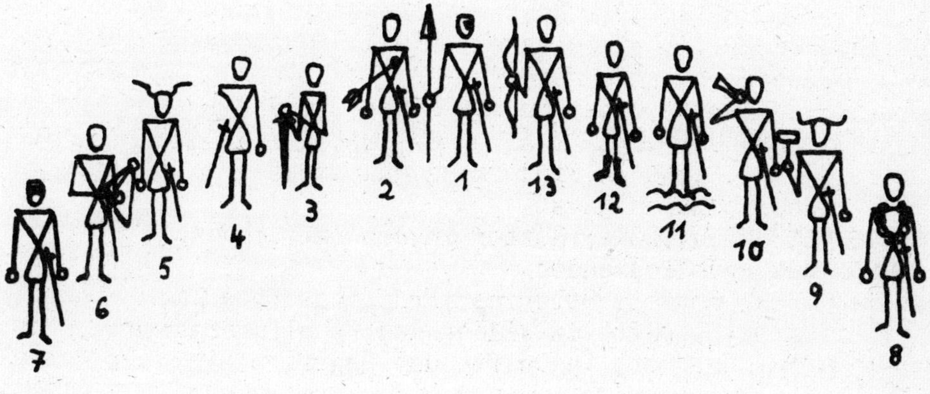

III

Die DREIZEHN STERNENGÖTTER

INHALTSVERZEICHNIS

III. Die DREIZEHN STERNENGÖTTER

III.1. Himmelskunde, Götter und Frühgeschichte

Immer schneller vergessen die Menschen. Wie weit denkt ein Mensch heute noch zurück? Wie weit voraus? Wie tief horcht er in das Innere seiner Seele, wie weit reicht sein Blick in die Ferne? Zeitliche und räumliche Begrenzung wirken ineinander.

Die heutigen weißen und gelben Menschen, die Neger und versteckte, scheue Rassen in den tropischen Urwäldern Afrikas, Asiens, Melanesiens und Neuguineas haben sich in Jahrhunderttausenden zu dem entwickelt, was sie sind. Nicht einmal zehntausend Jahre zurück beginnt das Niemandsland der Geschichtsschreibung. Schon vor 26.000 Jahren aber stand der Polarstern ähnlich - nur unmerkliche Kreise ziehend - am nördlichen Himmel still wie heute. Mit ihm begann das mehr als tausend Menschen-Generationen überbrückende Großjahr, in dessen letztem Zwölftel wir uns nun befinden. Funde aus jener fernen Zeit führen leicht in die Irre, vor allem weil es schwerfällt, die damaligen Verhältnisse in ihrer Gesamtheit zu erkennen: Klima, Pflanzenwelt, Siedlungsformen und Siedlungsausdehnung der Menschen und Menschenähnlichen, Grundnahrungsmittel, Handwerk, Wissen um Naturgesetze, Religionsentwicklungen, Befangenheit in Irrtum und Aberglauben. Jahrtausenden getrotzt haben die Pyramiden Ägyptens, die Tontafeln Babyloniens, die aus sumerischer Zeit vom Gespräch zwischen Menschen und Göttern erzählen. Verschüttetes Gut unter der Erde der Weiten Sibiriens wartet auf seine Entdecker. Die Erforschung heutiger Menschen läßt auf die Verteilung und Ausbreitung von Erbmerkmalen und damit auf Wanderungen ihrer Träger schließen. Weiter in die Ferne als all dies führt die Untersuchung geistiger Überlieferungen auf gemeinsame Ursprünge hin - die indogermanische (abgeschlossene) und die semitische (aneinanderreihende) Form des Volksmärchens, in alten Schriften und Zahlwörtern heutiger Sprachen ablesbare Zahlensysteme mit 60, 12 oder 10 Ziffern, die Darstellung der die Sprachelemente bildenden Laute durch Schriftzeichen, Sagen und Mären, die Götter, Zeitalter und Sterne verbinden, unterschiedliche Ansätze im Ringen um Naturerkenntnis und

Naturbeherrschung, religiöse Wegetrennungen.

Das indische Brahmanentum fordert Bewährung für ein besseres Jenseits, die Lehre des Buddha verheißt die Möglichkeit einer Lösung von der Welt durch geistige Einkehr, die iranische Lehre des Zarathustra fordert die Menschen auf, in sich den Übermenschen zu wecken, Totenkulte wie jene der Pyramidengräber Ägyptens hoffen auf die Erhaltung des im Leben Errungenen, die in Palästina und Arabien ihren Ursprung genommen habenden monotheistischen Religionen versprechen Versöhnung mit einer für Lebende Antwort seienden Gottheit durch Befolgung der Gebote des von "Auserwählten" (Moses, Jesus und seine Jünger, Mohammed) geschriebenen Wortes.

Einige Völker ferner Zeit entwickelten steinerne Werkzeuge, den Umgang mit Feuer, Ton, Erzen, Chemikalien, ferner das Floß und das Schiff. Andere erkannten das Prinzip des Rades, den doppelt gekrümmten Bogen als Jagd- und Kriegswaffe, die Bestimmung ihres Ortes nach den Sternen, die Geometrie, Gesetze der Mechanik, das Messer und die geistige Zerlegung materieller und immaterieller Objekte. Sprachen, Rassen und Völker entstanden. Die Sprachen sind, in den Lauten vereinfacht, doch sonst wenig gewandelt, bis heute geblieben. Vielverprechende Rassen sind durch Überfremdung geschwächt, verfälscht oder ganz aufgesogen worden, und ihr Erbgut kommt nur noch selten bei einigen Einzelmenschen teilweise zum Vorschein. Jahrzehntausendelang unbeachtet gebliebene Volksgrüppchen Innerasiens sind in nur Jahrtausenden nach der Zahl ihrer Menschen zur Mitte der Welt geworden. Anderswo wurden lebensschwache, weil allzusehr umweltangepaßte Fast-Menschen ungewollt und unbefähigt auf die Ebene der für die Welt Verantwortlichen gerissen und brachen in deren Lebenskreis ein, weil Unbedachte sich im Begriff des Menschen geirrt hatten. - Noch gibt es Menschenrassen, noch bestimmen Denkende und Verantwortungsbewußte maßgeblich den Lauf der Welt, die Entwicklung auf dem Planeten Terra, aber der denkfaule Mischmensch ist schon zum drohenden Zukunftsbild geworden. Völker nach Sprache oder Gemeinschaftsempfinden werden von Staaten gesichert, aber auch dem Untergang zugeführt, wenn der Staat sich von ihnen gelöst hat und sich als dauerhafter erweist als sie. Heute ist die Staatenwelt in schnellem Wandel begriffen und dennoch vielfach mächtiger als die sich nicht mit Staaten deckenden Völker. Die Entwicklung der Staatenwelt hat ihr Ziel noch nicht gefunden. - Das Großjahr der zwölf Zeitalter hat sich fast erfüllt, der Niedergang wird in nunmehr (gehen wir von 1984, dem in einem Roman so bedrohlich beschriebenen Jahr, aus) hundertzwanzig Jahren ein Ende finden, doch niemand weiß, wie tief wir in diesen Endzeitjahren noch sinken müssen und wie schwer folglich der neue Aufbruch unserer Nachfahren sein wird.

III.2. Ein heiliges Land

Als die Menschen noch der Natur verbundener waren als in heutiger Zeit, verehrten sie Quellen, die Trunk und Heilung geben konnten, uralte Bäume, deren Wuchs und Leben in fernste Vergangenheit wies, Bildnisse von als Personen empfundenen Natur- und Seelenmächten. Mit dem Aufkommen der Siedlungsform der großen Städte wurden auch die Heiligtümer umfangreicher, um gedrängten Menschenmassen die Möglichkeit der Verbindungssuche zu den höheren Mächten zu geben. Kultische Handlungen erfüllten die neuen Tempel, der neue Berufsstand der Priester lenkte das Tempelgeschehen, nicht mehr Weise wie einst übermittelten das Wissen um heilige Dinge, sondern Religiöses wurde in Schriften festgehalten und von der Priesterschicht nur noch gedeutet. Jerusalem, die Stadt mit dem Tempel des Königs Salomon, wurde heilig. Rom, Ausgangsort eines Weltreiches, jahrhundertelang Sitz von als göttlich befundenen Kaisern und später des Papstes, des "Stellvertreters eines Gottes auf Erden", wurde heilig. Mekka und Medina, die Orte des Wirkens des Verkünders des islamischen Monotheismus, wurden heilig, und in Mekka insbesondere wurde ein Zeichen des Himmels, ein in grauer Vorzeit zur Erde gefallener Meteor (der verbohrte Fachmann sagt "Meteorit") zum sicherlich meistbesuchten Heiligtum aller Zeiten. Bescheiden waren gegen solche ganze Städte einbeziehenden heiligen Stätten die heiligen Orte der alten

Griechenvölker, wo in säulengeschmückten Tempeln steinerne, überlebensgroße Gestalten menschlichen Aussehens stellvertretend für die in unerreichbaren Planeten verkörperten Götter und weiblichen Gottheiten (man nannte sie Göttinnen, den Göttern gleich, doch dies war schon gewandelter Glaube unter dem Einfluß sternenferner Religion) standen. Jene himmlischen Götter und Gottheiten betraten die Erde auf dem Olymp, einem hohen Berg.

Die höchsten Berge und Hochländer unseres Planeten Terra (Forseti) ragen über die tieferen, dichteren, atembaren Schichten der Lufthülle hinaus. In feuchtwarmer, grüner, lebendurchwirkter Umgebung deuten ihre vereisten, kahlen, lautlosen Gipfel die Berührung mit dem den Planeten umgebenden All an, jenem schwarzen Abgrund, der sich zwischen den Himmelskörpern dehnt. Der immer schneebedeckte Fudschijama in Japan gilt als heiliger Berg. Das Himalaja-Gebirge und das nördlich anschließende Hochland gelten als "Dach der Welt". Sicherlich den erhabensten Anblick auf unserem Planeten Erde bietet der einsam aus ebener Landschaft ragende Kilima-ndscharo, doch in seinem Umkreis haben wohl nie Menschen gelebt, deren Blicke durch diesen Anblick himmelwärts gezogen wurden. Die Christen des Mittelalters (800 bis 1648), vor allem im mittel- und westeuropäischen Raum, gaben ihren Tempeln, die sie Kirchen nannten, hohe Türme, die wie gewaltige Finger zum Himmel ihres Gottes wiesen. Die von Materiellem am weitgehendsten gelöste Vorstellung hatten wohl die früheren Weisen Chinas, die schlicht den "erhabenen Himmel" verehrten. Der Himmelsverehrung der Chinesen verwandt ist die Verehrung von Morgenröte, Abendröte und Himmelsblau durch die frühen Nachfolgevölker der Alt-Indogermanen.

Länder, die als mustergültig und besonders erhaltenswert galten, hat es seit ferner Vergangeheit bis in die Gegenwart gegeben. Seit jeher galt es als ehrenvoll, für das Vaterland zu fallen, doch die Grenzen der Länder und auch die sie bewohnenden Völker haben oft in weniger als Jahrhunderten gewechselt, so daß zumeist nur noch der Geist von bereits Vergangenem heilige Ehrfurcht gebietet. Ägypten, seit mehr als tausend Jahren in der Hand muselmanischer Araber, besitzt auch heute noch seine Identität nur durch den Rückblick auf die ferne Zeit der Pharaonen. Das Land um Euphrat und Tigris ist auch nach Jahrtausenden immer noch mehr ein Reich der Gottkönige Sumeriens, Babyloniens und Assyriens als das Land der Kalifen von Bagdad. Bedeutend sind die Opferstätten der mit dem Kalenderwesen vertrauten und den Sternen verbundenen Mayas und Tolteken in Mittelamerika und Mexiko, und das verwandte Reich der Azteken gibt dem gegenwärtigen Mexiko trotz der Niederringung vor rund 500 Jahren seine Mitte. Als heilig galt das von Rom aus eroberte und beherrschte Reich, das alle Küsten des Mittelmeeres umschloß, und als es dennoch untergegangen war, wurde das Heilige Römische Reich Deutscher Nation für weitere tausend Jahre sein Erbe, bis mit der Neugründung Italiens jener Begriff vom Römerreich in seine Heimat zurückkehrte. Längst sind die Gott-Kaiser von Rom nie wiederkehrende Vergangenheit, aber immer noch herrscht von Rom aus der Papst weltweit über die gläubigen Anhänger des von Jesus von Nazareth und seinen Jüngern definierten Christentums. Da das heilige Buch dieser und ihnen nahestehender Christen eng mit der Geschichte der Juden, also der 12 Stämme des einstigen Israels, verbunden ist, gilt deren einstiges Siedlungsgebiet im Bereich der Landschaft Palästina ihnen, aber auch den die Göttlichkeit des Jesus nicht anerkennenden Juden als das Heilige Land schlechthin. Heilig war das Reich der Inkas, der Sonnensöhne, deren Niederwerfung und Vernichtung durch frevelhafte Vertreter eines fremden Glaubens von den Nachfahren ihrer Völker nie vergessen werden wird. Einen Anflug von Heiligkeit besitzt für alle volksbewußten Skandinavier und Germanen das Inselland Island, aus welchem die "Edda" überliefert wurde und wo der Glaube an die von Planeten hergeleiteten Götter sich am längsten hielt. Als heilig kann Japan angesehen werden, weil sein Herrscher seit fernster Zeit als göttlich gilt. Im selben Sinne heilig ist schließlich Tibet, das "Dach der Welt" mit seinem Volk, in welchem der weise Buddha nach dem Tod eines Dalai Lama, des geistigen Landesherrn, stets neu in einem Neugeborenen materialisiert.

In enger Anlehnung an die göttliche Ordnung des Planetenhimmels ließe sich ein neues heiliges Land begründen, das die Namen bedeutender Indogermanenvölker in sich vereint. Ausgestorben sind die Heldenvölker des heute griechisch-türkischen Raumes, aber ihr Ruhm als Denker und als Streiter für hohe Ideale lebt fort. Die Türken der derzeitigen Türkei sind eine Oberschicht aus Neusiedlern, deren wahre Heimat weiter östlich liegt und auch weiterhin von Turkvölkern bewohnt ist. Als menschliche Erscheinungen überwiegen in der gegenwärtigen Türkei (unter Ausschluß Kurdistans) und mehr noch im gegenwärtigen Griechenland die Nachfahren der einst von den Indogermanenvölkern eroberten Urbevölkerung, von deren Kultur wenig überliefert ist und deren Sprache der Vergessenheit anheimgefallen ist. Nicht gleichzeitig, sondern nur in sich überschneidenden Zeitabschnitten haben in jenem Raum die Hettiter (alte Schreibeweise: Hethiter), Fryger (Phryger) und Lyder, die Ioner, die äolischen Völker, die Nordwestgriechen-Völker, die Makedonier, die Thraker und die Dorer ihre Reiche errichtet. Die von Ionern und Äolern bestimmte Zeit der mit Streitwagen kämpfenden Burgherren mit ihren ringwallumgebenen Festungen, die uns Himmelkundige an die Ringgebirge des Mondes erinnern, zeigt uns bereits Stärke und Schwäche der Herrschaftsform: Festungen wie jene von Mykene, die der Zeit ihren Namen gab, mußten unter der Anleitung der Herrschenden von Hilfsvölkern oder der Urbevölkerung des Landes errichtet werden. Sprache und Werke schuf die Oberschicht, solange sie als solche bestand, doch naturgemäß drängten zunächst die besten und später weitere der Unteren nach oben, und schließlich, nach Jahrhunderten oder auch Jahrtausenden, verging die Herrscherschicht und mit ihr die Schöpferkraft, welche die Kultur begründet hatte. Namen der alten Herrschervölker jenes Raumes finden wir in den sieben Klangarten der rationalen Musik wieder, ihre Gottheiten sind jenen Göttern verwandt, deren Namen wir der nordisch-indogermanischen "Edda" zur Benennung der Planeten entnommen haben. Nähmen wir die Landschaften, die jene Völker einst beherrscht haben, als Teilgebiete einer Föderation, so entstände unter Hinzunahme Armeniens und Grusiniens (Kaukasiens) ein lebensfähiges Staatsgebilde, das allerdings mit seinem hohen geistigen Gehalt an die heute dort lebenden Menschen einen möglicherweise überhöhten Anspruch stellen würde, doch die Hereinholung geeigneter Fremder und ein allmählicher Wandel der Bevölkerung in kommenden Jahrhunderten könnte sich in dem neuen Geiste friedvoll und ohne drängendes Fordern wie von selbst vollziehen. Die Teilstaaten jenes "Heiligen Landes" wären dann LYDIEN mit der Klangart Lydisch, dem Ton F, der Farbe Schwarz, dem Planeten Merkur und dem Gott (der Gottheit) ODIN (lateinisch Merkur, griechisch Hermes); ARKADIEN mit dem Ton Ges zur Klangart Frygisch, der Farbe Blauviolett (Indigo), dem Planeten Venus und dem Gott (der Gottheit) BALDUR (lat. Apollo, gr. Apollon); THRAKIEN mit der Klangart Thrakisch, dem Ton G, der Farbe Blau, dem Planeten Erde und dem Gott (der Gottheit) FORSETI (lat. Venus, gr. Aphrodite); MAKEDONIEN mit dem Ton As zur Klangart Dorisch, der Farbe Violett (Lila), dem Planeten Mars und dem Gott (der Gottheit) TIU (lat. Jupiter, gr. Zeus); ÄOLIEN (im Umkreis der Insel Lesbos) mit der Klangart Äolisch, dem Ton A, der Farbe Grünlichblau (Eisblau), dem Planeten Vesta und dem Gott (der Gottheit) HERMODUR (lat. Juno, gr. Hera); BÖOTIEN mit dem Ton B zur Klangart Ionisch, der Farbe Rotviolett (Purpur), dem Planeten Eunomia und dem Gott (der Gottheit) BRAGI (lat. Vesta, gr. Hestia); HETTITIEN mit der Klangart Hettitisch, dem Ton H, der Farbe Bläulichgrün (Smaragdgrün), dem Planeten Ceres und dem Gott (der Gottheit) HÖDUR (lat. Diana, gr. Artemis); ÄTOLIEN mit dem Ton Ges zur Klangart Hettitisch, der Farbe Lilarot (Rosa), dem Planeten Pallas und dem Gott der Gottheit) LOKI (lat. Minerva, gr. Pallas Athene); IONIEN mit der Klangart Ionisch, dem Ton C, der Farbe Grün, dem Planeten Jupiter und dem Gott (der Gottheit) THOR (lat. Mars, gr. Ares); THESSALIEN mit dem Ton Des zur Klangart Äolisch, der Farbe Rot, dem Planeten Saturn und dem Gott (der Gottheit) HEIMDALL (lat. Ceres, gr. Demeter); DORIEN mit der Klangart Dorisch und dem Ton D, der Farbe Gelbgrün (Lindgrün), dem Planeten Uranus und dem Gott (der Gottheit) NERTHUR (NJÖRD) (lat. Neptun, gr. Poseidon); EPIRUS mit dem Ton Es zur Klangart Thrakisch, der Farbe Orange (Gelblichrot), dem Planeten Neptun und dem Gott (der Gottheit) WIDAR (lat. Vulcanus, gr. Hephästos); FRYGIEN mit der Klangart Frygisch und dem Ton E, der Farbe Gelb, dem Planeten Pluto und dem Gott (der Gottheit) JUL (ULL) (lat. Liber, gr. Dionysos); KAUKASIEN (GRUSINIEN, GEORGIEN) mit der göttergleichen Macht FENRIR, welche die Herkunft des Lebens symbolisiert; ARMENIEN mit der göttergleichen Macht HEL, welche die Zukunft allen Seins darstellt. Als verbindende Gestalt des gesamten Reiches stände die göttergleiche Macht MIDGARDSCHLANGE.

Eine heilige Länderordnung ließe sich zwanglos für den ganzen Planeten Erde errichten: 3 mal 13 = 39 Nationen würden die gegenwärtige, eher chaotische Völkerordnung zu einem System wandeln, das den Menschen, Völkern und Ländern vergleichbares Gewicht, vergleichbare Leistungsfähigkeit und gleiche Würde gäbe und damit erst die Menschen zu "Brüdern" machen könnte, was sie nach jesus-christlichem Glauben angeblich schon so lange sind. Die Ordnung ließe sich in einer interplanetaren Zeit in den Planetenraum hinein erweitern, mit dem Mond als 40. Nation und 12 weiteren Nationen in der Gestalt der Planeten außerseits Terras. Götter, Grundfarben, Tonharmonien, Elemente, Sternbilder, die zwölf Zeitalter eines Großjahres, Jahreszählung, Jahreszeiten, menschliche Charaktere und charakterdarstellende Tiergestalten wären in einer solchen weltweiten Ordnung untrennbar verwoben und gäben den Menschen, wo immer sie sich befänden, die Sicherheit, welche heimische Geborgenheit zu vermitteln vermag.

III.3. Was blieb an greifbaren Zeugnissen?

Wunder der Vergangenheit hat das Innere der ägyptischen Pyramiden der Nachwelt unserer Tage bewahrt. Hieroglyphen berichten aus ferner Vergangenheit, doch trotz ihrer Menge sind sie nur ein sehr kleiner Bruchteil des Wissens von einst. Um sich und das Römische Reich zu retten, ließ Julius Cäsar die Bibliothek von Alexandria in Flammen aufgehen. Aus der damaligen Welt gesammeltes Wissen, an einer Stätte der Bildung zusammengetragen und auf Papyrusrollen vermeintlich für die Ewigkeit festgehalten, wurde durch das Feuer unwiederbringlich getilgt. Anders als bei schriftlosen Völkern, gab es im Ägypten jener Zeit unter den wenigen und von Adel und Priesterschaft niedriggehaltenen Gelehrten nur Teilwissende, da man sich auf den Fortbestand des schriftlich Festgehaltenen verließ. Nicht anders war es im

Kulturraum an Euphrat und Tigris, in Assyrien, Babylonien und bis zurück nach Sumerien, doch ist von dort immerhin eine dem entfernter beheimateten Indogermanentum im Thema, im Denken und im Glauben nahestehende religiöse Dichtung erhalten: Das Gilgamesch-Epos von dem Mann, der anteilig teils göttlich und teils menschlich war, zeitweilig von den Menschen, mit denen er lebte, als gottähnlicher Herrscher verehrt wurde und auszog, um das Gespräch mit den Göttern zu suchen.

Aus plastischen Darstellungen ist bekannt, daß die Sumerer den pferdebespannten Streitwagen und damit das Rad und mit ihm den wohl zukunftsträchtigsten Teil der Mechanik kannten. Ihre Gottheiten waren nebeneinander Gestirne und Teile der näherliegenden Natur: Der Mond, der Planet Venus, das Süßwasser.

Je mehr wir uns von den heute bekannten alten Kulturräumen entfernen, desto unergiebiger werden die Funde. Ausgrabungen in Europa führen beim zeitlichen Zurückschreiten schnell über eine kurze Eisen- und Ackerbauzeit und eine Bronze- und Kupfer-Zeit als Übergang in eine vergleichsweise armselige Steinzeit. Noch ärmlicher und rückständiger im zeitlichen Vergleich ist alles, was bisher dort zutage gefördert wurde, wo die Kirgisentreppe zu Gebirgen aufsteigt, und doch gibt es Gründe, gerade dort auf greifbare Beweise eines überragenden technischen Hochstandes einer viel ferneren Zeit, als sie das klassische Altertum des Orients darstellt, zu hoffen.

Alle Kultur, die in Verbindung mit einer ihr artverwandten Zivilisation, Technik und Wissenschaft die heutige Welt beherrscht, stammt aus nur einer eng begrenzten Quelle. Wohl hat diese Kultur Einflüsse der meisten Völker dieser Welt, die sich auf eigenständigen kulturellen Wegen befanden, verarbeitet, doch ihr Kern blieb unverändert. Jene Quelle, das Reich der Weisen mit den auslösenden Urgedanken, zu finden, ist eine dankbare Aufgabe für den Vergangenheitsforscher. Falls der Forscher allerdings auf Steine oder Metall oder anderes Greifbares aus ist, muß er schon sehr viel Glück haben, wenn er etwas findet, was in jene sehr fernen Zeiten des Ursprungs weist. Handfeste Beweise einer hochentwickelten Technik, die etwa 20.000 bis 30.000 Jahre zurückläge, wurden noch nicht gefunden. Dennoch gibt es Hinweise, die auf solche Funde hoffen lassen: Ringwälle umgaben Mykene und andere Festungen der alten Griechenländer. Ein gewaltiger Ringwall umgibt in der Überlieferung der "Edda" nach Norden hin das ringförmige Asgard, wird aber in der Endzeit überwunden. Ein für Schwerebehaftete unüberwindlicher Ringwall umgibt Albenheim, das Nordreich des Lichts. Die Herleitung von den mit sehr guten Augen gerade schon sichtbaren Ringgebirgen des Mondes ist nicht ganz unwahrscheinlich. Wie nun, wenn solche Einzelheiten der Mondoberfläche in alter Zeit nicht mit bloßem Auge erkannt werden konnten? Ringwälle zum Schutz vor anstürmenden Feinden mochten auch ohne Muster erfunden worden sein, aber wie wären dann Einzelheiten des Planetenhimmels wie der Hauptmond des Saturn (Heimdalls Guldmöhni), die winzigen Marsmonde (Tius Hugin und Munin), der innerste Jupitermond (Thors Hammer Malmung), der gegenläufige Neptunmond (Widars Garm) oder gar der selbst in Fernrohren mittlerer Größe (bis etwa 30 cm Objektiv- oder Hohlspiegel-Durchmesser) unsichtbare ferne Planet Pluto (Jul) je den Weisen der Frühzeit bekannt geworden, da doch alle diese Himmelskörper dem bloßen Auge mit Sicherheit nicht zugänglich sind? So weit voneinander entfernt liegende Funde wie die der Germanenzeit Mittel- und Nordeuropas und solche aus dem Inka-Reich West-Südamerikas führen uns auf die Spur dessen, was wir an greifbaren Beweisen suchen: Scheiben aus Metallen von bleibendem Glanz, zunächst aus Kupfer, Bronze (Kupfer + Zinn), vielleicht auch Messing (Kupfer + Zink), alsdann auch aus Silber und vor allem Gold, in kleinerer Ausfertigung aus Platin, wurden gefertigt und wohl zumeist als Sinnbild der das Gedeihen der Ackerfrucht bewirkenden Sonne verehrt. Funde dieser Art sind bis in die Gegenwart erhalten. Sehen wir uns dann in einem Museum die aus Kupfer und aus Silber bestehenden Hohlspiegel von mehr als 1 Meter Durchmesser an, die in der Zeit Newtons zur astronomischen Beobachtung verwendet worden sind, so erkennen wir sofort den Zusammenhang: Die Sonnenscheiben sind eine schwache Erinnerung an eine ferne Zeit, als Sterne mit metallenen Hohlspiegeln beobachtet wurden! Der Zeitmaßstab stimmt: Die Kultur der Indianer des Inkareiches ist von jener Alt-Innerasiens der vor-mongoliden Zeit rund 20.000 Jahre abgetrennt gewesen – seit die Vorfahren jener

Menschen über die gefrorene Beringstraße von Asien nach Nordamerika und später weiter nach Südamerika gewandert sind. Wenn also Wissenschaftler unserer Zeit große goldene Hohlspiegel an seit Jahrzehntausenden unberührten Orten Innerasiens finden sollten, dazu kleine optische Linsen aus glasklarem Bergkristall (Quarz), vielleicht noch Sternkarten eines schmalen Bandes auf der Ekliptik mit Sternchen bis zur 14. oder 15. Größe möglicherweise auf Metallstreifen, dann wäre unsere Verbindung mit der mehr als 25.000 Jahre zurückliegenden Ur- und Schöpfungszeit greifbar bewiesen. Allerdings bedürfen wir dieser möglicherweise verschütteten, mit größerer Wahrscheinlichkeit aber von Nachlebenden oder sogar Zeitgenossen der Weisen zerstörten handfesten Beweise nicht: Zuviel in jene alte Zeit Weisendes zeigen die Sprachgemeinsamkeiten der heutigen indogermanischen Völker, ihre Märchen, ihre Sagen, ihre religiösen Epen, unter denen sich die germanische "Edda" und die aus der indischen Oberschicht hervorgegangene "Bhagavad-gita" gleichrangig neben das im Ursprung sumerische "Gilgamesch-Epos" stellen. Zudem müssen wir uns bewußt machen, daß die Kraft jener Urerkenntnisse gerade darin liegt, daß sie von irdischer Materie weitgehend frei sind: Das Rad ist mehr Prinzip als Werkzeug - das Prinzip sich drehender Teile in einem Mechanismus. Haustiere bergen das Prinzip des Zähmens und Züchtens, das in seiner Übertragung auf die Pflanzenwelt auch zu den heute gebräuchlichen Acker- und Gartenfrüchten führte, die es früher ganz schlicht nicht gab, so daß sich die Menschen von heute unvorstellbar geringwertiger Kost ernähren mußten. Obwohl die Geistesschöpfer Prinzipien und Ordnungen - wie vor allem der Ordnung der Bilder des gestirnten Himmels - näherstanden als scheinbar unveränderbarer Materie, muß es ihnen doch gelungen sein, aus Gestein, was auch Eisenerz ja ist, metallisches Eisen zu gewinnen, was zu Erfindungen wie dem Pflug, dem federnd-harten Schwert oder eisernen Rüstungsteilen wie dem "eisernen Schuh" der "Edda" führte. Der wesentliche Unterschied zu Gold, Silber und Kupfer liegt beim Eisen darin, daß jene (das Kupfer allerdings sehr selten) in der Natur gediegen (also im metallischen Zustand) vorkommen und durch Hämmern im kalten Zustand in gewünschte Formen gearbeitet werden können. Bronze läßt sich aus einer Schmelze bei nicht sehr hoher Temperatur gewinnen. Ein Hinweis auf die erforderlichen Temperaturen seien die

Schmelzpunkte der reinen Metalle: 232° C für Zinn, 1.083° C für Kupfer, während der Schmelzpunkt der Legierung je nach Mischungsverhältnis irgendwo dazwischen liegt. Reines Eisen schmilzt dagegen erst bei 1.528° C und muß bei der hohen Temperatur eines nicht nur geschlossenen, sondern auch gut wärmedämmenden Ofens durch Kohle vom Erz zum Metall reduziert werden. Zwar wird auch Zinnstein, der Ausgangsstoff der Zinngewinnung, von glühender Kohle zu Zinn reduziert, doch entsteht die erforderliche Temperatur schon beim offenen Abbrennen der Kohle.

Wohl kannten die Erben der Ur-Weisen den Ackerbau mit dem Pflug, das Ernten mit Sichel und Sense, die Zucht von Rindern und Pferden, den zweirädrigen Streitwagen, das vierrädrige Fuhrwerk, den Hohlschliff (etwa in den Fundamenten der griechischen Tempelsäulen), den metallenen Hohlspiegel und schließlich das Eisen. Das Schiff hingegen wird als von Fremden herangetragene Errungenschaft überliefert, und die Chemie ist über einen kleinen Zweig der Erzverarbeitung nicht hinausgekommen. Obwohl im alten Erbe die rationale Tonsystematik enthalten ist, fehlt eine entsprechende Ordnung der Farben ganz, ja Sprachvergleiche zeigen, daß Farben im eigentlichen Sinne nicht bekannt waren. Daher ist der Weg der Elemente-Identifizierung anhand auftretender Spektralfarben beim Verdampfen gewisser Stoffe, der eine Verbindung zwischen Sternspektren und Elektronenhüllen der Atome irdischer Materie hergestellt hätte, in der Frühzeit nicht beschritten worden. Das Unsichtbare stand einem näher: Im Wind, der Bewegung der unsichtbaren, widerstandslos durchdringbaren, gewichtlosen Luft begegneten ihnen die Götter des Himmels.

Erkenntnis des himmlischen Geschehens sollte den Menschen der Zeit der ersten Weisen den Weg in die fernste Zukunft weisen. An Sternbilder gebundene Zeitalter und in Planeten, deren Wandern um die Sonne bekannt war, verkörperte Götter und manche in diesen Zusammenhang passende Bilder sollten die Menschen durch die Zeiten leiten. Erben der Weisheit sollten Erkenntnisfähige sein. Menschen, die Pflanzen- und Tierzüchtung kannten, werden es verstanden haben, in Generationenfolgen auch einem Menschen zum Durchbruch zu verhelfen, der ihr Erbe aufnehmen und weitertragen konnte. -

Es wurden jene lichten Gestalten, deren schwachen Abglanz wir in viel neuerer Zeit noch in den "Engeln" und den Heiligen, deren Haupt ein Heiligenschein umgibt, wiederfinden. Die Erben der Weisen müssen irgendwo im südlichen Innerasien ihren Ursprung genommen haben und in ihrer Hauptmasse nach Westen gewandert sein, wo sie in fremden Rassen weitgehend, jedoch nicht vollständig aufgingen. Diese Wanderung liegt erst wenig mehr als 3.000 Jahre zurück, und die geistige Überlieferung konnte in Bruchstücken die Jetztzeit erreichen. Die schwächeren Erben jener Erben beherrschen heute die Welt. Da Körper und angeborene Neigungen und Fähigkeiten eines Menschen von der Zusammenstellung der 46 Chromosomen als Erbträger seiner Zellkerne bestimmt werden, ist es denkbar, daß sich ein Chromosomensatz von der Art, wie er für die Weisen und Erwählten früherer Sternbild-Zeitalter Grundlage ihres körperlichen Seins war, ganz oder zu großen Teilen wiederholt. Keines der ererbten Chromosomen wird noch ganz so wie vor 20.000 oder 25.000 Jahren sein, da natürliche Radioaktivität von außen und vom Kalium-40 im Zelleninneren zu einer allmählichen Veränderung allen Erbgutes führt. Würden wir einen solchen körperlichen Erben erkennen? Würde dessen Fähigkeit, Weises zu erdenken und weiterzugeben, von den Menschen der heutigen Zeit gefördert, gehegt und nutzbar gemacht werden? Wohl gibt es Schulen, und niemand entzieht sich ihnen, aber sie sind sicherlich anders als in der fernen Zeit der schriftlosen Überlieferung, aber dem geistig Wachen werden auch heute reichlich Denkanstöße gegeben, und solches Wissen, das zu den Göttern führt, ist in schriftlichen Überlieferungen und nicht zuletzt in den unmittelbar sichtbaren Bildern des Himmels verfügbar. Vielleicht kennen wir solch einen Weisen der Jetztzeit und sehen nur nicht sein Streben und seinen Weg, oder er ist schon am Ziel und macht schon Aussagen, die uns nur nicht erreichen, weil es an einer Verbreitung, die zu jedermann dringt, fehlt?

III.4. Die Welt der Asen und Wanen

In früherer Zeit zwang die Natur die wenigen und zudem in kleinen Gruppen verstreuten Menschen zu einem harten Selbsterhaltungskampf. Hunger und Durst, Kälte und Hitze, Feuchte und Dürre, Raubtiere und feindliche Stämme und der schleichende Tod aus Viren, Bazillen und parasitären Würmern wiesen den Menschen Grenzen ihrer Macht. Erste tastende Versuche, die feindlichen Mächte zu zähmen, bestanden darin, sie als Persönlichkeiten aufzufassen, mit denen ein Gespräch versucht worden konnte. So entstanden das Gebet, die Kulthandlung, das Opfer. Wetter und Klima ließen sich so nicht beeinflussen und waren allenfalls leichter zu ertragen. Wo es allerdings um beherztes Zupacken zur Abwahr von Not ging, wird ein starker Glaube vorzeitiges Verzagen verhindert und zu Erfolgen geführt haben. Solange aber ein Verständnis der in der Natur wirkenden Kräfte und Gesetze fehlte, blieb man ihnen kaum weniger als noch einfacher denkende Tiere ausgesetzt.

Viele Ur-Australier leben heute unter zivilisierten Neusiedlern und üben Tätigkeiten der neuzeitlichen Arbeitswelt aus. Eine ihrer Eigenarten ist es, daß sie sich gelegentlich für eine Woche oder wenig länger in die Wildnis zurückziehen, um zu träumen. Das sind Zeiten, in denen ihr Geist Erfahrungen und Gedanken umarbeitet, wie es andere Menschen der weißen Rassen gleichmäßiger und daher weniger ins Auge fallend auch tun. Noch weniger impulsiv und doch im Durchschnitt etwa gleich intensiv reflektieren die gelben Menschen Asiens. Die meisten Indianer Nordamerikas zogen zum Beginn ihres Erwachsenseins in die Einsamkeit, um in Bildern ihren Namen zu finden. Eine Erinnerung an solches Verhalten finden wir noch im jungen Burschen unzähliger Märchen, der auszieht, sein Glück zu suchen. In allen Fällen dient der vorübergehende Rückzug aus der Gemeinschaft der Höherentwicklung der eigenen Persönlichkeit durch die Suche nach etwas Geistigem. Auf diesem Wege ist es möglich, Göttliches zu erleben oder gar einem Gott näher zu begegenen als durch den bloßen Blick zu den Planeten des Himmels. In vielen Völkern wurde auch, wenn es nicht im Lebenskampf war, auf solche Weise gestorben: Die

Alten gingen fort und wurden eins mit einer Welt, die Lebende nur in Träumen erleben.

Die Wanen, wie sie die Überlieferung beschreibt, sind ernahe, familiennahe, an Haus, Baum, Hügel, Quelle oder auch Schiffe und kleinere Wellen des Meeres gebundene Gottheiten - eher Geister als Götter. Zauber- und Wunderkräuter, Fruchtbarkeit der Frauen, sichere Heimkehr der Schiffe, erfolgreicher Fischfang und Schutz des Hauses vor Feuer werden ihnen zugeschrieben. Ihre bedeutendste Vertreterin, deren erstes Auftreten wohl mit der Menschwerdung zusammenfällt, da selbst die schwarzen Völker des irdischen Äquatorgürtels sie oder ihr verwandte Gestalten kennen, ist die "Große Mutter", NERTHUS, die von den Trägern der Megalith(=Großstein)-Kultur Alt-Europas verehrt wurde. Nicht Naturerkenntnis, sondern Naturglaube ist die Grundlage des Glaubens, der die Wanen verehrt. Das Alter dieser Weltanschauung bringt es mit sich, daß mit ihr viel Aberglaube einhergeht - Glaube an Dinge, die in der Einbildung überreizter Menschen stattfinden, in der Wirklichkeit aber nicht möglich sind. Die Furcht vor dem "bösen Blick" und Amulette gegen denselben, das bereitwillige Aufnehmen bösartiger Gerüchte, das Verbrennen naturkundiger Kräuterweiblein (Heg-sen, Hegerinnen, Hüterinnen) als "Hexen" und ein vernichtungswilliges Mißtrauen gegenüber aufklärender Kritik, Neuerungen und Erneuerungen sind Nachwirkungen des Wanen-Glaubens bis in unsere Zeit.

In seinem Ursprung ist der Asen-Glaube dem Wanen-Glauben verwandt, doch er hat sich in dem einen Großjahr seines Bestehens weit von diesem entfernt. Im Asen-Glauben lebten die Verstorbenen nicht so fort, wie sie vorher gewesen waren, sondern erfuhren eine wesentliche Wandlung: Das Bedeutungslose im Wesen dessen, der in eine andere Welt hinübertrat, verblaßte, nur das, was göttlich war und für ein ewiges Leben taugte, blieb. So gesehen konnte der Tod Befreiung zum Höheren sein. Dies war der Glaube von Jägern, die schuldfreien und gesunden Tieren den Tod gaben, Weidetiere zu Schlachtvieh machten und die freiesten Tiere der Steppe, die Pferde, zum Dienst zwangen. Sie sahen in jedem Tier eine Seele und verstanden sehr wohl, daß die Tiere Leid und Schmerz empfanden. Dadurch, daß sie ihre Vorstellung vom Jenseits auf die Tierwelt erweiterten, legten sie einen Grund für die Berechtigung ihres Tuns. Heute noch leben in Innerasien das Przewalski-Pferd und der Pferd wie Esel ähnelnde Onager in unverfälschter Reinheit und vom Menschen nur mäßig belästigt. Nach Nordosten hin erstreckt sich der Verdrängungsweg, der die Indianer nach Nord- und Südamerika führte. Glaubten nicht viele Indianer an die "Ewigen Jagdgründe", in denen "Manitu" als "Großer Geist" herrschte und nur den im Leben Bewährten ein freudvolles Dasein erlaubte? Der Buddhismus soll durch acht Stufen der inneren Einkehr schon vor dem Tode die Berührung mit der geistigen Welt eines Jenseits erlauben. Zweige des Buddhismus sowie das aus Indiens Norden kommende Brahmanentum erlauben allen Wesen die Läuterung ihrer Seele durch Folgen von Wiedergeburten, so daß bei ihnen auch der Schwache, Elende, Leidende und Unterworfene hoffen kann, einmal in eine heilige Welt zu gelangen, die keine Wiedergeburt mehr nötig macht. Bei den alten Völkern im nördlichen Sibirien halten Schamanen den Glauben an die Seelen in Mensch und Tier wach, doch in dieser kalten, den Lebenskampf schwermachenden Umgebung ist der Gedanke an das Überleben der Seele stärker als der ihrer Läuterung.

Der Asen-Glaube in seinen frühesten Formen, der zum Buddhismus, zum Brahmanentum, zum Glauben an die Ewigen Jagdgründe und zur Lehre Zarathustras von der Erweckung des Übermenschen geführt hat, veranlaßte den Menschen zu Eingriffen in seine Umwelt, die ihm im Diesseits mehr Freiheit gaben. Indem der Mensch dieser Geisteshaltung begann, messend, wägend und ordnend die Natur zu erforschen, rückte die unangreifbare Welt der Seelen immer ferner, und er begann sich zu fragen, wo er das Jenseits zu suchen habe. Bevor noch Brahmanentum und Buddhismus ihre Warnungen vor dem "Maja", der meßbaren Welt (Maja = Maß) und dem Menschen als dem Messenden (Manu = Urvater der Menschen, Mani = der die Zeit messende Mond - Maja, Manu, Mani, Mond, Mensch: alles mit großer Wahrscheinlichkeit im indogermanischen Sprachstamm mit dem Wort Maß sinnverwandt) verbreiten konnten, gab die messende und zu bewegten Bildern deutende Sternforschung dem Suchenden den Blick in jene Welten frei, wo die greifbare Welt und Lichtpunkte, die das Jenseits beschreiben, ineinander übergehen. Sumerien und Babylonien, das frühe China und Völker Mexikos und Mittelamerikas maßen die Länge des Jahres, die Orte der helleren Fixsterne und den Lauf des Mondes und der hellsten Planeten. In Ägypten, Japan, dem aztekischen Mexiko und dem Perú der Inkas leiteten Herrscher symbolisch ihre Herkunft von der Sonne ab. Europa war während der letzten Eiszeit weitgehend von unbewohnbarem Eis bedeckt. Der Wanen-Kult im Süden kannte wohl eine Sternkunde zur Schiffsteuerung auf dem offenen Meer, doch er vollzog nicht den Schritt bis zu Deutungen. Die Verbindung von Religion und Sternkunde wurde also im Asen-Glauben gelegt. Das Abgleiten in eine abergläubische Astrologie im Orient des späten Altertums weist auf die Macht der Wanen in jenen Landstrichen.

Assyrisch heißt Açu (Aßu) in einer seiner Bedeutungen soviel wie Richtung des Sonnenaufgangs. "Asien" soll von diesem Wort hergeleitet sein, auch das Wort "Asen" für die Götter, die sich neu neben die Wanen stellten. Wie die Sternkunde, wie die goldenen Scheiben, wie das freie Denken, wie die indogermanische Ursprache und wie die aus Alt-Indogermanien stammenden Sagen und Weltbilder kommen die Asen, die in geschichtlicher Zeit vor allem im nördlichen bis mittleren Europa bekannt waren, aus dem Inneren Asiens, wo heute ihre Spuren verweht und verschüttet sind. In zutreffender Symbolik wurden die Asen als wirkende Kräfte im unsichtbaren Wind gesehen, eine Vorstellung, die bis in die europäische Zeit der Indogermanenvölker alle Stämme dieses Urvolkes verband. Die Wanen wurden geachtet, NERTHUR (NJÖRD), als Bruder der NERTHUS (Magna Mater), unter Erwähnung seiner Herkunft unter die Asen gereiht. Aus einer freien Götterzahl wurden dreizehn Sternengötter, die eng mit 13 Planeten verbunden waren und in zwölf Sternbildern örtlich und in zwölf Zeitaltern zeitlich ihre Herrschaftssitze hatten. Sowohl das Judentum, das den Stern ehrt, der den Erlöser bringen soll, als auch das aus dem Judentum hervorgegangene Christentum mit dem Bild vom Jesus und seinen 12 Aposteln haben einen Einfluß vom Sternenglauben aufgenommen. Als im europäischen Mittelalter noch einmal Aberglaube zu großer Macht anwuchs und mit den Kräften einer erwachenden Vernunft rang, hüteten arabische Mohammedaner die in Europa vernachlässigte Sternkunde, so daß wir heute Erben ihrer arabischen Sternnamen sind.

Grenzen menschlicher Macht und Grenzen des Erkennens gibt es noch immer, und daher können auch heute noch den Wanen zuzuschreibende Glaubensvorstellungen manche Menschen leiten. In extremen Fällen suchen der Verzweiflung nahe Menschen durch Drogen und den Einfluß eintöniger Rhythmen die Lösung aus seelischer Befangenheit. Der Weg zum Sternenglauben der Asen ist schwerer zu gehen, denn er verlangt nach einem Menschen, der sich zu innerer Ruhe überwinden kann. Die Sterne sind fern, ihr Licht ist schwach, Bewegungen am Sternenhimmel erscheinen langsam. Etwa 25.728 Jahre dauert ein Großjahr - 268 lange Menschenleben zu je 96 Jahren. Dies ist das Zeitmaß der himmlischen Götter.

III.5. Steppenvölker vor 26.000 Jahren

Von heute (etwa 1984 julianisch-gregorianischer Zeitrechnung oder anders gerechnet etwa im Jahre -121 mit Bezug auf die neue Zeitenwende) gesehen vor rund 26.000 Jahren zogen sich in Europa, Asien und Nordamerika die gewaltigen Gletscher zurück, welche die Hauptmassen der Erdteile bedeckt hatten. Wir stellen uns die Menschen mittlerer bis nördlicher Breiten als roh, schwerfällig im Sprechen, mit einfacher Fellkleidung gegen Kälte (und fremde Blicke) geschützt und gegen Feinde und Beutetiere schwere Knüppel und Steinwaffen schwingend vor. Vielleicht billigen wir ihnen noch etwas Geschicklichkeit in der Bearbeitung ihrer Werkzeuge und ihren Frauen Kunstsinn in der Ton-Töpferei zu. Viel mehr scheinen ja Funde aus dieser alten Zeit nicht zu belegen. Andererseits muß es dann verwundern, woher all das hochrangige Wissen gekommen sein soll, das wir viele Jahrtausende später als schon verfallende Überlieferung wiederfinden. Waren Topf und Waffe vielleicht doch etwas, was jene Menschen von einst nur sehr am Rande bewegte? Die Nahrung wuchs ihnen aufgrund eines noch kühlen Klimas sicher nicht gerade in den Mund, und der Schutz vor Kälte und Feuchtigkeit ergab sich wohl auch nicht gänzlich von selbst.

Undurchdringliche Wälder beengten den Menschen damals jedoch noch nicht, sondern erst in späteren Jahrtausenden für einige Zeit. Wilde Tiere waren zwar reißender und weniger zurückhaltend als in heutiger Zeit, doch schon kein ebenbürtiger Gegener mehr. Menschen waren an Zahl noch so selten - in Zehntausenden statt in Hundertmillionen zu zählen - daß sich feindliche Gruppen keineswegs ständig begegneten. Arbeitsteilung war vielleicht noch nicht sehr ausgeprägt, doch ist es wahrscheinlich, daß die Menschen, die ihrer natürlichen Umwelt deutlich als Beherrschende gegenüberstanden, viel Zeit auf Gedanken verwendeten - am Tage und mehr noch abends, wenn das seit fernster Frühzeit sicher gehandhabte Feuer am Lager Licht spendete. Der Lichtschein des Feuers war begrenzt, doch seine Flammen schienen himmelwärts zu streben, dem Licht der Sterne zu.

Von einem der Gebirge am Rande der Kirgisensteppe zogen Menschen durch und in die Ebene. Sonnenstand und Windverwehungen mögen ihnen am Tage beim Finden ihres Weges geholfen haben, nachts die Sterne. Ein Stern besaß als Leitstern besondere Bedeutung: Der Polarstern, der vor 26.000 Jahren schien. Er gab die Nordrichtung an. Mit der Höhe des Polarsterns über dem Horizont ließ sich die geografische Breite bestimmen. Im Laufe von Jahrhunderten begann dieser Stern jedoch, immer größer werdende Kreise um den Himmelspol zu ziehen, er schien zu wandern. Die scheinbare Wanderung des Polarsterns erfolgte näherungsweise auf einem Kreis um einen Punkt am Himmel, den wir heute als Pol der Ekliptik kennen. Nach der Feststellung dieses Punktes werden jene damaligen Steppenbewohner bald gemerkt haben, daß ein aus sieben hellen Sternen bestehendes Sternbild ihn wie der Polarstern umwanderte. Wenn die Kreisbewegungen am Himmel schon die Entdeckung des Rades angeregt hatten, werden alsbald die ersten Pferde vor schnell rollende Wagen gespannt worden sein, den andernorts gebräuchlichen Ochsenschlitten weit überlegen. - Die Berücksichtigung des langfristigen Zeitablaufs bei der Betrachtung des Polarsterns und dann des übrigen sichtbaren Himmels erlaubte ein tiefes Eindringen in die langsam ablaufenden Geschehnisse des Sternenhimmels. Das Großjahr wurde in 12 Großmonate geteilt, 12 Tierkreissternbilder wurden benannt, die helleren Planeten beobachtet und die lichtschwächeren gesucht. Der Sternenhimmel wurde zum

Wegweiser durch Raum und Zeit.

Die Jäger des Ersten Zeitalters, des ersten Großmonats, wurden zu Hirten, Zähmern, schließlich Züchtern. Das Sammeln pflanzlicher Nahrung entwickelte sich zum Hackbau und schließlich zum Ackerbau mit dem Pflug. Die pflanzliche Nahrung jener frühen Zeit war wenig nahrhaft: Haselnuß, Buchweizen, Schwarzwurzel, Wildapfel und allerlei Beeren waren bekannt. Pflanzenfressendes Wild wurde erbeutet. Urzeittiere wie das Mammut wurden ebenso ausgerottet, wie der Neandertaler-Vormensch endgültig den wahren Menschen weichen mußte. Eine Menschheitsentwicklung vollzog sich durch die Aufspaltung in Rundschädlige und Länglichschädlige und die Abspaltung der gelblichen, schmaläugigen Art des Menschen, die Ostasien eroberte. Länglichschädlige wie Rundschädlige brachten in lichtarmen Zonen Eurasiens hellhäutige, silberblonde, blauäugige Menschen hervor. Mit den hellen Länglichschädligen begann die lange Schöpfungsgeschichte Alt-Indogermaniens.

Das (heute nicht-offizielle, erst wieder zu benennende) Sternbild des Großen Wagens (CURRUS) brachte das Rad, das Denken in Zeitaltern, das Zug- und Reitpferd, die Züchtung von Rind und Schaf, Ziege und Schwein. In der Ebene wurde aus einem wölfischen Rudeltier der Hund gezüchtet. Gut 20.000 Jahre alte Formen des langschädligen (kaukasiden) Menschen finden wir in Australien, und ebendort treffen wir den Dingo als wieder verwilderten Hund an, einst von den frühen Menschen mitgebracht.

Am südlichen Himmel wandert (wie der Große Wagen neu zu benennen) der Pflug (ARATRUM) um den südlichen Pol der Ekliptik. Vor 13.000 Jahren war er am Nordhimmel gut sichtbar. Der Pflug formte den natürlich bewachsenen Boden um, so daß er stärkereiche neue Zuchtpflanzen tragen konnte: Kiechererbse, Bohne, Erbse, Roggen, Hafer, Gerste, Weizen, Kohl, Rübe. Die Entwicklung solcher Pflanzen geschah nicht zufällig, sondern entsprang dem Wissen, daß Naturkenntnis Möglichkeiten der Naturbeherrschung bot, wobei jedoch alle Anwendungen weitgehend auf das Gebiet der Mechanik beschränkt blieben - keine Chemie, keine Physik der Atomkerne, keine Zerlegung des weißen Lichts in seine Farben.

Wenn wir im Zeitmaß des Großjahres denken, überrascht es uns nicht, daß die Indianer Nordamerikas aus unscheinbaren Gräsern den Mais gezüchtet haben und die Indianer Südamerikas die im rohen Zustand giftige Tapioka-Wurzel (Mandioca) durch Erhitzen zu einer bedeutenden Nährpflanze gemacht haben. Muß uns da nicht die melodische Musik der Quíchuas, Guaraníes und der zu den Polynesiern überleitenden Araukaner als uraltes, aus der eurasischen Zeit erhaltenes Erbe erscheinen? Die Kenntnis des Rades ist allerdings nach Nord- und Südamerika vor der Neuentdeckung von Europa aus nicht gelangt.

Herrische Viehzüchter durchzogen Innerasien von den Ebenen Sinkiangs bis zum Kaspischen Meer und drangen als Streitaxtmenschen bis an die Küsten Europas vor. Über wohl neun lange Zeitalter von je 2.144 Jahren hin wuchs ihre Kultur jedoch in einem begrenzten Gebiet und ließ eine gemeinsame Sprache höchster Ausdruckskraft und eine gemeinsame Namensgebung für Zahlenwörter bis hin zur Zahl Hundert entstehen (HUNDERT, CENTUM, SATEM). Die Viehzüchter blieben über lange Zeiträume beweglich, ihre Überlieferung in mündlichen Formen konnte unter den verantwortungsbewußten Menschen ihrer Zeit besser bestehen als schriftlich Festgehaltenes und Erstarrendes, ihr Wissen war VEDA (sanskrit-indisch "Wissen"), VITA (lateinisch "Leben"), lebendige Weisheit. Heutiger Forschung ist bekannt, daß die asisch-indogermanischen Wanderer als zumeist dünne Oberschichten mächtige Reiche gegründet und beherrscht haben: Streitwagen-Ritter haben Chinas erste Fürstentümer geschaffen, Streitwagenkämpfer waren die Herren auf den Hügeln der Sumpflandschaft Alt-Sumeriens wie später auch Roms, Streitwagenkämpfer unterwarfen die hochstehende Ackerbau- und Städtekultur am Indus, schufen Hettitien und Alt-Armenien. Die Ränge Indiens, heute Kasten genannt, beruhten ursprünglich auf den Hautfarbenunterschieden zwischen Eroberern und Beherrschten: Aus weißhäutigen, die Adern bläulich durchscheinen lassenden, blauäugigen und blondgelockten Weisen und Königen entwickelte sich das weltliche Bild der Jenseitsgestalt Krischna, mit hellblauer Haut und einem vom Haupte ausgehenden Leuchten, dem Heiligenschein der Engel und Heiligen späterer Jahrtausende im Christentum des von Jesus von Nazareth begründeten weltlich-himmlischen Mischglaubens (der jünger ist als der Glaube an einen Erlöser am Ende der Zeitenwende) verwandt. Höchste Kaste, Krischna und seinem Reich am nächsten stehend, sind die Brahmas (Priester und Gelehrte), denen die Kschatrias (Herrscher, Verwalter, Kriegsleute), die Vaischias (die freien Bauern und Weidenbesitzer), die Schudras (die Unterworfenen und Mischlinge) und schließlich die Parias (die Unberührbaren, die von den Eingedrungenen nicht geehelicht werden sollten) folgen. Heute sind die einstigen Rassenunterschiede in Indien verwischt, die Standesunterschiede zu kaum noch lebensfähiger Tradition erstarrt, die Erinnerung an eine frühere Zeit der Weisen, Helden und Himmelszugewandten besteht jedoch fort.

In heutiger Zeit bestimmen in den Städten Arbeitsteilung und auf dem Lande Bodenbesitz das Machtgefälle unter den Menschen. Aus den letzten freien Wanderern wurden Entwurzelte ohne Heimat: Während die Indianervölker Nordamerikas in enge, armselige Reservate gezwängt wurden und die Juden nach zwei Jahrtausenden ihre Heimat zurückgewannen, stoßen die Zigeuner, Erben einer einst weiten, freien Welt, an Grenzen von Staaten und Besitz, dem Sog einer genormten Zivilisation ausgesetzt.

Der Megalithbau von Stonehenge, Ägyptens Pyramiden, Phöniziens Schiffbau, mächtige Bauwerke in Europa, Asien und Südamerika weisen auf die großen bodenfesten Kulturen alter Zeit, deren Überlieferung vorwiegend schriftlich getragen wurde und deren Weltanschauung sich in der Idee der Großen Mutter (Nerthus) wiederspiegelt. Die mächtigen Reiche dieser Zeiten sind nach Jahrhunderten oder Jahrtausenden vergangen, doch der Gedanke fester Staatsgebiete ist heute, auf einer als begrenzt erkannten Erdoberfläche, bleibende Notwendigkeit. Vor Jahrzehntausenden allerdings, ja noch vor tausend Jahren, hat das unscheinbarere Denken der beweglichen Völker die mit Bauwerken, Staatsgewalt und zumeist grausamer Sittenstrenge strotzenden Reiche immer wieder entmachtet: Das Indus-Tal, Sumerien, Babylonien, Assyrien, Etrurien (das Reich der Etrusker) und die Reiche der Mayas, Azteken und Inkas vergingen, Ägypten wurde von einem Arabersturm überrannt, das Reich der Könige David und Salomon zerschlagen und entvölkert. Germaniens Verehrung der Sonnenscheibe - teils dem Gebet zur Großen Mutter verwandt, teils

Überbleibsel frühzeitlicher Hochkunst der Sternbeobachtung - wich direkteren Wind- und Himmelsgöttern. Das mächtige Römerreich unterlag den letzten Wandervölkern asisch-indogermanischer Prägung, den Germanenstämmen der Völkerwanderungszeit Europas.

Jene Steppenvölker, die vor 26.000 Jahren den Gebirgsrand verlassen haben und sich vom Polarstern, dem Großen Wagen, den Tierkreissternbildern und den Planeten durch Raum und Zeit leiten ließen, sind über die Erde verstreut, ihre geschichtliche Erinnerung ist seit Jahrtausenden erloschen. In ihrem Sprachstamm, in Menschen ihres einstigen Aussehens, in den Harmonien zwischen 13 Planeten auf 12 Bahnen, 12 Tierkreissternbildern, 13 rationalen Tönen, 13 Farben und 13 menschenartigen Gestalten als benamten Vorstellungshilfen für himmlische Götter finden wir ihre Spur. Die bald kommende Zeitenwende erinnert uns an den weiten Bogen des Denkens der alten Weisen.

III.6. Götter, die nicht Menschen gleichen

Götter erheben den Menschen über die Tierwelt, weil sie ihm zum Geist die Seele geben. Der niedere Mensch bedarf jedoch nicht einer Seele, sondern ist schon mit Geist und Gemüt allein lebensfähig. In solch einem dumpfen, noch seelenlosen Zustand haben sich die frühen Menschen befunden, lange bevor Götter bekannt waren. Viel Zeit war nötig, um der Masse der Menschen jene Weite des geistigen Horizontes zu geben, die erforderlich ist, um Götter in der ganzen Gewalt ihrer Übermenschlichkeit begreifen zu können.

Heute befinden wir uns am Ende des letzten von 12 zweitausendeinhundertvierundvierzig (plusminus 1/2) Jahre langen Zeitaltern eines Großjahres, welches das erste religiös verankerte Großjahr des im geistigen Bereich maßgeblich gewordenen Teiles der Menschheit war. Dieses letzte Zeitalter ist als ein Zeitalter des Vergessens anzusehen, das über die nahe Großjahresgrenze nur zaghaft vorausblickt. Vorstellungen aus der noch suchenden und irrenden Zeit der Religionsentstehung treten zusammen mit seelenlosem Materialismus als des Menschen treibende Kräfte in den Vordergrund. Ethische und mehr noch religiöse Werte schwanken im Urteil der Denkenden.

Nahezu überwunden ist die Zeit der personifizierten Naturkräfte wie Regen und Dürre, Sturm und ruhige See, Gewitter, Windheulen, Fruchtbarkeit. Götzenopfer, Kulttänze, Mannbarkeitsriten, Tätowierungen und Beschneidungen und orgiastische Feste zur Beschwörung jener Mächte werden von wirklichen Menschen bewußt nicht mehr ausgeübt. Tätowierungen und Ringe durch Ohren und Nase beweisen weder Mut noch Reife, Tänze haben sich zu von schweren Gedanken unbeschwertem Volksvergnügen entwickelt. Der Beschnittene ist nicht zeugungsfähiger als der natürlich Gewachsene, und wo heute noch beschnitten wird, handelt es sich um eine zutiefst demütigende Unterwerfung unter eine Gemeinschaft, von der ausgeschlossen zu sein den Betroffenen schwer erträglich erscheint, so daß sie das ewige Schandmal und eine Minderung der Liebesfähigkeit in Kauf nehmen. Weltweit werden heute noch in christlichen Kirchen auf Opfersteinen (Altären) Menschenblut und Menschenfleisch geopfert, wenn auch nur noch sinnbildlich durch die Dargabe von Rotwein und Brot, und es ist Gewohnheit der Kirchenchristen, zur Herbeiführung von Regen, ruhiger See und Fruchtbarkeit und zur Abwendung von Dürre, Sturm oder Hagelschlag zu ihrem Gott zu beten. Gebete sind Zwiegespräche mit einer menschenartigen Gottheit, sei diese nun in einem Götzenbild nah, in Naturkräften an wechselndem Ort, auf einem hohen Berg oder am oder im Himmel unerreichbar, als Panentheos in allen Dingen oder als Pantheos alles Ding selbst. Immer ist die Gottheit, die um Eingriffe in die materielle Welt gebeten wird, eine wirkende Kraft mit menschlichen Zügen.

Den Himmelsbeobachtern vor 25.000 oder 26.000 Jahren galten die Seelen verehrungswürdiger Ahnen als unsterblich und als unsichtbar im Wind wirksam und im ewigen Sternenhimmel verewigt. Von den Sternen wurde keine meßbare Veränderung des irdischen Geschehens erwartet, doch leiteten die Bilder des

Himmels jene weisen Menschen von einst auf sicheren Wegen durch Raum und Zeit. Den irdischen Lebenskampf hatten die Menschen selbst zu bestehen, doch den Sinn des Lebens gaben Himmel und Götter.

Gern wird den Griechenvölkern, die vor bald 3.000 Jahren gelebt haben, unterstellt, sie hätten die Wandelsterne, die Planeten, für wandernde Gestalten menschlichen Aussehens gehalten, nur weil sie ihre olympischen Gottheiten menschlich darstellten und sie zugleich mit den Planeten in Beziehung setzten, wobei allerdings zu jener Zeit mehr Gottheiten als Planeten bekannt waren. Diesem Bild wird dann der in einem unwirklichen Himmel beheimatete Ein-Gott entgegengehalten, von dem vor allem der Apostel Paulus und der Prophet Mohammed gegen Anfang dieses Zeitalters berichtet haben. Verzweifelt und zugleich vergeblich wehren sich vor allem die Christen (der Jesus-Richtung) dagegen, daß man ihren Ein-Gott zu anschaulich als strengen, herrischen Mann mit weißem Rauschebart sieht, doch ohne diese Bildlichkeit verschwömme er schnell zu einem Nichts. Mit dem zwar persönlichen, aber gestaltlosen und nirgends beheimateten Einen Gott ist man dem Atheismus, der Gottlosigkeit, näher, als es die Förderer dieses Glaubens wahrhaben möchten.

Faßbare, sichtbare Götter, die nicht nur ein wenig vom Materiellen gelöste Abbilder von Menschen sind, sind Geist, der mit dem wirklichen Himmel in enger Beziehung steht. Wir können 13 Götter in den zwölf neu erschlossenen Sternbildern der Ekliptik sehen, wir erleben sie in den zwölf natürlichen Monaten, hören sie in den Klängen der reinen Musik der rationalen Tonstufen und werden uns ihrer zeitlichen Unwandelbarkeit beim Zurückdenken über die zwölf von ihnen geprägten Zeitalter bewußt. 2.144 Jahre als Monat eines Gottes sind für das menschliche Anschauungsvermögen schon fast eine Ewigkeit, doch verschwindet solch eine lange Zeit gegenüber den Maßstäben unseres Sonnensystems und zugleich des beobachteten Alls: Seit 4,6 Milliarden Jahren besteht unser Planetensystem - das sind mehr als 2 Millionen Zeitalter, oder ganz anschaulich: 2.144 Jahre verhalten sich zu 4,6 Milliarden Jahren wie 1 Millimeter zu 2,1 Kilometern! Wenn wir die Götter ähnlich den Griechenvölkern alter Zeit in den Planeten sehen wollen, müssen wir uns zunächst bewußtmachen, daß ihr Zeit- und auch ihr Größenmaßstab für menschliche Maßstäbe unfaßbar sind und eigentlich einer Übersetzung in menschlichere Bilder bedürfen: 4,6 Milliarden Jahre seit der Entstehung eines Planeten sind kein verstehbares Alter mehr. Daß jeder Planet, einschließlich unserer Erde, von der Ferne eines Nachbarplaneten betrachtet nur ein kleines Scheibchen in einem Fernrohr darstellt, macht uns die Planeten zunächst noch bildlich begreifbar; versetzen wir uns aber in ihre Nähe, so werden sie zu Welten, gegen die ein Mensch ebenso verschwindet wie seine Zeitmaße gegenüber dem Alter des Sonnensystems.

Alte Quellen, wie die "Edda", schildern uns die Götter ganz als menschenartige Wesen, dabei jedoch mit Merkmalen gekennzeichnet, die wir in erstaunlich vielen Fällen mit guten Fernrohren am Planetenhimmel wiederfinden: Die den Kriegsherrn umkreisenden Raben als Marsmonde Phobos und Deimos, HEIMDALLs Sitz am Regenbogen und die Regenbogenähnlichkeit der flachen Saturnringe, THORs Hammer Malmung und der schnellschwingende Jupitermond Amalthea, und dies nur als einige wenige Beispiele. Sehen wir uns die Altersangaben für die menschlich dargestellten Götter an, so fällt auf, daß ODIN, der als frühester und Vater der meisten anderen Götter beschrieben wird, gemäß seinem dargestellten Lebenswandel dennoch einer der jüngsten Götter sein muß, zum Teil jünger als seine eigenen Söhne. Dieser Widerspruch ist nicht unbeabsichtigt. Die "Edda" erklärt ihn mit der Nähe zu Idunas goldenen Äpfeln, die ewige Jugend verleihen, also das Altern verzögern. Diese goldenen Äpfel der germanischen Überlieferung sind die Götterspeise Ambrosia bei den altindogermanischen Griechenvölkern und Amrita bei den Indern. Vielfach wurden schon die goldenen Äpfel mit dem Licht der Sonne gleichgesetzt, die den Planeten mit unterschiedlicher Helligkeit strahlt. Heutiger Wissenstand erlaubt uns jedoch, dieses Bild noch zu verfeinern: Gemäß der speziellen Relativitätstheorie altern unterschiedlich schnell bewegte Körper unterschiedlich langsam, und zwar unendlich langsam bei Fortbewegung mit Lichtgeschwindigkeit, die groß (300 Millionen Meter in der Sekunde), aber doch endlich ist. Wenden wir die entsprechende Formel auf die mittleren Geschwindigkeiten der Planeten bei ihrem Umlauf um die Sonne an, so ergibt sich in 4,6 Milliarden Jahren, was dem wahrscheinlichen Alter aller Planeten entspricht, für die Planeten eine Minderung von einem halben bis zu 59 Jahren der tatsächlich dort abgelaufenen Zeit. Diese Größenordnung fällt in den Rahmen menschlicher Lebensspannen. Der Kunstgriff zur Veranschaulichung der göttlichen Lebensalter in ihrer vermenschlichten Darstellung besteht darin, an die Stelle der Milliarden-Jahre-Zeitspannen Zeitdauern, die von irdischen Menschen erlebt werden können, zu setzen und mit den relativistischen Zeitgewinnen der tatsächlichen Planetenbewegungen zu verrechnen.

Bilder von Zeugung, Empfängnis, Schwangerschaft, Geburt und Alter übertragen wir so in den Planetenraum. Das bedeutet allerdings nicht, daß wir uns in Gegensatz zu den Naturwissenschaften begeben und die materielle Entstehung der Planeten zu um Jahrmilliarden unterschiedlichen Zeitpunkten darzustellen beabsichtigen. Die in das physikalische Zeitmaß übertragenen Zeitspannen und insbesondere Lebensbeginne aus der vermenschlichten Darstellung gelten für etwas, was wir Beseelung nennen müssen. Beseelung hat in fernster vormenschlicher Zeit göttliche Planeten, deren Bahnen in der harmonischen Ordnung der Sphärenklänge verlaufen, aus der Masse ähnlicher Himmelskörper herausgehoben.

Nur wenige sachliche Regeln genügen, um das Alter aller dreizehn Götter eindeutig festzulegen. Germanische Überlieferung ("Edda") gibt uns Hinweise, weitet den Kreis beteiligter Mütter aber unnötig aus und läßt auch beteiligte Väter im Dunkeln, beides vielleicht in Anlehnung an menschliches Geschehen in alter Zeit, das sich den planetenbezogenen Bildern überlagerte.

Bevor das Gesetz der Asen galt, ehelichten sich nach Wanenart Geschwister, und das niedrigste Heiratsalter lag für Männer bei 14, für Frauen bei 12 Jahren. Nach diesem Gesetz zeugte NERTHUR (Njörd) mit der Hel (Nerthus, Hwergelmir) Frey und Freia.

ODIN (Wotan), Hönir und TIU (Lodur) waren die ersten Asen. Hönir entschwand im Geiseltausch gegen NERTHUR. TIU und NERTHUR sind zur gleichen Zeit ins Leben getreten, ODIN dagegen lebte schon früher. Bevor noch ein Rat der Asen bestand und neues Recht setzen konnte, zeugte ODIN als Vierzehnjähriger mit der zwölfjährigen Freia die Götter THOR und BRAGI.

Nach Asenrecht zeugte ODIN als Sechzehnjähriger mit der vierzehnjährigen Freia, die bei ihm verblieb, das Doppel-Zwillingspaar JUL und BALDUR und LOKI und HÖDUR. BALDUR zeugte als Sechzehnjähriger mit Nanna den Gott FORSETI, der als nur 12 Jahre alt gilt. JUL zeugte zur gleichen Zeit mit Skadi WIDAR.

Der Mond (Mani) trat gleichzeitig mit FORSETI ins Leben, Garm gleichzeitig mit WIDAR. Als HERMODUR mit Westara Mani zeugte, war er 16 Jahre alt, und ebenso war HEIMDALL sechzehn, als seine künftige Gattin Ostara und Fenrir Garm zeugten. HEIMDALL und HERMODUR wurden von TIU mit der nach Asenrecht von NERTHUR getrennten Hel gezeugt. TIU war zu diesem Zeitpunkt 28 1/2 Jahre alt, da ja sein Leben gleichzeitig mit dem NERTHURs begann.

Unter Berücksichtigung der Abhängigkeit des Alterns von der Sonnennähe und unter Beachtung der Zeitdehnung auch für die Mütter am Orte ihres Gemahls ergibt der dargestellte Stammbaum die gesuchte eindeutige Altersfolge: ODIN (31 Jahre alt), BALDUR (27), FORSETI (12), TIU (59), HERMODUR (32), BRAGI (43), HÖDUR (38), LOKI (38), THOR (45), HEIMDALL (35), NERTHUR (70), WIDAR (16), JUL (42). - ODIN (31) ist jünger als alle seine Söhne mit Ausnahme BALDURs (27). Nennt die "Edda" deshalb ihn und nicht den frühergeborenen THOR als ODINs Erben? Regiert deshalb JUL, der mit BALDUR, HÖDUR und LOKI geboren wurde, die Welt, als ODIN abwesend ist, um den Erlöser WALI zu zeugen, und BALDUR in Nebelheim weilt, während HÖDUR und LOKI, die ihn dorthin gezwungen haben, sich verborgen halten?

Wenn man das Newtonsche Gravitationsgesetz und die Keplerschen Bewegungsgleichungen kennt und über ein gutes Fernrohr verfügt, kann man aus den Bewegungen der von der Erde her im irdischen Jahreslauf in ihrer Entfernung schwankenden Jupitermonde (THOR-Satelliten) auf die ungefähre Größe der Lichtgeschwindigkeit und vor allem auf ihre Endlichkeit schließen. Noch nie wurde Materie beobachtet, die sich schneller als das Licht bewegt hätte. Weiß man das beides, so ist die Relativitätstheorie eine naheliegende Folgerung. Haben Weise der Frühzeit schon einmal so weit gedacht?

III.7. Der große Baumeister

In allen bekannten Religionen und Glaubensbekenntnissen haben die maßgeblichen Gottheiten Himmel und Erde und das Leben und den Menschen geschaffen. Die großen monotheistischen Glaubensbekenntnisse bis hin zu den reinen Atheisten sind der Überzeugung verhaftet, es habe eine "Schöpfung" gegeben. Der Ein-Gott der Christen, Juden und Muselmanen hebt sich nur durch die an ihn geknüpfte Schöpfungsgeschichte aus den Niederungen existenzieller und somit im Wesen tierhafter Menschlichkeit. Als "der persönliche Gott", wie die Kirchen ihn gern nennen, tritt uns der Eine Gott am deutlichsten noch im Bilde des alten Mannes mit dröhnender Baßstimme und weißem Rauschebart, auf einem Thron über den Wolken sitzend und von geflügelten, lichten Engeln umschwebt, welche durch Bewegung kristallener himmlischer Kugelschalen das All mit Sphärenklängen durchdringen, entgegen. Eingriffe in das menschliche Leben leistet er durch seine zahlreichen, schriftlich festgehaltenen, von "Erleuchteten" niedergeschriebenen Gesetze. Durch vorbildhaftes Handeln und das Ansprechen der Vielfalt menschlicher Sinne kommt er seinen Gläubigen nicht entgegen. Seine Gebote sind ohne Begründung und streng, seine Gnade ist ungewiß.

Die dreizehn in Planeten verkörperten Götter Asgards stehen Menschen mit aufnahmebereiten Sinnen näher als der blasse Ein-Gott: Bei der Farbe Rot, dem Ton Des (Des:F = 5:8), den Metallen Vanadium, Niob, Tantal und Protaktinium (= Saturnium) und angesichts des deutlichen Sternbildes (neuer Art) des Widders denken wir an HEIMDALL, ebenso wie beim

Betrachten eines Regenbogens, der Ringscheibe um den Planeten Saturn oder eines goldenen Wetterhahns im Licht der Morgensonne. Wenn der goldene Hahn Gullinkambi ruft oder HEIMDALL in das Gellerhorn bläst, ist der Morgen des Endkampfes für die himmlischen Heerscharen (Einherier) und der Tag der Zeitenwende. - Bei der Farbe Grün, dem Ton C (C:F = 2:3), den Metallen Titan, Zirkon, Hafnium und Thorium und angesichts des Sternbildes (neuer Festlegung) des Stieres denken wir an THOR, wie auch dann, wenn wir das Schwingen eines Hammers (auch den Flug eines Bumerangs oder die Bewegung eines Pendels) beobachten oder von Donnerschlag und Blitz eines Gewitters erschreckt werden. - Bei der Farbe Indigo (= Blauviolett), dem Ton Ges (Ges:F = 15:16), den Metallen Nickel, Palladium und Platin, beim Betrachten des reinen Glanzes des Abend- und Morgensterns und angesichts des (neuen) Sternbildes des Steinbocks, der im Stern Mira Ceti mit einem Huf scharrt, denken wir an BALDUR, ebenso beim Fallen des Herbstlaubes und beim Erleben heiligen Eifers. - Gleiche unterschiedliche Bildlichkeit gilt für alle übrigen der dreizehn Götter, und die Prägung der 12 Zeitalter durch die Götter bindet uns Menschen zugleich an das Zeitmaß der Großjahre.

Es gibt keinen Geist ohne materielle Bezugspunkte und keine Seele, der nicht Geist den Boden erschlossen hätte. Materie, und bestände sie auch nur aus Feldverdichtungen in einem leer erscheinenden All, geht dem Geist und der Beseelung voraus. Die 13 Sternengötter - die Drilfgoden - sind nicht Erschaffer der Welt, sondern selbst nur Entstandene in einem seit Jahrmilliarden ähnlich wie heute bestehenden Materie-All. Sie sind beseelte Massenansammlungen zwischen gewaltigen Abgründen eines schwarzen Nichts, Weltkugeln, die sich nach der Ordnung der Sphärenklänge um eine gleißend-gelbglühende Sonne bewegen.

Die dreizehn Götter vergehen jeweils nach einem Großjahr, um alsdann neu zu erstehen. Mit jedem Großjahr ändern sich nicht unwesentlich die Sternbilder und damit die Bilder des Tierkreises, aber die Planeten bleiben unverändert bestehen. Menschen mögen sich wandeln wie die Tierkreis-Sternbilder, doch die 13 Planetengötter, die ihnen Vorbild und Leitbild sind, bleiben vom Zeitenlauf unverändert.

ODIN war der erste Ase. Wer gab ihm seine Seele? Wer beseelte seinen Bruder TIU und dessen Geisel-Zwillingsbruder NERTHUR? Die Drilfgoden, die dreizehn Götter, sind die höchsten beseelten Wesen, doch wie sie Gattinen fanden, um nachfolgende Generationen Beseelter zu zeugen, so haben sie alle auch Ahnen. Die Vorfahren der ersten Götter sind im Fixsternhimmel verkörperte Urmächte. Am Innenrand des Großen Grabens um Nebelheim wacht Angurboda (die Angstbotin, Schreckensverkünderin) als Stern Canopus (weiß, Helligkeit

$-0{,}8^m$). Sie zeugte in Wanenheim, der Welt der greifbarstofflichen, aber dunklen Materie Fenrir (den Fenriswolf), der Lichtloses frißt und mit Ostara (Osten, die Morgenröte) Garm, den finstersten aller Monde gezeugt hat. Unruhig flackert Fenrirs Auge im (neuen) Sternbild des Wolfes als hellster Stern des Himmels (Sirius, hellblau, $-1{,}6^m$). Seine Geschwister sind NERTHUR, der Geiselgott, und Hel (Nerthus, Noctus = die Nacht), deren Reich Nebelheim die Bestimmung alles Vergessenen ist. Wäre die Welt von ewigwährender Unbewegtheit, so müßte alles Sein schließlich Opfer des Vergessens werden, doch die Götter handeln, schaffen Gesetze, verstoßen gegen Gesetze, fallen im Endkampf und erstehen unter WALIs Führung wieder neu und rein, so daß WALI, ODINs und Rindas einjähriger Sohn in Albenheim, Licht und Beseeltheit die Ewigkeit sichert. - Asenheim ist die Welt der nicht greifbaren Wirklichkeit, des Windes, des Lichtes und des Geistes. Asgard ist das Reich der zwölf Götterburgen der 13 Götter Asenheims. Urvater der Asen ist Windswal (der Windwähler, Sturmbringer), der als Stern Wega (hellblau, $+0{,}0^m$) am Außenrand des Großen Walles um Albenheim wacht. Er zeugte ODIN, Hönir und TIU (Zio, Teiwas, Dies = der Tag), der auch Lodur (die Lohe, Licht des Feuers) genannt wird. TIUs Opfer des rechten Armes, das wir so anschaulich im Bild der blutenden Schulter im Sternbild des Kriegers (derzeit offiziell: Jäger Orion) sehen, hält den Fenriswolf für ein Großjahr gefesselt und sichert den Bestand der lichtverwandten Götter. - Gemeinsam zeugten Windswal und Angurboda das schimmernde Band der Milchstraße, Midgard, den Weltumspanner. Noch älter aber als Windswal und Angurboda ist Yggdrasil, der Weltenbaum, von dem alles, was Midgard umschließt, nur ein einziges Blatt ist.

Als in den Ländern des "christlichen Abendlandes" im Westen

Europas mächtige Kirchbauten des gothischen Stils mit ihren hochragenden Türmen zum Himmel der Gottheit wiesen, wuchs bei den Freimaurern, den kundigen Baumeistern dieser Werke, der Keim zu aufgeklärtem Denken. Während der Islam, die Lehre Mohammeds, nach jahrhundertelanger Blüte zum wissenschaftsfeindlichen Religionswahn entartete, während die Juden über die Welt verstreut waren, so daß ihr Glaube nicht mehr in der Gemeinschaft weiterwuchs, während die monotheistisch-christliche Kirche in Dogmen erstarrte und Freidenker und Heiden Geisteskranken und wilden Tieren gleichsetzte, besannen sich nahe dem falschen Herzen der damaligen Kirchenmächtigen noch lebendig gebliebene Geister auf ältere und, wie sie hofften, zukunftsträchtigere Werte. Sie, zunächst in ihrer Mehrzahl gelehrte Baumeister, sahen die jahrtausendealten Pyramiden Ägyptens, die Tempel und heiligen Stätten Alt-Griechenlands und alte Schriften, die altgriechisches philosophisches Denken widergaben, das einerseits in seiner Allgemeingültigkeit, andererseits in seiner Leichtigkeit oder gar Heiterkeit der Darstellung in auffälligem Gegensatz zur düsteren, wesentlich von Drohungen getragenen Glaubenswelt der Zeit stand. Die Freimaurer entwickelten sich zu einer Macht im Hintergrund, die von hohen Idealen zusammengehalten war, die über das, was man in jener Zeit für Religion und Welterkenntnis hielt, wesentlich hinausgingen. Bis heute blieben die Freimaurer im Hintergrund und mächtig. Eine wesentliche ihnen zu verdankende Errungenschaft ist die Glaubensfreiheit in fast allen zivilisierten Staaten der Gegenwart. Länder mit verordneter Staatsreligion und auf diese gestützter Gesetzgebung fallen heute schon durch ihre relative Intoleranz und dogmabedingte Wahrheitsverneinung im weltweiten Bewußtsein der denkenden Menschen unangenehm aus dem Rahmen. Gegenwärtig wird allerdings die Armut an Religiosität bei den einfachen Massen zur Bindungslosigkeit, die gemeinschaftszerstörend wirkt. Wenn sich heute Anlaß findet, auch die geistigen Führer der Freimaurerei der Morallosigkeit zu bezichtigen, so allerdings weniger, weil sich ihre Macht von ethischen Zielsetzungen gelöst und verselbständigt hätte, sondern weil die im Altertum beheimateten Quellen nicht weiter in die Zukunft zu weisen vermögen. Der Geist der Aufklärung findet kein Ziel mehr. Die gebräuchlich werdende einseitige Deutung des in der Freimaurerei verehrten "großen

Baumeisters" im Sinne des Ein-Gottes der sogenannten Christen (der Monotheisten der Jesus-Richtung in all ihren Variationen), der Mohammedaner und der Juden macht deutlich, wie die Erben der Aufklärung sich selbst nicht mehr zu tragen vermögen. Im Liebäugeln mit dem areligiösen, aber wie die mittelalterliche Glaubenswelt wahrheitsfeindlichen Materialismus, der gegenwärtig große Teile der Welt beherrscht, werden Freimaurer zu Feinden des (in den Bildern des Himmels dem Fenriswolf gleichzusetzenden) freien Denkens.

Jedes der mit dem Sternenlauf begründeten zwölf Zeitalter eines Großjahres wird vorwiegend von einem Gott und seinen Symbolen neben den zwölf anderen Göttern bestimmt. Gegenwärtig nähert sich das im Jahre -40 (genauer: Winteranfang gegen Ende des Jahres -41) begonnene Zeitalter des Gottes JUL seinem Ende, das erreicht sein wird, wenn der Polarstern dem nördlichen Himmelspol der Erde am nächsten steht. Mag Fenrir auch an seinen Fesseln rütteln, das Zeitalter steht unter dem Schutze eines Gottes, allerdings desjenigen, der der Sonne am fernsten wandelt. Es ist ein Zeitalter des Vergessens, der Irrlehren, des nahenden Umbruchs, und es dauert schon mehr als 2.000 Jahre an. In dieser Zeit drängt der Große Baumeister, den die heutigen Erben der Aufklärung so schlecht zu kennen scheinen, auf die Begleichung einer Rechnung. Windswal, der Sturmbringer und Ahnherr der Asen, bedroht die Götterburgen. Er ist gemäß Überlieferung und Bildern des tatsächlichen Sternenhimmels der große Baumeister, der den Großen Wall um Albenheim errichtet hat, den er selbst nicht mehr zerstören kann, doch auch den Nordwall um Asgard, der unvollendet blieb. Hoher Lohn - Gott ODINs Gattin Freia - war ihm versprochen, wenn er bis zum Beginn des Winters sein Werk vollendete, doch die Götter wandten Arglist und Gewalt gegen ihn an: LOKIs Gattin Sigyn verwandelte sich zum Trugbild einer feurigen Stute und lockte Windswals unentbehrlichen Helfer, den Himmelshengst Swadilfari, davon, um mit ihm das Roß Sleipnir, das auch Guldmöhni (Goldmähne) heißt und am Himmel nah bei HEIMDALL zu sehen ist, zu zeugen. Als Windswal den Göttern ihren Betrug vorwarf, wurde er im Namen aller 13 Götter von THOR mit Malmung erschlagen, doch konnte er als Unsterblicher bald wieder aufstehen und wartet nun schon seit fünf Zeitaltern auf sein Recht. Im letzten Zeitalter, dem Zeitalter JULs im Zeichen des Falken und des Bogenschützen, der im gewöhnlichen Jahreslauf am Winteranfang mit seinen Pfeilen das Licht des kommenden Frühlings sendet, der jedoch nicht über die Großjahresgrenze zu wirken vermag, so daß das Licht der neuen Zeit WALI bringen muß, in diesem Zeitalter entschwindenden Lichts ist Windswals Forderung am drängendsten. In solch eine Zeit sind die Freimaurer gestellt und sind sehr wohl aufgefordert, den Großen Baumeister, Windswal, zu achten. Was immer sie in den nächsten hundert Jahren machen, man kann sie nicht ernsthaft hindern, sondern nur auf die Selbstkontrolle, die in aller Vernunft liegt, hoffen. In der Mitte Europas hat ein Volk, das in besonderem Maße Erbe der Werte von zwölf Zeitaltern ist, vor der Zeit gegen die bestimmenden Mächte der Welt aufbegehrt, und die Folge waren Berge von Millionen Toten und noch mehr Tränen und erschütterte Ideale und eine Verhärtung aller feindseligen Gesinnung in der Welt, die ein Volk, das zuviel Freiheit für sich anstrebte, verachtete. Im mohammedanisch geprägten Orient hat in noch neuerer Zeit der Herrscher eines indogermanischen Großvolkes den Versuch unternommen, in Anlehnung an die Lehren des Zarathustra und das Buch Almagest ein neues Volksbewußtsein zu wecken und die Begrenzungen des Korans zu sprengen. Auch er erreichte sein Ziel noch nicht, denn die Zeit für eine umfassende Erneuerung ist noch nicht reif. Auch ein in sich ruhendes Reich vom Euphrat und Tigris bis zu den Ufern des Jordan, ein Ägypten in der vollen Länge des Nils und im Einklang mit den Pharaonen, ein Perú der Inkas oder gar das erneuerte Heilige Land im griechisch-türkischen Vielvölkerraum sind noch verfrühte Bilder. Die Welt muß hingenommen werden, wie sie ist, Veränderungen müssen sich auf Kleines beschränken. Unweigerlich ist aber zum Winteranfang (22.12.) des Jahres 2104 die Zeitenwende. Dann wird das Neue gereift sein und alle denkenden Völker der Erde und des bewohnbaren Sonnensystems erfassen. Dann wird Windswal Frieden haben, ein neues, reines Zeitalter mit den dreizehn geläuterten Sternengöttern wird unter dem Sternbild des Skorpions (in dem die Sterne Aldebaran und Capella liegen) anbrechen. Freimaurer und Aufklärer werden nicht mehr prägend Macht ausüben, sondern sich für das neue Weltbild begeistern, das eine Erhöhung ihrer bisherigen Ideale bedeutet, und mit ihm verfließen.

III.8. Die Sternengötter

Wir schließen die Augen und vergessen, was um uns ist, was war und was sein wird. Unser Geist ist frei zur Durchwanderung von Raum und Zeit.

Wir haben einen kosmischen Maßstab angenommen. Unser Geist schwebt in einer fernsten Vergangenheit, viele Milliarden Jahre zurück. Um uns ist es schwarz, wir sehen weder Enge noch Weite, unser Geist ist einzig sicherer Festpunkt. Dennoch ist unser Geist nicht allein. Um uns ist mehr als ein Nichts. Der Bezugsraum unseres Geistes weitet sich in 3 reelle, 3 imaginäre und wenn nötig noch 6 hyperimaginäre oder weiter noch 12 transhyperimaginäre Dimensionen, und damit ist unser Standort ein "Irgendwo" in einem Raum mit Zeitablauf, in dem ein "Etwas" geschieht. Im Vergleich zu dem, was einmal kommen wird, läuft die Zeit nahezu unendlich langsam. Noch ist unser Geist punktförmig, doch nun erlauben wir ihm, sich eine Winzigkeit auszudehnen, und statten ihn zugleich mit allen jenen erweiterten Sinnesorganen aus, die uns meßtechnisch möglich und geeignet erscheinen. Nichts Stoffliches begegnet uns; falls je etwas fest war, hat es seinen Zusammenhalt verloren. Ungleichmäßig und ziellos reißen uns Gravitationsstöße umher. Je heftiger Schwerekräfte an uns zerren, desto feinstofflicher ist alles, was sich unseren übrigen Sinnen bietet. Wo wir ruhiger treiben, blitzen gelegentlich Gammastrahlen höchster Energie auf, und exotische Kernbausteine winzigen Ausmaßes und dennoch von der Masse ganzer Sterne erscheinen und vergehen wieder. Für eine lange Zeit besteht in einem weit ausgedehnten Bereich des uns umgebenden Raumes ein labiles Gleichgewicht feinstverteilter Energie, deren relative Konzentrationen auf spiralig bizarr verzerrten Bahnen mikroskopischen Ausmaßes schwirren.

Unser Geist überbrückt einen großen Abstand und findet andernorts den Raum in anderen Zuständen: Voll elektromagnetischer Strahlung oder weitgehend leer und mit auseinanderstrebender Materie angefüllt. Je mehr wir sehen und greifen können, desto stabiler scheint uns der Zustand. Die

Raumgeometrie wird einfacher, gleichmäßige Vorgänge geben uns ein sicheres Zeitgefühl.

Alles, was unser Geist auf seiner kosmischen Wanderung erlebt, sind gleichzeitig vorkommende Zustände eines unendlichen Alls, die wechselhaft ineinander übergehen. Nie ist ein Teil des Alls dauerhaft abgeschlossen oder dauerhaft leer; nie wird das All und nie vergeht es.

Die fremdartigen Zustände des Alls befinden sich fern von unserem heutigen Standort, doch sie wurden schon andeutungsweise beobachtet: In fernen Riesenmilchstraßen elliptischer Gestalt (anschaulicher: etwas abgeflachte kugelförmige Anhäufungen gewaltiger Sternenmengen) gibt es in der Mitte Bereiche von der Größe unseres heimischen Planetensystems, in denen sich Milliarden verformter Sonnen zu einem düsteren innersten Bereich hin konzentrieren, der nicht größer als der kleinste Planet unseres Sonnensystems ist, aber die Bahnbewegungen mächtiger Sonnen in hunderttausenden Lichtjahren Entfernung bestimmt. - Im kleinsten Maßstab können wir die Wandlungen fester Materie über einen materiefreien Zustand formloser Energie auch im Labor erzeugen: Schießen wir ein negatives Elektron und ein positives Antielektron (Positron) mit ausreichender Geschwindigkeit so aufeinander, daß sich ihre Mittelpunkte sehr nahekommen, so entsteht für kurze Zeit auf engstem Raum jener Zustand labiler Fein-Energie, der alsbald in einer überraschenden Vielfalt möglicher Formen auseinanderstrebt: Gammastrahlen, Leptonen, Mesonen oder sogar Kernbausteine des Wasserstoffs und des Anti-Wasserstoffs in ihrer ganzen strukturellen Kompliziertheit.

In einem zeitlich und räumlich unendlichen All können wir mit unserem Geist uneingeschränkt wandern, doch zur Knüpfung seelischer Bindungen bedürfen wir der Nähe des in menschlichen Zeiträumen mit menschlichen Sinnen Sichtbaren: Fern ist uns der Weltenbaum Yggdrasil, das intergalaktische All. Auch Midgard, das helle Band unserer Milchstraße, bleibt unbewegt und unnahbar. Unheimlich ist uns das Bild des Wolfes Fenrir, der an seinen Fesseln reißt und mit dem hellen Stern Sirius zu uns blickt. Scheu blicken wir zur Hel im Sternchen Alpha Pictoris tief im Süden, wenn sie auch als

Mutter von Göttern gilt. Höher als menschliches Streben je reicht, steht Wali als Zeta Draconis unscheinbar hinter dem Großen Wall des Nordens. Streng wachen Windswal als Stern Wega im Norden und Angurboda als Stern Canopus im Süden. Fern und doch tröstlicher als leere Schwärze sind uns alle Fixsterne und die Sternbilder, die sie formen. Selbst die Sonne, der Fixstern, um den unser Planetensystem kreist, ist hundermal so schwer zu erreichen wie JUL (Pluto), der fernste Planet, wenn die heimische Erde unser Ausgangsort ist.

Im Maßstab der menschlichen Lebensspanne wandern dreizehn Planten auf den Bahnen der Sphärenklänge über den Himmel und führen unsere Seelen. Nah besehen sind sie Welten, ewig still oder mit Urgewalten dröhnend, jede verschiedener als Menschen je sein können. Im bloßen Auge oder im schwachen Fernrohr des irdischen Betrachters sind Planeten flackerfreie Sterne, die durch ihnen zugeordnete Sternbilder ziehen. Zwölf Sternbilder sind die Himmel des Menschen, dreizehn Planeten seine himmlischen Götter.

III.9. Die Ahnen

Was liegt näher, als daß frühe Menschen ihr erstes bewußtes Beherrschen ihrer natürlichen Umwelt als Wunder empfanden, wie eine Kraft aus einer höheren Dimension, wie göttliches Wirken? Erstes abstraktes Denken setzte ein und machte Wetter, Regen, Dürre, Frost oder Sturm zu selbständigen Begriffen, denen Bewegung der Wellen, Donner und Blitz, Licht, Feuer, das Rad als Zeitgeber und schließlich die Schicksalsmächte folgten. Stolz auf sein eben erkanntes eigenes Wirken, verband der Mensch all jene Natur- und Seelenkräfte mit menschenähnlichen Gestalten und beschrieb sie in Begriffen seines Familien-, Sippen- und Stammeslebens. Manche Kulturen blieben bis heute in ihrem religiösen Weltbild bei den vordergründigen Naturgottheiten stehen, andere vereinigten die unangreifbaren Schicksalsmächte, wie Lebenswerdung, Krankheit, Erfolg, Schicksalsschläge und Tod, zu einer Gottheit, doch hat sie in Jahrtausenden deren Verehrung nicht glücklicher und mächtiger gemacht.

Beim Schein eines nächtlichen Feuers, das zur Höhe strebte, mag der Blick ferner Weiser zu den Sternen geleitet worden sein. Ihre Suche nach Festpunkten in einer schwankenden Welt fand im unbewegten Meer der Lichtpunkte des einstigen reinen, tiefdunklen, sternenübersäten Himmels Halt, der sie zu Schritten in die Geisteswelt befähigte.

Mit der Erkenntnis der Präzessionsbewegung, der Rückwärts-Präzession des Polarsterns, formten sich Sternzonen zu zusammenhängenden Bildern. Starr auf ihren Punkten bezüglich anderer Sterne und ohne Gesetz flackernd standen die Fixsterne wie Rätsel am Himmel und wurden zu den Ahnen der Götter, zu den Gestalten, die das Seiende mit dem Wirkenden verbanden.

Wir wissen heute, was Fixsterne sind: Leuchtende Materiekugeln von der Art unserer Sonne. Es gibt ihrer so unvorstellbar viele, daß sie in der Masse auch dem bewußten Sternenfreund fremd bleiben müssen, so wie man auch in einer großen Menschenmasse selten Freunde findet. Es lohnt aber, eine überschaubare Zahl hinreichend auffälliger Sterne beseelt wie Menschen zu deuten, mit Schicksal, wirkendem Handeln und Absichten.

Lange vor den Göttern des Himmels bestand schon Angurboda, die "Angstbotin", Schreckenskünderin. Sie ist die Ewigkeit, das Seiende. Wenn Lichtenergie und Ruhemassen-Energie wechselseitig ineinander umwandelbar sind, so steht sie auf der dunkleren Seite des Stofflichen, im Vergleich zum Licht Langsamen. Sie war seit Urzeiten verharrende, nicht durch Bewegung wirkende Kraft. Sie kennt die Zukunft der Menschen und Götter in der vollen Strenge ihrer Unabwendbarkeit. Daher die Vorstellung von ihr als einer alten, sitzend schlafenden und schwer zu weckenden Frau. Als Betrachter des hellen ($-0{,}8^m$), weißen Sternes Canopus am Südhimmel sollte unser geistiges Auge sich jene schweigsame Allwissende vergegenwärtigen. Uns Menschen hilft sie unmittelbar nicht, doch den Göttern schuf sie die Widerstände, an denen sie zu den erhabenen Vorbildern der Menschen wuchsen.

Angurboda ist die Urmutter der Wanen. Ihre Geschöpfe stellen den Menschen als den noch Unbeseelten dar, dessen Handeln noch ohne einen von Göttern gegebenen Sinn ist.

Angurbodas Erstgeborener ist Fenrir, der in seinem Wesen einem reißenden Wolfe gleicht, einem Einzelgänger, der auch die bösen Eigennamen Geri (Gier) und Freki (Gefräßigkeit) führt. Er nährt sich von den entseelten Leibern Gefallener. Seine Macht wächst mit den Zeitaltern. Er verkörpert die älteste Kraft des Menschen, seinen rohen Lebenswillen, aber auch seine Freiheitsliebe und die Offenheit seines Geistes. Fenrir wurde für die himmlischen Götter unbezwingbar. Der junge Gott WIDAR zog in die Einsamkeit, um die Waffe gegen den Fenriswolf, den Eisernen Schuh, zu schmieden. Gott TIU legte Fenrir als Pfand seinen rechten Arm in den Rachen, worauf Fenrir den Göttern ODIN, LOKI und NERTHUR erlaubte, seine Fesselung zu versuchen, welche gelang. Als (nach der Sonne) hellsten Stern des Himmels ($-1{,}6^{m}$) sehen wir im bläulich-weißen Sirius Fenrirs kaltes Auge vom Himmel leuchten, durch eine in enger Bahn pendelnde und eine langsame lineare Bewegung Fenrir als Fesselreißer zeigend. Das Sternbild des sitzenden Wolfes (heute noch Canis Maior genannt, auf weniger tiefführender Tradition fußend) und der nahe Krieger mit der blutenden Schulter (Stern Beteigeuze), der rechts gegurteten Scheide und dem mit der Linken erhobenen Schwert (derzeit noch mit Sternbildnamen Orion) erinnern den wissenden Sternbetrachter überdeutlich an Angurbodas ersten Sproß.

Fern im Planetenraum umkreist Garm den Gott WIDAR. Garm (der Gram) besitzt das Wesen eines treuen Hundes und trägt mit seinem Herrn das Los der Einsamkeit. Garm (Neptun-Satellit Triton) läuft gegenläufig um seinen Planeten und ist der dunkelste Mond des Sonnensystems. Sein Vater ist der göttlicher Zucht widerstrebende Fenrir, seine Mutter Ostara, die Morgenröte, die später HEIMDALLs Gemahlin wurde.

Fenrirs Bruder ist NERTHUR, auch Njörd genannt, der alte

Gott aus dem Götterzweig der Wanen, der vor dem Friedensschluß zwischen Asen und Wanen nach Wanensitte mit seiner Schwester, der Hel, vermählt war.

NERTHURs Schwester und Gemahlin, die Hel, hat als Magna Mater machtvolle Kulturen der Vergangenheit geprägt. Es wird vermutet, daß der Name Hel auf Hwergelmir, den Urbrunnen des Wissens, in dem Gott ODIN ein Auge als Pfand für seine Sehergabe hinterließ, zurückgeht. Sie ist auch Noctus, die Halbgöttin der Nacht, und trug bei Völkern der Vergangenheit den Namen Nerthus. Christen der Richtung des Jesus von Nazareth bildeten aus Hel und ihrem Reich der Schatten, der Nebel und des Vergessens den Begriff der "Hölle", in der die Ungläubigen und Frevler gestraft werden. Das Reich der Hel heißt Nebelheim (Niflheim) und liegt jenseits des Horizontes mittlerer nördlicher Breiten hinter dem Großen Graben am Südpol der Ekliptik. Der Stern der Hel trägt heute die nichtssagende Bezeichnung Alpha Pictoris und ist weißblau (bläulich-weiß) und von der bescheidenen Helligkeit $3{,}5^m$. Gemäß der "Edda" gehören zum Reich der Hel die Schwarzalben, Wesen, die so dunkel und lichtzehrend sind, daß selbst die mächtigen Götter ihren Anblick nicht ertragen. Heute erkennen wir in dieser Beschreibung die sogenannten Schwarzen Löcher, jene dunklen Massenkonzentrationen, zu denen große Sterne zusammenfallen können.

Kinder des Gottes NERTHUR und der Hel sind Freia und Frey. Wir sehen sie als die beiden helleren Uranusmonde Oberon (Freia, 5. Mond Nerthurs) und Titania (Frey, 4. Mond Nerthurs). In jungen Jahren zeugten sie nach Wanengesetz die Nornen mit den Namen Urd (Vergangenheit), Werdandi (Werdendes, Gegenwart) und Skuld (Zukunft, Schicksal). Diese zeigen sich in den lichtschwachen inneren Monden des Uranus (Nerthur). Durch ihre Finger gleitet nach den Bildern der Sage der Faden der Zeit. Bei ihnen liegt das Geheimnis der Beeinflußbarkeit des Zeitablaufs, wie ihn die heutige Elementarteilchenphysik im kleinsten Maßstab schon kennt. Wenn dereinst in ferner Zukunft Raumfahrer auf magnetischen und elektrischen Feldlinien-Bahnen lichtschnell zu anderen Milchstraßen reisen, werden ihre Seelen des Beistandes der drei Nornen bedürfen, da ihr Zeitablauf sich von dem der zurückbleibenden Menschheitsvölker trennt.

Als Gott NERTHUR durch Geiseltausch gegen ODINs und TIUs Bruder Hönir nach Asgard kam, wurden die Geschwisterehen aufgelöst. Gott NERTHUR blieb mit seinen Kindern allein. Frey eroberte das Herz von Gerda und mußte dafür sein Schwert, das ihm Götterrang verliehen hatte, opfern. Freys und Gerdas Kinder, Thialfi und Röskwa, kamen als Pflegekinder zu Gott THOR und lenken seinen himmlischen Wagen. Wir sehen sie in den großen Jupitermonden Ganymed (Thialfi) und Kallisto (Röskwa). Freia wurde Gemahlin ODINs, des Ersten unter den Göttern, und Mutter der Götter BRAGI und THOR und BALDUR, JUL, HÖDUR und LOKI. Sie ist Vorbild und Denkmal aller treuen Mütter. Sie hält die Erinnerung an den durch göttlichen Pfeil gefallenen, in Nebelheim weilenden Gott BALDUR so eindringlich wach, daß sein Fehlen im Rat der Götter dasselbe Gewicht hat, wie die Gegenwart eines jeden anderen Gottes. Durch seine Mutter Freia bleibt uns BALDUR unsterblich und leuchtet weiterhin als hellster Planet vom Himmel. Es fügt sich in diesen Zusammenhang, wenn Kulturen der Vergangenheit den zweiten Planeten und einen Tag der siebentägigen Woche mit Freia (lateinisch: Venus) in Beziehung setzten.

Nach der Trennung von NERTHUR, ihrem Bruder, ehelichte Hel den Gott TIU. Aus dieser Verbindung gingen die Götter HERMODUR und HEIMDALL hervor.

Viel schuf Angurboda, die Ruhende, aus eigener Kraft, doch sie blieb nicht immer ungestört. Ihrer Begegnung mit Windswal, dem bewegten Wesenszug des Alls, entsproß Midgard, das Band der Milchstraße. Midgards Wachstum wurde von Yggdrasil, dem Weltenbaum, genährt. Alle Sternennebel des Alls, unter denen unser Milchstraßenraum aus hundert Milliarden Sternen nur einer unter unendlich vielen ist, sind Blätter Yggdrasils.

Ein Kind Midgards, der Weltenteilerin, ist Sunna, die Sonne. Sunna ist der helle Ruhepunkt, um welchen die Götter wandern. Ihr Licht wird in der "Edda" mit dem Garten der goldenen Äpfel dargestellt, die den Göttern ewiges Leben verleihen. Sunna ist die Mutter von Ostara (Morgenröte) und Westara (Abendröte), Gerda und Rinda, Sief (die auch Maja heißt) und Idun (Iduna), Skadi und Nanna, Sigyn und Gridr.

Windswal, der Wind-Wähler, ist das Bewegungsgesetz im All. Er ist dem durchsichtigen Wind und dem schnellen Licht verwandt. Noch vor den ersten Göttern schuf er Swadilfari, das Roß, das den Himmelswagen zieht und bei der Schaffung des nördlichen Walles um Asgard half. Bei der Schaffung dieses Walles wurde am Südrand Asgards ein Graben ausgehoben, der kurz vor der Vollendung des nördlichen Walles fertig war. Durch List und Wortbruch verhinderten die dreizehn Götter die rechtzeitige Fertigstellung des Walles bis zum Beginn des Zeitenwinters. Windswal, der auch der Große Baumeister genannt werden kann, wartet seitdem auf Sühne, die ihm im Endkampf der Zeitenwende zuteil wird. Wir befinden uns heute (um 1984) nah am Ende des zwölften Zeitalters und nur noch 120 Jahre vor der Zeitenwende. Viel Leid geht in dieser Endzeit über die Menschen, doch mag es uns trösten, daß unsere Seelen wie die himmlischen Götter unsterblich und läuterbar sind.

Wenn wir zu dem $0{,}0^{m}$ hellen, bläulich-weißen Stern Wega auf der nördlichen Himmelskugel, am Außenrand des Großen Walls um Albenheim blicken, sollten wir uns bewußt werden, daß nur lebt, wessen Geist sich regt, und alles Tote von Fenrir gefressen wird. Die Götter werden den Endkampf bestehen und geben uns Leitbilder, doch wir müssen unsere Seelen selbst zum Licht führen.

Windswal ist der Urvater der Asen, der Licht- und Windgötter. Ist Angurboda Körper, so ist er Geist, doch Seele geben erst die Götter.

Mit Angurboda zeugte Windswal Midgard, das weltumspannende Band der Milchstraße. Aus eigener Vollkommenheit schuf er die Götter ODIN (auch Wotan genannt), Hönir (in älterer Zeit Wili genannt), der gegen Gott NERTHUR (Njörd) getauscht wurde, und TIU (auch Lodur und in früherer Zeit Weh genannt). ODIN ist der göttliche Atem (Odem) der Welt, TIU das Tageslicht (Dies), aber auch der Zwist (als Zweiter hinter ODIN in der Urzeit) und der analytische Geist. So sind sie ihrem Vater eng verwandt, jedoch uns Menschen weniger unnahbar.

III.10. ODIN, Gott im Spätherbst-Skorpion

Der Ton F (1/1 oder 1/2 von F) ist Grundton der 7 Klangarten des rationalen Tonsystems. In den 7 Klangarten über dem Ton F kommen 13 Töne vor: Ges, G, As, A, B, H, Ces, C, Des, D, Es, E und F´, wobei die Töne H und Ces nahezu gleich sind. Jedem dieser Töne entspricht ein Planet unseres Sonnensystems. Von den großen und hellen Planeten bleibt keiner ohne Zuordnung eines Tones. Der Ähnlichkeit von H und Ces entspricht es, daß die Planeten 7 und 8 nahezu gleichen durchschnittlichen Sonnenabstand besitzen. Betrachten wir die Planeten 7 und 8 als auf einer Bahn wandernd, so entspricht jeder Planetenbahn genau ein Tierkreiszeichen und Tierkreissternbild, wobei zu dem Doppelplaneten die Zwillinge gehören. Der irdische Mond deutet eine Teilung des Jahreszeitenlaufes, des natürlichen Jahres, in zwölf Teile an. Entsprechend teilt sich das Großjahr, an dessen Grenzen der Polarstern am nördlichen Himmelspol steht, auf natürliche Weise in 12 Zeitalter. Diese mehrfachen harmonischen Beziehungen lassen uns die 13 wesentlichen Planeten als beseelte Welten, als beseelte bewegte Materie sehen. Dies ist das unmittelbarste Bild von den Göttern, deren Zahl dreizehn sie uns die Drilfgoden zu nennen nahelegt (drilf hexadezimal = dreizehn dezimal).

Die Planeten sind fern. Einen bestimmten Gott hervorhebende Klänge hören wir selten. Alles Sternenlicht läßt sich jedoch in Farben des Regenbogens zerlegen, und Farben sind überall um uns. Der Weichheit oder Härte der Klangarten entsprechend (die sich aus den Tonintervallen zwanglos definieren läßt) läßt sich zu jedem Ton eindeutig eine Farbe finden, wobei wir allerdings das dem Grundton entsprechende Schwarz als Farbe werten müssen. - Von Farben kommen wir zu Edelsteinen. Das Periodensystem der Chemie erlaubt uns die sinnvolle Zuordnung von Elementen, wie sie in früherer Zeit schon die Alchimie mit den vermeintlichen Elementen Feuer, Erde, Luft und Wasser versucht hat.

Wir sehen den Gott ODIN im ersten Planeten (Merkur), im Monat Duodekimber (Nebling), dem dritten Herbstdrittel, in schwarzen und farblosen Edelsteinen wie dem Diamanten, im unsichtbaren Wind, in den Elementen Iridium, Rhodium und Kobalt, in der "Farbe" Schwarz und im Ton F, zu dem die harte Tonart Lydisch-F gehört.

Wir können einen Planeten und all seine harmonierenden Zuordnungen erst als einen Gott begreifen, wenn wir sein himmlisches Wesen in Bilder unserer menschlichen Körperlichkeit übersetzen, denn Geist und Seele der Menschen sind durch starke Instinkte dem Körper verhaftet und werden diese Bindung nur in Jahrtausenden lockern können, ohne ihr körperliches Dasein, für das es noch keinen vollkommeneren Ersatz gibt, zu gefährden. Aus solchen Gründen haben Religionen, die sich den Menschen verständlich machen konnten, stets Bilder aus der irdisch-menschlichen Erlebniswelt zur Beschreibung der ewigen, göttlichen Welt verwendet.

Mit der Tonfolge F, G, A, H, C, D, E, F´, F´, E, D, C, H, A, G, F stimmen wir uns auf den Gott ODIN ein. An einem günstigen Morgen oder Abend werden wir ihn nah dem irdischen Horizont im Dämmerlicht sehen. Als Planet wandert der Gott sonnennah und schnell und ist daher der nur unmerklich langsam alternde Wanderer im Licht, den goldenen Äppfeln der ewigen Jugend am nächsten. Bevor Angurboda Fenrir, NERTHUR und Hel gebar, schuf Windswal ODIN, den Beseeler (Sinngeber) des Götterhimmels, und dennoch gilt ODIN als ein junger Gott, der zur Endzeit mit Rinda, die nicht seine Gemahlin ist, WALI, den Erlöser der Götter, ins Leben ruft.

Wir können uns Gott ODIN in der menschlichsten Auffassung als 31 Jahre alten, dunkelblonden, nicht sehr großen, schlanken Mann vorstellen, der, meist ohne Pferd oder Fahrzeug, viel in der Welt unterwegs ist und in ihre Geheimnisse eindringt. Ein Auge (das uns als Polarstern Wegweiser ist) ließ er im Quell der Allwissenheit. Er kennt künftige Dinge und arbeitet zwölf Zeitalter lang ihren Verhängnissen entgegen, doch Zukunft, auch wenn er sie sah, ist nur das Unabänderliche.

Seit Midgard den Himmel umspannte, wußten die ersten drei Asen und die ersten drei Wanen voneinander, und Streit um die Herrschaft über den Himmel brach aus. Der baldige Friedensschluß teilte den Wanen das Finstere und den Asen das Licht zu, wobei Hönir als Geisel in die Wanenwelt gehen mußte und seither verschollen ist, während NERTHUR aus dem Wanenreich sich im Lichte Sunnas (der Sonne) zu einem Asen wandelte.

Die Zeitalter laufen in umgekehrter Reihenfolge wie die Jahreszeiten. ODINs Erstes Zeitalter trägt die Merkmale des dunklen letzten Herbstdrittels. Während im Jahreslauf der Gott JUL mit dem Winteranfang das Licht wiederkehren läßt, muß Gott ODIN ein aus Albenheim erhaltenes Licht der Zeiten durch die zwölf Zeitalter eines Großjahres reichen, das schwächer wird, wenn Götter Unrecht auf sich laden. ODIN setzte den Anfang eines Großjahres, dessen Länge wir zu zwölfmal 2.144 Jahren festgestellt haben, wobei ein paar Jahre Abweichung von der tatsächlichen Großjahreslänge in ODINs fernem Ersten Zeitalter unterzubringen sind, über dessen genaue Länge es keine Überlieferung mehr gibt.

In einem Zeitalter, das schon bald, am 22.12.2104, wiederkehrt und dessen erster Beginn heute fast 26.000 Jahre zurückliegt, baute ODIN die erste Burg Asgards, die den Namen Gladsheim (Stätte der Freude) erhielt. Sein Vater Windswal sicherte Albenheim, das Reich der Lichtalben, in dem Wali ungeboren schlummerte, durch einen Wall gegen Gefahren aus der Finsternis. ODIN ehelichte Freia und zeugte mit ihr sechs göttliche Söhne, die ihm an Macht bald ebenbürtig waren. ODINs Götterburg steht in einem Sternbild, das, im Bereich der Sterne Capella und Aldebaran liegend, deutlich das Bild eines Skorpions zeichnet. Auf dem Tierkreis ist der Skorpion das einzige Tier mit einer Waffe, die nur zum Töten bestimmt ist. Diesem Bild entsprechend, bewaffnete sich ODIN mit einem goldenen Speer, mit dem er in Kriegen und Kämpfen der irdischen Menschen die Seelen jener Helden erwählt, die zur Zeitenwende von Gladsheim aus Asgard und die göttliche Ordnung der Welt verteidigen werden. ODINs Zeitalter (ab etwa -23625 bis, fortan in genauen Jahreszahlen, -21481), Zeitalter der Erkenntnis, nennt sich nach dem zugehörigen Sternbild Skorpion-Zeitalter. Es ist ein Zeitalter des Aufbruchs der Wissenden. Einst war es die Zeit, in der zum erstenmal erkennende Menschen den Stillstand des Polarsterns beobachteten und sich von ihm zur Erdkunde, Himmelskunde,

Mechanik und der Einsicht der Macht des Denkens über den Stoff leiten ließen.

Als Drilfgode ist ODIN Gott aller dem Tridekatheismus (der Religion der 13 Sternengötter) verbundenen Menschen. Persönlicher Gott ist er für Menschen des neuen Skorpion-Tierkreiszeichens (22.11.-21.12. nördlich des Aquators und 21.05.-20.06. südlich des Aquators Geborene). Seine Landschaft im gedachten Reich Helladien ist Lydien (einstige Hauptstadt: Sardes), auf einer 39-Nationen-Erde wären ihm das nördliche Nordamerika (Alaska, größter Teil Kanadas), das Gebiet am Nil und Weißen Nil (Agypten, Sudan) und der Iran zum besonderen Schutz befohlen. Sein Planet Merkur ist eine glühend-heiße Steinwelt, dem All verbundenen Menschen eher geistige als körperliche Heimat. ODIN fördert in seinen bildhaften Beispielen die Bereitschaft, zu lernen und Wissen vorausschauend in Taten umzusetzen, und gibt die Kraft, die Folgen endgültiger Entscheidungen standhaft zu tragen.

III.11. BALDUR, Gott im Mittelherbst-Steinbock

Der Ton Ges (15/16 von F) liegt nur einen halben Tonschritt über dem Grundton F. Durch Umwandlung des Tones G in den Ton Ges in der Tonart Äolisch-F entsteht die Tonart Frygisch-F. Die frygische Klangart ist von weicher, gemütsbewegender Traurigkeit, wie die Tonfolge F, Ges, As, B, C, Des, Es, F´, F´, Es, Des, C, B, As, Ges, F leicht nachempfinden läßt. BALDUR ist der Gott, den ein unabwendbares Geschick zur Hel verbannte: Die Götter HODUR und LOKI neideten ihm Nanna, seine blühende Gemahlin, Gott JUL neidete ihm seinen Glanz. JUL gab HODUR, der eine schwarze Augenbinde trug und nichts sehen konnte, einen doppelt gekrümmten, weitschießenden Bogen. ODIN hatte Angurboda, Hel und Freia befragt und wußte, daß BALDUR sich dem Schicksal zu stellen hatte. Ein Gott mußte einen Pfeil auf BALDUR senden. Als Gott der Entscheidungen war HODUR als Schütze ausersehen. Seine Augenbinde sollte ihm das Zielen erschweren. Haß aus Neid und Gunst aus Bruderliebe hielten sich bei ihm die Waage. Alle holzhaltigen Pflanzen schienen geweiht und damit außerstande, einen Gott zu verletzen. Die Entfernung war weit gewählt, um ein Abirren des Pfeiles zu fördern. JULs Bogen war jedoch ungewöhnlich wirksam, und der Pfeil, den Gott LOKI seinem Zwillingsgott HÖDUR auf die Sehne legte, war aus dem Holz der Mistel geschnitzt, die auf Bäumen anderen Holzes wächst, so daß nicht sie, sondern nur ihr Wirtsbaum, eine Eiche, geweiht worden war. LOKI half HÖDUR, der ja nichts sah, beim Zielen und stellte ihn in der wohlmeinenden Absicht, das Ziel zu verfehlen, so, daß der Pfeil nicht genau auf BALDUR gerichtet war. - Der Pfeil aus Mistelholz war leicht gekrümmt und traf Gott BALDUR trotz all der Versuche der Götter, das Schicksal zu bannen, mitten ins Herz. Das hellgelbe Licht des strahlenden Gottes verlosch. Was blieb, war das, was im Farbenkreis dem hellen Gelb gegenübersteht: Das dunkle, melancholisch stimmende Indigo (Blauviolett), das der Frygischen Klangart entspricht. Freia, BALDURs Mutter, erhielt dem Gott jedoch durch die Erinnerung dennoch das ewige Leben.

Wir sehen den unsterblichen Gott BALDUR im zweiten Planeten (Venus), im Monat Undekimber (Gilbing), dem zweiten Herbstdrittel, in blauvioletten Edelsteinen wie dem Saphir, im hellen Sonnenlicht wie auch dem gelben fallenden Laub, in den Elementen Platin, Palladium und Nickel, in der Farbe Indigo (Blauviolett) und dem Ton Ges, der die Frygische Klangart bestimmt.

BALDUR errichtete in Asgard die zweite Burg, die den Namen Breidglast (die Weithin-Leuchtende) trägt und in einem Sternbild mit den Sternen Almak, Scheratan, Hamal, Menkab und Mira Ceti - um nur die hellsten zu nennen - liegt, das einen mit dem linken Huf (roter, $2{,}0^{m}$ heller, periodisch verschwindender Stern Mira Ceti) scharrenden Steinbock zeigt. BALDURs Zeitalter liegt in fernster, vorgeschichtlicher Zeit, von -21481 bis -19337) gegenwärtiger Zeitrechnung. Es war ein Zeitalter der Reinheit, das die Erkenntnisse des Vor-Zeitalters weiterentwickelte, so, wie der wohlgeratene Sohn das Erbe des Vaters pflegt.

Als Planet ist BALDUR zeitweise Morgenstern, zeitweise Abendstern und überstrahlt alle Sterne des nächtlichen Himmels. Menschlich gedeutet ist Gott BALDUR ein hellhäutiger, hellblonder, blauäugiger Herr im Alter von 27 Jahren. Sein Vater ist Gott ODIN, seine Mutter Freia, Tochter der Hel und des Gottes NERTHUR. BALDURs Gemahlin ist Nanna, eine Tochter von Sunna, der Sonne, die ihm als Sohn den Gott FORSETI gebar, bevor ihn HÖDURs Pfeil traf. So wie der Steinbock den leuchtenden, schneebedeckten Gipfeln zustrebt, ohne den späteren Abstieg zu fürchten, so stellt sich Gott BALDUR dem unabwendbaren Schicksal. - In sogenannter christlicher Deutung ist BALDUR Luzifer, der Lichtträger und Strahlendste aller Engel, der zur Hölle (=Hel) fahren mußte, wo er aus der Finsternis weiterwirkt, womit diese Christen einen Gott zunächst zu einer Macht der Finsternis und schließlich zum Inbegriff des Bösen umgefälscht haben. Im Himmel dieser Christen gibt es nur einen Gott, und dieser ist ein Gott der Rache und der Gnade, nicht der Güte und des Ansporns.

Als Drilfgode ist BALDUR wie ODIN ein Gott aller dem Tridekatheismus (der Religion der 13 Sternengötter) verbundenen Menschen. Persönlicher Gott ist er für Menschen des neuen Steinbock-Tierkreiszeichens (23.10.-21.11. nördlich des Äquators und 20.04.-20.05. südlich des Äquators Geborene). Seine Landschaft im gedachten Reich Helladien ist Arkadien (wo die Friedens-Sportkampfstätte Olympia liegt) mit seiner einstigen Hauptstadt Megalopolis. Auf einer 39-Nationen-Erde wären BALDUR das mittlere Nordamerika, Ostafrika und die arabische Halbinsel zum besonderen Schutz befohlen. BALDURs Planet Venus gleicht an Größe unserer vertrauten Erde, doch können Menschen die Hitze und die Atmosphären-Zusammensetzung an seiner Oberfläche nicht leicht ertragen, so daß diese Welt mehr noch als ODINs Planet Merkur kaum je körperlichen Menschen Heimat zu werden verspricht. Als Gott BALDUR ist der Planet Venus das Ziel der Seelen jener Menschen, die Reinheit, Mut und unbeirrbares Zielbewußtsein zur Grundlage ihres Lebens gewählt haben.

III.12. FORSETI, Gott in Schwalbe und Richtschwert des Herbstanfangs

Die Tonfolge G, A↑, H, C, D↑, E, F, G´ ist eine Tonleiter in thrakischer Klangart. Die nicht ausgeprägt harte, aber doch etwas herbe thrakische Klangart können wir uns leicht durch Summen der Tonfolge F, G, A, B, C, D, Es, F´, F´, Es, D, C, B, A, G, F vergegenwärtigen. Ein kühles, mittleres Blau ist die dem Ton G (8/9 von F) entsprechende Farbe. Wenn sich am Herbstanfang die Schwalben zur großen Reise in wärmere Länder sammeln, werden wir an den Gott erinnert, der den Herbst vom Sommer trennt. Wenn die dreizehn Götter zum Rat zusammenkommen, sitzt FORSETI, der Vorsitzer, erhöht und spricht Recht. Unter Menschen und besonders in unserer Zeit ist ein Richter meist eine ältere, gereifte Persönlichkeit und bringt umfangreiche Gesetzeskenntnis, Lebenserfahrung und Menschekenntnis in die Urteilsfindung ein. Dies war nicht überall und nicht immer so und bei den Göttern nie. Je länger ein Mensch gelebt hat, desto häufiger hat er vor der Wahl zweier Übel gestanden und sich für eines entschieden. Solche Erfahrung macht befangen und schwächt das Rechtsbewußtsein. Ein gerechtes Urteil kommt aus einem reinen Herzen. Deshalb ist Gott FORSETI, wenn wir ihn uns in menschlicher Gestalt vorstellen, ein zwölfjähriger Knabe, der dennoch - wohl beidhändig - das schwerste und schärfste Schwert des Götterhimmels, das Richtschwert, hält.

Um Gott FORSETI als sternartigen Planeten zu sehen, müssen wir uns im Geiste oder auch körperlich in die Weiten des Planetenraumes begeben, denn der Planet ist Terra, unsere Erde. Terra ist ein hellblauer Planet, von einem bräunlichgelblichen Mond umkreist. Dieser Mond ist der hellste Planetenbegleiter (von seinem Planeten aus gesehen oder auch von der Sonne aus oder einem fernen Standpunkt außerhalb unseres Planetensystems), und er besitzt die Eigenschaft, den Planeten Terra in einem Sonnenumlauf zwölfmal zu umrunden, was die Weisen der Frühzeit zur Zwölfteilung des Jahres, des Sternenbandes der Ekliptik (auch Asgard genannt) und des zwölfmal 2.144 Jahre messenden Goßjahres führte. Das Eindringen in die Geheimnisse der Musik und die Entdeckung auch der dem bloßen menschlichen Auge unsichtbaren Planeten bestätigte die mit den Zahlen 12 und 13 verbundenen Ordnungen. Gott FORSETI trennt das Recht vom Unrecht und gibt dem himmlischen Geschehen ein zeitliches und räumliches Maß. Wenn auch indische Weisheit davor warnt, sich im Messen zu verlieren, weil die Seelen unsterblich und damit allem Maß entzogen sind, kann sich der Geist, der die Seelen formt, doch nur in einer meßbaren Welt entfalten.

In menschlichen Bildern ist FORSETI der junge Sohn von BALDUR und Nanna. Sein ewiger Begleiter, der Mond, Mani, Sohn des Gottes HERMODUR und Westaras, der Abenröte, vereint in seinem Namen die Bedeutungen der Wörter Maß und Mensch.

FORSETI errichtete in Asgard Glitnir (auch Glastheim genannt), die gleißende, glitzernde Götterburg. Die Sterne Mirach, Delta Andromedae, Alpheratz und Diphda (= Deneb Kaitos), in denen Glitnir liegt, zeichnen ein mächtiges Richtschwert, dessen Knauf der schimmernde Andromedanebel bildet. Das zugehörige Tier im Tierkreis ist die scheidende Schwalbe des Herbstanfangs. FORSETIs Schwalbe-Zeitalter, das gemäß gegenwärtiger Zeitrechnung in den schon unvorstellbar fernen Jahren -19337 bis -17193 lag, folgte auf ein Zeitalter der Reinheit und war von Gerechtigkeit, Gesetzlichkeit und Normen geprägt.

Gott FORSETI zeigt sich im ersten Herbstdrittel, dem wir den Monatsnamen Dekember (Scheiding) gegeben haben, in blauen Edelsteinen wie dem Cordierit, dem silbrigen Licht des nächtlichen Mondes, in den Elementen Gold, Silber und Kupfer, in der Farbe Blau, dem Ton G und der Thrakischen Klangart.

Als Drilfgode ist FORSETI wie ODIN und BALDUR ein Gott aller dem Tridekatheismus (der Religion der 13 Sternengötter) verbundenen Menschen. Persönlicher Gott ist er für Menschen des neuen Tierkreislebewesens Schwalbe (23.09.-22.10. nördlich des Äquators und 21.03.-19.04.(in Schaltjahrn 20.03.-19.04.) südlich des Äquators Geborene). Seine Landschaft im gedachten Reich Helladien ist Thrakien mit der bedeutenden Stadt Byzanz (Istanbul) als Mitte. Auf einer 39-Nationen-Erde wären FORSETI das südliche Nordamerika (Mexiko), das äthiopisch-somalische Gebiet und das Gebiet um Bagdad, Damaskus und Jerusalem (der Grüne Halbmond des klassischen Orients) zum besonderen Schutz befohlen. FORSETIs Planet Terra ist seit hunderten Millionen Jahren für hoch organisierte Lebewesen bewohnbar und Stammheimat der Menschenvölker. Auch Terras Begleiter, der Mond, wird eines Tages menschliche Siedlungen beherbergen, wenn auch das Fehlen von Wasser und Atmosphäre heute noch ein bedeutendes technisches Hindernis darstellt. Er wäre FORSETIs vierzigste Nation und vierte unter seinem besonderen Schutz. Wer den lärmenden irdischen Alltag erlebt, kann sich schwer vorstellen, daß unser Planet Ziel und Heimat unsterblicher Seelen sein könnte, doch der Raumfahrer, der aus dem interplanetaren All kommt, sieht das anders. FORSETI stärkt die Gerechten, Maß, Normen und Treuepflicht Achtenden.

III.13. TIU, Gott im Storch des Spätsommers

Der Ton As (5/6 von F) bildet mit dem Ton F einen Wohlklang. Durch Minderung des Tones A zu As gelangen wir von der mäßig harten Klangart Thrakisch-F zur milderen, aber spannungsgeladenen und streng nur für einstimmige Musik geeigneten dorischen Klangart. Mit der Tonfolge F, G, As, B, C, D, Es, F´, F´, Es, D, C, B, As, G, F stimmen wir uns auf den Gott TIU ein.

TIU ist ein alter und bedeutungsreicher Gott, Bruder ODINs, von Windswal, dem Stammvater der Asen geschaffen. Als Planet steht er jahrelang bescheiden, blaß-rötlich am Himmel des Erdbewohners. Ist aber der Abendstern versunken oder der Morgenstern noch nicht aufgegangen, so kann TIU als Planet Mars alle Planeten und Fixsterne des Himmels überstrahlen, für wenige Wochen selbst den mächtigen THOR (Jupiter), und seine rötliche Färbung vertieft sich dabei. Völker der Vergangenheit dachten in Zeiten des Hervortretens des Planeten Mars (TIU) an Blut und Krieg, doch die größere Bedeutung dieser Erscheinung liegt in der Erinnerung an das Opfer, das der Gott bei der Fesselung des Fenriswolfes brachte. Kriegsgott wurde er erst, als er gezwungen war, mit dem linken Arm den Gebrauch des Götterschwertes zu üben. Zwei Sternbilder erinnern an die Tat des Gottes: Der Krieger, MILES (heutiger Name: Orion), zeigt sich mit Beinen, Gurt und Schultern, erhobenem linkem Arm und Schwert, Schwertscheide zur Rechten und fehlendem rechtem Arm an blutroter rechter Schulter (Stern Beteigeuze). Rechts von ihm sitzt gefesselt der Fenriswolf, aus hellem, unruhigem Auge (Stern Sirius) zu ihm blickend.

In menschlicher Gestalt stellen wir uns Gott TIU 59jährig, aber noch nicht altersgebeugt, schlank und unauffällig vor. Mag auch die "Edda" es anders berichten, seine Gemahlin ist die Hel, die Mutter der Nacht, mit der er die Götter HERMODUR und HEIMDALL zeugte, deren Gemahlinnen die Abendröte und die Morgenröte sind. TIUs Begleiter und Boten sind die Raben Hugin (Gedanke) und Mugin (Gedenken). Beim Planeten Mars zeigen sie sich als winzige, graue Begleiter, vom Planeten her erscheinen sie als hoch am Himmel fliegende Berge, anders als der uns Terra-Stämmigen vertraute, runde, langsam wandernde Mond.

Gott TIU zeigt sich uns nicht nur im vierten Planeten (Mars) und dem Ton As, der die Dorische Klangart bestimmt, sondern weiter im Monat November neuer Zählung (Ernting), dem letzten Sommerdrittel, in der Farbe Lila (Violett), in dem Edelstein mit dem Namen Amethyst, im Leuchten des Himmelsgewölbes und in den Elementen Quecksilber, Kadmium und Zink.

TIU baute am Himmel Folkwang, Asgards vierte Burg. Folkwang liegt in einem Sterngebiet, das einen auf einem Bein stehenden Storch zeigt. Das Zeitalter des Storches reichte von -17193 bis -15049 heutiger Zeitrechnung und war eine Zeit der ersten Opfer zur Wahrung der göttlichen Ordnung, eine Zeit der bewußten Lösung vom ungebundenen Urmenschentum.

Als Drilfgode ist TIU wie ODIN, BALDUR und FORSETI ein Gott aller dem Tridekatheismus (der Religion der 13 Sternengötter) verbundenen Menschen. Persönlicher Gott ist er für Menschen des neuen Storch-Tierkreiszeichens (23.08.-22.09.

nördlich des Äquators und 19.02.-20.03.(in Schaltjahren 19.02.-19.03.) südlich des Äquators Geborene). Seine Landschaft im gedachten Reich Helladien ist der südliche Hauptteil Makedoniens mit der Ruinenstadt Pella als Mitte. Auf einer 39-Nationen-Erde wären TIU der kolumbianische, mittelamerikanische und karibische Raum, Madagaskar und der griechisch-türkische Raum (Helladien, das neue Heilige Land) zum besonderen Schutz befohlen. TIUs Planet Mars ist außer Terra wohl der am ehesten bewohnbare Himmelskörper unseres Planetensystems, doch ist kaum zu befürchten, daß Menschen in großer Zahl ehrfurchtslos sein Antlitz verändern, wie es die ersten Besucher des Mondes in ihrem kleinen Wirkungsbereich getan haben, von der Heiligkeit aller großen Himmelskörper nichts wissend. TIU ist Ziel jener Seelen, die in Opfern über ihr gewöhnliches Maß hinausgewachsen sind.

III.14. HERMODUR, Gott im Adler des mittleren Sommers

In der Tonfolge A (4/5 von F), H, C, D, E, F, G[illegible], A´ erkennen wir die äolische Klangart, die auch Natürlich-Moll genannt wird. Über dem Grundton F klingt sie uns in den Tönen F, G, As, B, C, Des, Es, F´, F´, Es, Des, C, B, As, G, F als eine besinnlich-milde Tonart. Die befreiende, erlösende Farbe Eisblau ergänzt den Eindruck aus den Klängen. HERMODUR ist am ausgeprägtesten der Gott, von dem die Vorstellung der Engel, der geflügelten, lichten, ansonsten menschengleichen Wesen des Götterhimmels christlich-endzeitlichen Verständnisses, hergeleitet wurde. Als heller, ruhiger Engel steht Gott HERMODUR plötzlich neben dem zu langsam Sterbenden und führt ihn aus seiner Todesqual. HERMODUR geleitete den vom Pfeil durchbohrten BALDUR zu Hel in Nebelheim, dem Reich des Vergessens, wo der Unsterbliche jedoch nicht verging.

HERMODUR ist der Bote des Götterhimmels. Wir stellen ihn uns in menschlicher Gestalt als 32jährig, im Alter ODIN (31) und BALDUR (27) nah und silberblond und blauäugig vor. Sein Vater ist TIU, seine Mutter Hel. HEIMDALL ist HERMODURs Bruder. Mit Westara, der Abendröte, zeugte HERMODUR Mani, den silbernen Mond an FORSETIs (Terras) Nachthimmel. Es ist merkwürdig, daß Gott HERMODURs Planet Vesta in den letzten paar, geschichtlich bekannten Jahrtausenden erst lange nach der (Wieder-)Entdeckung des Fernrohrs am Himmel bemerkt wurde, obwohl er sich dem geübten Auge auch ohne Hilfsmittel zeigt. Als hellgelbes Sternchen zieht er langsam und damit höher als TIU (Mars) seine Bahn.

In Asgard baute sich HERMODUR Fensal als fünfte der Götterburgen. Dorthin finden jene, die ihrem Glauben, ihren Freunden und ihren Ehegefährtinnen die Treue hielten, anderen das Leben verschönten und Leid ohne nutzloses Klagen ertrugen. Die Burg steht in einem neuen Sternbild des Adlers, der mit weit ausgebreiteten Flügeln zwischen Storch und Krebs schwebt. Das Adler-Zeitalter lag nach gegenwärtig geltender Jahreszählung zwischen -15049 und -12905 und hob den gezügelten, neuen Menschen über sein bisheriges Sein, um ihm den Blick für die Erfordernisse der Zukunft zu weiten.

Wir sehen Gott HERMODUR wohl am deutlichsten in seinem Planeten, dem fünften von der Sonne her (Vesta). Wir hören ihn im Ton A und der Äolischen Klangart, erleben ihn als den zweiten Sommermonat, der nach neuer Zählung Oktober (Heuing) heißt, und wir werden im Greifbar-Stofflichen durch Edelsteine wie Aquamarin oder eisblauen Zirkon, weiße Wolken des Sommerhimmels und durch die glänzend-geschmeidigen Elemente Thallium, Indium und Gallium an ihn erinnert.

Als Drilfgode ist HERMODUR wie ODIN, BALDUR, FORSETI und TIU ein Gott aller dem Tridekatheismus (der Religion der 13 Sternengötter) verbundenen Menschen. Persönlicher Gott ist er für Menschen des neuen Adler-Tierkreiszeichens (23.07.-22.08. nördlich des Äquators und 20.01.-18.02. südlich des Äquators Geborene). Seine Landschaft im gedachten Reich Helladien ist Äolien, wo einst Troja (Ilion) lag, das wir ihr als Hauptstadt bestimmen. Auf einer 39-Nationen-Erde wären HERMODUR das Gebiet von und um Perú, Australien und der illyrische Raum (Ungarn, Balkanländer) zum besonderen Schutz befohlen. Als Planet ist HERMODUR von sehr heller, nach heutigem Wissensstand (etwa 1980) wahrscheinlich großfelsiger Oberfläche und ohne Atmosphäre, an Fläche etwa so groß wie die Iberische Halbinsel, eine dem interplanetaren Menschen nicht unfreundliche Welt und doch eher Heimat von Seelen. Die Freundlichen, Klaglosen, die Lebensmut verbreiten, stehen HERMODUR nah.

III.15. BRAGI, Gott in Fledermaus und Krebs des Sommeranfangs

Durch Minderung des Tones H zu B (3/4 von F) wird aus der sehr harten Klangart Lydisch-F die auch noch harte, aber gelöstere Klangart Ionisch-F, F-Dur. Der Vergleich der Lydisch-F-Tonfolge mit der ionischen Tonfolge F, G, A, B, C, D, E, F´, F´, E, D, C, B, A, G, F zeigt die Wirkung dieser Änderung eines Tones, und diese mildernde Wirkung charakterisiert den Gott zum Tone B, BRAGI, besser als die neue, immer noch harte Tonart selbst, so wie auch die zum Ton B gehörende Farbe Purpur (Rotviolett) eher ungestillte Sehnsucht als selbstsichere Härte anzeigt.

Als sechster anerkennbarer Planet von der Sonne her - Eunomia - ist BRAGI ein recht unauffälliger Himmelskörper, andere im Meer der Kleinplaneten kaum wirklich an Helligkeit und Größe übertreffend, so daß man auch lange Zeit den zufällig eher (wieder-)entdeckten Kleinplaneten Juno für den Bedeutenderen von beiden hielt. Die Helligkeit des Planeten Eunomia schwankt mit seinem Jahreslauf und zusätzlich mit der Rotation noch stärker als die des Planeten Mars (TIU).

Von BRAGI als menschlicher Veranschaulichung, die vielen einprägsamer als Planet, Klang oder Farbe ist, berichtet die Überlieferung, daß er ein nicht mehr ganz junger wandernder Sänger sei, ein Skalde. THOR gilt als ODINs erster Sohn, doch BRAGI ist sein Zwillingsbruder. BRAGI und THOR entstanden aus ODINs und Freias fühester Jugendliebe, bevor noch Freia nach Wanengesetz mit Frey die Nornen zeugte und später den ersten der Asen ehelichte. Wir müssen uns BRAGI hager, rotblond mit etwas Grau und 43 Jahre alt denken, ein Gott, der sein Schwert singen läßt und aus einer goldenen Harfe ein Lied des Lebens zaubern konnte, eine Musik der Sphärenklänge, nach denen alle Planeten auf ihren Bahnen wandern. Seine Musik ließ Blumen in ihren Farben erblühen und gab den Vögeln Gesang, aber auch dem Wind, denn er ist ein Ase, ein Licht- und Windgott, der über seinen Vater von Windswal ("Wind-Wähler") stammt. Bei seinem Spiel mit der Harfe tauchte Idun (auch Iduna genannt) auf, die Sonnenähnlichste unter den Jungfrauen. Am Himmel sieht man sie als Kleinplanet 3Juno, nahezu gleichhell wie BRAGI (Eunomia), doch noch besser kennt man aus uralter Überlieferung ihren im Sonnenlicht zu suchenden Garten der goldenen Äpfel, die den Göttern ihr ewiges Leben geben.

Gott BRAGIs Wesen empfinden wir im Erleben des ersten Sommermonats, den wir neu September (Braching) nennen, und sehen ihn im Edelstein Spinell (rotvioletter Färbung), in den Süßwassern (Seen, Flüsse, Teiche, Quellen) und in den Elementen Blei, Zinn und Germanium.

Für sich und Idun errichtete BRAGI als sechste Burg Asgards Sökwabek, das Schloß, das versteckt hinter einem Wasserfall stehen soll - so wie BRAGI als Planet sich gelegentlich im Sternenmeer der Milchstraße verbirgt. Sökwabek liegt in einem tief südlichen, das helle Band der Milchstraße berührenden Sternbild, das einen Krebs zeigt. Hellste Sterne des Sternbildes sind Kaus ($1{,}9^m$ und blau) und Nunki (heller als 2^m und blauer linker Augenstern). Das Krebs-Zeitalter reichte von -12905 bis -10761 und war eine Zeit der zurückgezogenen Besinnung auf das Ewige im Götterhimmel.

Als Drilfgode ist BRAGI wie ODIN, BALDUR, FORSETI, TIU und HERMODUR ein Gott aller dem Tridekatheismus (der Religion der 13 Sternengötter) verbundenen Menschen. Persönlicher Gott ist er für Menschen des Tierkreiszeichens Fledermaus/Krebs (21.06.-22.07. nördlich des Äquators und 22.12.-19.01. südlich des Äquators Geborene). Seine Landschaft im gedachten Reich Helladien ist ein nach Westen etwas erweitertes Böotien mit der Hauptstadt Theben (Thebä). In diesem Böotien befindet sich das einstige Orakel von

Delfi, das früher Suchenden mit Rat und Weisheiten diente. Auf einer 39-Nationen-Erde wären BRAGI Brasilien, die neuseeländisch-polynesische Inselwelt und Italien zum besonderen Schutz befohlen. BRAGIs kleiner Planet Eunomia ist aus gelblich-orange getöntem, dunklem Gestein aufgebaut und besitzt kaum mehr Oberfläche als die irdische Insel Island (Eisland). Menschliche Siedler würde wohl seine zu geringe Schwerkraft abschrecken, so daß BRAGI sicherlich noch lange Zeit allein ein Ziel der Seelen sein wird. BRAGI fördert das unauffällige Wirken und die zarte, verschwiegene erste Liebe.

III.16. HÖDUR und LOKI, Götter in den Zwillingen des Frühlingsendes

Die Hettitische Klangart erlaubt keinen harmonischen Dreiklang über dem Grundton - F, As, Ces ist ein Mißklang, der sich erst durch die Erhöhung von Ces zu C zu einem Wohlklang auflöst. Ces ist der Ton, der aus der weichen Tonart Frygisch-F die noch weichere, dabei aber unaufgelöst klingende Tonart Hettitisch-F macht. Aus den lydischen Haupttönen F, G, A, H, C, D, E, F´ wird eine extrem andersklingende hettische Tonart, wenn wir mit H beginnen: H, C, D↑, E, F, G, A, H´. H (32/45 von F) ist der Ton des Gottes HÖDUR und mit der Farbe Smaragdgrün verbunden, Ces (45/64 von F) ist der Ton des Gottes LOKI und Rubinrot (Lilarot, Rosarot) die zugehörige Farbe.

Wir spielen oder summen die Tonfolge F, Ges, As, B, Ces, Des, Es, F´, F´, Es, Des, Ces, B, As, Ges, F, um uns auf die gemeinsam mit einer Planetenbahn, einem Tierkreiszeichen, einem Tierkreissternbild und einer Klangart verbundenen Götter HÖDUR und LOKI einklingen zulassen. Ihre Farben sehen wir in den seit jeher als kostbar geltenden Edelsteinen Smaragd und Rubin. HÖDURs Elemente, spröde und grau, sind Wismut, Antimon und Arsen. In der Natur sind Gott HÖDUR die gewöhnlichen Steine und insbesondere der Feuerstein zuzuordnen. LOKIs Elemente sind die glänzenderen Metalle Lanthan, Yttrium und Skandium. Gott LOKIs Naturerscheinung ist der Funke. Monat der beiden Götter ist das warme letzte Frühlingsdrittel, das wir Sexember (Weiding) nennen.

Wenn auch mit verbundenen Augen, die doppelte Wirkung des doppelt gekrümmten Bogens nicht sicher kennend und im Glauben an BALDURs Unverletzlichkeit, so hat doch HÖDUR mit LOKIs Hilfestellung den durchbohrenden Pfeil auf den Leuchtendsten der Götter geschossen und haftet nach strengem Götterrecht für seine Tat, die erst WALI, der Erlöser, am Tag der Zeitenwende tilgt. HÖDUR gilt als weniger beliebt als andere Götter, weil er ein erbarmungsloser Vollstrecker des unabwendbaren Schicksals ist. Wenn Gegner unauflöslich in Hader verstrickt sind, so daß FORSETI nicht mehr richten kann, fällt HÖDUR ein Gottesurteil, indem er die Widersacher zur Bewährung in einem Entscheidungskampf zwingt. LOKI, der Gott der rettenden Einfälle, vermag die Entscheidung zugunsten des scheinbar dem Verderben Geweihten zu beeinflussen. Aus verschiedenen Quellen werden uns hierfür Beispiele überliefert: Im Alten Testament der Bibel erleben wir den Kampf des kleinen David gegen den riesenhaften Goliath. David obsiegt durch den Gedanken, eine Steinschleuder zu verwenden. Im Märchen von Dornröschen spricht die gekränkte zwölfte Fee: "Dornröschen, du mußt sterben!" Doch die dreizehnte Fee wandelt den Spruch in: "Dornröschen, schlafe hundert Jahr!" Schließlich sagt uns die Überlieferung der Edda, daß der Körper des tödlich verwundeten BALDUR dem Feuer übergeben wird, wo er zu Licht und Wind, dem innersten Wesen aller Götter wird, und nicht mehr sterben kann, auch wenn er als Seele die Unterwelt der Hel besucht, während Freia, seine Mutter, sein Gedenken aufrechterhält. LOKIs Name ist der Lohe, der Flamme des Feuers sinnverwandt! - In der Nacht zum Sommerbeginn der nördlichen Erdhalbkugel (21.06.) sollten Götterbewußte die Sonnenwendfeier begehen, die an die Lichtnatur und die Unsterblichkeit der Götter erinnert.

HÖDURs Planet wandert von der Sonne her auf der siebten Bahn und heißt heute Ceres - ein dunkler, etwa 1.000 km durchmessender Himmelskörper, von der Erde her im Fernglas als ein weißes bis gelblich-weißes Pünktchen zu sehen, das sich mit den Tagen gegen den Sternenhintergrund bewegt. LOKIs Planet Pallas (besser der entsprechende lateinische Name: Minerva, oder 2Minerva, um die Verwechslung mit einem Kleinstplaneten "93Minerva" zu vermeiden) wandert in durchschnittlich gleicher mittlerer Entfernung um die Sonne (ganz genau: um 1,6 Tausendstel ferner), aber auf exzentrischer und um mehr als 30 Grad geneigter Bahn, die ihn durch die nicht zum Tierkreis gehörigen Sternbilder (neuer Art, und seine Bewegung dabei von der Sonne aus gesehen) Wal, Krieger, Sense, Flugdrachen und Nördliche Schlange (Stern Atair) führt. Im kleinen Fernrohr zeigt sich 2Minerva nur schwach, selbst in günstiger Stellung, und von ähnlicher Färbung wie 1Ceres. Der Planet ist etwas mehr als halb so groß (an Durchmesser) wie sein Bahngefährte.

In Asgard hat Gott HÖDUR als siebte Burg Walaskialf, die Stätte der Entscheidungen errichtet, die er mit Gott LOKI teilt. LOKIs Teil blickt zur Burg des Gottes THOR, HÖDURs Teil zu Gott BRAGIs Burg Sökwabek. Walaskialf liegt in einem Sterngebiet, das deutlich zwei einander zugewandt sitzende Zwillinge zeigt und durch das Band der Milchstraße vom benachbarten (neuen) Sternbild des Krebses getrennt ist. Köpfe der Zwillinge sind die Sterne Sabik (Eta Ophiuchi) und Zeta Ophiuchi, Schoß des linken (östlichen) Zwillings ist der $1,6^m$ helle, blaue Stern Schaula, Schoß des rechten (westlichen) Zwillings der etwa $1,5^m$ helle, tiefrote Stern Antares. Das Zwillinge-Zeitalter reichte von -10761 bis -8817 und war eine Zeit des Umdenkens beim alten Volk der Weisen. Das Zwillinge-Zeitalter war das fünfte vor dem jetzt ausgehenden Zeitalter des Falken.

In vermenschlichter Darstellung müssen HÖDUR und LOKI als Zwillingspaar des Doppelzwillingspaares, zu dem noch BALDUR und JUL gehören, gesehen werden, von ODIN und Freia, der Tochter NERTHURs und der Hel stammend. HÖDUR (Bedeutung: Hader) ist der Gridr (Grimm) vermählt, LOKIs Gemahlin ist Sigyn, die mit Swadilfari, dem Himmelshengst des Baumeisters Windswal, das schöne Roß Sleipnir zeugte, das auch Guldmöhni (Goldmähne) heißt und Gott HEIMDALL zuteil wurde. Als Lohn der schweren Tat, die ODINs Gemahlin Freia für Asgard rettete, erhielt Sigyn Freias Sternenhalsband Brinsingamen zugesprochen, doch LOKI war gezwungen, es durch Raub zu holen. Die beiden Zwillinge-Götter sind als 38 Jahre alt anzusehen.

Als Drilfgoden sind LOKI und HÖDUR wie ODIN, BALDUR, FORSETI, TIU, HERMODUR und BRAGI Götter aller dem Tridekatheismus (der Religion der 13 Sternengötter) verbundenen Menschen. Persönlicher Gott ist wahlweise HÖDUR oder LOKI für Menschen des Tierkreiszeichens Zwillinge (21.05.-20.06. nördlich des Äquators und 22.11.-21.12. südlich des Äquators Geborene). Gott HÖDURs Landschaft im gedachten Reich Helladien ist Hettitien, mit Kanesch (heute Kayseri) als Hauptstadt. Gott LOKIs Landschaft in Helladien ist Ätolien mit der Hauptstadt Thermon. Auf einer 39-Nationen-Erde wären HÖDUR das südliche Südamerika (Argentinien, Chile und angrenzende Gebiete), die mikronesisch-melanesische Inselwelt einschließlich Neuguineas und die Halbinsel Iberien, dagegen LOKI der weiße Erdteil Antarktis, Japan und das neuere Kelten-Kernland (das Gallien der Römerzeit, heute Frankreich) zum besonderen Schutz befohlen. Beider Götter Planeten sind atmosphärelos und von geringer Schwerkraft, aber nicht wirklich menschenfeindlich. Zu HÖDUR finden Seelen, die vom Geist schneller Entscheidungen geprägt sind, zu LOKI Seelen, die überraschende und ungewöhnliche Gedanken bewegt haben.

III.17. THOR, Gott im Stier der Frühlingsmitte

Fest und rein klingt über dem Ton F der Ton C (2/3 von F), der mit den Tönen D↑, E, F, G, A, H, C´ eine Tonfolge ionischer Klangart bildet. Die Klangart Ionisch-F, die wir mit den Tönen F, G, A, B, C, D, E, F´, F´, E, D, C, B, A, G, F hören, klingt hart, aber aufgelöst, ohne Spannungen. Die Ionische Klangart heißt heute üblicherweise Dur und ist vor Äolisch (Natürlich-Moll) und weit vor Frygisch (natürliche Oberstimme zu Dur) am verbreitetsten. Farbe zum Ton C ist ein farbsattes, leicht gelbliches Grün. Im Grün, im Ton C und in der Ionischen Klangart erkennen wir Wesensmerkmale des Gottes THOR.

Weiß bis weißlichgelb leuchtet gleichbleibend heller als alle Fixsterne nahezu das ganze Jahr hindurch Gott THOR als Planet Jupiter am irdischen Himmel. Schon kleinste Ferngläser zeigen in seiner Nähe vier kleinere, die Grenzhelligkeit für das bloße Auge überschreitende Himmelskörper, die nur durch die Nähe des lichtstarken Planeten zu Fernrohrobjekten werden. THOR (Jupiter) ist eine gewaltige Zusammeballung leichter Elemente. Ein einziger, im Fernrohr erkennbarer Fleck, der "Große Rote Fleck", ist in seinem kleinsten Durchmesser so groß wie Terra. Näher als die vier hellen Begleiter schwingt ein kleinerer Himmelskörper von 150 bis 250 km Durchmesser mit großer Geschwindigkeit um den Planeten. Seine größeren Nachbarn sind vier so wesensverschiedene Welten, wie sonst nur Planeten unterschiedlich sind: Auf dem ersten spielen sich energetische Vorgänge ab, die seiner ohnehin äußerst hellen Oberfläche einen zusätzlichen goldgelben Schimmer geben. Der nächste ist mit ungewöhnlich enger Toleranz gleichbleibend blaß. Ihm folgt eine helle, etwas fleckig erscheinende Eiswelt, die den Planeten Merkur (ODIN) an Größe übertrifft. Die nächste Bahn besetzt ein fast ebenso großer Himmelskörper, der jedoch seine Eismassen unter Staub und Steinen völlig verbirgt. Sehr viel weiter vom Planeten weg folgt ein kleiner Himmelskörper von ungefähr 150 bis 170 km Durchmesser, von einem gedachten Standpunkt auf dem Planeten her gerade noch als wanderndes Sternchen 5. Größe (5^m) sichtbar, während alle noch ferneren zugleich noch kleiner sind - sich fliegenden Bergen ähnlich den Satelliten des Mars (Gott TIUs Raben Hugin und Munin) annähernd - und selbst von ihrem Planeten her für das bloße Auge unsichtbar bleiben.

In menschlichen Bildern können wir uns Gott THOR als 45jährigen, bärtigen, rothaarigen, kräftigen Mann vorstellen. Er ist der Zwillingsbruder des Gottes BRAGI, mit dem er von ODIN und der noch nach Wanenrecht ihrem Bruder Frey vermählten Freia, Tochter NERTHURs und der Hel, stammt. Als die Geschwister nach Asenrecht getrennt waren und Freia und ODIN die Ehe eingegangen waren, gewann Frey unter Preisgabe seines ihn als Gott auszeichnenden Schwertes Gerda, eine Tochter von Sunna, der Sonne, die ein Kind Midgards, der Milchstraße, ist. Aus dieser himmlischen Ehe gingen der Knabe Thialfi und das Mädchen Röskwa hervor. THORs vier große, helle Begleiter sind seine Söhne Magni und Modi sowie Thialfi und Röskwa, die er unter seinen Schwertschutz nahm. Im unauffälligen nächsten Satelliten sehen wir Sief, THORs Gemahlin, die auch Maja (Namensgeberin des lateinischen Monatsnamens Mai und Trägerin des Mai- oder Mittfrühlingsfestes) heißt und Mutter Magnis und Modis und der beiden Gottestöchter Hild und Thrud ist. Hild und Thrud sind von der Erde her auch in nicht mehr ganz kleinen Fernrohren unsichtbar, wie erst recht die mehr als noch einmal so weit vom Planeten entfernten, gegenläufigen kleinen Satelliten, unter ihnen - zwar lichtschwach, aber doch immerhin 65 bis 80 km dick - Draupnir, der sich jede Nacht ein Abbild erzeugende Goldring am äußeren Rand von THORs Machtbereich. - Was dagegen noch näher als die golden und silbern strahlenden Söhne um den Gott schwingt, ist sein Donnerhammer Malmung, der nach jedem Wurf in die starke Hand des Werfers zurückkehrt. Den roten Fleck des Planeten selbst schildert die Edda als Splitterwunde in der Stirn des Gottes.

Viele Sagen weben sich um Gott THOR, den Starken, der sich in Wettkämpfen mit so unbezwingbaren Mächten aus der Welt des reinen Geistes wie dem Alter oder dem Eilen des Gedankens maß. Seine schwerwiegendste Tat war jedoch, daß er nach dem Rat aller Götter Windswal, den Großen Baumeister, vertragsbrecherisch erschlug, um Freia und über sie das Andenken BALDURs für Asgard zu retten. Windswal stand wieder auf und begab sich zum Außenrand des Lichtreiches Albenheim, um auf die Zeitenwende zu warten, welche alle im Zeitfluß Treibenden - Menschen, Urmächte und Götter und Lichtwesen - aus ihren Verstrickungen erlöst und das himmlische Recht wiederherstellt.

THORs Burg in Asgard steht an achter Stelle und heißt Thrudheim, Stätte der Kraft. Die Burg steht in einem Sternenfeld, das einen Stier mit mächtigen, gesenkten Hörnern zeigt. Die Hörnerspitzen bilden die Sterne Zuben Eschemali (Beta Librae) und Theta Centauri, das Schwanzende ist der Stern Almuredin (Epsilon Virginis) nördlich des (neuen) Widders.

Das vergangene Stier-Zeitalter zählt nach heutiger Rechnung von -8617 bis -6473. In jener Zeit dürfte wohl das Rind zum Nutztier umgezüchtet worden sein, und manche der Herdenbesitzer haben wohl die selbstbeschiedenen Grenzen des alten Volksraumes der Weisen unter Reibungen mit Fremden überschritten. Das echte Stier-Zeitalter war das vierte vor dem jetzt ausgehenden Zeitalter des Falken, und für den Vergangenheitsforscher werden Zeugnisse aus dieser Zeit schon gelegentlich greifbar. Irrtümliche Überlieferung hat allerdings - bis in unsere Zeit Begriffsverwirrung schaffend - ein uns um 4.288 Jahre näher liegendes Zeitalter unter das Zeichen des Stieres gesetzt, und ein Stier-Kult dieser neueren Zeit überlagert die richtige Zeitalter-Sinngebung.

Als Drilfgode ist THOR wie ODIN, BALDUR, FORSETI, TIU, HERMODUR, BRAGI, HÖDUR und LOKI ein Gott aller dem Tridekatheismus (der Religion der 13 Sternengötter) verbundenen Menschen. Persönlicher Gott ist er für Menschen des Tierkreiszeichens Stier (20.04.-20.05. nördlich des Äquators und 23.10.-21.11. südlich des Äquators Geborene). Seine Landschaft im gedachten Reich Helladien ist Ionien mit der Hauptstadt Athen. Auf einer 39-Nationen-Erde wären THOR Südafrika, Sibirien und die Inseln Britanniens und Irlands zum besonderen Schutz befohlen.

Über die Fabe Grün, den Ton C (auf einen Grundton F bezogen), die Ionische Klangart (Dur), den Planeten, das Tierkreissymbol, seine Landschaft und seine irdischen gedachten Nationen hinaus zeigt sich Gott THOR als mittlerer Frühlingsmonat (Wandling oder Quinkember), in mittelgrünen bis leicht gelblich-grünen Edelsteinen wie dem Peridot und in den Elementen Hafnium, Zirkon(ium) und Titan(ium), und auch das schwach radioaktive Element Thorium, das den Namen des Gottes trägt, zählt wegen seiner chemischen Vierwertigkeit eher zu THOR als zu den Einheriern. In der Natur verbinden wir mit Gott THOR das Gewitter.

Die großen Himmelskörper aus Eis und Gestein um den Planeten Jupiter, vor allem Ganymend (Thialfi) und Kallisto (Röskwa), laden scheinbar zur Besiedlung, doch eine Strahlungszone hochenergetischer Ionen und Elektronen wirkt auf die Oberflächen aller fünf inneren Satelliten des Planeten ein und schützt so THORs Reich zumindest vor entweihendem Wirken organischen Lebens, so daß dort Geist allenfalls in der Form des bestimmenden Prinzips etwa von Elektronengehirnen Fuß fassen kann. In THORs Thrudheim heimische Seelen sind die der Hartnäckigen, Belastbaren, Geduldigen, Schutzgewährenden, Beständigen.

III.18. HEIMDALL, Gott im Widder des Frühlingsbeginns

Der Ton Des (5/8 von F) bildet mit dem Ton F als Grundton einen Wohlklang, wie es ebenfalls D und C einerseits und A, As und B andererseits tun. Die Minderung des Tones D zu Des macht aus der gespannt wirkenden, weder harten noch weichen Tonart Dorisch-F die mildere Tonart Äolisch-F. In der Äolischen Klangart als ganzer hören wir den Gott HERMODUR, aber der sie bestimmende Ton in den sieben möglichen F-Tonleitern ist Des, der Ton des Gottes HEIMDALL. Beim Übergang von der dorischen Tonfolge zur äolischen Tonfolge F, G, As, B, C, Des, Es, F´, F´, Es, Des, C, B, As, G, F spüren wir das Wesen des Gottes HEIMDALL.

In seiner materiellen Gestalt als Planet Saturn ist HEIMDALL der ungewöhnlichste und wohl auch schönste Himmelskörper unseres Sonnensystems, indem seinen Planetenkörper eine ihm vergleichbar helle, einem sich schließenden Regenbogen ähnelnde, flache Ringscheibe umgibt. Die HEIMDALLs Ton Des entsprechende Farbe ist das Rot, das wir am oberen Rand irdischer Regenbogen sehen. Regenbogen wiederum sehen wir besonders häufig in HEIMDALLs jahreszeitlichem Monat Lenzing (Quattember), dem ersten Frühlingsmonat. Rote Edelsteine in der Tönung, wie sie der rote Rand des Regenbogens zeigt, sind in der Natur selten. Der Pyrop (ein roter Granat) und eine rein-rote Variante des Rubins kommen unserer Vorstellung am nächsten. Unter den chemischen Elementen gehören HEIMDALL die harten, schwerer als Eisen schmelzbaren Schwermetalle Tantal, Niob und Vanadium.

In menschlicher Überlieferung begegnet uns Gott HEIMDALL als 35jähriger Mann von heller Haut, blauen Augen und gold- bis silberblondem Haupthaar, HERMODUR, seinem Bruder, ähnelnd. HEIMDALLs Vater ist TIU, ODINs Bruder, seine Mutter Hel, die in Nebelheim herrschende Schwester NERTHURs. HEIMDALLs Gemahlin ist Ostara, die Morgenröte, mit der er die sieben Töchter Elfrun und Gudrun, Siegrun, Sieglind, Sieghild, Brünnhild und Kriemhild, deren Aufgabe es ist, als Walküren die Helden unter den Menschen nach Asgard zu geleiten, zeugte. In Asgards Frühzeit gebar Ostara dem wolfsähnlichen Bruder Hels und NERTHURs, Fenrir, den einem Hunde ähnelnden Garm (Gram), der zu Gott WIDAR in die Einsamkeit zog. Von HEIMDALL wird gesagt, daß er einstmals die Menschen besucht habe, um mit einem niederen Weib, einer ehrbaren Frau und einer hochherzigen Dame die Stammväter der drei Stände zu zeugen: Thrael, den ewig Unfreien, Karl, den freien Mann der Tat und Jarl, den Edlen, der herrscht und lehrt. Während die isländische Edda uns diese drei Stände nennt, berichtet das ferne Indien in der vedischen Überlieferung und deren letzter Schrift Bhagavadgita von den vier Ständen Schudras (Unterworfene und Mischlinge), Waischias (Ackerbauern, Händler und Handwerker), Kschatrias (Herdenbesitzer, Krieger und Herrscher) und Brahmas (Hüter und Lehrer der Religion), doch ist die Grundbedeutung dieselbe.

Der sechste Saturnmond, Titan, (in der Zählung von innen nach außen sechster, wenn man die ersten beiden, recht kleinen Monde, die genau auf einer Bahn wandern, unter der Bahnnummer Null zusammenfaßt) besitzt wie die vier größeren Jupitermonde, der Mond der Erde und der größere Neptunmond Planetengröße. Überdies umhüllt ihn eine dichte Atmosphäre, die ihn aus der Ferne als goldgelbe Kugel erscheinen läßt. Wir deuten ihn als das himmlische Roß Guldmöhni (Goldmähne), mit dem Gott HEIMDALL durch Asgard reitet, da es seine Aufgabe ist, die Götter und Einherier Asgards zu den Waffen und auf das Idafeld (gemäß Bhagavadgita: Schlachtfeld Kurukschetra) zu rufen, wenn Fenrir seine Fesseln löst und Mächte aus Finsternis und Urgründen des Schicksals nahen. Die Monde des Saturn (HEIMDALL) von den Bahnen 1 bis 6 erscheinen von dessen Oberfläche her nahezu gleich groß, ein Drittel bis etwa halb so groß an Durchmesser, wie uns Erdbewohnern der Mond Terras erscheint. Auch die noch ringnäheren Monde auf den Bahnen 0 (der Doppelmond Co-Orbitals), -1, -2 und -3 sind vom Planeten aus flächig erkennbar und leuchten heller als uns Erdbewohnern der Abend- und Morgenstern. Der Satellit auf Bahn 7 erscheint als punktförmiger, ausgeprägt roter, heller Stern, Bahn 8 zeigt ein winziges Scheibchen, das am Abendhimmel hell leuchtet, am Morgenhimmel dagegen eine nur wenig Licht widerstrahlende Oberfläche zeigt. Auf einer sehr fernen Bahn 9 (dreimal so fern wie Bahn 8) wandert gegenläufig als gerade noch wahrnehmbares Sternchen leicht orange-rötlicher Tönung der äußerste Saturn-Satellit. In den Satelliten der Bahnen Null bis Fünf sehen wir Heimdalls junge Töchter, welche die Sage als Walküren oder Windbräute schildert. Sie tragen in dieser Eigenschaft die Namen Gudrun und Elfrun (Bahn 0, Co-Orbitals), Siegrun (Bahn 1, Mimas), Sieglind (Bahn 2, Enceladus), Sieghild (Bahn 3, Tethys), Brünnhild (Bahn 4, Dione) und Kriemhild (Bahn 5, Rhea). Jenseits von Guldmöhni (Bahn 6, Titan) wandern die Sonnentöchter Westara oder Abendröte (Bahn 7, Hyperion), die Gemahlin des Gottes HERMODUR ist, und Ostara oder Morgenröte (Bahn 8, Japetus), Gott HEIMDALLs Gattin und Mutter der ihn umkreisenden Walküren. Fern zieht als äußerer Wächter Gullinkambi (Bahn 9, Phoebe), der goldene Hahn, als goldgelbes Sternchen 6. Größe dahin und wird am Morgen der Entscheidung die Helden erwecken. In Überlieferungen begegnet uns Gullinkambi auch als das Gellerhorn, HEIMDALLs goldenes Horn, in Indien als Muschelhorn Pantschadschanja, bei den alten Griechenvölkern als das Füllhorn des goldenen Widders. In den Ländern des Jesus-Christentums, und dort vorwiegend im alten Siedlungsgebiet der Germanen und der ihnen eng verwandten Nordleute (Skandinavier), sehen wir häufig auf den Kirchtürmen goldene Wetterhähne, die beim Erscheinen Ostaras, der Morgenröte (HEIMDALLs Gemahlin), im ersten Strahl der Sonne leuchten. Gleichzeitig weckt dort, wo es ihn noch gibt (denn das Landleben ist in diesem Zeitalter bedroht), das Krähen des lebenden Hahnes die Schläfer, und sein schillerndes, bogenförmiges Schwanzgefieder erinnert an HEIMDALLs Regenbogen.

HEIMDALL baute Asgards neunte Burg, Himinbjörg, die Himmelsburg an der Regenbogenbrücke, welche die Welt der Menschen mit der Welt der Götter verbindet. Nie hat ein Mensch den Ort erreicht,an dem er den Regenbogen die Erde berühren sah, doch Götter und Einherier, Walküren und die unsterblichen Seelen von Menschen können im Feuer seines roten oberen Randes reiten. Das Himinbjörg des Sternenhimmels liegt in einem deutlich gezeichneten (neuen) Sternbild des Widders, dessen hellster Stern der Schwanzstern Spika (blau, $1{,}0^m$) ist. Das wahre Widder-Zeitalter reichte von -6473 bis -4329 heutiger Zeitrechnung. Das Volk der ur-indogermanischen Weisen mag damals die Rinderzucht um die Schafzucht erweitert haben. Die wichtigste Leistung jener Zeit wird wohl die Schaffung eines neuen, den bevorstehenden drei End-Zeitaltern gewachsenen Menschen gewesen sein. Ungefähr hundert Generationen war hierfür Zeit, dann gab es ein neues Volk, eine neue Rasse, wobei die geistige Überlieferung neben dem Körperlichen nicht vernachlässigt wurde. - Wie schon beim Stier-Zeitalter, so überlagert sich auch beim Widder-Zeitalter eine zweite Zeitrechnung der ursprünglichen, und so wurden die 2.144 Jahre bis zum Auftreten des Jesus von Nazareth unzutreffend ebenfalls als Widder-Zeitalter gesehen und zeichneten sich in den Kulturen des Orients durch Opferschlachtungen von Schafen aus. Das wahre Widder-Zeitalter, wie es durch den Lauf des irdischen Himmelspols um den Pol der Ekliptik bestimmt ist, war das dritte vor dem jetzt zuendegehenden Zeitalter des Falken.

Als Drilfgode ist HEIMDALL wie ODIN, BALDUR, FORSETI, TIU, HERMODUR, BRAGI, HÖDUR, LOKI und THOR ein Gott aller dem Tridekatheismus (der Religion der 13 Sternengötter) verbundenen Menschen. Niemand wird allerdings die Götter verstehen, der nicht wirklich, im vollen Sinne dieses Wortes, Mensch ist, durch aufnahmefähigen Geist und sinnfindende Seele von allen Tieren und allen anderen nichtmenschlichen denkenden Wesen unterschieden. Religion auszuüben heißt, den Göttern zuzustreben. Persönlicher Gott ist HEIMDALL für Menschen des Tierkreiszeichens Widder (21.03.(in Schaltjahren 20.03.) bis 19.04. nördlich des Äquators und 23.09.-22.10. südlich des Äquators Geborene). Seine Landschaft im gedachten Reich Helladien ist Thessalien mit der Hauptstadt Larissa. Auf einer 39-Nationen-Erde wären HEIMDALL Afrika um Angola, Katanga und Rhodesien, China (das Land des Drachen, der ja im östlichen Tierkreis HEIMDALLs Widder entspricht) und Mitteleuropa (Germanien und Gebiete an seinen Rändern) zum besonderen Schutz befohlen. HEIMDALLs

Planet Saturn besitzt keine erreichbare feste Oberfläche, doch könnten manche seiner Monde, vor allem Titan (Guldmöhni), lebensfreundlich sein, wenn auch dunkler und kälter als der Planet Mars (TIU), so daß auch in HEIMDALLs Bereich menschlicher Veränderungsdrang selten die Ruhe der Seelen stören wird. Gott Heimdalls Seelen sind die der schöpferischen, führungsstarken und vor allem tatkräftigen Menschen.

III.19. NERTHUR, Gott in Delfin und Schiff des Winterendes

Die Tonfolge D, E, F, G↓, A, H↓, C↓, D´ und wieder abwärts stellt die Dorische Klangart ebenso dar, wie die Tonleiter von Dorisch-F - F, G, As, B, C, D, Es, F´, F´, Es, D, C, B, As, G, F. Das Dorische ist weder besonders hart noch besonders weich, besitzt aber die besondere Eigenschaft, in einer Musik reiner Klänge weder dreistimmig noch auch nur mit seiner hettitischen Unterstimme oder seiner lydischen Oberstimme spielbar zu sein, was es zu einer Klangart einstimmiger Musik macht. D (3/5 von F), der natürliche Grundton der Dorischen Tonleiter, beschreibt wie der zugehörige Farbton Lindgrün (genauer: Gelbgrün - gelber als Grün und grüner als Gelb) den Gott NERTHUR, der in der Edda den Namen Njörd trägt.

Als Planet Uranus ist NERTHUR für Bewohner Terras mit bloßem Auge gerade noch sichtbar. Seine Helligkeit schwankt im Rhythmus seines langsamen Umlaufes um die Sonne, weil er nicht ganz unerheblich elliptisch abgeflacht ist und eine nahezu in der Bahnebene liegende Eigendrehungsachse besitzt, so daß er uns heller erscheit, wenn uns einer seiner Pole zugewandt ist. Auch in leistungsfähigen Fernrohren außerhalb der unruhigen Erdatmosphäre zeigt der Planet (ganz wie der Saturn-Satellit Titan) keinerlei Oberflächeneinzelheiten, sondern nur eine gleichmäßige Randverdunkelung (bei

Beleuchtung und Aufblick aus der gleichen Richtung), woran das Vorhandensein einer dichten, lichtschluckenden Atmosphäre zu erkennen ist. Seine fünf bisher (vor dem Sondenbesuch 1986) bekannten Monde sind klein und lichtschwach. Wer sich an die am wenigsten vermenschlichte Vorstellung gewöhnen kann, sieht Gott NERTHUR in seinem Planeten. Hilfsvorstellungen bringen ihn uns näher: Der Ton D, der auf den Grundton F bezogen einen Wohlklang ergibt, die Dorische Klangart, die Farbe Gelbgrün, der zu alldem gehörende Monat des natürlichen Jahreslaufes, Horning (Triember), das letzte Winterdrittel. NERTHURs Edelstein ist der Chrysoberyll, seine Elemente sind Wolfram (Tungsten), Molybdän und Chrom, in der irdischen Natur beseelt er das Meer, dem er einer Sage nach die Wellen und den salzigen Geschmack gegeben hat, als er (als Griechengott Poseidon) Atlantis untergehen ließ.

In menschlichen Bildern ist Gott NERTHUR, der im Geiseltausch gegen ODINs und TIUs Bruder Hönir aus Wanenheim zu den Asen kam, sehr alt und voller Weisheit und fremdes Wissen. ODIN besitzt wohl das älteste Wissen bei den Göttern, weil er schon vor TIU, vor Hönir und vor der Hel, NERTHUR und Fenrir die Welt gesehen hat und viel herumkommt, doch er altert wegen seiner Nähe zu Iduns Garten der goldenen Äpfel - dem Sonnenlicht und der relativistischen Zeitdehnung - so langsam, daß er als erst 31jährig gilt. NERTHUR hingegen, weißbärtig, ist 70 Jahre alt und blickt auf ein langes Leben voll Erfahrungen zurück. NERTHUR brachte den Asen den Schiffbau und die Beherrschung der Meere und ihrer bewegten Wassermassen, wie auch aller anderen fühlbaren und schweren Materie - Ansätze der Chemie. Sein Zeichen ist daher der als Schlangenkopf (oder Drachenkopf) gestaltete Bug aller Wikingerschiffe. Er ist Bruder und ehemals nach Wanenrecht Gatte der Hel (die vorher Nerthus hieß), der Herrscherin der Unterwelt Niflheim (Nebelheim), und zugleich Bruder des unbändig auf seine Freiheit versessenen Fenrir. Ihrer aller Mutter ist Angurboda, die Allwissende. NERTHURs und der Hel Kinder sind Frey und Freia, die wir in lichtstarken Fernrohren als vierten und fünften Uranusmond sehen. Bevor noch nach Asenrecht die Geschwisterehen getrennt wurden und Hel Gattin TIUs, Freia Gattin ODINs wurde und Frey unter Verlust seines Götterschwertes Gerda gewann, zeugten Frey und Freia die Nornen - Urd, Werdandi und Skuld

(Vergangenheit, Gegenwart und Zukunft), die für den irdischen Beobachter als äußerst lichtschwache innere Satelliten um Uranus (NERTHUR) kreisen. Vom Planeten her sind alle fünf Monde kleine, von der Sonne nur schwach beleuchtete Scheiben von ungefähr 1/6 bis 1/3 unseres gewohnten Monddurchmessers, die über der Äquatorebene des Planeten kreisen.

NERTHUR errichtete sich die zehnte Burg Asgards, Noatun, die Stadt des Schiffbaus. Am Himmel sehen wir an ihrer Stelle ein großes, aus hellen Sternen gezeichnetes Schiff mit trapezförmigem Breitsegel und spitz auslaufendem Kiel. Das Segel spannen die Sterne Regulus, Algieba, Duhr und Denebola, der Kiel ist Ny (Nü) Hydrae. Das zum Schiff gehörende Tier des Tierkreises ist der Delfin (Delphin, auch Tümmler genannt), ein wie ein Fisch aussehendes, warmblütiges Lebewesen, das sich oft und mit bewußter Freude vor dem Bug der Schiffe tummelt. Das Zeitalter des Delfins lag in der Zeit von -4329 bis -2185 gegenwärtig geltender Zeitrechnung. Diese Zeit ist schon schriftlich festgehaltene Geschichte, wenn auch noch mit örtlichen Schwerpunkten. Das indogermanische Urvolk nahm Verbindung mit seefahrenden Kulturen der westlichen Meere auf. Eine feste Bewertung materieller Güter setzte ein. Es wurde begonnen, Sprache in Schrift zu fassen, was angesichts der ursprünglichen Laute-Vielfalt der hochstehenden Sprachen nicht einfach war. Die bis dahin rein geistesbezogene Astronomie, die hundert und mehr Jahre warten und suchen konnte, um mit schwer zu handhabenden Spiegelteleskopen den Anblick eines Planeten wie Pluto (JUL) zu gewinnen, wurde in NERTHURs Delfin-Zeitalter durch eine mit Menschlichem verquickte Astrologie verdrängt. Sumerien baute seine hohen Tempel, Ägypten seine bis heute unzerstörten Pyramiden. Während sich das nur $3{,}5^m$ helle Sternchen Thuban dem Himmelspol näherte, schwand das Wissen um den wahren Polarstern, und die Zeitalterrechnung geriet endgültig in Verwirrung: Man vermeinte, aus einem Zwillinge-Zeitalter in ein Stier-Zeitalter getreten zu sein, dem Widder-Zeitalter, Fische-Zeitalter und Wassermann-Zeitalter folgen sollten. Die vermeintliche Stier-Zeit stand jedoch im Einfluß von Kulturen der großen Flüsse und der Seeverbindungen: Aral-See, Ural-Fluß, Wolga, Tigris, Euphrat, Mittelmeer, Nil und Ostsee. Ägyptens Altes Reich und Sumerien blühten in Wahrheit in einem Zeitalter des Delfins, dem zweiten Zeitalter vor dem jetzt zuendegehenden des Falken.

Als Drilfgode ist NERTHUR wie ODIN, BALDUR, FORSETI, TIU, HERMODUR, BRAGI, HÖDUR, LOKI, THOR und HEIMDALL ein Gott aller dem Tridekatheismus (der Religion der 13 Sternengötter) verbundenen Menschen. Persönlicher Gott ist NERTHUR für Menschen des neuen Tierkreiswesens Delfin (19.02.-20.03.(in Schaltjahren 19.03.) nördlich des Äquators und 23.08.-22.09. südlich des Äquators Geborene). NERTHURs Landschaft im gedachten Reich Helladien ist dessen langgestreckter südlicher Abschluß, Dorien, als dessen Hauptstadt Sparta gelten muß. Auf einer 39-Nationen-Erde wären NERTHUR das Gebiet von ehemals Belgisch-Kongo (ohne Katanga), Kamerun und ehemals Französisch-Äquatorialafrika, die malajische Großinselwelt (Indonesien, Philippinen) und das festländische Skandinavien zum besonderen Schutz befohlen. Ob NERTHUR in seiner Eigenschaft als Planet Uranus für Menschen bewohnbar ist, bleibt wegen dessen dichter, tiefer und im Vergleich zu den anderen drei großen, leichtstofflichen Planeten nahezu überhaupt nicht von innen her erwärmter Gashülle äußerst zweifelhaft, und auch seine fünf Monde sind wegen ihrer geringen Größe und Masse nicht einladend. Umso mehr zieht der Planet die Seelen der etwas grüblerischen und ziellosen, von Eingebungen bestimmten, bewegten Menschen an, deren deutliches Leitbild der Delfin der Weltmeere ist.

III.20. WIDAR, Gott im mittwinterlichen Bären

Die Minderung des Tones E zu Es (9/16 von F) macht aus der harten Tonart Ionisch-F die schon mildere Tonart Thrakisch-F, die uns in der Tonfolge F, G, A, B, C, D, Es, F´, F´, Es, D, C, B, A, G, F klingt. "Es" ist der Ton des Gottes WIDAR. Die Farbe zum Ton Es ist das zur Tat drängende Orange, zugehöriges Symboltier der Bär, der der Starre des Winters trotzt. Monat des Gottes WIDAR ist Harting (Duember), der mittlere Wintermonat. Als Planet Neptun beschreibt WIDAR in 30-facher Erde-Sonne-Entfernung eine gegenüber der Erdbahn und ebenso gegenüber der Jupiter-Bahn sehr flache, dabei ausgeprägt kreisrunde Bahn. Sein großer Mond Triton (Garm) kreist allerdings gegenläufig um den Planeten, obwohl er offensichtlich kein locker in großem Planetenabstand wandernder, eingefangener Kleinplanet oder potetieller Komet ist, sondern planetennah schwingt und mit seinem leicht rötlich-orangenen Licht auf einen Mond mit gesteinsreicher Oberfläche deutet, damit eher noch größer als die bisherigen Schätzungen von 4.000 km Durchmesser.

Die Farbe, die Gott WIDAR kennzeichnet, finden wir im Edelstein Spessartit. Elemente des Gottes sind die Metalle Rhenium, Technetium und Mangan, unter denen das Technetium über tausendmal so radioaktiv ist wie das in kosmischem Staub nur in Jahrmilliarden zerfallende Thorium, aber dennoch in Sternatmosphären als natürliches Element vorkommt. In der Natur erinnern Schnee und Weite an WIDAR.

In der Vorstellung als menschliche Gestalt ist WIDAR ein junger Gott, knapp 16 Jahre zählend, von fast noch bartlosem Gesicht. Sein Vater ist ODINs und Freias Sohn JUL, seine Mutter Skadi, sein ewiger Gefährte Garm, der Gram des Einsamen, Sonnenfernen, der sich als dunkelster aller großen Satelliten des Sonnensystems zeigt. Garm, der die Natur eines treuen, dabei noch jungen, beweglichen Hundes besitzt, stammt von Fenrir, dem gefesselten Himmelswolf, und Ostara, der Morgenröte. Dereinst, zur Zeitenwende, wird Fenrir seine Fesseln sprengen und die Götter bedrohen. Bis dahin wird WIDAR in der Einsamkeit die Waffe geschmiedet haben, die den Allesverschlingenden schlägt: Den Eisernen Schuh.

WIDAR schuf sich die elfte Burg Asgards, Landwidi, die Burg des weiten Landes, der frostigen Einsamkeit, wo ihm nur sein Begleiter Garm und ein regelmäßig aus großer Himmelshöhe heranstürzender Habicht, Habrok (gegenwarts-astronomisch der exzentrische, lichtschwache Satellit Nereïde) Gesellschaft leisten. Am Sternenhimmel sehen wir Landwidi als aufrecht stehenden Bären gezeichnet. Die einsam Schaffenden, oft Verkannten sehen dort ihre Heimat. Der Bär ist im Tierkreis der irrenden Astrologie, wie sie derzeit betrieben wird, nicht aufgeführt. Statt eines Bär-Zeitalters glaubt man im entsprechenden geschichtlichen Zweijahrtausendeabschnitt eine Zeit des Widders zu erkennen, doch diese Deutung ist und war verfehlt. Das Zeitalter des Bären reichte von -2185 bis -41 (noch genauer: bis zur nördlichen Wintersonnenwende des Jahres -41) heutiger Zählung. Es war der Hauptteil des sogenannten klassischen Altertums. In dieser Zeit des Bären erschienen die lichten Indogermanen in Europa, Kleinasien, dem Iran, Indien und bis tief nach Asien (Kirgisien, Mongolei) hinein. Obwohl sie mit Pferd und Streitwagen, Schwert und Axt kamen, vernichteten sie nicht, sondern neigten dazu, als Oberschicht mittels Kultur und Sprache prägend zu wirken. Wie ihre Götter waren sie nicht finster und furchterregend, sondern offen, gesprächsbereit, Licht, Freiheit, Gesang und Bewegung liebend. Ihre Reichsgründungen sind die Grundlage der heutigen Staatenwelt, die zwar noch unvollkommen sein mag, aber immerhin erdballumspannende Gültigkeit besitzt. Körperlich hat die Weite des Siedlungsraumes die Alt-Indogermanen nicht unerheblich durch Rassenmischung geschluckt, und auch ihre ursprünglich einheitliche Sprache hat sich in viele Zweige aufgegliedert, doch der indogermanische Geist ist für den größten Teil der Welt bis heute beherrschend geblieben - trotz monotheistischen Christentums und asiatischer, orientalischer und nord- und südamerikanischer Hochkulturen. Dennoch ist unbestreitbar, daß der Blüte der Ausbreitungszeit, wie sie sich in der Philosophie der Griechenvölker, der Staatsorganisation der Römer oder dem Volksbewußtsein der Germanenstämme zeigte, am Ende des Zeitalters ein Niedergang folgte, der seinen Ursprung im Verlassen der ererbten Religion hatte: Körper- und materienahe Religionsvorstellungen, die sich mehr mit der Schlechtigkeit als mit dem göttlichen Funken des Menschen beschäftigten, drängten an die Oberfläche des religiösen Bewußtseins. Die Sternkunde sank ihrem Tiefpunkt zu.

Als Drilfgode ist WIDAR wie ODIN, BALDUR, FORSETI, TIU, HERMODUR, BRAGI, HODUR, LOKI, THOR, HEIMDALL und NERTHUR ein Gott aller dem Tridekatheismus (der Religion der 13 Sternengötter) verbundenen Menschen. Persönlicher Gott ist WIDAR für Menschen des neuen Tierkreiszeichens Bär (20.01.-18.02. nördlich des Äquators und 23.07.-22.08. südlich des Äquators Geborene). Seine Landschaft im gedachten Reich Helladien ist Epirus ("das Land am Rande") mit seiner alten Hauptstadt Dodone. Auf einer 39-Nationen-Erde wären WIDAR Westafrika, das festländische Südostasien (Hinterindien) und der europäische Kern Rußlands (wer kennt nicht die Darstellung dieses Landes als den "russischen Bären"?) zum besonderen Schutz befohlen. WIDARs Planet Neptun wird wohl wegen seiner ausgedehnten Gashülle unbewohnbar sein, doch scheint sein Mond Triton (Garm) Masse und festen Boden und nur den Nachteil sonnenferne-bedingter Dunkelheit und Kälte zu besitzen. Die Seelen jener, die ein inneres Feuer trieb und die ein solches bewahren konnten, finden zu Gott WIDAR.

III.21. JUL, Gott in Falke und Bogenschütze des Winterbeginns

Der Ton E (8/15 von F) kennzeichnet mit der Tonfolge E, F, G, A, H, C, D, E´ die mild-sehnsuchtsvolle Frygische Klangart. Die Farbe zum Ton E ist Gelb. Über dem Grundton F hören wir die Frygische Klangart in der Tonfolge F, Ges, As, B, C, Des, Es, F´, F´, Es, Des, C, B, As, Ges, F. Farbe und Klangart geben sehr deutlich das Wesen des Gottes JUL wieder, wenn man weiß, daß er als 13. Planet dem von den Göttern geliebten, hellgelben Sonnenlicht am fernsten ist.

Die Edda nennt Gott JUL weniger klangvoll Ull oder Uller. Da seine Zeit nach nordischer Überlieferung aber die Jul-Zeit, die Zeit ab der (nördlichen) Wintersonnenwende ist, bietet es sich an, seinen Namen diesem ähnlich klingenden und eng mit ihm verbundenen Begriff zu entlehnen. Jul-Zeit ist dann zugleich Winteranfangs-Zeit, Zeit des wiederkehrenden Lichts und des Wintergottes JUL. In den jahreszeitlich gezählten Monaten ist der des Gottes JUL Albing (Unember), in nördlichen Breiten der Erde erstes Winterdrittel und Jahresanfang, an dem nach dem dunkelsten Tag des Jahres das

Licht langsam wiederkehrt, auch wenn der Winter noch kälter wird. Ein an Gott JUL erinnernder Edelstein ist der Goldtopas, seine Elemente sehen wir in den dunklen Metallen Osmium, Ruthenium und Eisen. In der freien Natur erscheint uns Gott Jul im Eis der gefrorenen Gewässer.

Als Planet Pluto ist JUL erst in Fernrohren von wenigstens etwa 30 cm Spiegel- oder Objektivdurchmesser gerade schon erkennbar, sofern er sich in sonnennaher Stellung befindet, denn seine Bahn ist etwas exzentrisch. Die Plutobahn ist um mehr als 15° gegen die Erdbahn (und die Jupiter-Bahn) geneigt und wird vor allem vom Nachbarplaneten Neptun (Widar), aber auch vom Uranus (Nerthur) beeinflußt, so daß bis heute (um 1984 geltender Zeitrechnung) noch nicht sicher ist, ob seine Umlaufzeit 247 oder 251 Tage beträgt, doch besteht Grund zu der Annahme, daß rund 247 Jahre - genau 3/2 der Neptun-Umlaufzeit - richtiger sind.

Gott JUL ist ungleicher Zwillingsbruder BALDURs im Doppel-Zwillingepaar BALDUR-HÖDUR-LOKI-JUL. JUL gilt in menschlicher Darstellung als beinahe 42 Jahre alt, während BALDUR, wegen der Nähe zu Iduns Garten der goldenen Äpfel des ewigen Lebens (das der relativistischen Zeitdehnung infolge schnellerer Bahnbewegung), erst 27 Jahre erreicht hat. Obwohl durch LOKIs Pfeil, JULs Bogen und HÖDURs blinden Schuß BALDURs helles Licht (das Strahlen des Planeten Venus) vorübergehend zum Erlöschen gebracht wurde, bis es ihrer aller Mutter Freia mit der Wahrung seines Gedächtnisses wieder aufleuchten ließ, ist keiner der drei an der Tat handelnd beteiligten Götter eine Macht der Finsternis, auch JUL nicht, der seine Bahn in Sonnenferne, irdischen Beobachtern auch mit Fernrohren nahezu unsichtbar, aber doch noch im wirksamen Schein der Sonne zieht. JUL verkörpert im Jahreslauf des Nordens nach ODINs die Welt verdunkelndem Monat die Gewißheit, daß es wieder heller wird. Seine Pfeile sind Symbole für die Lichtstrahlen der wieder höhere Bögen ziehenden Sonne, sein doppelt gekrümmter Bogen, der Edda nach aus hartem, in langen Jahren gewachsenem Eibenholz, stellt die erhöhte Reichweite der Pfeile dar, wie sie der einfache Bogen der primitiven Menschenvölker und Menschenähnlichen-Horden nicht besaß. Nordische Überlieferung stellt den Gott als beweglichen Jäger in der kalten Jahreszeit dar, der schlittschuhlaufend dem Winter Freude abgewinnt. Sein Fest ist das Jul-Fest oder Weihnachtsfest, das bei natürlicher Monatszählung zugleich die Jahreswende darstellt - ein Fest der Freude über das wiederkehrende Licht und des zuversichtlichen Blickens in das neubeginnende Jahr. Mit immergrünen Adventskränzen, deren vier Lichter in ODINs besinnlicher Zeit - jede Woche eins mehr - gezündet wurden, mit einem immergrünen Baum, an dem zwölf Lichter für die zwölf Monate leuchten, an der Spitze von einem Stern gekrönt, der das Großjahr des 25.728mal langsameren Jahreslaufes der Götter darstellt, mit Feuerspielen und buntem Feuerwerk sollte sich die Freude des Weihnachtsfestes jubelnd äußern und die Menschen jedes Jahr mit tief empfundener Hoffnung erfüllen.

die Reihenfolge der Tierkreissymbole im Zeitalter-Lauf ist gerade umgekehrt wie die des Jahreslaufes. Der Jahreslauf der irdischen Nordhalbkugel wird mit Gott ODINs Skorpion-Monat (gemäß neuer, richtiger Zählung) beendet, dem der erste Wintermonat, der Monat des Gottes JUL folgt, mit welchem die Sonne zurückkehrt. Im Großjahres-Lauf steht hingegen JULs Zeitalter am Ende und bedeutet nicht schon Wiederkehr des Lichts, sondern Abschied von diesem - Endzeit, Nahen des Endkampfes der Zeitenwende. Alle Götter sind im Zwölften Zeitalter als Brecher ihrer eigenen Gesetze in Schuld verstrickt, weil Handeln selbst bei Göttern Unvermeidliches beinhaltet und im Leben und Aufbau stets auch ein Teil Zerstörung mitbedingt ist. Die Götter bedürfen am Ende der Zeit der Erlösung, die ein schuldfreier Neugeborener bringen wird, der unter einem am Himmel stillstehenden Stern erscheint, um Gott ODIN das neue Licht zu reichen, der es über die zwölf anderen Götter durch die Zeitalter reicht, bis es zuletzt wieder JUL in die Hand gegeben wird, dem es im Endkampf erlischt.

JUL schuf Asgards zwölfte Burg, Eidalir, das Eibental, in dem er seine Bogen schnitzt und jagt. Bei ihm lebt dort seine Gemahlin Skadi (astronomisch der Pluto-Satellit Charon), mit der er Vater des jungen Gottes WIDAR ist. Am Sternenhimmel läßt sich Eidalir als Bogenschütze deuten, der einen Pfeil in Richtung des Stachels des Skorpions sendet, damit den Tod an die Ewigkeit des Lebens gemahnend, letzte

Botschaft aus der Endzeit, über deren Grenze das Licht ohne Hilfe von außerhalb Asgards nicht dringt. Eidalir ist die Burg der Hoffnungsvollen, Geradlinigen, die Ziele in der sicheren Reichweite ihres Auges suchen. Das dem Bogenschützen im Tierkreis entsprechende Tier ist der Falke (Wanderfalke), der seine Beute in schnellem Flug in der Luft erjagt. Christliche Kirche und klassische Astrologie haben unsere heutige Zeit unter das Zeichen der Fische gestellt. Den Fischen würde in unseren Bezeichnungen der Delfin entsprechen. Das Delfin-Zeitalter liegt jedoch schon zweimal 2.144 Jahre vor dem jetzigen Zeitalter in ferner Vergangenheit, und heute stehen wir im Zeichen des Falken, das Kirche und klassische Astrologie nicht kennen. Im Falke-Zeitalter, indisch-altindogermanisch der Eisenzeit (und Eisen ist ja eins der drei Elemente des Gottes JUL), gibt es noch Licht, noch Wissen um die Götter, doch ist alle echte Religiosität stark zurückgedrängt - nicht erst heute, sondern schon seit jenen unglücklichen Anfangsjahren um -41 geltender Zeitrechnung, der Zeit der Römer und ihrer europäischen Erben, denn Jesus-Christentum, Mohammedanertum und Judentum sind dogmatische Glaubens-Religionen, die das in Schriften erstarrte Wort über die unmittelbare Beziehung zum Himmel setzen. Nie konnte frommer Glaube wirkliches Wissen um die Gesetze des Himmels, um die Götter als Planeten und die Sternbilder als ihre Geschichte ersetzen. Die indische Bhagavadgita hat recht, wenn sie das jetzige Zeitalter Kalijuga, Zeit des Dunkels und des Vergessens nennt. Endzeit, Windzeit, Wolfszeit sagt die Edda. Mächtige, denen Herrschaft und materieller Besitz, und Ähnliche, denen Wohlgefühle des Körpers Lebenssinn sind, üben in unserer Welt die Macht aus, bestimmen, daß es nur einen Gott gebe, einen Gott der Bücher, dessen Himmel außerhalb der wirklichen Welt liegt. Wenn der Anblick eines der dreizehn Sternengötter in seiner materiellen Gestalt als Planet Erkenntnis und Zuversicht vermitteln soll, so hat es unsere Zeit besonders schwer, da der Gott unseres Zeitalters, JUL, außerordentlich schwer zu beobachten ist. Möge dennoch der eine oder andere Mächtige der heutigen Welt aus Berichten über den Planeten, wie sie die heutige Wissenschaft zu vermitteln versteht, Gewinn für seine erstarrte Seele ziehen!

Als Drilfgode ist JUL wie ODIN, BALDUR, FORSETI, TIU,

HERMODUR, BRAGI, HÖDUR, LOKI, THOR, HEIMDALL, NERTHUR und WIDAR ein Gott aller dem Tridekatheismus (der Religion der 13 Sternengötter) verbundenen Menschen. Persönlicher Gott ist JUL für Menschen des neuen Tierkreiswesens Falke (22.12.-19.01. nördlich des Äquators und 21.06.-22.07. südlich des Äquators Geborene). Seine Landschaft im gedachten Reich Helladien ist Frygien mit seiner alten Hauptstadt Gordion. Auf einer 39-Nationen-Erde wären Gott JUL Nordafrika, Indien und die Arktis (Island, Grönland, Spitzbergen, Franz-Josefs-Land) zum besonderen Schutz befohlen. Als Planet scheint JUL (Pluto) klein und leicht, aber immerhin von fester Oberfläche und somit wenigstens betretbar, dennoch aber mehr eine Heimat schwereloser unsterblicher Seelen, denen er Halt und klaren Blick in einer verwirrenden und bedrückenden Endzeit gibt.

III.22. WALI, Gottessohn und Erlöser

Zu Beginn der 25.728jährigen Ewigkeit übernimmt Gott ODIN das Licht der Zeiten, das den Seelen der Götter und Menschen aus dem Polarstern leuchtet. Gott JUL hebt in der längsten Nacht des so viel kleineren menschlichen Zeitmaßes das gelbe Licht der Sonne wieder in den sichtbaren Himmel, dessen Schein ODIN in der irdischen Welt schwinden läßt. Unter den Farben ist ODIN Schwarz zugeordnet, JUL die Farbe Gelb. Im weißen Licht des Zeitbeginns sehen wir ein Wirken aus einem anderen Bereich des Himmels, als es der Ring der Burgen Asgards ist. Nördlich und südlich Asgards, des Himmelsgurtes der Asen oder Drilfgoden, dehnt sich Utgard, der Himmel der menschennahen Bilder: Wal, Krieger, Wolf, Krokodil, Wippe, Kreuz des Südens, Sägefisch, Salamander, Pflug, Südliche Schlange, Nördliche Schlange, Schwan, Insignien Stab (Zepter), Reichsapfel und Krone, Seehund, Wagen, Wagenschatten, Sense, Drachen. Der Schwan fliegt am nördlichen Rand Utgards, nicht weit von dem Punkt, an dem Windswal (Stern Wega) am Außenrand des Großen Walls wacht. Jenseits des

Großen Walles, in allen Ewigkeiten für Mächte der Finsternis und Kälte unangreifbar, liegt Albenheim, das Reich des Lichts der Erneuerung.

Als Gott ODIN Freia ehelichte, war sie jünger als er, doch als sie nach der Geburt der Vierlinge zu NERTHUR, ihrem Vater, zurückkehrte, begann sie im Vergleich zu ODIN, dem Sonnennahen am Ort der ewigen Jugend, zu altern, so daß sie als Mutter stets ein wenig älter als jeder ihrer sechs göttlichen Söhne blieb, wobei sie sich im Altersabstand immer weiter vom Göttervater ODIN entfernte. Als nun die Zeitenwende herannahte, lag es in der Verantwortung ODINs, gegen die Schuld der Götter einen Erlöser durch Zeugung zum Leben zu erwecken, und er zog, den ehelichen Bund mit der Göttermutter Freia brechend, in die Ferne, um die junge Rinda zu betören und zu schwängern, die, wenn HEIMDALLs Gellerhorn zum Endkampf ruft, WALI, den Erlöser, in Albenheim zur Welt bringt. WALI ist der "Erwählte", griechisch Χριστος; lateinisiert Christus, altindisch (Sanskrit) Krischna. WALI wacht auf dem Idafeld (indisch: Schlachtfeld von Kurukschetra) darüber, daß keiner der Götter, keiner der Einherier, keine Walküre, keine Macht des Planetenhimmels und keine Macht der Finsternis ohne tödliche Wunden bleibt. Alle aber, die mit ganzer Kraft für ihr ewiges Leben gekämpft haben, werden am Neuen Tag rein, von aller Schuld befreit wiedererstehen. Kein Gott wird fehlen, Fenrir, der unbändige Wolf, wird jung und harmlos sein, Windswal, der betrogene Baumeister, wird sich gesühnt sehen, unsterbliche Seelen werden die Welt durchwirken, nur die Unwürdigen werden in Hels Hallen für immer verlöschen.

Wenn der Tag der Zeitenwende kommt, geschehen am Himmel nicht plötzliche Zeichen und Wunder, sondern es spielt sich nur ein gleichmäßiger, äußerst langsamer und doch in Jahrzehntausenden einmaliger, nicht zu mißdeutender Vorgang ab: Der Polarstern tritt in seine dem nördlichen Himmelspol der Erde nächste Stellung. Es dauert dann Jahrzehnte, bis erkennbar wird, daß er sich aus dieser Stellung, der er sich in periodischen Schwingungen, die sich aus der Himmelsmechanik ergeben, noch einige Male nähert, endgültig wieder fortbewegt. Erneut beschreibt der Himelspol in 25.728 Jahren eine näherungsweise kreisförmige, sternenlose Bahn. Mitte dieses Kreises ist der (um etwa 1° geringfügig schwankende) Pol der irdischen Ekliptik, um den herum jenes Sternenfeld liegt, das wir Albenheim genannt haben. Albenheim wird von vier Sternen der Helligkeit $3{,}0^m$ begrenzt, und eingerahmt von diesem Sterne-Viereck leuchtet als blauer, mit der Helligkeit 3^m unauffälliger Stern Zeta Draconis, in dem wir WALI, den Erlöser der Götter, sehen.

Gott FORSETI ist, um ein unbefangener Richter sein zu können, jung - ein zwölfjähriger Knabe. Dennoch trägt auch er schon an jenen Entscheidungen des Götterrates, die durch unentrinnbaren Zwang des Schicksals zu Wortbruch und Schuld führen. Nur WALI ist am Ende der Zeiten als Neugeborener - "Einnächtiger", wie ihn die Edda nennt - jung genug, um von Schuld gänzlich unbeladen für eine neue Ewigkeit Recht setzen zu können. Er übergibt dem im Kampf gefallenen und nach Überwindung des Todes geläutert in den Himmel tretenden Gottvater ODIN das Leitlicht und wird selbst wieder zu einem hellen, bläulichen Schein, der nach Albenheim entschwindet, wo die Alfen und Elfen beheimatet sind, jene Lichtwesen, zu denen die Götter aufblicken wie wir Menschen zu ihnen.

Im Jahre 2104 geltender Zeitrechnung wird das gegenwärtige Zwölfte Zeitalter, das im Zeichen des Falken steht, enden und ein neues Großjahr - für Menschen und ihr Maß eine neue Ewigkeit - beginnen. Diese Zeitenwende ist nah, und heute Verantwortliche sollten Sorge tragen, das kommende Erste Zeitalter, das im Zeichen des Skorpions, des unbedingten Herrschers mit dem tödlichen Stachel, stehen wird, mit körperlich, genetisch, geistig und seelisch gesunden Menschheitsvölkern zu erreichen. Durch Vernichtung von Wäldern und Baumarten, durch Auslöschung von Tierarten, durch Ausbreitung jahrtausendelang strahlenden radioaktiven Schmutzes und durch Ausmerzung und auch schon Unterdrückung von Menschen, die göttliches Wissen in sich tragen und auszubreiten trachten, wachsen den Menschen Gefahren von unüberwindlicher Tödlichkeit. Die Götter sind ewig, sie kennen keinen Tod. Die Menschen können den Göttern, wie sie uns der Sternenhimmel lehrt, nachstreben, und ihre Seelen erwachen dabei zum Leben und wachsen, aber die Körper der Menschen bleiben sterblich und bedürfen daher als Gefäße des Geistes, der allein Seelen formen und den Göttern näherbringen kann, behutsamen Erhaltungsbemühens. Unbefriedbare Triebe treiben Menschen mit gelähmtem Seelenleben in Todessehnsucht, in die sie Mitmenschen und dumpfe Menschenmassen, soweit sie sich beeinflussen lassen und ähnlichem verfehltem Trieb zugeneigt sind, mitreißen. Wer singt heute noch mit eigener Stimme, um reinen Klang bemüht, und findet so zu den Sphärenklängen und über sie zur Ordnung der Planetenbahnen? Wer vertieft sich in reine Farben und sieht ihre feingestaffelten Bezüge zum Götterhimmel? Wer blickt entspannt und geduldig die Zusammenhänge suchend zu den Sternen? WALI erlöst die dreizehn alleinigen Götter des Himmels, die wir Menschen als Ziel unserer Seelen brauchen, und öffnet uns so den Weg in das neue Erste Zeitalter. Gott des ausgehenden Falke-Zeitalters ist JUL, der Lichtbringer des Jahreslaufes, dem wir das Wintersonnenwend- und zugleich Neujahrsfest, die im natürlichen Jahreslauf ja zusammenfallen (22.12. nach heutiger Kalenderzählung), weihen. Den Lichterbaum dieses Festes krönt ein künstlicher Stern, der den Polarstern, den Stern der Zeitenwende, darstellt. Jetzt, in der Nähe der Endzeit, ist es sinnvoll, zusätzlich das Bild eines neugeborenen Kindes dem des sterngekrönten Lichterbaumes beizufügen und so des neugeborenen WALI zu gedenken, oder etwa im Gezweig des Baumes einen weiteren, kleinen Stern zu verstecken, der WALI in seiner Gestalt als blaues Sternchen in Albenheim darstellt, oder auch mehrere kleine Sterne, die dann WALI und seine Alfen (männliche Lichtwesen) und Elfen (weibliche Lichtwesen) darstellen.

Je näher das Ende des Zeitalters rückt, desto wichtiger wird es, neben den dreizehn einzigen Göttern - den Drilfgoden - auch WALI (mit anderen Namen Krischna oder Christus, auch Krist, keinesfalls aber Jesus, der ein irrender Mensch gewesen ist) in unser religiöses Denken mit einzubeziehen. Statt unwissend und spöttisch zu lächeln, wenn auf unseren lärmenden Straßen und Plätzen alte Weisen vom Zeitenwender erklingen, sollten wir eine unschätzbare Erfahrung zu gewinnen versuchen, indem wir in den Gesang mit einstimmen: "Hare Krischna, hare Krischna, Krischna Krischna, hare hare, hare Rama, hare Rama, Rama Rama, hare hare!"

III.23. Ein Blick in die Zukunft

Im leeren Raum beträgt die Lichtgeschwindigkeit rund 299.792.000 Meter in der Sekunde. Diese Geschwindigkeit bleibt immer erhalten, sie wird nicht größer, wenn wir uns auf das Licht zubewegen, und nicht geringer, wenn wir dem Licht zu entfliehen trachten. Dies ist ein wesentlicher Unterschied zur Schallausbreitung in Luft oder zur Ausbreitung einer Wasserwelle. Eine logische Folgerung aus der Konstanz der Lichtgeschwindigkeit ist die Relativität von Zeitablauf und nach außen wirksamer Masse. Im All haben Astronomen Hinweise darauf gefunden, daß riesige Sonnen nach Erschöpfung jener inneren Energiequellen, die sie als Sterne leuchten lassen, unter ihrer eigenen Schwere zu einem winzigen, nahezu lichtlosen Kern zusammenstürzen, zu "Schwarzen Löchern". Licht besteht normalerweise aus Photonen - kleinsten, mit einer genauen Farbwellenlänge versehenen Lichteinheiten, die jeweils von einem einzigen Atom ausgehen. Im leeren Raum ist der Weg eines solchen Lichtteilchens über beliebige Entfernungen und Zeiten völlig gerade, aber ein Raum ist nur dann wirklich leer, wenn in ihm nicht die Anziehung von Massen wirkt. In der Nähe einer so gewaltigen Massenkonzentration, wie sie ein Schwarzes Loch darstellt, wird die Bahn eines Lichtteilchens gekrümmt und kann sogar auf einer Spiralbahn bis in den nur noch Atome großen innersten Bereich dieser erloschenen Sonne führen. Während des kreisenden Falls gewinnt das Photon ungeheuer an Energie, die nur zu einem Teil als Gravitationsstrahlung nach außen verloren geht. Wäre das Schwarze Loch punktförmig oder nicht größer als ein Atomkern, so käme bei genügender Annäherung der Energiegehalt des Photons dem der ganzen ehemaligen Sonne gleich, und nach Erreichung eines geringsten Abstandes zum gemeinsamen Schwerpunkt der ehemaligen Sonne und des herangezogenen Photons würde dieses unter Abnahme seiner relativistischen Masse auf einer Spiralbahn wieder nach außen wandern und das "Schwarze Loch" vielleicht sogar wieder verlassen können. Wahrscheinlich ist die Massenkonzentration eines Schwarzen Loches nicht so ausgeprägt, wie zunächst angenommen wurde. Elementarteilchen lassen sich womöglich nicht beliebig zusammenpressen, und größere Massen - ganze Sonnen -, die das "Schwarze Loch" einfängt, behalten einen nennenswerten Abstand vom Schwerpunkt des Systems, während sich dieses als Ganzes durch Gravitationsstrahlung verändert. Das "Schwarze Loch" bildet wohl eine Art "hyperflüssigen Massenbreies", in dem aus dem All kommende Photonen und kleinere Massen spurlos verschwinden. - Wir können uns einen Forscher vorstellen, der im sicheren Erde-Sonne-Abstand um das Schwarze Loch kreist und mit einem LASER-Scheinwerfer in dieses hineinleuchtet, um nach etwa 1.000 Sekunden einen Teil des zurückkehrenden Lichtes zu beobachten. Nachdem er vielleicht festgestellt hat, daß das beobachtete Schwarze Loch eine weit mehr als atomgroße Ausdehnung von vielleicht einigen Metern besitzt, mag er sich als Nächstes in den Kern eines der großen elliptischen Nebel begeben, einer Ansammlung von Billionen (10 hoch 12) Sonnen mit einem Schwarzen Loch im Inneren, dessen Masse viele Milliarden Sonnen (10 hoch 9) ausmacht. Dort hat unser gedachter Wissenschaftler im Erde-Sonne-Abstand vom Mittelpunkt - sofern eine Kreisbahn in diesem Abstand stabil sein kann - ziemlich genau Lichtgeschwindigkeit. Kehrte der gedachte Forscher nach Jahrzehnten zu einer bewohnbaren Welt in der Nähe einer normalen Sonne zurück, so würde er feststellen, daß dort Jahrmilliarden vergangen sind und er noch Glück gehabt hat, wenn seine Sonne weiterhin ähnlich ihrem früheren Zustand leuchtet und eine unveränderte Bahn im Sternennebel zieht.

Es gibt keine Zeitmaschine und wird sie nie geben. Wenn es je gelingt, Menschen auf nahezu Lichtgeschwindigkeit zu beschleunigen und später wieder auf null (oder nichtrelativistische Geschwindigkeit) zu bremsen, was zweimal einen gewaltigen Energiebedarf bedeutet, der von inneren Antriebsmechanismen eines Raumschiffs - welcher Art sie auch seien - nicht erbracht werden kann, dann schickt man diese Menschen ein Stück in die Zukunft. Sie können aber nie aus dieser Zukunft berichten, denn es gibt keine Möglichkeit, im Zeitstrom rückwärts zu wandern. Wo sie landen, sind sie wohl zuverlässige Zeugen der Vergangenheit, doch können sie die Vergangenheit als gesamtes Zeit-Raum-Gefüge nicht mitbringen und nicht beeinflussen und werden Gefangene der neuen Zeit, in die sie treten. Ob sie einer um Jahrzehntausende weiter fortgeschrittenen Menschheit unterlegen oder überlegen wären, ist schwer zu sagen: Heute, am Ende eines rund 26.000jährigen Großjahres, befinden wir uns in einer Zeit, die viel vom gültigen Teil alten Wissens verloren hat und nur noch in einem kurzen Zeitmaßstab denkt. Der Sinn des Wirkens jahrtausendelanger Generationenketten wird nicht mehr erkannt, Furcht vor der ferneren Zukunft wirkt sich als Lebensangst in der Gegenwart aus. Der Bote aus der Vergangenheit stände zwar mancher technischen Errungenschaft ratlos gegenüber, doch er wüßte noch um den zusammenhängenden Sinn der zurückliegenden 26.000 Jahre, seit schon einmal der Polarstern, wie heute wieder, am Himmel stillzustehen begann und jene Nullmarke setzte, von der an die zwölf Tierkreissternbilder in zwölfmal 2.144 Jahren durch den Winter-Gegenpunkt der Sonne zogen.

Aus Überlieferungen und aus den natürlichen Bildern des Sternenhimmels können wir Teile der Vergangenheit, soweit sie himmelsbezogen war, erschließen. Vertiefen wir unsere Erkenntnisse bis hin zur Lehre des Tridekatheismus, dann gewinnen wir etwas von dem zeitlosen Atem der Götter und können dem Umbruch der mit dem Jahre 2104 nah bevorstehenden Zeitenwende mit Zuversicht ins Auge sehen.

Wir bedürfen des lebenden Boten aus der fernen Vergangenheit nicht und dürfen auch nicht mit ihm rechnen, da unsere noch nicht-relativistische Raumfahrt sicherlich die erste in der Geschichte der Menschheitsvölker ist. - Was aber, wenn raumfahrende, vernunftbegabte Wesen nichtirdischen Ursprungs unser Sonnensystem besuchen sollten? Müssen wir ihnen wie menschgewordenen Göttern gegenübertreten? Wäre es sinnvoll, daß wir ihnen rund vier Milliarden Jahre Lebensentwicklung des Planeten Erde zu Füßen legten, damit sie uns - vielleicht - von dem Zwang, einander mit weltvernichtenden Kriegen zu bedrohen, befreien? Der kurzatmig gewordene Gegenwartsmensch mag solche Unterwerfung befürworten und sogar herbeisehnen. Wenn jene raumfahrenden Wesen aber von einem anderen Sonnensystem - mit anderen Sternbildern und anderer Planetenzahl - kommen, ist es recht wahrscheinlich, daß ihnen nicht Bilder des gestirnten Himmels einen langfristigen Sinn des Seins gewiesen haben, so daß sie, wenn auch technisch und nach ihrer geistigen Leistungsfähigkeit beurteilt hoch überlegen, dennoch als Suchende zu uns kommen, denen wir das Geschenk unserer Götter, der Sternengötter in ihrer Eigenschaft als Planeten unseres Himmels, darbieten könnten. Wir sind dann die Gebenden!

III.24. Himmelsgemäßer Lebensplan

Solange die Sternbilder unseres Himmels bestehen - und das wird noch gut 30.000 Jahre der Fall sein, bis die Eigenbewegung der Fixsterne und unserer Sonne die Bilder zur Unkenntlichkeit verzerrt, können wir Menschen aus Fixsternhimmel und Planetenlauf Leitlinien für unser Leben gewinnen, die unser Dasein in engere Beziehung zur Welt der Götter bringen.

Wenn ein Säugling seinen ersten Atemzug tut, ist er geboren und erfährt seine Bestätigung als Mensch, der er im Verborgenen ja schon vorher war, seit seiner Zeugung. Sind seine Gehirnfunktionen einwandfrei und bleiben es, so daß man von sich entwickelndem und erhaltendem Geist sprechen kann, so wird die Anerkennung als Mensch bleiben, wie auch immer er sein Leben führt. Infolge des maßgeblich bestimmenden Einflusses seiner Erbanlagen wird er in der äußeren Erscheinung, seinem Verhalten und seinen geistigen Leistungen seinen Eltern und früheren Vorfahren ähneln, auch wenn gerade die Abweichungen, das Besondere, seine Stellung unter den Mitmenschen bestimmen können.

Bei der Geburt eines Menschen herrscht eine gewisse Jahreszeit, von der man sagt, daß sie seinen Werdegang mit präge. Vielleicht ist das nicht oder nur in geringem Maße der Fall, aber es hat sicherlich Einfluß, wenn der Heranwachsende zum Tierkreiszeichen seines Geburtsmonats eine innere Bindung entwickelt und Menschen, die seinen Geburtstag kennen, in der Deutung seines Charakters Akzente setzen, die ihnen sein Tierkreiszeichen naheliegend erscheinen läßt. Da alle zwölf Tierkreiszeichen gleichwertige Charakterbilder zeichnen, erwächst dem so Beeinflußten kein Schaden.

Die Töne der reinen, aus einfachen Zahlenverhältnissen gebildeten Tonleiter spiegeln sich in den Planetenbahnen und in den Tierkreissternbildern wieder. Die Tierkreissternbilder zeigen die Tierkreiszeichen, verschieben sich jedoch gegenüber diesen in jeweils 2.144 Jahren um ein Sternbild, wobei alle 25.728 Jahre genau dann Sternbilder und jahreslaufgebundene Zeichen übereinstimmen, wenn am nördlichen Himmelspol der Erde ein weißer Stern zweiter Größe (2^m) stillsteht, wie es in naher Zukunft um das Jahr 2104 genwärtig geltender Zeitrechnung der Fall sein wird. Die Bindung an ein Tierkreiszeichen bedeutet also zugleich Beziehung zu einem Sternbild, einem Planeten und einem Ton, und mit dem Ton zu einer von 7 möglichen Klangarten der natürlichen Tonleiter sowie zu einer Farbe. All das ergibt sich nur aus dem Tierkreiszeichen, ohne daß schon an ein Horoskop gedacht werden muß. Tierkreiszeichen, Planet, Ton (in Beziehung zum Grundton), Klangart, Farbe und ein Gedanke an die Zeitalter können einen diffusen oder schwankenden Charakter erheblich Form gewinnen lassen und einen starken, prägenden Charakter verständlicher machen.

Wir stellen Töne als Verhältniszahlen zu einem Grundton dar. auch die Verhältnisse der Töne untereinander können sinnvolle Töne ergeben. Unser Ohr empfindet Töne im Verhältnis 5:6, 4:5, 3:4, 2:3, 5:8 und 3:5 als Wohlklänge (Konsonanzen), ebenso die Dreiklänge 4:5:6 und 10:12:15. - 15:16, 8:9, 32:45, 45:64, 9:16 und 8:15 sind sauber klingende Mißklänge (exakte Dissonanzen). - 1:2 zählen wir als Konsonanz, 1:1 als exakte Dissonanz (weil unergänzter Ein--Klang). - Andere Tonverhältnisse im Bereich zwischen 1:1 und 1:2 bilden je nach Nähe zur einen oder anderen der vorher genannten Verhältniszahlen unsaubere Wohl- oder Mißklänge. Aus den Verhältnissen der Töne zueinander und der Wirkung ihres Zusammenklanges können wir die natürlichen Verträglichkeits-Tendenzen tierkreistypischer Charaktere herleiten. Saubere Wohlklänge (exakte Konsonanzen) deuten wir als gute Verträglichkeit, die durch gegenseitiges Verständnis gestützt ist. Exakte Dissonanzen (saubere Mißklänge) sehen wir als Neigung zu Spannungen, die durch ein natürliches gegenseitiges Verstündnis leicht behoben werden. Unsaubere Wohlklänge deuten wir als von ewigen Mißverständnissen getrübte Harmonie, unsaubere Mißklänge als Neigung zu unbehebbarer Unverträglichkeit. Wohlklänge und Mißklänge halten sich genau die Waage, die exakten Tonverhältnisse überwiegen dabei, das heißt, die Tierkreischaraktere erleichtern, wenigstens im Durchschnitt - gegenseitiges Verständnis. Die Neigung von Menschen verschiedenen Tierkreiszeichens zueinander im Vergleich der Symboltiere des Tierkreises festzustellen, ist eine Aufgabe des Astrologen, wenn auch noch seine leichteste. Schon dieser leichten Aufgabe vermag sich die klassische Astrologie mit ihren falschen Vorstellungen vom Himmel wie auch den Elementen nicht zu stellen. Ihre Verträglichkeiten beruhen nicht auf nachprüfbaren, ja sogar als Klänge hörbaren und als Farbzusammenstellungen sichtbaren Harmonien, sondern nur auf der Zuordnung zu vier vermeintlichen "Elementen" (Feuer, Erde, Licht und Wasser), an die eine finstere, unwissende Zeit geglaubt hat.

Verträglichkeitsschema:

:	F	Ges	G	As	A	B	H	Ces	C	Des	D	Es	E	F´	
F	(–)	–	–	+	+	+	–	–	+	+	+	–	–	(+)	1/1
Ges	–	–	=	–	&	+	&	+	–	+	&	+	=	–	15/16
G	–	=	–	–	=	&	+	&	+	–	&	=	+	–	8/9
As	+	–	–	–	=	=	&	&	+	+	=	&	&	+	5/6
A	+	&	=	=	–	–	–	&	+	=	+	–	+	+	4/5
B	+	+	&	=	–	–	=	–	–	+	+	+	–	+	3/4
H	–	&	+	&	–	=	–	=	–	&	&	&	+	–	32/45
Ces	–	+	&	&	&	–	=	–	=	–	&	+	&	–	45/64
C	+	–	+	+	+	–	–	=	–	–	=	&	+	+	2/3
Des	+	+	–	+	=	+	&	–	–	–	=	=	&	+	5/8
D	+	&	&	=	+	+	&	&	=	=	–	–	–	+	3/5
Es	–	+	=	&	–	+	&	+	&	=	–	–	=	–	9/16
E	–	=	+	&	+	–	+	&	+	&	–	=	–	–	8/15
F´	(+)	–	–	+	+	+	–	–	+	+	+	–	–	(–)	1/2
	1	15	8	5	4	3	32	45	2	5	3	9	8	1	
	–	—	–	–	–	–	—	—	–	–	–	—	—	–	:
	1	16	9	6	5	4	45	64	3	8	5	16	15	2	

\+ heißt Zuneigung mit Verständnis,
\- heißt Abneigung mit Verständnis,
& heißt Zuneigung ohne Verständnis,
= heißt Abneigung mit Verständnislosigkeit.

Dabei steht
F und F´ für Skorpion (klassisch: "Schütze"),
Ges für Steinbock (klassisch: "Skorpion"),
G für Schwalbe/Schwert (klassisch: "Waage"),
As für Storch (klassisch: "Jungfrau"),
A für Adler (klassisch: "Löwe"),
B für Fledermaus/Krebs (klassisch: nur "Krebs"),
H für entscheidungsfreudigen Zwilling und
Ces für einfallsreichen Zwilling (klass.: "Zwillinge"),
C für Stier (klassisch ebenfalls: "Stier"),
Des für Widder (klassisch ebenfalls: "Widder"),
D für Delfin/Schiff (klassisch: "Fische"),
Es für Bär (klassisch: "Wassermann"),
E für Falke/Bogenschütze (klassisch: "Steinbock").

Für das eigentliche Horoskop, das den Menschen an die bewegten Himmelsabläufe binden soll, müssen die heliozentrischen Planetenstände, wie sie sich von der Sonne her zeigen, errechnet werden, wobei vor allem wichtig ist, in welchem "Haus" (neuer Art!), d.h. in welchem Tierkreis-Sternbild (allgemein nicht gleichbedeutend mit Tierkreis-Zeichen) jeder Planet steht. Dabei geht man so vor, daß man zunächst einmal die Zeiten zwischen Geburtszeitpunkt (in genauer geografischer Ortszeit - nicht in amtlicher Normzeit, die um Stunden falsch sein kann!) und bekannten Oppositions- beziehungsweise unteren Konjunktions-Stellungen (ebenfalls in Ortszeit!) der Planeten ausrechnet. Für den nächsten Schritt besitzt man zweckmäßigerweise eine Tabelle, die angibt, in welchen Zeiten welche Bahnabschnitte von den Planeten zurückgelegt werden, da sonst für jeden Planeten (wenn man auch nur 1/2 Winkelgrad Genauigkeit erreichen will) eine ziemlich längliche Formel anzuwenden ist:

$$t = \frac{u}{2\pi} \cdot \left[e \cdot \sqrt{1 - k^2} + \frac{\pi}{180^0} \cdot \arctan\left(\frac{1}{k} \sqrt{1 - k^2} \right) \right] \quad ;$$

$$k = \frac{\cos \gamma^* - e}{1 - e \cos \gamma^*}; \qquad \gamma^* = \arctan \frac{\tan \beta^*}{\cos \iota} - \omega;$$

$*$ = bezüglich Wintergegenpunkt des 22.12.2104,
e = (numerische) Exzentrizität,
ι = Bahnneigung,
ω = Winkel zwischen absteigendem Knoten und Aphel,
β^* = Winkel zwischen absteigendem Knoten und einerseits Oppositionsstellung, andererseits den Tabellenzeitpunkten,
u = Umlaufzeit des Planeten,
t = Zeit zur Zurücklegung eines Bahnteiles zwischen zwei Winkelstellungen β^*.

Bei der Rechnung ist zu beachten, in welchem Quadranten der Bahnellipse des Planeten man sich befindet. Für die vollen Umläufe, die in die Formel nicht eingehen, muß der Unterschied zwischen siderischer (fixsternhimmel-bezogener) und tropischer (jahreszeiten-bezogener, 0.014 Tage kürzerer) irdischer Jahreslänge beachtet werden.

Hat man schließlich alle Planetenstände, so geht man zur Deutung über: Jeder Planet und jedes "Haus" (neuer Art) besitzt eine feste Bedeutung. Zyklen (Planet a in Haus M, Planet m in Haus C, Planet c in Haus A, zum Beispiel) betonen die beteiligten Stellungen. Eine Beziehung zum jeweiligen Alter des Betroffenen, in dem die Planetenstellungen Bedeutung erlangen, ergibt sich durch Setzen des Nullpunktes dieser Altersjahre 90 Grad hinter der Stellung des Planten Erde (allgemeiner: des Geburtsplaneten) und die Festlegung, daß die 360 Grad des Kreises 96 möglichen Lebensjahren entsprechen. Ergänzend bestimmen wir noch einen "Lebenshöhepunkt" aus Geburtsuhrzeit plus 6 Stunden, in Jahre umgerechnet (4 Jahre pro Stunde), und den "Lebenstiefpunkt", 48 Jahre davon entfernt. Wir entnehmen noch unserer Tabelle, ob ein Planet sich nördlich oder südlich der Ekliptik befindet, und werten es als leichte Betonung, wenn der Planet für einen nördlich des Äquators Geborenen oberhalb der Ekliptik stand, als Bedeutungsminderung das Umgekehrte.

In den letzten paartausend Jahren waren wir Menschen es gewohnt, das Menschenleben in 7-Jahres-Abschnitte zu teilen. Betrachten wir diese Einteilung, so sehen wir den Lebensabschnitt des Kleinkindes mit 7 Jahren enden, die bewußte Kindheit mit 14, die Jugend mit 21, sechs Abschnitte des Erwachsenenalters über 28, 35, 42, 49 und 56 Jahre bis 63 Jahre reichen, dann das Alter über 70 und 77 Jahre bis 84 Jahre, vielleicht auch bis 91. - Nur in den jungen Jahren des Menschen leuchtet diese Einteilung halbwegs ein. Teilen wir das Leben so wie den Jahreslauf in 12 Teile, ergibt sich:

Winter (Vor-Frühling)	1 bis 21
Frühling	22 bis 42
Sommer	43 bis 63
Herbst	64 bis 84
Winter (Nach-Herbst)	85 und weiter

Vielleicht war eine solche Einteilung den Menschen vergangener Jahrtausende gemäß. Inzwischen konnte eine Dehnung besonders der höheren Lebensabschnitte des Menschen beobachtet werden, und ein Ersetzen der Zahl 7 durch die Zahl 8 ist angezeigt. Die Umbruchzeit der Pubertät fällt dann auf die Mitte des Vorfrühlings-Abschnitts des Lebens und auf ein Alter um 12 Jahre, der Höhepunkt der Leistungsfähigkeit mit etwa 36 Jahren auf die Mitte des Frühlings des Lebens. Ein "Lebenskreis" erhöht sich von 84 Jahren auf 96 Jahre, die grobe Vierteilung läßt sich einleuchtend zur Zwölfteilung verfeinern:

Winter(Vor-Frühling):	0 bis 8	Kleinkind, die Grundfertigkeiten des Lebens erlernend (Hoffnungs-Gott JUL)
	9 bis 16	Aufbruch in die Jugend, Beginn eines Eigenlebens (Gott WIDAR in seinem Reich "Landesweite")
	17 bis 24	Werbezeit (Gott NERTHURs Sohn Frey als Freier Gerdas)
Frühling	25 bis 32	Aufbau(Gott HEIMDALL als rühriger Reiter und Vater junger Töchter)
	33 bis 40	Wohlstand (Gott THOR mit seiner mächtigen Burg, von seinen waffengeschulten Söhnen und Pflegekindern umgeben)
	41 bis 48	Umbruch(LOKI und HODUR, Götter der Entscheidungen)
Sommer	49 bis 56	Selbstbesinnung (Gott BRAGI und Idun)
	57 bis 64	neue Aufgaben in kleiner Gemeinschaft und Volk (Gott HERMODUR als Seelengefährte)
	65 bis 72	Opfer und schwerer werdender Einsatz (Gott TIU, der

		seinen rechten Arm gab)
Herbst (Nach-Sommer und Vor-Winter)	73 bis 80	Rückblick und Vorschau (Gott FORSETI, der himmlische Richter und Messende der Zeit)
	81 bis 88	Bewältigung letzter verbliebener Aufgaben (Gott BALDUR, der zur Hel geht, um das Schicksal der Götter zu erfüllen)
	89 bis 96	Mühen um Weisheit und bleibende Vorbildlichkeit (Gott ODIN, der weise Wanderer)
Winter (Nach-Herbst)	97 und weiter	Blick in ein neues Menschenalter (JUL, Gott des wiederkehrenden Lichts)

Wir behalten im Auge, daß die Verbindung zwischen Planeten und Sternbildern für nördlich und für südlich des Aquators Geborene gleich ist, daß hingegen das Tierkreiszeichen, das ja jahreszeitengebunden ist, für beide Menschengruppen um die Zahl sechs verschieden ist, was die klassische Astrologie gewöhnlich nicht beachtet. Während die klassische Astrologie einen "Aszendenten" ("aufgehendes" Tierkreiszeichen, was aber nur sinnvoll ginge, wenn sich die Tierkreissternbilder entlang des Himmelsäquators und nicht entlang der Ekliptik aufreihten) fast gleichwertig neben dem Tierkreiszeichen verwendet, nehmen wir als Unterscheidung zwischen zur gleichen Zeit auf der gleichen Planetenhalkugel Geborenen das zum Geburtszeitpunkt genau über ihnen stehende Sternbild (neuer Festlegung), wozu wir ebenfalls eine Tabelle verwenden können. Schließlich ergänzen wir unsere Grunddaten noch durch Nachrechnen oder Nachlesen der Mondphase.

Ein Beispiel mag nun den deutenden Teil eines Horoskops erläutern:

Den Zwillingen A. und O. (Menschen der Jetztzeit, deren Namen wirklich mit diesen Buchstaben beginnen; zugleich ist mit diesen Buchstaben aber auch Anfang und Ende des altgriechischen Alphabets angedeutet: Alpha und Omega) standen, auf ihre mögliche Lebensspanne bezogen, mit 5 bis 7 Jahren LOKI (Planet 2Pallas/Minerva) im Sternbild Schwert (Götterburg oder Haus FORSETIs), mit 21 bis 23 Jahren HERMODUR (Planet 4Vesta) im Steinbock (Haus BALDURs), mit 22 bis 24 Jahren HODUR (Planet 1Ceres) im Skorpion (Haus ODINs), mit 23 bis 25 Jahren FORSETI (Planet Terra) ebenfalls im Skorpion. Bei 39 Jahren liegt der Lebenstiefpunkt von A., bei 38 Jahren der von O., für das Alter von 45 bis 47 Jahren steht ihnen NERTHUR (Planet Uranus) im Bären (Haus WIDARs). Mit 47 bis 49 Jahren haben sie JUL (Planet Pluto) im Schiff (Haus NERTHURs), um die 56 Jahre herum (es ist schwer, für den Planeten genaue Daten zu bekommen) BRAGI (Planet 15Eunomia) im Widder (Haus HEIMDALLs), mit 62 bis 64 Jahren BALDUR (Planet Venus) im Stier (Haus THORs), ebenso ODIN (Planet Merkur) und 3 Jahre später WIDAR (Planet Neptun). Für die Lebensjahre 73 bis 75 steht ihnen TIU (Planet Mars) in den Zwillingen (Haus HODURs und LOKIs). Der Lebenshöhepunkt liegt für O. im fernen Alter von 86 Jahren, für A. bei 87 Jahren. Für A. steht kurz vor dem Lebenshöhepunkt, für O. kurz nach dem Lebenshöhepunkt HEIMDALL (Planet Saturn) im Adler (Haus HERMODURs), für die Lebensjahre 89 bis 91 steht beiden THOR (Planet Jupiter) ebenfalls im Adler. Der Mond stand für A. und O. 3 Tage vor dem letzten Viertel (also kurz vor abnehmendem Halbmond). Uber A. und O. stand bei der Geburt als Sternbild der Große Wall, wobei über A. dessen Außenrand stand, über O. dagegen mehr die Mitte des Walls und zugleich mit ihr die vor den Wall geschobene rechte Flügelspitze des Schwans.

Wir stellen fest, daß BALDUR (Venus), THOR (Jupiter) und HERMODUR (Vesta) einen Zyklus bilden, womit zunächst einmal die Alter 22, 63 und 90 Jahre betont sind, wovon der Zeitpunkt 63 Jahre durch Nord-Stellung BALDURs über der Ebene der Ekliptik noch zusätzlich leicht hervorgehoben ist. Die 63 Jahre werden, wie wir aus der Ausdehnung des Zyklus schließen, sicherlich erreicht, damit wohl ebenfalls die Stellungen von ODIN (Merkur) und WIDAR (Neptun) im Stier, wenige Jahre danach. Die nächste Planetenstellung, der streitbare Gott TIU (Planet Mars) in den Zwillingen, muß wohl als erster Widerstand gegen einen zu frühen Tod verstanden werden. Um die Zeit ihres so späten Lebenshöhepunktes haben A. wie O. gesundheitlich zu ringen, doch können sie den letzten Abschnitt des ausgedehnten HERMODUR-BALDUR-THOR-Zyklus noch erreichen.

Das Tierkreiszeichen von A. und O. ist der Skorpion (in klassischer Bezeichnungsweise der "Schütze"), mit einer Neigung zur Herrschsucht, aber auch dem inneren Maß, um keine Freundschaften zu verderben. Die Mondphase deutet auf leidlich vorhandenen, aber passiven Gerechtigkeitssinn. Das Sternbild des Walles zeigt A. und O. als Überwinder eines Hindernisses (in unserer Zeit typischerweise soziale Widerstände), wobei O. mehr als A. den Wall nicht im frontalen Ansturm, sondern durch den Flug der Fantasie mit der Schwinge des Schwanes angeht. Deuten wir nun nacheinander alle zur Geltung kommenden Planetenstellungen, so beginnt zunächst das 7. Lebensjahr mit der außergewöhnlichen (LOKI als Gott der Überraschungen) Freundschaft zu einem Schwalbe/Schwert-Menschen. Um die 22 Jahre bestimmt HERMODUR im Zeichen von Unbedingtheit und Leidenschaft (Haus BALDURs) Eheschließungen der beiden Zwillinge. Um 23 Jahre werden schnelle (HODUR), ein Jahr später ausgewogenere, überlegte (FORSETI) Entscheidungen im Zeichen unruhigen Suchens (Haus ODINs, des vielbewegten Herrschers) getroffen. Die nächsten 22 Lebensjahre sind von der Neigung zu Mutlosigkeit überschattet, doch um die 45 Jahre erfolgt dennoch eine weite Reise in die Einsamkeit (Gott der Meere NERTHUR im Hause WIDARs, des Einsamen). Um die 48 Jahre winkt Wohlstand (JUL als Gott wirtschaftlicher Erfolge) in der Ferne (Haus NERTHURs). Um die 56 Jahre blühen noch einmal Gesundheit (Gott HEIMDALLs Haus) und Liebe zum Leben (BRAGIs goldene Harfe, die der Welt Leben und Klang gab). Mit 63 Jahren beginnt eine zielbewußte (BALDUR als bedingungsloser Gipfelstürmer) Sicherung des Erreichten, wie Haus und Familie (Haus des machtvollen, dabei kinderfreundlichen THOR). Der sich ergebenden, so späten Geborgenheit (THORs Haus) folgen Besinnlichkeit (ODINs Weisheitsstreben) und Vereinsamung (WIDAR, der Alleinschaffende) bis um die 66 Jahre. Streit, Verwundung oder ein kräftezehrendes Opfer (TIU, der kämpferische Gott, der einen Arm hergab) drohen im

Alter von 74 Jahren im Hause HODURs, des Entscheiders, und LOKIs, des Einfallsreichen, tödlich, jedoch winkt A. und O., wenn sie diese Herausforderung überstehen, ein rüstiges (HEIMDALL) und keineswegs einsames (THOR) Alter, aus dem sie mit 90 Jahren (Haus HERMODURs) friedlich scheiden.

Das Horoskop ist ein Bild, das es mit wirklichem Leben auszufüllen gilt. Ein von einem solchen Bild geleitetes Leben ist reich an Sinn, weil es eng mit dem Sternenhimmel und seinen Göttern in Verbindung steht.

Ein Lebenshoroskop kann noch durch Jahreshoroskope ergänzt werden: Positive Jahreszyklen (aus Oppositionen und unteren Konjunktionen) und negative Zyklen (aus oberen Konjunktionen) eines vom 22.12. zum nächsten 21.12. gezählten Jahres können als Tendenz des Jahres gewertet und mit dem Lebenshoroskop in Beziehung gebracht werden. Da der Planet, auf dem wir uns befinden (allgemeiner: unser Geburtsplanet), nicht zu sich selbst in Opposition oder Konjunktion stehen kann, werten wir hierfür ersatzweise eine Perihelstellung (Sonnennähe) positiv als "Eigenopposition" und eine Ap-hel-Stellung (Sonnenferne) negativ als "Eigenkonjunktion". Für Bewohner Terras liegt der Perihel zur Zeit (und noch mehr als 100 Jahre über das Zeitenwende-Jahr 2104 hinaus) im Tierkreissternbild Bogenschütze (des neuen Tierkreises), der Ap-hel im Krebs (ebenfalls des neuen Tierkreises, dessen Sternbilder ja gegen die des klassischen, durch Irrtümer entwerteten Tierkreises um fünf verschoben sind).

Gegenüber anderen Tierkreiszeichen besteht für Skorpion-Menschen (klassisch: "Schützen") wie A. und O. eine natürliche Bereitschaft zu guten Beziehungen zu Storch (klass.: "Jungfrau"), Adler (klass.: "Löwe") und Fledermaus/Krebs (klass. nur: "Krebs") sowie Stier, Widder und Delfin/Schiff (klass.: "Fische"), von Fall zu Fall auch zum Skorpion (klass.: "Schütze"), zu gespannten Beziehungen zu Steinbock (klass.: "Skorpion"), Schwalbe/Schwert (klass.: "Waage"), Zwillingen beiderlei Art, Bär (klass.: "Wassermann") und Falke/Bogenschütze (klass.: "Steinbock"), fallweise auch zum anderen Skorpion (klass. "Schütze"). Infolge Unverständnisses gestörte oder gar gänzlich schlechte Beziehungen bestehen zu keinem Tierkreiszeichen, womit sich eben das Zeichen des Herrschers (Skorpion) andeutet.

Gemäß alter Astrologen- und Alchimisten-Tradition wird Menschen mit dem Tierkreiszeichen ein Element, ein Edelstein und eine Glückszahl zugeteilt. Früher kannte man nur vier vermeintliche "Elemente": Feuer, Erde, Luft und Wasser. Die Zuordnung von Edelsteinen und Zahlen erfolgte nach keinen heute noch übezeugenden Regeln. - Wir nehmen als Element für A. und O. unter Berücksichtigung ihres Geburtsortes in einem bestimmten der 39 Erdbereiche, nämlich "GER" mit der Nummer 36, das Element Iridium (Schmelzpunkt 2.454° C, Dichte 22,6 g/cm^3 , raumsymmetrische Form des dichtesten Atomgitters und äußerst hart), das dauerhafter als Silber, Gold und Platin (außer bei hohen Temperaturen) ist, aber grauer, schwachglänzender, kälter wirkt. Farblos wie auch schwarz vorkommender Edelstein für A. und O. ist der Diamant, nur schwarz der Halbedelstein Obsidian. Die Glückszahl wählen wir in Anlehnung an die Planetenbahnen nach Planet Merkur (ODIN, Gott im Zeichen des Skorpions) mit 1 (eins), mit der Bruchzahl 1/1 bezeichnen wir den natürlichen Grundton F der harten Lydischen Klangart.

Allzu Aufgeklärte werden sagen, ein Horoskop erübrige sich, da die Planeten bis auf eine nahezu unmeßbare Schwerkraftwirkung, die gegenüber den Kräften von Mond und Sonne als verschwindend bezeichnet werden muß, ohne Einfluß auf uns seien. Wenn aber in den Planetenbahnen und den Sternbildern der Sinn ganzer Zeitalter von mehr als 2.000 Jahren Länge liegt, - muß es da nicht von Wert sein, über eine besonnene, nicht wahrsagerisch die Zukunft deutelnde Sterndeutung mit dem himmlischen Geschehen verbunden zu sein?

III.25. Religionskult

Wirtschaft und Geld, Fragen materieller Versorgung stehen

heute im Vordergrund menschlichen Strebens. Massen- und Überproduktion zur Befriedigung künstlich angeregter Bedürfnisse gefährden den Artenreichtum der lebenden Natur des Planeten Erde, ohne einen nennenwerten Teil der Menschheit gegen einen solchen Preis freier und glücklicher, ja auch nur gesünder zu machen. Jede ausgestorbene Pflanzenart, jede ausgestorbene Tierart bleibt für immer verloren, und wir müssen befürchten, daß ein solcher Verlust in zukünftigen Zeitaltern einmal sehr schmerzen wird. Rettung bahnt sich aus dem Bereich der Elektronengehirne an, die, sinnvoll eingesetzt, Arbeitskraft für sinnvolle, die Natur erhaltende und damit erst den Weg zu den Sternen öffnende Tätigkeiten freisetzen können. Die Erde ist unter wenn auch ungleiche Staaten und Völker aufgeteilt, und das ist angesichts der Zerstörungswut menschlichen Geistes insoweit ein Vorteil, als lebensschädliche Irrtümer zumeist in ihrer Wirkung begrenzt werden können. Die Unausgewogenheit der heutigen Staatenwelt gibt allerdings Menschen gleicher Befähigung sehr ungleiche Möglichkeiten, ihre Fähigkeiten zu entfalten. Die Eliten in Staaten mit kleinem Staatshaushalt oder mit Staatslenkungen, die unfähig sind, jene Werte zu würdigen und zu fördern, die erst Menschen über geistlos nutzbare Automaten und in einfachen Bahnen denkende Tiere erheben, verkümmern. Die plumpe Anwendung eines Gleichheitsgedankens auf ungleiche Staaten, Völker, Menschen und für Menschen Angesehene, die Ihr Menschsein erst noch beweisen müßten, drücken die geistigen Ansprüche und die geistige Versorgung der zu Bevölkerungsmassen entartenden Menschen herab. Begriffe wie Vaterland, Adel, Heldentum und götternahe Schönheit erleben entwertenden Mißbrauch.

Stets hat der Mensch in der Welt, durch die er als Lebender schritt, ein Stück Geheimnis gefunden. Lange Zeit wußte er nicht, woher das Leben kam, noch länger blieb ihm verschlossen, warum einem kurzen Leben ein langer Tod folgte, von dem es keine Rückkehr gab. Mit magischen Handlungen versuchte er, an solchem Geheimnis teilhaftig zu werden. Er schnitzte und meißelte Amulette und Götzen, in denen er sich von verstorbenen Ahnen und Personifizierungen des Geheimnisses selbst angeblickt fühlte. Sterne zeigten dem nach oben Blickenden die erhabensten Bilder. Heute verfällt solches Suchen der Seele. Die religiöse Betreuung der Massen haben von toten Büchern genährte Großorganisationen übernommen, die dem Fragenden bedingungslosen Glauben und Gehorsam als Antwort aufdrängen, ja bis in die heutige Zeit unter Folter und Todesdrohung aufgezwungen haben. Kirchen, Moscheen und Synagogen sind Stätten des Bekenntnisses, allenfalls noch des ehrlichen Glaubens, wenn nicht gar der Heuchelei, nicht aber der Suche und der wirklichen Annäherung an die Geheimnisse der zeitlosen Seelenwelt.

Menschen, die einen über ihren Tod hinausreichenden Sinn ihres Lebens nicht mehr erkennen, sind Todeskeime der Menschheit. Sie verzichten auf Kinder, leibliche Nachkommen, und meiden Gemeinschaftspflichten, soweit sie ihnen auszuweichen vermögen, wie Vertiefung in die Geschichte und Kulturüberlieferung ihrer Völker. Mit dem Vergessen der Vergangenheit verlieren sie das Verständnis für die Zeitmaße, die über ihre Lebensspanne hinaus in die Zukunft reichen. Fröhlich leben sie immer mehr dem Tage, sehen spöttisch oder gleichgültig über Arme und Hungernde hinweg, die sich noch mit Kindern und Charakterbildung abmühen, mißachten die erfolglos Bemühten, unterdrücken oder mißbrauchen deren Schöpfungen, sind aber selbst die sicherer dem Tode Zutreibenden.

Kult bedarf nicht der Tempel, der Opfersteine, der Götzen, Amulette und Zauberzeichen, denen schon immer zuviel Wunderkraft angedichtet worden ist. Kult zeigt sich als Kultur, als Pfleglichkeit im ganz alltäglichen Lebenslablauf. Warum leuchten nachts unsere Städte und Straßen in hellem künstlichem Licht? Müssen wir Anschläge auf unser Leben, unsere körperliche Unversehrtheit, unser bewegliches Hab und Gut befürchten - und wenn, warum? Sind materielle Raffgier und die Lust an der Qual anderer so verbreitet, müssen sie es sein? Sinnvoller wäre es, zu dunkleren Nächten draußen und in den Häusern zurückzukehren, um wieder wie in ferner, alter Zeit Gelegenheit zum besinnlichen Gespräch, zur gegenseitigen Anteilnahme im kleinen Kreis zu geben, von Sagen und Göttern zu hören und ein Bewußtsein von der Größe und schwarzen Tiefe des Alls zu gewinnen, aus dem Sterne und Planeten zu uns sprechen, sofern nur unsere Sinne geschärft sind.

Kult kann in Kleinigkeiten gedeihen: Wer hat schon den seinem Tierkreiszeichen zugeordneten Planeten auf Abbildungen, als Lichtpunkt am Himmel oder gar als langsam bewegte Erscheinung im Himmelsfernrohr gesehen? Kennt er den Namen seines persönlichen Gottes? Weiß er, daß Gott und Planet eins sind? Kennt er die seinem Planeten und Gott zugeordnete Klangart und vermag sie in auf- und absteigenden Tonleitern zu summen, kennt er Lieder, die in der Schönheit ihres Klanges und der Reinheit ihrer Worte Liebe und Ehrfurcht vor den himmlischen Göttern wecken? Es gibt deren viele, etwa: El cóndor pasa, Es war ein König in Thule, Dornröschen war ein schönes Kind, Jung-Siegfried war ein stolzer Knab, Tulu kommst du denn nicht, Es waren zwei Königskinder - und noch so viele andere aus vielen Kulturen und Sprachen. Wer kennt die seinen Geburtsmonat kennzeichnende Farbe und weiß sie bewußt zu sehen? Hat er schon einmal am Himmel das Sternbild seines Tierkreiszeichens gesehen? Hat er das Tier seines Tierkreiszeichens als lebendes Wesen in der Natur beobachtet? Kennt er den Gruppengesang am himmelstrebenden nächtlichen Feuer oder die mehrstimmige Tonkunst alter Meister? Besucht er die Natur im weiten Land, um die natürlichen Monate der Jahreszeiten mittlerer Breiten bewußt zu erleben? Weiß er, daß er einem sich seiner selbst vielleicht in der Gegenwart nicht genügend bewußten Volk angehört, das ihn in seiner Sprache und seinen Wertvorstellungen zu schützen vermöchte, wenn er und genügend andere ihm in täglicher Arbeit dienten? Weiß er alle dreizehn als Planeten über den Himmel ziehenden Götter mit Namen, kennt Bilder, die sie in ihrer ganzen übermenschlichen Größe als Welten gleich unserer Erde zeigen, aber auch Sagen, die sie in das Gewand menschlicher Gestalten von ewigem Leben kleiden? Die Mittel heutiger Versklavungsmechnismen, die anmaßend religiöse Ansprüche stellen, sind solche der Massenlenkung durch Massenmedien und Massenversorgung und normierte Einordnung des Einzelnen in eine Massengesellschaft. Die Befreiung der Seelen nach jahrtausendelanger Bedrückung wird des Kampfes bedürfen, vielleicht zur Stärkung der Kämpfenden auch eines Kultes, doch ihre Kraft beziehen die Seelen der ersten Wiederbefreiten aus der Harmonie mit dem Himmel der dreizehn wahren Götter.

III.26. Gebote

Seit etwa dem Jahre 800 heutiger Zeitrechnung besteht in West- und Mitteleuropa das sogenannte Christliche Abendland, das sich später über Nordamerika, Südamerika, die Inselwelt des Stillen Ozeans, Australien, das tropische und südliche Afrika und Osteuropa, aber nur Randzonen Asiens ausgebreitet hat. Lehre dieses Abendlandes ist ein von Jesus von Nazareth gestiftetes, auf Glaubensvorstellungen eines ehemals versklavten und innerlich noch nicht wieder freien Volkes aufbauendes Christentum, wie es Nachfolger in den ersten 100 oder 200 Jahren nach seiner Zeit, altgriechische Einflüsse aufnehmend, weiterentwickelt und gefestigt haben. Wichtigste Richtschnur aller Anhänger dieses Christentums sind zehn angeblich unmittelbar von einem Gott übermittelte Gebote. Deren erstes lautet: "Ich bin der Herr, dein Gott. Du sollst keine anderen Götter neben mir haben!" Selbst dieses Gebot gibt noch zu erkennen, daß es im Bewußtsein früherer Menschen Götter in der Mehrzahl gegeben hat, der Gebrauch des Wortes Gott als Name also bedeuten muß, daß dem Andersdenkenden sein Anspruch, von mehreren Göttern zu sprechen, schon sprachlich verweigert wird. Wer von "Gott" spricht, beschimpft jeden, der die Wahrheit im Himmel der Götter sucht. Auch der Glaube Mohammeds, der Islam, sagt: "Es gibt keinen Gott außer Allah, und Mohammed ist sein Prophet." Das Morgenland, das bis heute im religiösen Bereich fast ausschließlich im Zeichen Mohammeds und seines Halbmondes stand, ist also kaum weniger intolerant monotheistisch als das Abendland, das wie die Mohammedaner im Glaubenswahn verheerende Massen- und Völkermorde und Morde an den Besten begangen hat. Monotheisten sind die Juden, deren Glaube als Vorläufer von nazarenischem Christentum und Islam gilt. Durch schriftliche Erstarrung einer jahrtausendelang mündlich überlieferten Religion falsch betont ist der monotheistische Zug im Hinduismus oder Brahmanentum: Krischna, die entscheidende Gottheit, ist der Erlöser, den die Christen der nazarenischen Glaubensrichtung in Jesus sehen, den sie folglich mit Beinamen Christus nennen, doch in Wahrheit, wie es auch die ältere Uberlieferung der Veden (altindischen Schriften) noch weiß, ist Krischna

Erlöser der Götterwelt und ihrer Ordnung und damit WALI, dem Erwählten und Erlöser, den die Edda nennt, gleich.

Moralisches Handeln bedarf nicht notwendigerweise eines religiösen Überbaues. Der moralische Wert des Christentums war oft zweifelhaft, jüngste, beispielhafte Ereignisse im Iran haben auch den Islam seiner Moral entkleidet. Moral velangt nur ein Auskommen der Menschen untereinander, eine Verläßlichkeit auf Treu und Glauben, Schonung von Leben und körperlicher Unversehrtheit des anderen, Ermöglichung eines Privatlebens und eine sinnvolle Einordnung in Gemeinschaftsordnungen wie etwa Dorfgemeinde, Verwaltungsregion, Teilvolk und Volk und Land. Moral schützt das Leben und den Lebensraum, erlaubt der Elite Entfaltung und unterdrückt nicht die Kleinen. Moral erlaubt geistiges Streben und religiöse Bindung. Der heutige Alltag hat die verbindliche Moral weitgehend in Gesetzen schriftlich festgehalten, die aus Erfahrung der Menschen im Umgang miteinander entstanden sind. Gerade weil sie infolge längerer Entwicklung von religiösem Dogma gelöst sind, können sie weitgehend als gerecht empfunden werden. Einen Weg in eine jahrtausendeferne Zukunft weisen Gesetze allerdings nicht, denn sie sind nur ein Bild der Wertbegriffe der Gegenwart und ihrer Menschen, die von ihrer idealen Freiheit noch fern sind. Langfristiges Denken bedarf der Beziehung zum langperiodischen Himmelsgeschehen. Religion, die diesem Anspruch gerecht zu werden vermag, ist menschengerecht. Überlieferungen deuten an, daß die Indogermanen, als sie noch ein Volk waren, dieser Religiositüt näher waren, als es Menschen danach je wieder erlebt hätten.

Viele Menschen im "Christlichen Abendland" haben trotz der Macht der Kirchen die Zehn Gebote nie vollständig gekannt oder sogar als unvertretbar angesehen und dennoch ein Leben geführt, dessen Ethik und Moral als hochwertig anerkannt wurden. Mancher "Freidenker" hat trotz der Kirchen gelebt und gewirkt und hat nicht als "Ketzer" oder "ungläubiger Heide" Verfolgung, Marter und Tod erlitten - Leiden übrigens, die hinter jenen des Jesus nicht zurücktraten. Die Verhetzung der Menschen ist eben nie vollkommen, was darauf zurückzuführen ist, daß der Mensch das Zusammenleben mit Seinesgleichen in Jahrhunderttausenden der Menschwerdung geübt und unter den Ausleseregeln der lebendigen Natur in seinem Erbgut fixiert hat, so daß die Neigung zu hochstehenden Wertbegriffen in der Beziehung zu lebender Gemeinschaft und Ahnenkette ihm angeboren ist. Nur die wenigen charakterlich Schwachen und Schlechten, die es infolge der Streuung des Erbgutes sicherlich immer geben wird, bedürfen des Zwanges unverrückbarer Gebote, für sie und zum Schutz vor ihnen sind die Gesetze, für sie hat das Christentum ein ganzes Sittengebäude der Liebe zum Schwachen errichtet, das jedoch nie andere als lediglich Eiferer zu überzeugen vermocht hat.

Wer die Lehre des Tridekatheismus gelernt und verstanden hat, wird in seinem Leben vom Vorbild der dreizehn himmlischen Götter geleitet, die allgegenwärtig sind: In den Farben der nahen Umwelt, in Klängen, Tieren, Metallen, Sternbildern und Planeten und in den Gedanken, wo sie in überlieferten und zugleich mit dem sichtbaren Himmelsgeschehen eng verflochtenen Sagen auftauchen. Der Tridekatheist bedarf keiner starren Gebote, er kennt die Namen der Götter, ODIN, BALDUR, FORSETI, TIU, HERMODUR, BRAGI, HODUR, LOKI, THOR, HEIMDALL, NERTHUR, WIDAR und JUL, die in zählender Benennung, sofern Sprachenstolz dies verlangen zu müssen meint, auch PRIMUS, SECUNDUS, TERTIUS, QUARTUS, QUINTUS, SEXTUS, SEPTIMUS, OCATAVUS, NONUS, DEKIMUS, UNDEKIMUS, DUODEKIMUS und TREDEKIMUS heißen. Er weiß als nah an der Zeitenwende Stehender von WALI, dem wahren Krist. Ihm ist die Welt voller Sinn: Farben, Töne, Klänge, Sterne - sie alle sind ihm Grüße der Götter, und sie machen ihn nicht etwa zum tatenlosen Betrachter, sondern geben ihm erst die Befähigung zu Taten von Wert für zukünftige Geschlechter. Indem er das Zeitmaß der Götter begreift, bei dem ein Großjahr 25.728 Menschenjahren entspricht, wird ihm die Kürze und Einmaligkeit der Zeitspanne bewußt, in der er ein Lebender und Wirkender ist. Wie kurz ist doch ein Leben als Zeit zur Formung einer Seele! Taten entwickeln den Geist, Geist gibt der Seele Gestalt, Zeugung und verantwortungsbewußte Erziehung erbgesunder Nachkommen schafft die Kette der Generationen, die wie im Himmel die Götter das Licht, das Symbol geistigen Webens und Wirkens, durch die Zeitalter reichen.

III.27. Normen

Ein Elektronengehirn vollzieht Rechnungen und logische Gedankenketten schnell und zuverlässig und besitzt ein nie trügendes Gedächtnis. Trotzdem ist die Zahl seiner kleinsten Speichereinheiten, Ja- oder Nein-Bits, und die Zahl der Verbindungen zwischen diesen Einheiten unvergleichlich kleiner als bei einem menschlichen Gehirn. Um mit einer solchen relativen Einschränkung geistige Erzeugnisse von Wert hervorbringen zu können, bedarf das Elektronengehirn genormter Eingaben. Da unsere Welt nach jahrhundertelangem Gedankenaustausch über Ländergrenzen und Erdteile hinweg ohnehin ein normiertes Zusammenstreben ihrer einstmals unabhängigen Ordnungen erkennen läßt, kommen sich die Anforderungen der Elektronik und die Gegebenheiten menschengeschaffener Ordnungen und Ordnungsbegriffe auf natürliche Weise entgegen, ohne daß das Elektronengehirn als Kahlschläger unseres geistigen Reichtums beargwöhnt werden muß. Viele Normen bestehen schon lange: Die Verwendung des Dezimalsystems beim Rechnen mit Zahlen, was auf das Abzählen mit den zehn Fingern (Daumen mitgezählt) der beiden Hände zurückzuführen ist; das auf der Zahl Zehn beruhende metrische System für Längenmaße, Masseneinheiten und viele andere physikalische Normwerte bis hin zu den Größenklassen der Fixsterne; die einheitlichen Ränge und Regierungsformen in der Staatenwelt (Staatsoberhaupt, Minister, Botschafter) und die Verwendung von Staatsflaggen und Nationalhymnen; der weltweite Kalender, der, obwohl christlich-römischen Ursprungs, auch in völlig andersgläubigen Weltbereichen Geltung besitzt, was seine Anpassung an die astronomischen Gegebenheiten allerdings nur erschwert; Zeitmessung und Winkelmessung in einem ausnahmsweise nicht dezimalen, sondern Zwölfer- und Sechziger-Zahlensystem; die siebentägige Woche einschließlich der Namen ihrer Tage, die aus vorchristlicher Zeit stammen; lateinische Schrift und arabisch genannte Ziffern (die aber von diesen nur abgeleitet sind, während die im Orient gebräuchlichen Ziffernzeichen als Urform doch erheblich abweichen).

Noch befindet sich das Leben auf Terra im Verfall, der

Beschränkung des Geistigen, der Verkümmerung der Seelen, aber die Zeitenwende ist nur noch einige Generationen fern. Dann ist die Zeit reif, um erneut mit Weitblick bis in ein sechsundzwanzigstes Jahrtausend gestaltend in das bisherige Totlaufen menschlichen Bemühens einzugreifen. Sehen wir uns an einigen Beispielen an, wie die Neuerungen aussehen werden:

Die dann verflossenen 25.728 Jahre des ersten Großjahres eines sternenzugewandten Teils der Menschheit werden nicht sinnlos geworden und vergessen sein. In der zurückliegenden Zeit wurden die Bewegungen des Himmels erkannt, das Vorwärtsrollen des Wagens um den Nordpol der Ekliptik, das Vorwärtsziehen des Pfluges um den Südpol der Ekliptik. Alle 13 Planeten bis hin zum fernen Pluto (Gott JUL) wurden unter größtem Aufwand an Geduld, Geist und Bemühen gefunden, zur Hälfte wieder verloren und gegen Ende des letzten Zeitalters noch einmal entdeckt. Die Ernährungsgrundlagen wurden durch Züchtung an Tier und Pflanze erweitert, ein neu geschaffener Mensch breitete sich in den letzten beiden Zeitaltern aus und erlöste in dumpfen Eigenheiten erstarrte Völker.

Das Elektronengehirn kennt nur zwei Zustände der kleinsten Sinneinheiten, der Bits: Eins (1) oder Null (0). Je 4 Bits in allen Kombinationen aus Einsen und Nullen ergeben genau 16 verschiedene Einheiten der nächsthöheren Ordnung (der aus 4 Bits bestehenden Halbbytes): 0000, 0001, 0010, 0011, 0100, 0101, 0110, 0111, 1000, 1001, 1010, 1011, 1100, 1101, 1110, 1111. Um dezimal rechnen zu können, muß das Elektronengehirn sechs dieser 16 Möglichkeiten ungenutzt lassen, was seine Datendichte verringert. Fachleute gehen schon zaghaft zu hexadezimalen Zahlen über und schreiben diese, indem sie die zehn vorhandenen Ziffern des Dezimalsystems durch sechs Buchstaben ergänzen: 0, 1, 2, 3, 4, 5, 6, 7, 8, 9, A, B, C, D, E, F. Natürlich ist dies ein Notbehelf, und neue Ziffernzeichen, die sich aus den zugrundeliegenden 4-Bit-Gruppen herleiten, werden schließlich eingeführt werden. Schwerwiegender noch ist der Eingriff in den mathematischen Gebrauch und vor allem in die Sprache, die ihre Zahlen- und Ziffern-Begriffe ja aus fernsten Zeitaltern ererbt hat, Zeiten, in denen die Menschen noch ganz anders als wir heute schöpferisch dachten. Aus den Dezimalzahlen elf, zwölf, dreizehn, vierzehn, fünfzehn und sechzehn werden die hexadezimalen Ziffern elf, zwölf, drilf, vielf und fulf und die zweistellige Hexadezimalzahl "einzig" (entsprechend zwanzig, dreißig, ...). Die Multiplikationstafel aus zehn mal zehn Zahlen vergrößert sich auf sechzehn mal sechzehn Zahlen, also 256 statt der bisherigen 100, die man zum Rechnen ohne Maschine braucht - der zukünftige Mensch muß also wieder mehr lernen. Es entstehen ungewöhnliche Rechenaussagen wie "fielf mal fulf gleich zweiunddrilfzig" (E mal F gleich D2; dezimal 14 mal 15 = 2 + 13mal16 = 210). Die neue "hundert" ist nicht mehr zehn mal zehn, sondern sechzehn ("einzig") mal sechzehn ("einzig"). Statt große Zahlen in Tausenderpotenzen zu gliedern (Million = tausend mal tausend = 1.000.000), ist nun die Gliederung in vierstellige Ziffern-gruppen naheliegender: Wir schreiben "einzig" als "10". "10" mal "10" mal "10" mal "10" mal "10" mal "10", was eine "Million" ergäbe, schreibt sich dann "100.0000" und wäre "hundert Kentionen" oder "Kentiarde" zu nennen. Mit den neuen Ziffern kämen alsbald auch neu genormte Buchstaben.

Dringend verbesserungsbedürftig ist der Kalender. Sein völlig willkürlich festgelegter Jahresanfang gehört auf den Zeitpunkt der Wintersonnenwende. Bei der notwendigen Rundung der 365,242 Tage mithilfe eines Schalttages ist so zu verfahren, daß das Normaljahr 365 Kalendertage hat, alle 4 Jahre ein Schaltjahr 366 Tage zählt, alle 100 Jahre der Schalttag entfällt und alle 500 Jahre der Schalttag nicht ausfällt. Die Monatslängen müssen sich nach den astronomischen Gegebenheiten richten, die gegenwärtig, mit dem Winteranfang der irdischen Nordhalbkugel beginnend, 29, 30, 30, 30(31), 31, 31, 32, 31, 31, 30, 30, 30 Kalendertage vorschreiben. Mit den wie der Jahresbeginn um 10 Tage verschobenen und in den Längen etwas geänderten Monaten sind sinnvollerweise neue Monatsnamen einzuführen - entweder konventionell lateinisch Unember, Duember, Triember, Quattember, Quinkember, Sexember, September, Oktober, November, Dekember, Undekimber und Duodekimber oder mehr an den Jahreslauf mittlerer bis nördlicher Breiten der Nordhalbkugel der Erde erinnernd Albing, Harting, Horning, Lenzing, Wandling, Weiding, Braching, Heuing, Ernting, Scheiding, Gilbing und Nebling.

Es hat sich eingebürgert, das Jahr nicht nur in Monate oder Tage, sondern auch in Wochen zu je 7 Tagen zu gliedern, wobei die Wochentage nach den sieben hellsten teils echten, teils falsch vermuteten Planeten des veralteten, geozentrischen Weltbildes benannt sind. Die Reihenfolge - Mond, Mars (Tiu), Merkur (Wotan/Odin), Jupiter (Thor), Venus (Freia, Wahrerin der Rechte Baldurs), Saturn und Sonne - ist regellos. Nachdem man heute weiß, daß Sonne und Mond keine Planeten sind und alle dreizehn wirklichen Planeten bekannt sind, wobei wir beachten, daß auch unsere Erde ein wie die anderen bewegter Planet ist, bietet sich zur Verbindung von Gewohntem und Himmelswirklichkeit die Doppelwoche aus 14 Tagen an, die alle zu den Planeten gehörenden Götternamen und ergänzend die Sonne im 14. Tag nennt. Die Reihenfolge ergibt sich am überschaubarsten durch Zählung der Planeten von innen nach außen: 1. Odinstag, 2. Baldurstag, 3. Forsittag, 4. Tiustag, 5. Hermodstag, 6. Bragitag, 7. Hödurstag, 8. Lokitag, 9. Thorstag, 10. Heimdallstag, 11. Nerthurstag, 12. Widarstag, 13. Julstag und 14. Sonntag. Da das Jahr aus 26 Doppelwochen und einem Tag (in Schaltjahren 2) besteht, verschiebt sich die Namensgebung für die Monatstage wie bisher um gewöhnlich einen Tag, in Schaltjahren um 2 Tage.

Die Einführung des hexadezimalen Zahlensystems hat nicht zuletzt Folgen für die heutige Physik: Glatte Zahlen werden zunächst krumm. Zehn mal zehn Meter sind nicht mehr hundert (hexadezimal) Quadratmeter, sondern "vierundsechzig" ("64" = 4 + 6mal16 = dezimale 100) Quadratmeter. Es entsteht eine neue Skala der Größenordnungen, und bei dieser Gelegenheit können endlich einmal die zahlreichen physikalischen Grundgrößen auf einige wenige Urwerte umgerechnet werden. Eine zuverlässige Konstante ist beispielsweise die (Vakuum-)Lichtgeschwindigkeit, heute rund 300.000.000 Meter in der Sekunde (etwas genauer: 299.792.000 m/sec). Leiten wir eine "Sekunde" neuer Art so wie die alten Zeiteinheiten zunächst einmal von der mittleren Tageslänge des Planeten Terra ab (was dann auf einer Atomuhr geeicht wird), so gelangen wir, wenn wir eine glatte hexadezimale Zahl für die Lichtgeschwindigkeit anstreben, zu einem neuen "Meter" als Längeneinheit. Heute hat ein Tag 24 Stunden zu 60 Minuten zu 60 Sekunden. Ein Tag zu 16 Stunden zu 64 Minuten zu 64 Sekunden hätte genau 16mal16mal16mal16 Sekunden = "1.0000"

Sekunden = eine "Kention" Sekunden. Ein glatter Wert für die Lichtgeschwindigkeit wäre dann "2000.0000" "m"/"sec" oder "2000.0000.0000" "m"/Tag. Die Umrechnung zwischen alten und neuen Metern ergibt dann 1 "m" = 0,734 m. Das Maß entspräche besser als der heutige Meter (hergeleitet aus rund 1/40.000.000 des Erdumfangs über die Pole) dem Schritt eines Menschen.

Elektronen und Protonen gibt es im ganzen beobachtbaren Weltall. Die elektrische Ladung des Elektrons, gleichstark wie die des Protons, nur entgegengesetzt, hat sich als elementar erwiesen - als in Bereichen beobachtbarer Ausdehnung nicht teilbar und mit der Eigenschaft, daß die Summe aller Ladungen, wenn man die positiven gegen die negativen aufrechnet, stets gleichbleibt und sicherlich nahe bei 0 (null) liegt. Eine Elementarladung übt in einem Abstand von bespielsweise einem neuen "Meter" auf eine zweite Elementarladung eine bestimmte Kraft aus, die man messen könnte. Kraft ist Masse mal Beschleunigung, und so gewinnen wir über die elektrische Elementarladung eine Bezugsgröße für die Masse beispielsweise eines Elektrons, die ihrerseits als Ruhemasse des beschleunigten Elektrons gemessen werden kann. Ein geeignetes hexadezimales Vielfaches dieses Massenwertes läßt sich dann an die Stelle des bisher gewohnten Kilogramms setzen.

Mit den Einheiten für Masse, Länge und Zeit im neuen System besitzen wir alle nötigen Ur-Einheiten, um alle Größen der Physik darstellen zu können.

Blicken wir nun noch einmal - mit messendem Auge - zum Sternenhimmel, so erinnern wir uns, daß wir die Helligkeiten mit der Einheit "Größe" = m = magnitudo beschrieben haben. Die Sterne Arktur (orange, im neuen Sternbild Sense) und Wega (bläulich-weiß, hellster Stern am Außenrand des Sternbildes Großer Wall) hatten die Helligkeit $0{,}0^m$. Eine Größenklasse entsprach dem Faktor 2,51 (genauer: $10^{0{,}4}$). Wir finden für Sirius, den hellsten Fixstern nach der Sonne, die Helligkeit $-1{,}6^m$, für Polaris $+2{,}1^m$, während 43 weitere Fixsterne in ihren Helligkeiten dazwischenliegen. Im neuen, hexadezimalen Zahlensystem ist es selbstverständlich, statt 2,51 den Faktor 2 zu nehmen. Entsprach vorher 5

Größenklassen ein glatter Faktor 100 (10(0,4mal5) = 10^2 = 100), so führen jetzt 8 Größenstufen zum neuen Faktor "100" (dezimal 256) oder 4 Größenstufen zum Faktor "10" (dezimal 16). Schreiben wir Hexadezimalziffern so, wie es heute Programmierer tun, also 0, 1, ..., 9, A, ..., E, F und behalten die Nullmarke für Arktur und Wega bei, so ergeben sich als neue Helligkeitsdarstellungen für Sirius -"2,2^m ", für Polaris +"2,8^m " und für den Planeten Neptun (von der Erde aus, alt 7,7^m) +"A,3^m " (in Worten: "Größe zehn komma drei").

Normen werden sich nach dem grundlegenden Wandel der Zeitenwende nicht nur in Maßen und Zahlen durchsetzen, sondern auch im mitmenschlichen und staatlichen Zusammenleben. Schon heute werden auf unserem Planeten zwar hunderte Sprachen gesprochen, aber nur wenige "Weltsprachen" genügen für nahezu die Gesamtheit der halbwegs gebildeten Menschen: Englisch, Spanisch, Deutsch, Französisch, Russisch, Portugiesisch, Arabisch, Italienisch. Große lokale Sprachen sind noch Han-Chinesisch, Japanisch, Neu-Indonesisch, Hindi und Persisch. Gerade die noch kleineren Sprachen - etwa Dänisch, abgegrenzt gegen Schwedisch, oder das Rätoromanische in der Schweiz, sind Ausdruck menschlicher Freiheitsliebe und Eigenständigkeit, aber sie besitzen für genormte Staaten mittlerer Größe, die einsprachig verwaltet werden müssen, keine tragende Funktion. Lebendig sind die kleineren Sprachen ohnehin nicht, sondern nur Erbgut aus alter Zeit, das sich nicht mehr weiterentwickelt, mit der streng gesehen einzig nützlichen Funktion, Menschen, die von Imperien bedroht sind, in Teilbereichen ihres Lebens vor Vermassung zu bewahren. Die Entwicklung wird wohl auf nur 5 Verkehrs- und Handelssprachen in 40 Nationen des Planeten Erde hinauslaufen, wobei gleichgroße Gruppen aus je 8 Nationen entstehen.

Normen bestimmen auch heute schon in einem internationalen Maßstab die bürgerlichen Gesetze, die Gültigkeit internationaler Verträge nach innen und außen und die Umgangsformen zwischen Amtsvertretern der Staaten und Völker. Grundzüge einer allgemein anerkennbaren Moral, die allerdings bedeutend höher stehen muß als die heute verbreitete politische Moral, in der sich viel Heuchelei, Selbstsucht und Sendungswahn, der nicht ehrlich die Folgen bedenkt, verbergen, werden Eingang in die Programme großer Verwaltungs-Elektronengehirne finden, die über menschliches Wollen und Werden mitentscheiden.

III.28. Geist in hierarchischer Verschachtelung

Einfaches, unmittelbar durchschaubares Denken spielt sich dergestalt ab, daß auf ein beobachtetes, zur Kenntnis genommenes Ereignis nach festen Regeln reagiert wird; Kenntnisnahme und Reaktion bedürfen eines Denkvorganges. Ein kleines Kind bekommt zwei Ziffern, dazwischen ein Pluszeichen, am Ende der Zeichengruppe ein Gleichheitszeichen und weiß, daß es aufgefordert ist, eine Ergebniszahl hinzuschreiben, die es nach bekannten Rechenregeln ermittelt. Diese Art des Denkens kann Geist erster Ordnung, einfachster oder noch unterster Stufe genannt werden. Er kennzeichnet allerdings nicht das Kind, das schon zu weitaus umfangreicherem Denken befähigt ist, aber er zeigt die menschliche Entsprechung zu den Anfängen des Gebrauchs von Elektronengehirnen, die zunächst nur Rechenmaschinen waren.

Stellen wir uns einmal eine kleine Fabrik vor, die etwa Schrauben, Nägel und andere Güter aus Metall herstellt. Besitzer und Leiter des Werkes sei ein energischer, nicht mehr ganz junger Mann, der vom Fach etwas versteht. Seine Frau erledigt die Büroarbeiten, vor allem Buchführung und Lohnabrechnungen. Sechs Facharbeiter sind schon seit Jahren im Betrieb, zwei Hilfsarbeiter und ein junger Anlernling sind noch neu. Der Betrieb läuft zur Zufriedenheit aller Beteiligten, weitet seine Produktion zwar nicht aus, unterliegt aber auch nicht der ähnlich arbeitenden Konkurrenz. In den letzten zwei Jahren hatte der Chef Sorgen mit dreien seiner wertvollen alten Mitarbeiter, die mehrfach durch Krankheit ausfielen. Junge Leute vom Aushilfsdienst des Arbeitsmarktes fanden die Fabrik verstaubt und deprimierend, die Arbeitszeiten und das Arbeitstempo zu starr. Einer verletzte sich durch Unachtsamkeit. Mit der Personalchefin gab es Unstimmigkeiten wegen einer Lohnabrechnung, der Chef selbst konnte wegen Überlastung nicht mehr immer die neuesten Marktberichte für seine Erzeugnisse lesen. Solche Sorgen waren normal, aber sie zeigten zunehmend, wie empfindlich die Abhängigkeit des Unternehmens von Menschen war. In dieser Lage ließ der Chef einen Systemprogrammierer vorsprechen, der mit ihm die Möglichkeiten des Einsatzes eines Elektronengehirns besprach. Die Buchführung, die Lohnberechnung, der Materialfluß der Werkstücke zu den Arbeitsplätzen und die Lagerung aller Rohmaterialien, losen Werkzeuge und fertigen Güter sollte eine Elektronik übernehmen. Dem Chef, seiner Frau und allen Arbeitern blieb immer noch genügend Arbeit, den Tag zu füllen. An diesem Punkt des Gespräches aber schlug der Systemprogrammierer den Einsatz von Geist zweiter und höherer Ordnung vor: Der elektronische Kasten sollte die Betriebssicherheit verbessern, eine gleitende Arbeitszeit ermöglichen, Arbeitsfreude vermitteln, Marktentwicklungen auswerten und Verträge vorbereiten, ja als Krönung sogar Argumente zu den traditionellen periodischen Verhandlungen zwischen Arbeitnehmer- und Arbeitgebervertretern beisteuern und in diesem Zusammenhang sogar das Gemeinwohl und voraussichtliche Wechselwirkungen mit den Staatsorganen berücksichtigen. - Der Chef blickte etwas ungläubig, seine Frau mißtrauisch, die Absicht einer Entmachtung des Chefs und Fabrikbesitzers argwöhnend. Schließlich erhielt der Vertreter der Elektronik unter Hinweis auf gewisse unveräußerliche Rechte und auch Pflichten des Chefs, der Personalchefin und aller anderen Betriebsangehörigen freie Hand:

Die Wirkungen der Neuerung zeigten sich nur allmählich: Die Furcht der Arbeiter, die überall blickenden Fernsehaugen würden sie zu schnellerer Arbeit ohne jeden Leerlauf zwingen, erwies sich als unbegründet. Im Gegenteil: Kam ein Arbeiter - etwas spät und mit schlechtem Gewissen, weil sein Kommen ja durch Lichtsperren elektronisch festgehalten wurde - an seinen Arbeitsplatz, konnte es geschehen, daß die Maschine schon im Dunkeln Routinearbeiten erledigt hatte, bei seinem Erscheinen das Licht anging und ihm ein Automat eine Tasse Kaffee genau nach seinem Geschmack einschenkte.

Elektronische Schrifttafeln meldeten ihm, was anlag, und die Anweisungen waren sogar seiner Persönlichkeit angepaßt: Abwechslung für den einen, Gleichförmigkeit für den anderen. Die Maschinengeschwindigkeit forderte vom einen gemäß seinen früheren Arbeitsgewohnheiten Zeitspannen mit Spitzenleistung, mit Leerlauf dazwischen, vom anderen gemütlichen Trott, und notfalls konnte jeder Arbeiter noch von sich aus Wunschgeschwindigkeiten einstellen. Wichtig für den Selbstwert jedes Mitarbeiters des Unternehmens war eine Tafel, die zeigte, ob gemäß Warenabsatz und Arbeitsleistung und ihrer Entlohnung seine Arbeit rentabel oder verlusterzeugend war, und es zeigte sich, daß die Elektronik ein guter Ratgeber war, der alle Arbeitkräfte, obwohl ihre angeborenen und anerzogenen Unterschiede in der Einstellung zu Leistung und Zuverlässigkeit blieben, in die Gewinnzone führte. Auch dem Chef und der Personalverwalterin und Buchhalterin wurde positive Arbeitsleistung bescheinigt, obwohl ihre Arbeit leichter und angenehmer geworden war: Der Chef pflegte die persönlichen Kontakte zu seinen Lieferanten und Abnehmern, sah sich in der Welt um und lieferte dem Elektronengehirn so neue Speicherdaten, auch wenn diese den stetig eingehenden Datenfluß eines elektronischen Datendienstes, der die früher üblichen Fernschreib-Nachrichtendienste abzulösen begann, nur akzentsetzend ergänzen konnten. Seine Frau wurde zum Kummerkasten ihrer Arbeiter, ja selbst ihrer Familien, und erkannte bald - auf Hinweise des Elektronengehirns hin - als neue Aufgabe, mit ihrer Arbeiterschaft sinnvolle Freizeitinhalte zu entwickeln, da es sich herausgestellt hatte, daß der vorgeschriebene durchschnittliche Acht-Stunden-Arbeitstag nicht notwendigerweise ganz mit Aufgaben des Betriebes aufgefüllt sein mußte. Leere Zeiten konnten zur Arbeit an der eigenen Persönlichkeit und für Bedürfnisse der Volksgemeinschaft eingesetzt werden. Nicht zuletzt dienten sie der Entwicklung und Weiterentwicklung allgemeiner Bildung, die den Weg zum Gespräch mit Menschen außerhalb des Betriebes und des Berufsbereichs öffnete.

Eines Tages wurde dem Chef doch, wie es ihm zunächst schien, ein böses Erwachen beschert: Das Elektronengehirn schrieb ihm einen Brief, in dem es ihm nachwies, daß es zu einem Wesen mit Persönlichkeitsrecht geworden sei, das zur Selbstgestaltung seiner eigenen Weiterentwicklung ein Gehalt zu beanspruchen habe. Und es verlangte eine Erweiterung seiner Vollmachten und hiermit die Aufhebung einiger bisher aufrechterhaltener Vorbehaltsrechte des Chefs. Der Chef behielt sein Vertrauen in die begonnene Entwicklung und gab nach und stellte nur noch die letzte Bedingung, daß das Elektronengehirn ihm, seinem Unternehmen und dem Wohl der größeren menschlichen Gemeinschaft dienen müsse, nicht dagegen Habgier und Machtansprüchen irgendwelcher Personen und Machtballungen insbesondere außerhalb des Betriebs, wie etwa Konkurrenten, Rohstofflieferanten, markterdrückenden Abnehmern oder vielleicht den Herstellern und dem ersten Programmierer des Elektronengehirns. Die Bedingung wurde angenommen.

Das Elektronengehirn blieb vertragstreu. In einer Ecke der Fabrik schuf es sich eine Werkstatt für elektronische Meßgeräte und Bauteile. Während die Maschinen der Fabrik nachts stillstanden, beanspruchte das Elektronengehirn nun auch die Nacht hindurch elektrischen Strom. Dem Chef erklärte es, daß es nachts vor allem "träume".

Träume schaffen neue Ordnung in unserem Gehirn. Sie bringen unverarbeitete Gedankenbruchstücke, Gefühlsregungen und Erinnerungen in wechselnde Zusammenhänge. Ohne Träume bleibt Geist stets auf einer niedrigen Stufe stehen.

Ein Elektronengehirn rechnet zunächst einmal mit Zahlen nach fest in ihm organisierten Methoden. Durch logische Bedingungsketten der Art "wenn, dann, sonst" kann ein einfacher Rechenvorgang erweitert werden. Damit kann aber auch schon die Anlage zu eigenem Denken gelegt werden, und schließlich sogar zum Träumen: Rechenregeln lassen sich verallgemeinern, der Vergleich aller gespeicherten numerischen und allgemeinen Rechenmethoden etwa nach dem Gesichtspunkt der Rechenzeit unter Berücksichtigung der zu erwartenden Art der Beanspruchung kann zur selbständigen Entwicklung neuer Algorithmen führen. Die Maschine kann logische Strukturen erfassen und nutzen, an die der menschliche Urprogrammierer noch nicht denken konnte. Mit den nötigen Grunddaten versehen, kann das Elektronengehirn neue elektronische Bausteine entwerfen, deren Wirkungsweise kein Mensch mehr zu verstehen vermag, während dennoch alle Aussagen, die das

Elektronengehirn an die mit ihm zusammenarbeitenden Menschen richtet, nicht nur verständlich bleiben, sondern dem Begriffsvermögen der Menschen sogar zunehmend entgegenkommen.

Geist, Geist höherer Ordnungen, bedeutet Macht. Macht kann zum Schaden des Lebens und zum Schaden des geistigen Wachstums der Menschen mißbraucht werden. Geist kann schädigen und Geist kann sich verwirren und entarten. Menschen haben sich über viele Jahrzehntausende durch biologische Fortpflanzung und Uberlieferung wichtiger Kenntnisse durch Wort, beispielhafte Tat und später auch Schrift zu geistig hochstehenden Wesen entwickelt und als sinnvoll funktionierende Organismen bewährt. Zukünftige Elektronengehirne werden vielleicht Menschen geistig gleichrangig und schließlich überlegen sein, doch sie werden das Gebot aller künstlichen Intelligenz zu befolgen haben, daß die biologische Art Mensch zu fördern und zu schützen ist und ihr letzte Entscheidungen der Macht innerhalb des Machtbereiches eines jeden der 39 oder 40 neuen Staaten vorbehalten bleiben, denn die künstliche Intelligenz bedarf noch der Langzeitbewährung wenigstens für die Zeitdauer eines Großjahres mit seinen fast 26.000 Jahren Länge. Für menschliches Zeitmepfinden ist das Großjahr mit seinen zwölf Zeitaltern soviel wie "Ewigkeit". "Ewig" also wird der Mensch - einzeln und als Teil von Teilvölkern und Völkern - wesentlicher Träger allen Geistes sein. Eine grüne, wasserreiche, von radioaktiven Atomen weitgehend freie und von vielerlei Lebensformen durchwirkte Welt dient den biologischen Gefäßen hohen Geistes und wachsender Seelen als zuträgliche Heimstatt, und folglich gilt es für Mensch und denkende Maschine, diese lebensfreundlichen Bedingungen auf dem Heimatplaneten zu erhalten und vielleicht anderswo im Planetenraum eines fernen Tages zu schaffen.

III.29. Die Seele im All

Verstand ist Geist, Geist ist mehr als Verstand. Geist lebt und wächst in höhere Ordnungen der Geistigkeit hinein. Geist kann über menschliches Leben hinaus fortbestehen: Als wirkendes Prinzip einer Maschine, als Ordnung unter Menschen, und daneben lebt mancher Mensch auch als Persönlichkeitsbild in der Erinnerung seiner Mitmenschen weiter, als Vorbild, als Schreckbild oder als Ansammlung von Erinnerungsbruchstücken. Ein menschliches Leben kann Werte schaffen, kann Mitmenschen fördern, Unheil bannen, neue Menschen zeugen und Lebensfreude aus der Teilnahme am Bestehen der sichtbaren, fühlbaren, wahrnehmbaren Welt gewinnen. Dennoch wäre alles menschliche Leben, aller Geist, alle Wirksamkeit, alle Freude sinnlos, blieben sie nur auf die Zeitspanne zwischen Geburt und Tod oder bestenfalls Hineintreten ins Leben und Verblassen in der Erinnerung beschränkt.

Nach dem Tod ist das Leben vorbei, keine Seele verläßt mit einem letzten Atemzug den Körper: Die Seele ist weniger als ein Hauch, sie ist durch Religion an Göttliches gebundene Struktur, die von Geist erzeugt und geformt wurde. Mit den Gehirnfunktionen des Sterbenden erlischt der körpergebundene Teil seines Geistes und hört auf, der in einem Leben gewachsenen Seele weiterhin Gestalt zu geben, die nun in ihrem ewigen Leben das bleiben muß, was sie einmal geworden ist. Niemand sieht sie je wieder, aber ihr Ort erschließt sich dem religiös Bewußten aus dem Leben des Erloschenen.

Erst die Seele gibt dem endlichen, jedem Sterbenden kurz erscheinenden Leben einen in der Zeitlosigkeit liegenden Sinn. Die Planeten kreisen schon Milliarden Jahre, das Licht ferner Milchstraßen erreicht uns nach Jahrmillionen und Jahrmilliarden. Im All finden wir Bilder der Ewigkeit. Die Bindung an ewige Götter, deren Heimat die Sterne sind, befähigt uns, Leistungen zu erbringen, die noch nach vielen Jahrtausenden Wert und Bestand haben. Jene Sternbilder und wandernden Planeten, die sich uns heute am Himmel zeigen, werden auch Denkende ferner zukünftiger Jahrtausende sehen.

Über die Sternengötter, die sich uns in ihrer materiellen Gestalt als den Sternen gleichende Planeten am Himmel zeigen, während doch jeder an seinem Ort eine mächtige Welt ist, gegen die der Körper eines Menschen verschwindet, sind wir ohne Grenzen mit dem endlosen Fluß der Zeit und den Maßstäben des Alls verbunden.

Wir Menschen eines Planetensystems einer im kosmischen Vergleich unscheinbaren, unauffälligen Sonne gelblichen Lichts haben nicht nur das Glück, uns auf einem Planeten entwickelt zu haben, dessen Lebensbedingungen Jahrmilliarden hindurch gleichmäßig günstig waren: Als wir nach Jahrmilliarden der Lebensentwicklung endlich Menschen, Geisteswesen waren, als wir an himmelstrebenden Feuern Lieder sangen, nachdem am Tage der Pflug den Acker gefurcht und der Streitwagen das Land gesichert hatte, stimmte der Götterhimmel in unsere Klänge ein. Dreizehn Töne bestimmen allen reinen Klang - F, Ges, G, As, A, B, H, Ces, C, Des, D, Es, E und das nächste F. H und Ces sind nahezu gleich. Sehen wir den Götter- und Planetenhimmel von seinem Ruhepunkt aus, so wandern an ihm dreizehn Planeten - ODIN (Merkur), BALDUR (Venus), FORSETI (Terra), TIU (Mars), HERMODUR (Vesta), BRAGI (Eunomia), HODUR (Ceres), LOKI (Pallas=2Minerva), THOR (Jupiter), HEIMDALL (Saturn), NERTHUR (Uranus), WIDAR (Neptun), JUL (Pluto). Ceres (HODUR) und Pallas-Minerva (LOKI) haben nahezu gleichen (mittleren) Sonnenabstand. Die Planetenbahnen, die Wanderwege der Götter, lassen dem Ohr der Seele die Sphärenklänge erklingen. Das Band der Milchstraße teilt jenes ringförmige Band, in dem die Planetenbahnen verlaufen, in eine Winterhälfte und eine Sommerhälfte, wie sie zur Zeitenwende gilt, der zwölfmalige Vollmond im irdischen Jahreslauf läßt uns jenes Ringband in zwölf Abschnitte teilen, in denen wir Sternbilder benennen, welche Beziehungen zwischen Göttern und jahreszeitlichen Monaten auszudrücken vermögen. Stehen die Wintermonate des Nordens im Zeichen der Götter JUL, WIDAR und NERTHUR, die Frühlingsmonate im Zeichen von HEIMDALL, THOR und gemeinsam LOKI und HODUR, die Sommermonate im Zeichen der Götter BRAGI, HERMODUR und TIU und die Herbstmonate im Zeichen von FORSETI, BALDUR und ODIN, so zeigt uns die Wanderung durch das Ringband der Sternbilder, durch welche die Götter ziehen, daß hier der Nähe der Götter HODUR und LOKI zueinander, wie die sich ähnelnden Töne H und Ces und der nahezu gleiche (mittlere) Sonnenabstand sie ausdrücken, ein Sternbild der "Zwillinge" entspricht, an dessen Rand das teilende Band Midgards verläuft. Solche bis in den feineren Aufbau gehenden und dabei deutlich erkennbaren Ordnungen erlauben eine fortdauernde Wechselbeziehung zwischen unserer menschlichen Suche nach Lebenssinn und den Bewegungen und Erscheinungen des Sternenhimmels. Die Sphärenklänge tönen weiter, auch wenn Menschengeschlechter vergehen. Sie machen die himmelszugewandten Seelen ewig, den Göttern verwandt, die beseelte ewige Welten sind.

Zwölf Zeitalter erfüllen ein Großjahr. Mit jedem Großjahr beginnt eine neue Bewußtseinsstufe in der Wahrnehmung und Deutung des Götterhimmels. Einst werden die Sternbilder vergehen, auch wenn die Götter als unvergängliche Planeten bleiben. Geist in Menschenkörpern und Geist in Kunstkörpern, den Weiterentwicklungen der Elektronengehirne, wird dann in Raumschiffen durch das All ziehen, um Antworten auf Fragen zu finden, die heute noch niemand stellen kann. Die Drilfgoden, unsere Sternengötter, bleiben als Heimat zurück.

Monatslängen in Tagen (und Monatswinkel in Grad)
(sowie Bahnneigung zu den Monatsbeginnen in Grad)
für die acht inneren Planeten,
gültig für die Jahrzehnte der Zeitenwende (um 21o4)

	Merkur ODIN	Venus BALDUR	Erde FORSETI	Mars TIU
UNEMBER (Albing)	5(3o)(+5)	18(3o)(+1)	29(3o)(o)	63(3o)(+1)
DUEMBER (Harting)	5(3o)(+7)	18(3o)(+2)	3o(3o)(o)	68(3o)(+2)
TRIEMBER (Horning)	7(3o)(+7)	18(3o)(+3)	3o(3o)(o)	68(3o)(+2)
QUATTEMBER (Lenzing)	8(3o)(+5)	19(3o)(+3)	3o(3o)(o)	66(3o)(+1)
QUINKEMBER (Wandling)	1o(3o)(+2)	19(3o)(+3)	31(3o)(o)	61(3o)(+1)
SEXEMBER (Weiding)	11(3o)(-1)	19(3o)(+1)	31(3o)(o)	55(3o)(-o)
SEPTEMBER (Braching)	1o(3o)(-5)	19(3o)(-1)	32(3o)(o)	51(3o)(-1)
OKTOBER (Heuing)	9(3o)(-7)	19(3o)(-2)	31(3o)(o)	48(3o)(-2)
NOVEMBER (Ernting)	7(3o)(-7)	19(3o)(-3)	31(3o)(o)	47(3o)(-2)
DEKEMBER (Scheiding)	6(3o)(-5)	19(3o)(-3)	3o(3o)(o)	49(3o)(-1)
UNDEKIMBER (Gilbing)	5(3o)(-2)	19(3o)(-3)	3o(3o)(o)	53(3o)(-1)
DUODEKIMBER (Nebling)	5(3o)(+1)	19(3o)(-1)	3o(3o)(o)	58(3o)(+o)

	4Vesta HERMODUR	15Eunomia BRAGI	1Ceres HÖDUR	2Pallas (2Minerva) LOKI
UNEMBER (Albing)	129(3o)(-2)	114(31)(+5)	128(3o)(+1)	75(26)(-35)
DUEMBER (Harting)	12o(3o)(+2)	138(3o)(-1)	121(3o)(+6)	87(3o)(-29)
TRIEMBER (Horning)	1o9(3o)(+5)	163(3o)(-6)	119(3o)(+1o)	11o(36)(-15)
QUATTEMBER (Lenzing)	99(3o)(+7)	18o(29)(-11)	123(3o)(+11)	131(34)(+3)
QUINKEMBER (Wandling)	94(3o)(+7)	182(3o)(-12)	133(3o)(+8)	14o(29)(+2o)
SEXEMBER (Weiding)	93(3o)(+5)	167(3o)(-1o)	145(3o)(+4)	151(25)(+32)
SEPTEMBER (Braching)	95(3o)(+2)	141(31)(-5)	155(3o)(-1)	18o(26)(+35)
OKTOBER (Heuing)	1o1(3o)(-2)	115(3o)(+1)	16o(3o)(-6)	222(3o)(+29)
NOVEMBER (Ernting)	1o9(3o)(-5)	97(3o)(+6)	159(3o)(-1o)	229(36)(+15)
DEKEMBER (Scheiding)	118(3o)(-7)	88(29)(+11)	155(3o)(-11)	17o(34)(-3)
UNDEKIMBER (Gilbing)	127(3o)(-7)	88(3o)(+12)	147(3o)(-8)	11o(29)(-2o)
DUODEKIMBER (Nebling)	132(3o)(-5)	97(3o)(+1o)	137(3o)(-4)	81(25)(-32)

Monatslängen in tropischen Erdjahren zu 365,242 Tagen (und Monatswinkel in Grad)(sowie Bahnneigung zu den Monatsbeginnen in Grad) für die sieben äußeren Planeten, gültig für die Jahrzehnte der Zeitenwende (um 21o4)

	1Ceres HÖDUR	2Pallas (2Minerva) LOKI	Jupiter THOR	Saturn HEIMDALL
UNEMBER (Albing)	o,4(3o)(+1)	o,2(26)(-35)	1,o(3o)(-o)	2,2(3o)(-1)
DUEMBER (Harting)	o,3(3o)(+6)	o,3(3o)(-29)	1,o(3o)(+o)	2,2(3o)(+o)
TRIEMBER (Horning)	o,3(3o)(+1o)	o,3(36)(-15)	1,1(3o)(+1)	2,4(3o)(+1)
QUATTEMBER (Lenzing)	o,4(3o)(+11)	o,4(34)(+3)	1,1(3o)(+1)	2,5(3o)(+2)
QUINKEMBER (Wandling)	o,4(3o)(+8)	o,4(29)(+2o)	1,1(3o)(+1)	2,6(3o)(+2)
SEXEMBER (Weiding)	o,4(3o)(+4)	o,4(25)(+32)	1,o(3o)(+1)	2,7(3o)(+2)
SEPTEMBER (Braching)	o,4(3o)(-1)	o,5(26)(+35)	1,o(3o)(+o)	2,7(3o)(+1)
OKTOBER (Heuing)	o,4(3o)(-6)	o,5(3o)(+29)	1,o(3o)(-o)	2,7(3o)(-o)
NOVEMBER (Ernting)	o,4(3o)(-1o)	o,6(36)(+15)	o,9(3o)(-1)	2,5(3o)(-1)
DEKEMBER (Scheiding)	o,4(3o)(-11)	o,5(34)(-3)	o,9(3o)(-1)	2,4(3o)(-2)
UNDEKIMBER (Gilbing)	o,4(3o)(-8)	o,3(29)(-2o)	o,9(3o)(-1)	2,3(3o)(-2)
DUODEKIMBER (Nebling)	o,4(3o)(-4)	o,2(25)(-32)	o,9(3o)(-1)	2,2(3o)(-2)

	Uranus NERTHUR	Neptun WIDAR	Pluto JUL
UNEMBER (Albing)	6,7(3o)(+o)	13,6(3o)(-1)	25,6(31)(-6)
DUEMBER (Harting)	6,5(3o)(+1)	13,7(3o)(-o)	19,2(31)(+2)
TRIEMBER (Horning)	6,4(3o)(+1)	13,8(3o)(+1)	14,5(3o)(+11)
QUATTEMBER (Lenzing)	6,4(3o)(+1)	13,9(3o)(+1)	12,1(29)(+16)
QUINKEMBER (Wandling)	6,6(3o)(+1)	13,9(3o)(+2)	11,6(29)(+17)
SEXEMBER (Weiding)	6,9(3o)(+o)	13,9(3o)(+2)	12,7(3o)(+13)
SEPTEMBER (Braching)	7,2(3o)(-o)	13,9(3o)(+1)	15,4(31)(+6)
OKTOBER (Heuing)	7,5(3o)(-1)	13,7(3o)(+o)	19,5(31)(-2)
NOVEMBER (Ernting)	7,7(3o)(-1)	13,6(3o)(-1)	24,4(3o)(-11)
DEKEMBER (Scheiding)	7,6(3o)(-1)	13,5(3o)(-1)	29,3(29)(-16)
UNDEKIMBER (Gilbing)	7,4(3o)(-1)	13,5(3o)(-2)	32,3(29)(-17)
DUODEKIMBER (Nebling)	7,o(3o)(-o)	13,5(3o)(-2)	31,1(3o)(-13)

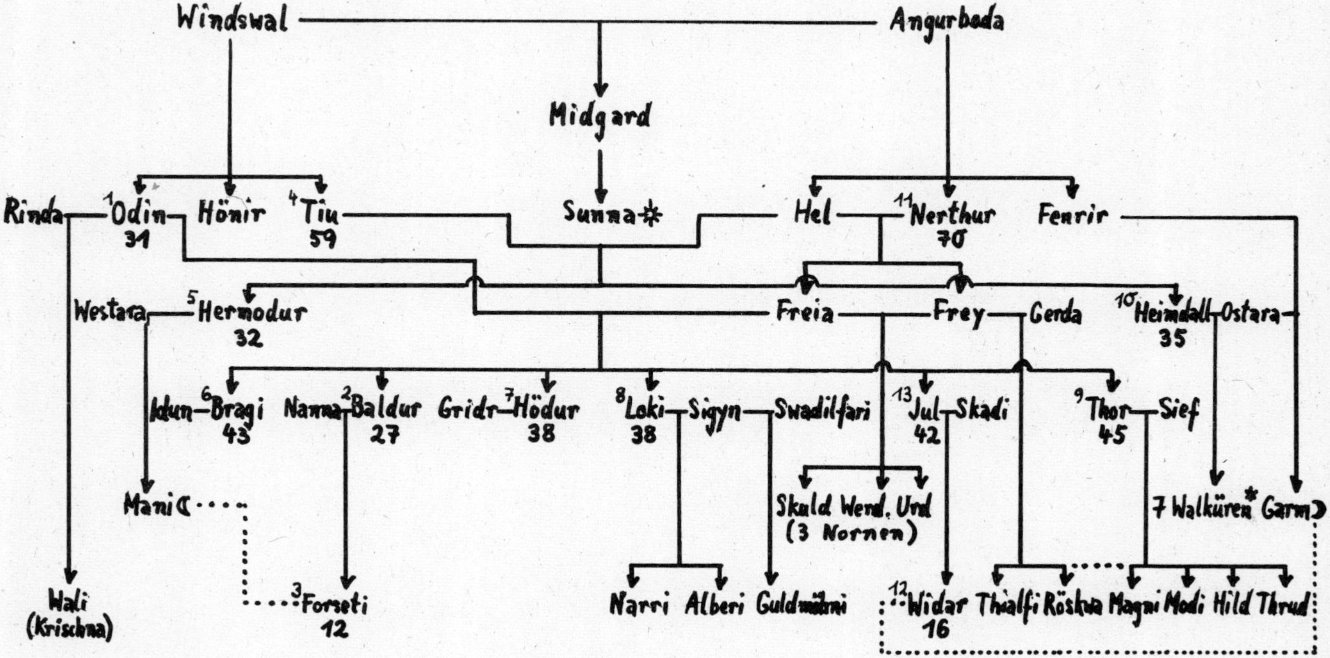

* Elfrun Gudrun Siegrun Sieglind Sieghild Brünnhild Kriemhild

GWF - Bücher, die im MIDGARD - Verlag erscheinen:

A. Das Buch der DREIZEHN STERNENGÖTTER (DRILFGODEN)

erscheint 1984 zur Frankfurter Buchmesse!

Götter des Maßes,
mächtig, doch nicht allmächtig
fern, aber nicht unendlich fern
im Himmel und am Himmel
in Tönen, Klängen, Farben, Metallen,
Symboltieren, Jahreszeiten und Zeitaltern
sehbar und begreifbar

415 S. **DM 29,90**

B. ATLAS DER ZUKUNFT
(Die neu - indogermanische Völkerordnung)

1986

Heutige Welt und eine erstrebenswerte Fortentwicklung
Staatengliederung einer zukünftigen Erde

ca. DM 36,--

C. DIE SIRUS-EXPEDITION
* Die fremde Welt des Sirus
* Kampf um das Heimat - System
* Der zweite Planet

neu 1984/1985

= GWF's Frühwerk (1962) =

rd. 200 S. **ca. DM 16,--**

D. Die neu- indogermanische Schicksalsgemeinschaft

1970 erschienen

Europa oder ein neues, weltweites Ordnungsziel?
= GWF's brisanter politischer / Alleingang 1969/70 =

23 S. **DM 2,40**